Ralf Ludwig

Philosophie für Anfänger von Sokrates bis Sartre

Der Titel ist Programm: Wie bereits in seinen Lese-Einführungen zu Kant, Hegel und den Vorsokratikern erfolgreich erprobt, bietet der Autor sich auch hier als Begleiter für interessierte Einsteiger an. In diesem Buch aber geht es um eine große Reise: von den Anfängen der abendländischen Philosophie bis fast in die Gegenwart. Wieder ist dafür gesorgt, dass viele berühmte Philosophen auch mit Originaltextausschnitten zu Wort kommen. Der systematische Aufbau mit Haupt- und Nebenartikeln bietet auch die Möglichkeit zum raschen Nachschlagen wie in einem Lexikon. Vor allem aber lädt der Band ein, den spannenden Spuren der großen Denker zu folgen – barrierefrei und mit Vergnügen.

Ralf Ludwig ist evangelischer Theologe, studierte an der Jesuiten-Hochschule in München Philosophie und wurde über Kant promoviert. Er lebt als freier Schriftsteller in München. Bei dtv erschienen seine sehr beliebten Lese-Einführungen für Anfänger, darunter zu den drei Kritiken Kants und zu Hegels ›Phänomenologie des Geistes‹.

PHILOSOPHIE
FÜR ANFÄNGER
von Sokrates bis Sartre

Ein Wegbegleiter
durch die abendländische Philosophie
von Ralf Ludwig

dtv

Von Ralf Ludwig
sind bei dtv erschienen:
Kant für Anfänger:
Die Kritik der reinen Vernunft
Der kategorische Imperativ
Die Kritik der Urteilskraft
Hegel für Anfänger:
Phänomenologie des Geistes

MIX
Papier | Fördert gute Waldnutzung
FSC® C019821

Originalausgabe 2015
11. Auflage 2025
dtv Verlagsgesellschaft mbH & Co. KG
Tumblingerstraße 21, 80337 München
produktsicherheit@dtv.de

Umschlagkonzept: Balk & Brumshagen
Umschlagbild: Lescaux, Bob »Lignes de Coeur«, O/C 2000
© VG Bild-Kunst, Bonn 2025
Gesetzt aus der Garamond Stempel BQ
Druck und Bindung: Druckerei C.H.Beck, Nördlingen
Printed in Germany · ISBN 978-3-423-34824-9

Vorwort

Ein Spötter bemerkte einmal, Philosophie sei das mit den kleinen Buchstaben und der großen Bedeutung. Schaut man sich heute die Werke bedeutender zeitgenössischer Philosophen an, könnte man meinen, je höher die Unverständlichkeit, desto größer die Bedeutung der Denkprodukte.

Am Anfang der Philosophie steht eine recht einfache, doch grundlegende Frage: Was ist das Sein? Leider sind die Antworten darauf schwieriger als die Frage.

Dieses Buch versucht, einen verständlichen Überblick über die Geschichte der abendländischen Philosophie von der griechischen Antike bis ins 20. Jahrhundert zu geben. Formal ist es eine Synthese von Philosophiegeschichte und Lexikon, Letzteres allerdings in chronologischer Anordnung. Die besondere Originalität dieses Buches liegt vielleicht darin, dass die berühmtesten Vertreter auch mit Primärtext-Ausschnitten vorgestellt werden. Es ist geschrieben für Leser, die zugeben können, Anfänger zu sein, geschrieben von einem, der oft selbst als Anfänger hilflos und verstört war, wenn er mit der schweren Kost von Originaltexten und Fachliteratur konfrontiert wurde.

Die einzelnen Artikel sind bewusst nicht gleichförmig gestaltet. Manche philosophische Entwürfe lassen sich in wenigen Punkten abhandeln, andere sind so komplex, dass sie eine Gliederung erfordern und wieder andere lassen sich am besten durch die Erläuterung der Hauptwerke verständlich darstellen.

Die Auswahl ist repräsentativ, aber der Vorwurf, dass dem Autor bei manchen Philosophen das Herz höherschlug als bei einigen anderen, ist sicher berechtigt, denn nicht jeder philosophische Denkansatz spricht in gleichem Maße alle an und hilft, das eigene Denken zu hinterfragen.

Gerade darin sehe ich auch die Aufgabe der Philosophie. Denn mit ihr kann man keine Straßen oder Brücken bauen, aber – man kann sich dem faszinierenden Abenteuer des Denkens stellen.

München, im Sommer 2014 *Ralf Ludwig*

Inhaltsübersicht

Philosophie der Neuzeit

Das 20. Jahrhundert

Einführende Gedanken

Der Philosoph Odo Marquard benutzt das bissig-schöne Wort von der »Inkompetenzkompensationskompetenz«, um das Dilemma heutiger Philosophie zu beschreiben. Einst habe die Philosophie eine Kompetenz für alles gehabt, später für einiges und heute nur für eines: für die eigene Inkompetenz und für die Nützlichkeit des Überflüssigen.

Diese ironische Selbstkritik gehört natürlich mit einem entrüsteten Schmunzeln in ihre Schranken verwiesen. Und doch ist etwas Wahres dran. Schon bei den alten Griechen sprach man von Haarspalterei, vom Wortverdrehen und betrachtete Philosophie als Luxus. Ist Philosophie wirklich nur ein ungeordneter Haufen von Meinungen oder die Anhäufung musealen Stoffes?

Natürlich nicht.

Allerdings stimmt der Vorwurf, wenn man von der Philosophie gesicherte und endgültige Antworten erwartet. Die Antwort mutet merkwürdig an: Das muss so sein.

Aber warum?

Klärungen

Es sollen zwei Antworten versucht werden. Zum Ersten gilt es festzuhalten, dass es in der Natur der Sache liegt, dass endgültige Erkenntnis und Philosophie sich nicht vertragen, denn Philosophie lebt vom Fragen, und wäre die Antwort auf die Fragen der Philosophie endgültig durch die Vernunft festgemacht worden, wäre dies das Ende des Fragens und auch das Ende der Philosophie.

Zum Zweiten finden wir den Grund auf dem Umweg über die Frage nach dem Menschen. Dies bedarf einer Erläuterung, die ein wenig Aufmerksamkeit verlangt.

Die Frage *Wer bin ich?* ist die ureigenste Frage des Menschen. Trotz gewisser Denkvorgänge beim Tier, die vor allem bei Schimpansen und Delphinen nachgewiesen wurden, ist die Fähigkeit zur Selbstreflexion, d.h. nach dem eigenen Ich fragen zu können, beim Tier ausgeschlossen. Nur der Mensch fragt nach sich selbst, seit er denken kann.

Aber dabei macht er eine seltsame Erfahrung: Es gibt keine endgültige Antwort, der Mensch bleibt sich selbst trotz stets neuer Antworten immer ein Rätsel. Der Theologe Jürgen Moltmann meint dazu, dass der Mensch letzten Endes sich selbst verborgen sein muss, um am Leben und in der Freiheit zu bleiben. Denn käme er »hinter sich selbst«, würde er zu der Erkenntnis gelangen, was mit ihm los ist, nämlich nichts. Es wäre gar nichts mit ihm »los«, weil alles festgestellt und gebunden wäre.

Trotz aller unzureichenden Antworten passiert aber doch etwas sehr Wichtiges: Indem der Mensch fragt und sucht, verändert er sich mit seinen Antworten. Erkenntnisse über das Andromeda-Sternbild sind für die Andromeda ohne jeden Belang. Nicht so beim Menschen. Wenn schon Erkenntnisse über Gegenstände ihn verändern, wie viel mehr verändern ihn Erkenntnisse über sich selbst, auch wenn sie nicht endgültig gesichert sind.

Diese ausschlaggebende Veränderung, die zwar nicht biologische Existenz, so doch menschenwürdiges Leben ermöglicht, hat ihre Ursache darin, dass das Fragen des Menschen keinen anderen Gegenstand hat außer dem Sein selbst und dem, was damit zusammenhängt. Das macht es leider manchmal so kompliziert.

Somit ist der Leser mit der Schwierigkeit konfrontiert, trotz der Unmöglichkeit einer unwiderruflich feststehenden Erkenntnis nach Antworten zu suchen, auch wenn diese nur vorläufig sein werden.

Was auf den ersten Blick frustrierend erscheint, ist in Wahrheit spannend. Natürlich ist diese Spannung irgendwann nicht mehr ganz so faszinierend wie bei einem kleinen Kind, das über seine neue Welt staunt und Fragen ohne Ende stellt. Die griechischen Denker Platon und Aristoteles waren die Ersten, die erkannten, dass die Philosophie einst aus diesem Staunen heraus erwuchs. Im Staunen wird sich der Mensch seines Nicht-Wissens bewusst und drängt danach, über das Staunen zur Erkenntnis zu gelangen. Er sucht nach Wissen.

Allerdings hat nicht jedes Staunen mit Philosophie zu tun. Wenn ich staune, dass ein Superjumbo fliegen kann, macht mich das erlangte Wissen nicht zum Philosophen. Anders ist es, wenn ich das Wissen selbst suche. Ähnlich drückt es Karl Jaspers aus: Das philosophische Wissenwollen um sich selbst ist wie ein Erwachen aus der »Gebundenheit der Lebensnotdurft«.

Man kann natürlich fragen, ob Staunen in einer von Erkenntnissen stark gesättigten Welt überhaupt noch möglich ist. Selbst der Naturwissenschaft bleibt das Staunen nicht erspart, denn auch sie steht vor klassischen Fragen, wie zum Beispiel: Wenn der Weltraum endlich ist, was ist jenseits der Endlichkeit? Wenn der Urknall der Anfang war, wie ist dann Unendlichkeit trotz eines Anfanges denkbar? Und überhaupt: Was war vor dem Urknall? Das sind zutiefst philosophische Fragen, denn sie haben wie die Frage nach dem Sein des Menschen auch das Sein zum Thema, in dem sich der Mensch vorfindet. Somit teilen sich das Schicksal, keine endgültige Antwort geben zu können und trotzdem weiterfragen zu müssen, beide: Philosophie und Naturwissenschaft.

Was bedeutet das Wort Philosophie?

Bekannt ist die nette Anekdote, der zufolge Pythagoras den Titel des Weisen aus Bescheidenheit ablehnte, da nur Gott allein als weise angesehen werden könne, und er sich daher lieber einen Freund (*philos*) der Weisheit (*sophia*) nenne. Erzählt wird sie von dem Platon-Schüler und Pythagoras-Bewunderer Herakleides Pontikos (um 350 v. Chr.), den die Athener seines Reichtums wegen nicht *Pontikos*, sondern *Pompikos* nannten.

Die Anekdote gibt aber nicht ganz den Ursprung des Wortes *Philosophie* wieder, denn *sophia* bedeutet zuerst einmal »Tüchtigkeit« bzw. »Geschicklichkeit als Sachkunde, die auch einem Handwerker zukommt«. Daraus wurde die Auffassung vom Streben nach Wissen, die sich später verengte zu einem Streben nach wissenschaftlicher Erkenntnis unter Ausschluss des technisch verwertbaren Wissens, bis schließlich Aristoteles Philosophie mit Wissenschaft gleichsetzte.

Bei dieser Begriffsherkunft darf aber nicht haltgemacht werden. Eine weiterführende Definition hat der britische Philosoph und Mathematiker Bertrand Russell gegeben. Sie ist nicht sehr bekannt, sie ist recht eigenwillig, aber doch bestechend. Er hat die Philosophie ein »Niemandsland« genannt, das zwischen Theologie und Wissenschaft liegt. Als sog. »Mittelding« habe die Philosophie mit der Theologie gemein, dass sie eine Spekulation über Dinge sei, über die keine nachprüfbaren Kenntnisse gewonnen werden könnten; mit der Wissenschaft hingegen habe sie die Tatsache gemein, dass sie sich nicht auf irgendeine Autorität oder überirdische Offenbarung berufe, sondern allein auf die Vernunft.

Trotz Gemeinsamkeiten sei das Niemandsland ständig Angriffen ausgesetzt. Hätten früher die Theologen gemeint, endgültige Antworten auf alle philosophischen Fragen geben zu können, werde diese Entschiedenheit heute mit Misstrauen betrachtet.

So weit Russell. Man ist versucht hinzuzufügen, dass dieses Misstrauen heute auch gegenüber der Allmacht der Wissenschaft angebracht ist, denn nicht alle Vertreter der Naturwissenschaft haben die Größe, ihre Hilflosigkeit angesichts offensichtlicher Grenzen einzugestehen.

Bei der eben geschilderten Definition von Philosophie durch Russell könnte man befürchten, dass dieses Niemandsland zwischen Wissenschaft und Theologie, durch deren Angriffe zum Verschwinden gebracht werden wird. Dies aber kann nach menschlichem Ermessen ausgeschlossen werden. Denn die »Unverlässlichkeit des Weltseins« (K. Jaspers), sei es die unberechenbare ständige Bedrohung des Menschen durch Krankheit, Altern, Tod oder durch Schuld und Scheitern, meint gewiss nicht nur Bedrohungen durch Biologie oder Natur. Sie meint auch Momente, die dem Mensch-Sein als solchem notwendigerweise anhaften. So dürfte – salopp ausgedrückt – das Geschäft der Philosophie auf unabsehbare Zeit gesichert sein. Oder vollmundiger ausgedrückt: Solange der Mensch nicht Gott ist, wird es Philosophie geben.

Kleiner Hinweis zum Gebrauch des Buches

Die Tatsache, dass es trotz seines lexikalischen Charakters chronologisch angelegt ist, soll dem Leser helfen, die einzelnen Denker in ihren jeweiligen Zeitepochen vorzufinden und sie in einem philosophiegeschichtlichen Zusammenhang zu verstehen. Eine lexikalisch-alphabetische Auflistung der Philosophen gibt es am Ende des Buches. Auch die Literaturhinweise werden dort aufgeführt.

Die Artikel zu den einzelnen Denkern haben überwiegend folgende Struktur:

1. Schritt: jeweils eine Kurzinformation über Bedeutung und zeitgeschichtliche Einordnung

2. Schritt: biographische Hinweise. Bei den Angaben zu den Lebensdaten, besonders zu denen der Philosophen der Antike, handelt es sich teilweise um Circa-Angaben, da hierzu leider oft keine gesicherten Informationen vorliegen.

3. Schritt: Denkergebnisse des betreffenden Philosophen in gestraffter Form, je nach Bedeutung und urheberrechtlichen Möglichkeiten, mit Auszügen aus Primärtexten, die als eine Art Originalton den einzelnen Denker zu Wort kommen lassen

Nun bleibt mir nur noch, dem Anfänger in Sachen Philosophie viel Freude bei der Lektüre des Buches zu wünschen.

Philosophie der Antike

1. Der Aufbruch des Denkens: Die Philosophen vor Sokrates

Als *Vorsokratiker* gelten seit dem späten 19. Jahrhundert die Denker, die entweder vor Sokrates lebten oder von dessen Philosophie noch nicht beeinflusst waren. Von den Werken dieser Pioniere des Geistes sind leider nur Bruchstücke in späteren Zeugnissen überliefert. Trotzdem verdanken wir gerade diesen Männern den Aufbruch zu einem neuen Denken. Faszinierend ist ein Blick auf die Geburtsstunde der abendländischen Philosophie.

Ab der Mitte des 6. Jahrhunderts v. Chr. macht aus bislang unerklärlichen Gründen das Denken des Menschen an verschiedenen Punkten der Erde, die in keinerlei Verbindung miteinander standen, einen unerwarteten Sprung: in Indien mit Buddha, in China mit Lao-tse und Konfuzius, in Persien mit Zarathustra und unter den Griechen mit den Vorsokratikern. Karl Jaspers nennt dies die »Achsenzeit der Weltgeschichte«.

Neues Denken bedeutet stets Ablösung von altem Denken. Was aber war das alte Denken, und warum wurde gerade diese Ablösung zur Geburtsstunde der Philosophie?

Der Grund liegt in der folgenschweren Tatsache, dass die vorsokratischen Denker sich von der wichtigsten Voraussetzung abgesetzt haben, die das Denken in naiv-religiöser Geborgenheit gefangen hielt.

Die Rede ist vom *Mythos* (griech. *mythos*: »Wort, Rede«, später: »Fabel, Sage«). Mit Mythen versuchen die Menschen, die Welt gedanklich zu formen. Äußerungen der Natur – von der Entstehung der Welt bis hin zu ihrem möglichen Ende – werden ängstlichen oder freudigen Sinnes erfasst, verarbeitet und zu Antworten geformt. Der Blitz als Zorn des Göttervaters, die peitschende See als Rache des Meeresgottes und der Regen als segensreiche göttliche Antwort auf Opfergaben: Das alles ist nicht lächerlich, sondern zuerst einmal kulturgestaltend.

Friedrich Nietzsche hat den Mythos zu Unrecht diffamiert, indem er ihn das »Faulbett des Denkens« nannte. Der Mythos war eine wichtige Vorstufe zur Systematisierung von zusammenhanglosen Annahmen über die Anfänge der Welt, die Geburt der Götter usw. Die Tendenz, all das zu systematisieren, ist zwar schon bei Hesiod (um 700 v. Chr.) zu beobachten, aber die eigentliche Befreiung stand noch aus: *das Bestreben, alles Wirkliche aus Prinzipien abzuleiten.* So ist der Übergang vom Mythos zur Philosophie der Schritt vom bildhaft-anschaulichen zum begrifflich abstrakten Denken.

Dies war der Aufbruch des Abendlandes zu eigenständigem wissenschaftlichen Denken und machte die Vorsokratiker zu wahren Pionieren des Geistes.

a. Die ionischen Naturphilosophen

Bezeichnend für die Anfänge des neuen Denkens ist, dass sie außerhalb der attischen Polis einsetzten. Der ionische Küstenstreifen, heute die türkische Westküste, hatte nicht nur eine handelspolitische Bedeutung, sondern war auch die kulturelle Nahtstelle zwischen Morgenland und Abendland – offen für neue Ideen und kulturelle Errungenschaften anderer Völker. Im Schnittpunkt der Handelswege lag Milet mit seinen vier Häfen, mehreren Speichern und Schiffshäusern. Es war die Mutterstadt von 80 griechischen Pflanzstädten, die von Ägypten bis zum Schwarzen Meer reichten. Der Umschlagplatz Milet war auch für die Textüberlieferung von zentraler Bedeutung: Aus Ägypten wurde Papyrus eingeführt, der wichtigste Beschreibstoff des Altertums.

Thales von Milet (624–545 v. Chr.) Sein Verdienst ist es, die Frage nach einem umfassenden Prinzip des Seins als Erster gestellt zu haben. Die Annahme einer einheitlichen Substanz, von Thales als materieller Grundstoff angesehen, war für ihn Voraussetzung dafür, dass Prozesse wie Werden, Sein, Bestehen und Vergehen überhaupt verständlich sind. Trotz massiver Ungereimtheiten führt daher der Denker aus Milet den Titel *Vater der Philosophie* nicht zu Unrecht.

Eine der bekanntesten Anekdoten über ihn ist die vom Brunnenfall des Thales. Platon berichtet in seinem Dialog ›Theaetet‹, dass eine »reizende thrakische Magd« Thales verspottete, als er bei der Beobachtung der Sterne in einen Brunnen fiel. Nach einer anderen Quelle fiel Thales in eine Grube und es war ein altes Weib, das ihn anschrie: »Du kannst nicht sehen, Thales, was dir vor Füßen liegt, und wähnst zu erkennen, was am Himmel ist?« Aristoteles stellt ihn in seiner ›Politik‹ als gewieften Geschäftsmann hin: Als Thales eine reiche Olivenernte vorausberechnete, begegnete er dem Vorwurf, die Philosophie sei zu nichts nütze, indem er sämtliche Ölpressen auf Chios und in Milet mietete. Bei der folgenden Olivenernte sei er dann dadurch zu Reichtum gekommen, dass er seine Ölpressen zu Höchstpreisen weitervermietete.

1. Was das Anekdotenhafte sprengt, ist ein Ereignis, das wie kein anderes die bereits erwähnte Weichenstellung vom Mythos zum neuen Denken dokumentiert: Es war Thales' Vorhersage der Sonnenfinsternis für den 28. Mai 585 v. Chr. Dieses Datum gilt als die Geburtsstunde der Philosophie. Die furchteinflößende Verfinsterung der Sonne war jetzt nicht mehr Willkür oder Strafe der Götter, sondern ein Ereignis der Natur, und deren Berechenbarkeit nahm dem Menschen die Angst.

Natürlich setzte die Ablösung vom Mythos mit der Berechnung der Sonnenfinsternis nicht schlagartig ein. Belegt wird dies mit der von Aristoteles zitierten Bemerkung des Thales,

> dass alles voll von Göttern sei.
> (DK 11 A 22)

Möglich ist aber auch eine andere Sicht dieses Spruches: Es ist kein ehrfurchtsvolles Relikt aus mythischer Sicht, sondern Klage aus Überdruss.*

* Die Abkürzung bezieht sich auf: Hermann Diels/Walther Kranz ›Die Fragmente der Vorsokratiker‹. 6. Auflage, Berlin 1951. Dieses Jahrhundertwerk bietet eine wertvolle Sammlung von Zitaten und Berichten von und über die vorsokratischen Philosophen. Im Folgenden wird das Werk in den Quellenangaben in Klammern mit DK abgekürzt, der Buchstabe A bedeutet die Lehrmeinung eines Philosophen über den Betreffenden (Gemeine), B kennzeichnet ein vermutlich wörtliches Zitat des Betreffenden (Kursiv).

2. Die zentrale These des Thales, die ihn zum Protophilosophen macht, findet sich in seiner Wassertheorie: Der Ursprung alles Seienden ist das Wasser, genauer: das Feuchte. Hiermit wird zum ersten Mal ein materieller Grundstoff angenommen, der überhaupt einen Prozess wie das Werden und Vergehen verständlich macht.

Aristoteles ist der einzige verlässliche Zeuge für die berühmte Wassertheorie:

> Von denen, die als erste philosophiert haben, glaubten die meisten, dass der einzige Urgrund aller Dinge im Wesen des Stofflichen liege. Denn das, woraus alles Seiende ist und woraus es als Erstem wird und in was es am Ende wieder vergeht, indem es seiner Substanz nach erhalten bleibt, in seinen Zuständen aber sich wandelt, erklären sie als Urelement und Urgrund (*archē*) alles Bestehenden […]
> Thales aber, der Begründer einer solchen Philosophie, erklärt das Wasser für den Urgrund der Dinge.
> (DK 11 A 12)

Anaximander von Milet (610–546 v. Chr.) Er nahm nicht einen bestimmten Stoff, sondern ein Prinzip stofflich-geistiger Art zur Bestimmung allen Seins an. Anaximanders wesentliche Bedeutung aber besteht darin, dass wir bei ihm dem ersten metaphysischen Satz des Abendlandes begegnen.

Im Gegensatz zu seinem Lehrer Thales hat er ein Buch geschrieben. Diesem wurde später der Titel ›Über die Natur‹ gegeben. Angeblich hat er außerdem einen Gnomon erfunden, ein astronomisches Messinstrument, und diesen Vorläufer der Sonnenuhr in Sparta aufgestellt.

Von Anaximander stammt das berühmteste Fragment der Vorsokratiker. Es ist der erste metaphysische Satz des Abendlandes. Er benennt ein unbestimmtes Prinzip als den Urgrund allen Seins: das *Apeiron.* Griechisch *peras* bedeutet »die Bestimmung« oder »die Grenze«. In Verbindung mit der verneinenden Vorsilbe *a-* könnte *apeiron* heißen: »das Grenzenlose, das Unbestimmte«.

Es scheint so, als ob Anaximander im Apeiron etwas Materielles gesehen hat, das er allerdings von den anderen stofflichen Elementen unterschied. Diese Auffindung eines Urstoffes außerhalb jedes menschlichen Begreifens bedeutete einen beträchtlichen Schritt hin zu einer ersten *metaphysischen*, d.h. einer »über die Natur hinausgehenden« Aussage, die auch in der Tat erfolgt.

Wir verdanken diese wertvolle Quelle dem Philosophen Simplikios (490–560), der 1000 Jahre nach Anaximander aus dem Werk des wichtigsten Aristoteles-Schülers Theophrast (371–287 v.Chr.) zitiert:

Simplikios:	Unter denen, die das Eine sowohl bewegend wie unendlich angenommen haben,
Theophrast:	[war] Anaximander, Sohn des Praxiades aus Milet, Anhänger und Nachfolger des Thales: er hat als Urgrund und Urelement der Dinge das Unbegrenzte (Apeiron) angesehen, als erster hat er diesen Begriff für den Urgrund gebraucht. Aber er hat weder das Wasser noch ein anderes der so bezeichneten Elemente als Urgrund angesehen, sondern eine gewisse andere unendliche Naturwesenheit, aus der alle Himmel entstanden seien und die Welten in ihnen. Aus welchem Stoff den jeweils entstandenen Dingen aber die Entstehung wird,
Anaximander, zitiert von Theophrast:	*dahin erfolgt auch ihr Vergehen gemäß der Notwendigkeit; denn sie zahlen einander Strafe und Vergeltung für ihr Unrecht nach der Ordnung der Zeit.*
Simplikios:	wie er es mit diesen eher poetischen Worten zum Ausdruck bringt.

(DK 12 A9/B1)

Was bedeutet aber, es geschieht *gemäß der Notwendigkeit*? Und warum wird diese Notwendigkeit mit *Strafe und Vergeltung* begründet? Strafe – aber für welches *Unrecht*?

Aristoteles gibt in seiner ›Physik‹ folgende Erklärung: Gegner kämpfen meist um die Vorherrschaft. Nun versucht jedes Element, seinen Bereich auf Kosten eines anderen zu erweitern. So stehen Wasser, Luft und Feuer mit ihren Eigenschaften in Feindschaft zueinander. Wäre eines der Elemente in seinem Drang, ohne Beschränkung zu sein, siegreich, würde das kosmische Gleichgewicht aus den Fugen geraten und jedes Leben wäre vernichtet. Deshalb herrscht eine Notwendigkeit, dieses Unrecht (unbeschränkt sein zu wollen) zu sühnen und den gegnerischen Elementen Untergang und neues Entstehen nach der Ordnung der Zeit zuzumessen.

Möglich ist aber auch eine von Aristoteles abweichende Deutung: Die Schuld besteht darin, dass ein jegliches Ding über das ihm gesetzte Maß hinaus im Dasein verharren will. Die Schuld an den anderen Dingen ist, dass das Maß ihnen den Raum verwehrt und ihnen so die Möglichkeit nimmt, ins Dasein zu treten. Das Alte hindert das Neue darin, ins Dasein zu gelangen, aber weil es sich damit an ihm verschuldet, bewirkt die Naturnotwendigkeit den Untergang und schafft so Raum für neues Werden.

Anaximenes von Milet (585–525 v. Chr.) Er gibt – ähnlich wie Thales das Wasser – ein einzelnes Element, die Luft, als den Urgrund des Seins an.

Urgrund allen Seins sei die Luft; den Übergang in andere Stoffe erklärt Anaximenes mit Verdichtung und Verdünnung: Luft, die sich verdichtet, werde zu Wasser, bei stärkerer Verdichtung zu Erde, dann zu Stein; aus Luft, wenn sie sich verdünne, entstehe Feuer usw.

Auch Originalfragmente des Anaximenes sind überliefert, von denen eines, das von Plutarch stammt, angeführt sei:

> Er [Anaximenes] sagt, das, *was sich von der Materie zusammenzieht und verdichtet, ist das Kalte, das Dünne und Schlaffe dagegen* – so drückt er sich wörtlich aus – *sei das Warme.*
> (DK 13 B 1)

Durch den Zusatz *so drückt er sich wörtlich aus* wird deutlich, dass Plutarch hier Anaximenes im Original zitiert.

*

Bei der Würdigung der ionischen Naturphilosophen darf nicht vergessen werden, dass es nicht die Antworten sind, auch nicht das Erreichte, was die Bedeutung dieser philosophischen Väter ausmacht, sondern ihre Fragen. Mit diesen ihren Fragen haben sie die Welt bewegt, und mit Fragen wird auch in Zukunft die Welt weiterbewegt werden.

b. Die Schule der Pythagoreer

Die wissenschaftlichen Leistungen der pythagoreischen Schule sind nicht hoch genug einzuschätzen. Pythagoras wurde schon allein dadurch zum Philosophen, so P. Tillich, dass er in der Welt, die er erlebte, keine letzte Wirklichkeit sah. Ohne diese Voraussetzung wäre auch das Gedankengebäude eines Platon nicht entstanden.

Pythagoras von Samos (570–496 v. Chr.) Mit seiner Schule floss die zweite Hauptströmung in die früheste Philosophie ein. Er unternahm den bahnbrechenden Schritt zur Unterscheidung zwischen wahrnehmbarer und gedachter Welt, auf die Platons Ideenlehre später aufbauen wird. Kernpunkt seiner Lehre ist: Die Wirklichkeit ist mathematisch geordnet, das Wesen der Dinge liegt letztlich in den Zahlen.

Geboren wurde Pythagoras auf der Insel Samos, sein Vater war Goldschmied. Er emigrierte um das Jahr 530 v. Chr. in die griechische Pflanzstadt Kroton in Unteritalien, in das heutige Crotone in Kalabrien. In Kroton betätigte er sich als Verfassungsgeber und hatte großen Einfluss in der Stadt. Er gründete dort eine Schule mit ca. 300 Schülern; diese Schule hatte aber mehr den Charakter einer religiösen Lebensgemeinschaft oder Sekte, die sich vegetarisch ernährte und zu der auch Frauen Zutritt hatten. Eine seiner Schülerinnen, Theano, nahm er zur Frau. Der gemeinsame Sohn hieß Telauges; dieser wurde später sein Nachfolger.

Pythagoras' politische Macht führte bald zu Spannungen und später zu offenem Aufruhr. Wahrscheinlich floh Pythagoras vor Ausbruch der Unruhen von Kroton nach Metapont und ist dort gestorben.

1. Eine der zentralen Lehren des Pythagoras ist die Lehre von der Seele. Der Leib-Seele-Gegensatz und die Unsterblichkeit der Seele, verbunden mit der Seelenwanderung, stammen wohl aus der Dichtung des Sängers Orpheus und aus dem Kontakt mit asiatischen Kulten. Hinzu kommt die Lehre von der Wiederverkörperung der Seele, je nach Lebenswandel in höheren oder niederen Existenzweisen.

2. Haben die Ionier geglaubt, den Urstoff gefunden zu haben, nehmen die Pythagoreer nun in Anspruch, die gestaltende Form des »ersten Anfangs«, der *archē*, angeben zu können. Jede Kraft, will sie nicht willkürlich wirken, bedürfe einer formalen Ordnung, um bewegen zu können. Diese Ordnung, die jeden Stoff gestaltet, bestehe in den die Zahlen. Sie seien die Bausteine der Welt, sie lägen den Erscheinungen der Dinge zugrunde.

Wie aber kamen die Pythagoreer auf die Zahl als das Wesen aller Dinge? Es war die Beschäftigung mit der Musik, die diese Revolution im Denken auslöste. Spannt man die Saite eines Musikinstrumentes auf ein Brett, kann man den Ton verändern, indem man die Länge der Saite verkürzt. So liegen den Oktaven, Quinten und Quarten messbare Saitenlängen zugrunde, deren Abstände in Zahlen ausdrückbar sind. Somit basiert die Harmonie in der Musik auf einem mathematischen Verhältnis. Es gibt also ein Prinzip, das nicht im Stoff der Dinge (der Saiten oder des Holzbrettes) liegt.

3. Am bekanntesten dürfte der sog. *Lehrsatz des Pythagoras* sein, der ganz sicher nicht von Pythagoras selbst stammt, sondern schon in asiatischen Kulturen bekannt war: $a^2 + b^2 = c^2$. Weniger bekannt dürfte aber die Gedankenwelt sein, die hinter diesem Satz steckt.

Die Summe aus *9* und *16* ist *25*. Dafür kann man auch sagen: $3 \times 3 + 4 \times 4 = 5 \times 5$. Die Pythagoreer entdeckten nun, dass 3×3 auch als räumliches Quadrat darstellbar ist; also ist ein arithmetisches Verhältnis auch als geometrische Größe darzustellen, ebenso 4×4 und 5×5.

Statt $9 + 16 = 25$ kann man auch sagen: Die Summe der beiden Kathetenquadrate ist gleich dem Quadrat der Hypotenuse. So besteht zwischen den räumlichen Gestalten und den unräumlichen arithmetischen Verhältnissen im Grunde eine Identität. Das räumliche Gebilde eines rechtwinkligen Dreiecks mit seinen drei Quadraten ist eine in Erscheinung getretene arithmetische Gleichung. Wenn wir also die Zahlen und die richtige Ordnung der Zahlengesetze kennen, dann können wir die räumlichen Erscheinungen enträtseln. Gott hat, der Überzeugung der Pythagoreer zufolge, das Buch der Natur in mathematischen Lettern geschrieben.

Weitere Pythagoreer

Hippasos von Metapont (6./5. Jh. v. Chr.) gilt als der eigentliche Begründer der mathematischen Richtung der pythagoreischen Schule. Sein bleibender Verdienst ist die Entdeckung der *Inkommensurabilität* (»Unmessbarkeit«).

(Dem geometrischen Begriff der Inkommensurabilität entspricht in der Mathematik der Begriff der irrationalen Zahl. Von *Inkommensurabilität* spricht man, wenn Größen verglichen werden, deren Maßverhältnisse als mathematisches Ergebnis eine irrationale Zahl ergeben. Irrational ist z. B. die Zahl Pi (3,1415926535...). Ein Beispiel für die geometrische Inkommensurabilität: Nimmt man die Seitenlänge eines Quadrates und vergleicht sie mit seiner Diagonale, so ergibt dies – geht man von der Seitenlänge 1 aus – das inkommensurable Verhältnis 1 : 1,4142135 ...).

Für die Pythagoreer muss diese Entdeckung bestürzend gewesen sein. Ihr Glaube, die gesamte Natur könne in ganzen Zahlen ausgedrückt werden, bekam Risse.

Philolaos (470–399 v. Chr.) war Arzt und Zeitgenosse des Sokrates. Er bricht wohl als Erster mit dem Verbot, pythagoreische Lehren zu veröffentlichen, und ist die eigentliche Quelle dessen, was wir von Aristoteles über den Pythagoreismus wissen.

c. Heraklit und Parmenides – zwei Gegenpositionen

1. Position: Das bewegte Sein

Die Naturphilosophen aus Milet hatten nach einem Urstoff gesucht und jeweils geglaubt, ihn gefunden zu haben. Jeder der gefundenen Urstoffe setzte eine anfängliche Unveränderlichkeit und eine ursprüngliche beharrende Substanz der Weltwerdung voraus. Bei Pythagoras war es die Zahl, die als Ordnung den Stoff gestaltete, aber als formales Gesetz unveränderlich den Dingen der Welt zugrunde lag. Jetzt geht es um neue Fragestellungen: Ist nicht hinter dem Werden und Vergehen das Werden selbst, die Veränderung, das oberste Prinzip, und nicht eine ruhende Substanz? Kann es nicht sein, dass das Urwesen der Dinge ein Prozess ist? Auf diese Fragen versucht Heraklit zu antworten.

Heraklit von Ephesus (520–460 v. Chr.) Bei ihm kann ein erstes umfassendes System erahnt werden, das von einer Einheit der Gesamtwirklichkeit ausgeht, die gerade in ihrer Gegensätzlichkeit von einem metaphysischen Gesetz zusammengehalten wird. Seine Lehre vom Logos werden nachfolgende Schulen aufnehmen und den Logos mit Gott und dem Schicksal identifizieren. Dies reicht bis in die christliche Theologie hinein, die im Johannes-Evangelium zu der Aussage gelangt, dass der Logos nichts anderes sei als der Schöpfungsakt Gottes.

Mit ihm bekommt zum ersten Mal ein vorsokratischer Philosoph persönliche Konturen. Diogenes Laertius berichtet, Heraklit habe voller Verachtung auf seine Mitmenschen geblickt und sei der Ansicht gewesen, Homer verdiene es, aus den Preiswettkämpfen herausgeprügelt zu werden. Den Ephesern, diesem »heillosen Gesindel«, habe er geraten, sich aufzuhängen. Dass Heraklit ein Buch geschrieben hat, steht fest. Angeblich soll der Tragödiendichter Euripides Sokrates dieses Buch geliehen und ihn nach seiner Meinung gefragt haben. Sokrates soll geantwortet haben, was er davon verstanden habe, zeuge von hohem Geist; und was er nicht verstanden habe, dazu bedürfe es eines »delischen Tauchers«. Eine Legende zu Heraklits Tod findet sich ebenfalls bei Diogenes Laertius: Wegen seiner Wassersucht habe er sich, in der Hoffnung, dass das Wasser in seinem Körper durch die Wärme verdunsten würde, in einem Kuhstall in den Mist eingegraben. Daraufhin sei er gestorben.

Heraklits Werk ist rekonstruiert worden. Sein fragmentarischer Zustand ist zwar beklagenswert, aber andererseits sehen wir uns mit dem Glücksfall einer geistigen Hinterlassenschaft konfrontiert, die uns über 120 Originalzitate des dunklen Denkers beschert, an deren Echtheit zu zweifeln größtenteils kein Grund besteht. Heraklits Philosophie wird von drei Kerngedanken getragen:

1. dem Fluss der Dinge,
2. der Einheit der Gegensätze und
3. der Lehre vom Logos.

1. Das Bild vom fließenden Strom ist Heraklits berühmtes Symbol für den Prozesscharakter des Seins: »Alles fließt« (*panta rhei*) ist sein bekanntester Satz, obwohl er sich wörtlich in keinem

Originalfragment findet. In Platons Dialog ›Kratylos‹ sagt Sokrates über Heraklit:

> ich glaube zu sehen, dass Heraklit gar alte Weisheit vorbringt [...] Heraklit sagt doch, dass alles fließt und nichts bleibt [...]
> (Platon ›Kratylos‹ 402a)

In Aristoteles' ›Metaphysik‹ heißt es, dass Heraklit der Meinung sei,

> dass alles Sinnliche beständig fließe und es keine Wissenschaft davon gebe.
> (DK 65 A 3)

Plutarch zitiert Heraklit in Fragment 91 mit folgenden Worten:

> *Man kann nicht zweimal in denselben Fluss steigen* [...]
> (DK 22 B 91)

Das klingt, als mache ein Fließen aller Dinge diese Dinge zu etwas Flüchtigem, sodass jede konkrete Aussage über die jeweilige Identität unmöglich sei. Vor allem Platon scheint diesem Missverständnis aufgesessen zu sein; jedenfalls fügte er den Zusatz *und nichts bleibt* an und versuchte, die Identität der Gegenstände mithilfe von Ideen zu sichern.

Der Fluss wandelt sich durch neue Gewässer, ohne dass der Fluss aufhört zu bestehen. Die Tatsache, dass etwas dasselbe sein kann, obwohl sich seine Bestandteile ständig ändern, wird oft übersehen und ist der eigentliche Grund für das besagte Missverständnis.

Auch die Wandlungen am Menschen besagen nicht, dass nichts am Menschen bleibt: Er selbst bleibt. Es gibt ein Einheitliches hinter aller Vielheit und hinter allem Wandel. Diese Einheit sieht Heraklit aber nicht im endlosen Fließen aller Dinge, sondern in dem Gesetz, dass die Dinge des Lebens in ständiger Gegensätzlichkeit, ja in ständigem Kampf miteinander ständen.

2. Die Einheit der Welt verliert sich nicht im endlosen Fließen – sie ist deren Veränderung durch widerstreitende Gegensätze. Heraklit führt hierfür in Fragment 53 das massive Wort vom *Krieg* oder *Kampf* (je nach Übersetzung) ein.

> *Der Krieg ist der Vater aller Dinge, Herrscher aller ist er.*
> (DK 22 B 53)

Es wurde oft versucht, diese schroffe Aussage abzumildern, indem man die Vaterschaft des Krieges auf harmlose Gegensatzpaare zu beschränken suchte, bis man im 19. Jahrhundert einen Fund machte, der offensichtlich die Fortsetzung des berühmten Fragments 53 sein musste:

> *die einen lehrt er Götter, die anderen Menschen werden, diese macht er zu Sklaven, jene zu Freien.*
> (DK 22 B 53)

Damit ist klar, dass Heraklit demnach auch den mit Waffen ausgetragenen Konflikt als ein Weltgesetz ansah, das die schöpferische Weiterentwicklung der Menschheit garantiert.

Die schönste und einleuchtendste Illustration der Einheit der Gegensätze gibt Heraklit in Fragment 51 mit dem Beispiel des Musikinstruments der Leier:

> *Sie verstehen nicht, wie (das Eine), auseinanderstrebend, in sich übereinstimmt; gegenstrebige Vereinigung wie ein Bogen und Leier.*
> (DK 22 B 51)

So wie die Saiten der Leier Druck auf die beiden Enden des Holzes ausüben, so wehrt sich das Holz der Leier gegen diese Krümmung mit Gegendruck. Aber gerade auf diesen entgegengesetzten Spannungen beruht die Einheit des Instrumentes, ebenso wie die des Bogens. Für diese *gegenstrebige Vereinigung* bzw. »Verbindung« steht das griechische Wort *harmoniē*, im Grunde kein musikalischer, sondern ein technischer Begriff, der ursprünglich aus dem Schiffsbau kommt.

3. Diese *harmoniē* ist Ausdruck des Weltgesetzes, das Heraklit *logos* nennt. *Logos* heißt »Wort«, nicht »gesprochenes Wort«, sondern »Wort, hinter dem sich Rationalität verbirgt«, weil es sich als Rede gliedert, eine Rede, die das Sein erfasst und es in vernünftige Zusammenhänge bringt. Der Logos muss als ordnendes Gesetz im Sein der Welt erkannt werden, was aber meist nicht gelingt, weil der individuelle Logos dies oft nicht zu fassen vermag und die Menschen in ihrer Unerfahrenheit verständnislos weiterhin ihren privaten Logos pflegen.

Der Logos hat Anteil am Göttlichen. Als Teil des Göttlichen ist der Logos auch Prinzip aller Dinge, »Urgrund« (*archē*) allen Seins.

Dieser Urgrund wird nun *Feuer* genannt, allerdings nicht als stoffliches Prinzip wie bei den ionischen Naturphilosophen, sondern als unstoffliches Prinzip für die stofflichen Erscheinungsformen der Wirklichkeit.

In dem Maße, in dem die Seele Anteil am Logos hat, ist auch der Mensch imstande, richtig zu handeln. Richtiges Handeln ist nach Heraklit, wenn die Einsicht in die Gesetzmäßigkeit der Natur und die Einsicht in den Weltlogos zusammenfallen. Dies bedeutet, dass bei Heraklit bereits ein naturrechtlicher Ansatz vorliegt, der besagt, dass richtiges Handeln der Natur abgelauscht werden kann.

2. Position: Das ruhende Sein

Diese Gegenposition zu Heraklit wird vertreten von den Denkern von Elea, einer Stadt, die wohl unbedeutend geblieben wäre, wenn sich nicht die berühmte Philosophenschule dort etablierte hätte. Ionische Griechen, die 540 v. Chr. ihre Heimatstadt Phokaia verlassen hatten, hatten in Hyele in Unteritalien einen Handelsstützpunkt gegründet. Aus Hyele wurde Elea, das heutige Velia in Kampanien. Es liegt ca. 70 Kilometer südöstlich von Salerno und 40 Kilometer südlich von Paestum. Der Name der Philosophenschule von Elea ist untrennbar verbunden mit dem Namen Parmenides. Sein Vorgänger war Xenophanes.

Xenophanes von Kolophon (570–470 v. Chr.) Er verdankt seine Bedeutung in der Philosophiegeschichte der Tatsache, dass er als eine Art Aufklärer gegen den *anthropomorphen* (»vermenschlichten«) Götterglauben des Homer und Hesiod zu Felde zog und die Unmöglichkeit sicherer Wahrheit behauptete.

Nach seiner Flucht aus seiner Heimatstadt Kolophon folgten Irrfahrten nach Sizilien, Malta und Ägypten, auf denen er sich als fahrender Sänger und Dichter durchs Leben schlug. Elea wurde dann die letzte Station seines Lebens, wo er alle seine Kinder überlebte und fast hundertjährig starb. Die Fragmente, die wir von ihm haben, sind in poetischer Form abgefasst.

Die Fragmente 14–16 geben Zeugnis von seinem Spott über die Vermenschlichung der Götter:

Aber die Sterblichen wähnen, die Götter würden geboren,
und sie hätten Gestalt und Tracht und Sprache wie sie [...]
Hätten die Ochsen, Rosse und Löwen Hände und könnten
malen und Werke sie schaffen und bilden gleiche Menschen, dann
würde das Pferd wie ein Ross und ähnlich dem Ochsen der Ochse
seine Götter gestalten und Körper würden sie bilden,
so wie jegliches selbst das eigene Aussehen kennt [...]
Äthiopier sehn ihre Götter stumpfnasig, schwarz;
glänzenden Augs, rothaarig stellen die Thrakier sie dar.
(DK 21 B 14–16)

Dass die menschliche Erkenntnis unzureichend ist, war für die Griechen nicht neu. Dass aber die Einsicht, alles sei nur Vermutung, sichere Wahrheit könnten wir nicht erlangen, nicht mehr wegzudenkendes Allgemeingut der Philosophie geworden ist, verdanken wir dem Gründer der Schule von Elea. Sein bekanntestes Zitat lautet:

Nie noch lebte ein Mann noch wird es ihn geben, der
von den Göttern und dem, was ich sage, Sicheres wüsste.
Denn geläng' es ihm auch, das Vollendete einmal zu sagen,
nur ein Zufall hätt' ihn geführt, selbst wüsst' er es nicht.
Ist doch dem Menschen in allem nichts andres gegeben als Wahn.
(DK 21 B 34)

Parmenides von Elea (540–470 v. Chr. oder 515–445 v. Chr.) Er steht für einen Neuanfang in der Philosophie. Platon nennt ihn *Vater.* Als Erstem ging es ihm darum, dem Begriff des Seins bzw. des Seienden auf die Spur zu kommen. So wird er zum Ahnherrn der *Ontologie*, der »Wissenschaft vom Seienden«, als Grunddisziplin der Philosophie. Über ein Jahrtausend lang blieb sie deckungsgleich mit dem, was man als *Metaphysik* kennt.

Parmenides war wohl Schüler des Xenophanes. Einmal sei Parmenides mit seinem Schüler Zenon von Elea (490–430 v. Chr.) nach Athen gereist, wo es zu dem legendären Philosophentreffen mit dem jungen Sokrates gekommen sei, das Platon den Stoff zu seinem ›Parmenides‹-Dialog gab. Stimmt die am häufigsten tradierte Lebensspanne 540–470 v. Chr., so ist ein solches Treffen ein Unding, da Sokrates erst 470 v. Chr. das Licht der Welt erblickte. Demgegenüber steht bei Platon mit verblüffender chronologischer Genauigkeit, dass Parmenides ganz weißes Haar bei dem Treffen gehabt habe und in recht fortgeschrittenem Alter, etwa 65 Jahre, gewesen sei. Zenon sei vierzigjährig, von erfreulichem Aussehen und der Geliebte von Parmenides gewesen. Sokrates sei zu der Zeit noch sehr jung gewesen. Aufgrund dieser präzisen Angaben spricht viel für die alternative Angabe der Lebensdaten: von 515 bis 445 v. Chr. Das große Philosophentreffen kann somit im Jahre 450 stattgefunden haben.

Das Herzstück der Lehre des Parmenides ist die Lehre vom Sein und Nichtsein. Die Vernunft geht von folgendem Wissen aus: Es gibt nur ein Sein, aber es gibt kein Nichtseiendes. Das klingt banal, ist es aber nicht. Denn unter *Seiendem* versteht Parmenides immer »etwas, das einen Raum hat«. Das Nichtseiende leugnet er, da darunter ein »leerer Raum« verstanden wird, ein *Vakuum*. Die Annahme einer Bewegung oder eines Werdens setzt aber ein Nichtseiendes, einen leeren Raum, voraus, in dem sich etwas bewegt und in dem etwas entsteht. Daraus folgert Parmenides, dass es weder Bewegung noch Werden geben könne, sondern nur unveränderliches Sein. Dies stellt den gesamten Denkansatz der Vorsokratiker zu Werden und Vergehen auf den Kopf: Es kann kein Werden geben, denn nichts entsteht aus Nichts. Es hat also ein Übergang aus dem Nichtsein in das Sein stattgefunden. Und es kann auch kein Vergehen geben, da dem Vergangenen dann ein Nichtsein zukäme. Die Annahme von Werden und Vergehen erweist sich als trügerischer Schein. Warum die Menschen diesem Schein aufsitzen, begründet Parmenides allerdings nicht.

> *Niemals kann man es beweisen, daß es Nichtseiendes gibt,*
> *Halte dein Denken entfernt vom Pfade derartigen Forschens,*
> *lass von Gewohnheiten nicht, der vielerfahrenen, dich*
> *zwingen auf irrigem Weg. Vertrau' nicht ziellosem Blick*
> *nach der Ohren schallendem Brausen oder der Zunge […]*
> *Nicht auch verstatte ich dir, zu sagen oder zu denken,*
> *dass aus Nichtsein einst Seiendes wäre entsprossen.*
> *Weder darf man sagen noch denken: ›Nichtseiendes ist‹.*
> *Denn was zwang, was trieb es dazu, ob eher, ob später,*
> *in dem Nichts zu beginnen, als Sein dem Nichts zu entwachsen?*
> (DK 28 B 7–8)

Mit Parmenides haben wir einen Philosophen vor uns, dem wir eine bahnbrechende Erkenntnis verdanken, auf der andere Philosophen aufbauen werden: Das einzig Wirkliche ist über aller Wirklichkeit; es gibt eine Wirklichkeit jenseits der Erfahrung.

*

Was auf Parmenides folgte, ist reine *Apologie*, »Verteidigung« der Lehre des Meisters aus Elea. So spielt beispielsweise die Leugnung von Bewegung bei seinem Schüler Zenon eine spektakuläre Rolle. Die Verteidigung dieser Leugnung wird ihn berühmt machen.

Zenon von Elea (490–430 v. Chr.) Er verteidigt seinen Lehrer Parmenides gegen den massiven Spott und die Angriffe, die dessen Lehre von der Einheit des Seins ausgelöst haben. Zenon weist nach, dass die Annahme der anderen, es gebe eine Vielheit, zu noch lächerlicheren Resultaten führt.

Seine Einmischung in die Politik sollte ihn das Leben kosten. Bei einem Waffentransport von der Insel Lipari nach Italien wurde Zenon angeblich geschnappt und vom Tyrannen von Elea in ein scharfes Verhör genommen, in dessen Verlauf er getötet wurde. Unter Zenons Schülern soll der spätere athenische Staatsmann Perikles gewesen sein.

Zenons Methode ist raffiniert: Er geht von der hypothetischen Richtigkeit der gegnerischen Einwände aus, es gebe eine Vielheit, es gebe eine Bewegung usw. Daraus leitet er logische Schlüsse ab, die jedoch widersprüchlich sind. Was widersprüchlich ist, kann nicht wahr sein; also ist die zugrunde liegende Annahme falsch und – jetzt kommt der Umkehrschluss – somit das Gegenteil richtig, nämlich seine eigene These von der Bewegungslosigkeit. Mit vier Paradoxien belegt er seine These von der Unmöglichkeit von Bewegung, die beiden bekanntesten seien hier erwähnt. Überliefert wurden sie von Aristoteles:

1. »Achilles und die Schildkröte«: Der schnellste Läufer der Griechen wird das langsamste Lebewesen im Wettlauf nicht einholen. Vorausgesetzt wird, dass Achill beispielsweise 10-mal so schnell läuft wie die Schildkröte und dass diese einen Vorsprung bekommt, sagen wir von 100 Metern. Hat Achilles die 100 m aufgeholt, ist der langsamere Gegner schon bei der 110-m-Marke. Bei 110 zurückgelegten Metern hat die Schildkröte noch 1 m Vorsprung, dann 10 cm, dann 1 cm, 0,1 cm, 0,01 cm usw. Immer bleibt ein kleiner Vorsprung übrig. Bei unendlicher Teilung der zu durchlaufenden Wegstrecke wird Achilles die Schildkröte also nie einholen. (DK 29 A 26)

2. »Der ruhende Pfeil«: Ein abgeschossener Pfeil steht im Fluge still. Das Argument für diese Behauptung ist in Fragment 27 (DK 29 A 27) nur sehr verkürzt überliefert. Es könnte etwa so ausgesehen haben: Wenn etwas einen Ort von genau der Größe einnimmt, die es selbst hat, dann ist es in Ruhe. Was sich bewegt, nimmt im gegenwärtigen Zeitpunkt einen Ort von genau der Größe ein, die es selbst hat. Was sich bewegt, ist also im gegenwärtigen Zeitpunkt in Ruhe. Nun bewegt sich, was sich bewegt, immer im gegenwärtigen Zeitpunkt. Was sich bewegt, ist also immer in Ruhe.

Sicher war Zenon nicht ernsthaft davon überzeugt, dass der Wettlauf nicht gewonnen werden könne oder der Pfeil tatsächlich ruhe. Sein Anliegen war, den Gegnern seines Lehrers nachzuweisen, dass auch deren Ansichten zu Widersprüchen führten. Natürlich sind seine Gedanken ein Affront gegen den gesunden Menschenverstand, was sicher auch beabsichtigt war. Sie machen einen ärgerlich, da die Widerlegung doch nicht so leicht fällt, wie man es sich beim ersten Lesen vorgestellt hat.

d. Die Vermittlungsversuche zwischen Heraklit und Parmenides

Heraklit und Parmenides hatten zwei Fronten abgesteckt: dynamisches Werden und Vergehen als Realität einerseits und statische Unveränderlichkeit und Unvergänglichkeit als Realität andererseits. Zwischen beiden Positionen galt es nun, eine Synthese herzustellen. Denn hinter den scheinbar unversöhnlichen Standpunkten bestand eine elementare Gemeinsamkeit: Über der sichtbaren Wirklichkeit gibt es eine größere Wahrheit: bei Heraklit die unsichtbare Einheit der Gegensätze, bei Parmenides die unsichtbare Einheit des Seins. Drei philosophische Systeme stellen Vermittlungsversuche zwischen den beiden dar: das des Empedokles, das des Anaxagoras und das der Atomisten. Die Vermittlung besteht in der Annahme, dass unsere sichtbare Realität zwar aus veränderlichen Aggregaten besteht, diese jedoch wiederum aus unveränderlichen Teilpartikeln bestehen.

Empedokles von Akragas (495–435 v. Chr.) Er hat von den Eleaten die Lehre des wahrhaft Seienden übernommen, von Heraklit die Realität des Werdens, von den Ioniern die Kosmologie und von Pythagoras die Lehre von Wiederverkörperung und Seelenwanderung. Damit war er aber keineswegs ein unorigineller Denker, sondern der Erste, der einen Ausweg aus dem Dilemma zwischen Konstanz und Bewegung wies.

Empedokles war Philosoph, Wunderheiler, Wissenschaftler, Magier, Politiker, Arzt und vielleicht auch ein Scharlatan. Seine Heimatstadt ist das heutige Agrigent an der Südküste Siziliens. Aus tiefstem Herzen war er Pythagoreer. Als er einmal eine Epidemie (wahrscheinlich die Malaria) eindämmte, indem er auf eigene Kosten ein stehendes Gewässer durch Flussumleitungen belebte, haben ihn die Einwohner wie einen Gott angebetet. Kein Wunder, denn er trug zu seiner finsteren Miene stets ein Purpurgewand mit goldener Kopfbinde und an den Füßen eherne Sandalen. Über seinem Tod schwebt ein rätselhafter Schleier. Die schönste der sechs Varianten von seinem Tod lautet: Um seine Göttlichkeit mit einer Art Himmelfahrt zu krönen, stürzte er sich in den glühenden Schlund des Ätna, der jedoch eine seiner ehernen Sandalen wieder ausspie. Gegen diese Darstellung erhob allerdings sein Schüler und Geliebter Pausanias Einspruch.

1. Empedokles nimmt vier Grundstoffe an: Zu den bekannten, *Wasser*, *Luft* und *Feuer*, nimmt er noch die *Erde* hinzu. Er nennt diese Grundstoffe *Wurzeln* des Seins; Aristoteles wird sie später *Elemente* nennen. Hiermit greift Empedokles den *archē*-Gedanken der Ionier von dem einen Grundstoff auf und erweitert die Reihe auf vier gleichberechtigte Grundstoffe oder Elemente, die nicht aufeinander zurückführbar sind. Hinter der Entdeckung der Vierzahl der Elemente steckt der Zweifel des Empedokles: Wie kann ein mannigfaltiger universaler Prozess aus einer einzelnen Einheit abgeleitet werden? Diese Annahme des Parmenides von der Einheit des

Seienden muss geopfert werden. Nicht geopfert aber werden die Eigenschaften, die Parmenides ihnen zugesprochen hatte: die des *Ungewordenen* und die des *Unvergänglichen.*

2. Das *Werden* führt Empedokles nun auf die Faktoren *Mischung* und *Trennung* der Elemente zurück. Das, was wir mit unseren Augen oder sonstigen Organen wahrnehmen, ist nichts anderes als die Kombination der vier Grundelemente zu verschiedenen Aggregaten oder Konstellationen. Das Bleibende aber an den Kombinationen der Grundstoffe ist ihr unveränderliches Sein.

3. Was setzt diese Mischung und die daraus resultierende Bewegung in Gang? Es ist die Kraft: Diejenige, welche die Stoffe verbindet, ist die Liebe, und die, welche Stoffe abspaltet, nennt er *Hass* oder *Streit.*

> *Der (Wettstreit beider Kräfte) liegt klar vor in der ausgezeichneten Masse menschlicher Glieder: Bald vereinigen sich auf Antrieb der Liebe alle Glieder, die Körper angenommen haben, in eins, auf der Höhe strotzenden Lebens, dann aber wieder, auseinandergetrieben durch die bösen Mächte der Zwietracht, irren sie, voneinander getrennt, umher am Gestade des Lebens.*
> (DK 31 B 20)

Anaxagoras von Klazomenai (500–428 v.Chr.) Er verpflanzt den neuen Anspruch des Denkens in das künftige Zentrum des Geistes, Athen, das noch nichts von seinem Glück weiß. Auch er will einen Ausweg aus der Sackgasse aufzeigen, die die Philosophie seit Heraklit und Parmenides verlassen möchte. Ihm verdankt die Philosophie einen neuen Grundgedanken, den des *Nous* (»Geist«). Platon wird diesen Begriff als »Vernunft« übernehmen.

Seine Heimat ist das heutige Urla am Golf von Smyrna. Der große Perikles war es, der ihn bat, nach Athen zu kommen und ihn zu unterrichten. In Athen, wo er 30 Jahre lang wirkte, entwickelte Anaxagoras das Grundgerüst seines Systems, das mit seiner aufklärerischen Erklärung des Kosmos die kleine Welt der Athener Polis erschütterte, die für eine Loslösung vom alten Götterglauben noch nicht reif war. Seine Erkenntnis, dass die Sonne nur eine glühend heiße Eisenmasse sei und auch die Sterne keine göttlichen Gestalten seien, brachte ihn, angeklagt der Leugnung der Staatsgötter, ins

Gefängnis. Sein Gönner Perikles bewahrte ihn vor der Todesstrafe. So konnte er in das nordionische Lampsakos fliehen.

1. Sein Bemühen, die Problematik von Sein und Werden zu lösen, baut sowohl auf der Grundprämisse des Parmenides auf, nichts könne aus Nichts entstehen und ins Nichts vergehen, als auch auf der Einsicht des Empedokles, dass das, was uns als Werden und Vergehen von Dingen erscheint, in Wirklichkeit Mischen und Trennen von Elementen sei. Das Neue ist, dass Anaxagoras bei der Mischung unendlich viele ungewordene und unveränderliche »Urdinge« (*chremata*) annimmt, deren Resultat letzter Teilung er *spermata* (»Samen« bzw. »Keime«) nennt. Damit hat er das Problem der Entstehung von Vielem aus Einem aus der Welt geschafft.

Über die Zusammensetzung der *spermata* gibt es leider nur ein einziges Originalfragment:

> *Wenn das sich so verhält, muss man zur Annahme gelangen, dass in der Gesamtheit der Stoffe, die sich vereinigen, viele und vielgeartete (Stoffe) vorhanden sind, und Keime (Samen) aller jener Dinge, die mannigfache Gestaltungen, Farben und Sinnesempfindungen enthalten.*
> (DK 59 B 4)

Es gibt nach Anaxagoras keine reinen Substanzen. Bei der unendlich teilbaren Materie birgt jedes Teil die gesamte Anzahl aller Samen oder Keime in sich, was ihn zu der gewagten These veranlasst, alles sei in allem enthalten. So könnte man zusammenfassend sagen: Jeder Stoff erscheint nicht als das, was er wirklich ist, sondern als das, wovon er prozentual am meisten enthält.

2. Anaxagoras fragt nun nach einer logischen Begründung für Bewegung. Den Grund findet er in einem Prinzip, dem der *Kraft*. Er nennt sie *Nous*, »Geist«. Dieser ist denkend, vernünftig, allmächtig, göttlich, aber unpersönlich. Der Nous hat den Anstoß dazu gegeben, dass aus der unbeschränkten Urmasse durch Sichaussondern, d.h. durch Differenzierung, die Welt entstanden ist.

Anstelle einer eigenen Einschätzung sei das Lob des Aristoteles zitiert. In seiner ›Metaphysik‹ vergleicht er Anaxagoras mit »einem Nüchternen unter lauter Faselnden«. Gleichwohl spart der große Aristoteles auch nicht mit Kritik: Anaxagoras gebrauche den Geist als

> deus ex machina, und wenn er nicht mehr in der Weltbildung weiter wisse, zerre er ihn herbei; [...]
> (DK 59 A 58)

(Der Ausdruck *deus ex machina* bezeichnet in der griechischen Tragödie die unverhoffte Lösung durch einen mittels Bühnentechnik erscheinenden Theatergott.)

*

Was folgt, ist das »Finale der heroischen Epoche der griechischen Philosophie« (J. Mansfeld). Die Frage, wie Werden und Vergehen unter der Voraussetzung des Parmenides, dass alles Sein unveränderlich sei, zu erklären sind, sollten nun die sog. *Atomisten* zu beantworten versuchen. Ihre Lösung finden sie darin, dass sie die unteilbare Einheit des parmenideischen Seins zerschlagen, und zwar in kleinste Teilchen, die selbst nicht mehr teilbar sind. Das ist die Geburtsstunde des *Atom*-Begriffes: *atomon* ist das griechische Wort für »unteilbar«.

Demokrit von Abdera (460–370 v. Chr.) Gemeinsam mit seinem Lehrer Leukipp gilt er als Begründer des Atomismus. Sein naturphilosophischer Zentralbegriff ist der des *atomon*, des »Unteilbaren«. Aristoteles hat Demokrits Sicht von einer atomaren Grundstruktur des Seins zwar als widersprüchlich nachgewiesen. Später wurde sie von Epikur aber neu begründet und hat dann auch das wissenschaftliche Weltbild der Neuzeit mitbeeinflusst. Davon abgesehen war Demokrit ein äußerst vielseitig gebildeter Mann, der auch über ein breites Themenspektrum Bücher schrieb. Außerdem galt er schon bei seinen Zeitgenossen als der ›lachende Philosoph‹, dies wohl deshalb, weil er auf die Frage des Sokrates, welches Ziel das menschliche Leben habe, eine erste Antwort gab: Es komme auf die gute Laune an (*euthymia* »Wohlgemutheit«).

Obwohl er Sokrates um mindestens 30 Jahre überlebte und trotz seiner Antwort auf dessen Frage, wird Demokrit noch zu den Vorsokratikern gerechnet. Er stammte aus einer reichen Familie in Thrakien, unternahm etliche Studienreisen nach Persien, Ägypten und Indien und kam schließlich nach Athen. Die Aufnahme in die Schule des Anaxagoras wurde ihm verwehrt. Er hat mehr als 70 Schriften über Physik, Ethik, Mathematik, Musik und Kunst verfasst, die leider alle verloren gegangen sind. In seiner Heimatstadt Abdera muss er vor seinem Tod im Alter von etwa 90 Jahren hochberühmt gewesen sein.

1. Nach Demokrit muss es einen Urstoff geben, der unbetroffen bleibt von dem Verfall, der überall in der Natur bemerkbar ist. Etwas Stoffliches aber kann nur dann ein Urstoff sein, wenn es kein zusammengesetztes Aggregat, sondern ein letzter, nicht mehr teilbarer Baustein ist: das Atom. Diese letzten Teilchen bilden für Demokrit die Grundlage für Veränderungen in der Welt.

2. Für diese Änderung, d.h. für die Teilbarkeit des Seienden, ist eine wichtige Voraussetzung nötig, nämlich die des leeren Raumes. Durch den leeren Raum sind die Teile voneinander getrennt. Die vielen Atomkörperchen scheiden sich aus dem unendlichen, gleichsam grenzenlosen Vorrat ab und breiten sich in das große Leere aus. Somit ist das Leere nichts Zweitrangiges, es gibt auch keine zahlenmäßige Vorherrschaft des einen oder anderen.

Neben den unveränderlichen Qualitäten, die Parmenides dem Seienden schon zuschrieb, billigt Demokrit den Atomen drei Eigenschaften zu, die rein quantitativ sind: *Gestalt* (Größe), *Lage* und *Anordnung*. Simplikios gibt Demokrits Überlegungen so wieder:

> *[Die Atome] befänden sich in unruhiger Bewegung und würden infolge ihrer Ungleichheit [...] im leeren Raum herumgetrieben. Bei ihrer Bewegung aber stießen sie aufeinander und verflöchten sich (dabei) zu einer derartig engen Verbindung, dass sie untereinander ganz nahe zusammengerieten. Aber er lässt dabei aus ihnen keinerlei wirkliche Einheit entstehen. Denn es wäre doch völlig unsinnig, dass aus zwei oder mehreren jemals ein einziges werden könne. Dafür aber, dass sie eine gewisse Zeit über miteinander vereinigt bleiben, sieht er den Grund in ihrer wechselseitigen Verbindung und in dem Aneinanderhaften der Urkörper. Denn die einen von ihnen hätten Formen von ungleichseitiger Begrenzung, andere seien hakenartig gebogen, wieder andere muldenartig eingebuchtet oder wiederum nach außen gewölbt, noch andere zeigten unzählige (Varianten) unterschiedlicher Gestaltung.*
> (DK 67 A 37)

3. Den Grund für die Entstehung der Welt durch Bewegung der Atompartikel sieht Demokrit in den Faktoren *Druck* und *Stoß*. Zusammenprall, Stau und Interaktionen lösen einen Wirbel aus, der sowohl die Entstehung des Kosmos als auch die jeweilige Konstellation der Erscheinungen zur Folge hat.

4. Eine rein mechanistische Sicht der Welt macht auch nicht vor der menschlichen Seele halt. Auch sie besteht aus Atomen, die dank ihrer besondern Beweglichkeit überall im Körper anwesend sind. Aus demselben Seelenstoff besteht auch das Feuer. Der Tod des Menschen stellt sich folgerichtig als eine Zerstreuung der Seelenatome dar.

2. Das Denken auf seinem Höhepunkt: Die attische Philosophie

a. Der Anstoß: Die Sophisten

Mit dem dritten Vermittlungsversuch zwischen Heraklit und Parmenides, dem der Atomisten, hatte sich die vorsokratische Naturphilosophie in ihrer gestalterischen Kraft erschöpft und war an ihr Ende gelangt.

Jedes Ende aber ist ein neuer Anfang.

Die Frage, ob die Sophisten wirklich einen neuen Anfang darstellen und ein neues Denken angestoßen haben, muss eindeutig bejaht werden. Der Grund liegt nicht darin, dass sie die chronologischen Vorläufer des Sokrates sind, sondern darin, dass sich gerade an ihnen die Philosophie eines Sokrates entzündet hat. Oder plakativer ausgedrückt: *Die Philosophie des Sokrates ist ohne die Sophisten kaum vorstellbar.*

Die Sophisten werden sehr unterschiedlich beurteilt. Ihren schlechten Ruf als Wortverdreher und Spiegelfechter verdanken sie eindeutig Platon, der sie in vielen seiner Schriften bekämpfte und ihnen vor allem verübelte, dass sie Bildung an jedermann für Geld verkaufen wollten und die Tugend oder Tüchtigkeit ausschließlich als eine Geschicklichkeit verstanden, die schlechtere Sache zur stärkeren machen zu können. Sie seien keine Führer, sondern Verführer. Dagegen kennt die andere Sicht die Sophisten als aufklärerische Pioniere, die zur »Demokratisierung des Wissens« (W. Röd) beigetragen hätten, die wiederum eine große Relevanz für die soziale Praxis hatte.

Protagoras von Abdera (490–411 v. Chr.) Der bedeutendste unter den Sophisten verändert den bisherigen Fokus, der von einer objektiven Wirklichkeit hin zum Menschen ausgeht, und richtet ihn auf den Menschen, der nun im Zentrum der Betrachtung steht: Alles ist relativ, wie etwas ist, ist es nur für mich. Diese relativistische Anschauung findet ihren Niederschlag in seinem bekanntesten Satz vom Menschen als Maß aller Dinge.

Er stammte wie Demokrit aus Abdera. Sein erster Besuch in Athen scheint im Jahre 450 v. Chr. gewesen zu sein; in dieser Zeit hatte der Athener Staatsmann Perikles seine Bekanntschaft gesucht. Protagoras' zentrales Werk trägt den Titel ›Kataballontes‹ (»Niederwerfende Sätze«), eine Metapher aus der Ringersprache. Seine Diskussionen mit Sokrates in Athen basieren ganz sicher auf einem historischen Kern, wenn Platon sie auch seiner literarischen Regie unterwarf. Wegen seines Buches ›Über die Götter‹ geriet Protagoras in Konflikt mit den herrschenden Vierhundert, seine Schriften wurden eingezogen, auf der Agora in Athen verbrannt, und er wurde aus der Stadt verbannt. Auf seiner Flucht kam er bei einem Schiffbruch während der Überfahrt nach Sizilien ums Leben.

1. Sein berühmtester Satz findet sich in Platons Dialog zwischen Sokrates und dem Mathematiker Theaetet. Thema ihrer Unterhaltung ist, ob Erkennen nichts anderes als Wahrnehmung sei.

> SOKRATES: Wahrnehmung, sagst du, sei Erkenntnis.
> THEAETET: Ja.
> SOKRATES: Protagoras drückt dies auf etwas andere Weise aus. Er sagt nämlich, *aller Dinge Maß ist der Mensch, der seienden, dass/wie sie sind, und der nicht seienden, dass/wie sie nicht sind.*
> (Platon ›Theaetet‹ 151e–152a)

Was aber ist damit gemeint, der Mensch sei das Maß aller Dinge? Das griechische Wort für »Wahrheit« heißt *alētheia* und bedeutet ursprünglich »Enthüllung«; über 2000 Jahre später wird Martin Heidegger den Begriff als »Unverborgenheit« aufnehmen. Bis vor dem Auftreten der Sophisten galt, dass hinter dem, was bis jetzt als wirkliche Welt angesehen worden war, mehr war als nur das Sichtbare. Nun behauptet Protagoras überraschenderweise, der Mensch habe die Wahrheit schon. Wahrheit ist kein Sonderwissen mehr, nein, die ganze Wahrheit wird durch den plakativen (und unbewiesenen) Anspruch *Aller Dinge Maß ist der Mensch* in das Blickfeld des Menschen gerückt. Alles war schon immer in menschlicher Reichweite, im Bemessungsmaß des Menschen. Nichts liegt außerhalb des Maßes (*metron*), das in einer anderen Quelle *kriterion* genannt wird (DK 80 A14/A1).

Dass Protagoras das Kriterium innerhalb der Dinge ansiedelt, muss beanstandet werden, denn Kriterien werden aus heutiger Sicht stets von außen an die Dinge herangetragen. Dinge, das sind keineswegs einzelne Sachdinge, sondern Situationen, Sachverhalte. So stellt Protagoras mit seinem Satz die Behauptung auf, dass diese *Dinge* keine Substrate einer höheren Wirklichkeit seien, sondern dass sie schon im Metron seien. Protagoras beseitigt jeden externen Halt des Menschen, indem er ihm diesen einverleibt: Der Mensch muss Situationen bewältigen und gestalten, ohne den helfenden Standpunkt eines äußeren Kriteriums benutzen zu können.

Selbst wenn es eine (von den Sophisten geleugnete) *wahre Welt* hinter der alltäglichen gäbe, ist es sinnlos, sich mit ihr zu beschäftigen, da sie nicht die unsrige ist. Dies hat Folgen für die praktischen Fragen: Eine absolute Wahrheit kann weder dort noch hier ausgemacht werden.

2. An dieser Stelle sei es dem Verfasser erlaubt, die weitverbreiteten Klischees über die Sophisten, nicht zuletzt entstanden aus dem Kontrast zum Bild des edlen Sokrates, zu korrigieren und eine Lanze für diese zu brechen.

Der Vorwurf der Relativierung von Wahrheit erscheint aus heutiger Sicht überzogen: Die Tugend des Einzelnen wird nicht an einem immerwährenden Wesen von Tugend gemessen, sondern in einen sozialen Zusammenhang eingebettet, in dem die konkrete Situation mitberücksichtigt wird.

Am Beispiel der den Sophisten von Sokrates vorgeworfenen rhetorischen Künste wird dies klarer: Dass mittels der Rhetorik Recht umgebogen werden kann, ist nur die eine Seite. Die andere Seite ist, dass die Rhetorik aber auch ein Instrument zur Durchsetzung sozialer Anliegen sein kann. Die soziale Lebenssituation wird durch das neue Maß, den Menschen, neu gesehen.

3. Auch hinsichtlich Recht und Moral gilt: Nichts steht mehr dem Menschen gegenüber. Alles ist relativ, d.h., bezogen auf eine Situation: Nichts ist ewig gültig. Dass damit den sozialen Veränderungen Rechnung getragen wird, muss zugegeben werden. Dabei darf aber der Fehler nicht verschwiegen werden, der Protagoras unterläuft: Alle berechtigte Relativität darf sich niemals auf Recht und Sittlichkeit beziehen, sondern lediglich auf das Bewusstsein von Recht und Sittlichkeit.

Gorgias von Leontinoi (485–390 v. Chr.) Auch er erteilt jeglichen Seinstheorien, die ohnehin keine definitiven Antworten auf Fragen von Wahrheit und Sittlichkeit zulassen, eine schroffe Absage.

Sein Geburtsort Leontinoi ist das heutige Lentini in Sizilien. Seine Auftritte als Rhetor in Athen, Olympia, Delphi, Böotien und Argos müssen überwältigend gewesen sein. In Platons gleichnamigem Dialog lässt Platon Gorgias mit Sokrates einen Disput über das Wesen und den Wert der Rhetorik führen. Auf sarkastische Weise stellt Sokrates die Kunst der Rhetorik auf eine Stufe mit der Koch- und Putzkunst. Mehr sei Rhetorik nicht. Das eigentlich Negative an der Redekunst allerdings legt Platon dem Gorgias-Schüler Polos in den Mund, der das Wissen von Recht und Unrecht für den Redner als entbehrlich betrachtet und die These des Sokrates zurückweist, Unrecht zu erleiden sei besser als Unrecht zu tun.

Von Gorgias' bemerkenswertem Buch ›Über das Nicht-Seiende‹ oder ›Über die Natur‹ wissen wir vor allem durch zwei Referate (DK 82 B 3). Gorgias stellt darin die Philosophie der Eleaten auf den Kopf und behauptet, es gebe nichts. Wenn aber doch, dann könne man es nicht erkennen. Wenn aber doch, könne man das Erkannte nicht mitteilen. Auch das folgende Fragment gibt Zeugnis davon:

> *Das Sein ist unkenntlich, weil es ihm nicht gelingt, zu scheinen, das Scheinen ist schwach, dem es nicht gelingt zu sein.*
> (DK 82 B 26)

b. Die Klassiker: Sokrates, Platon, Aristoteles

Dass die Vorsokratiker eine Vielzahl von Welterklärungen gegeben hatten, die zwangsläufig zu Widersprüchen führten, und dass die Sophisten Zweifel an der Erkenntnisfähigkeit des Menschen durch die Leugnung objektiver Kriterien für Tugend, Recht und Moral erhoben hatten, musste Konsequenzen haben. Diese machten sich hauptsächlich im griechischen Mutterland bemerkbar. Denn dorthin hatte sich von Ionien nach der Zerstörung Milets durch die Perser (494 v. Chr.) nicht nur der wirtschaftliche, sondern auch der geistige Schwerpunkt verlagert. Athen mit seinem großen Reichtum übernahm nicht nur die politische Vormachtstellung, sondern auch die philosophische Führung. Die Blütezeit Athens begann. Die Kennzeichen des sog. *Perikleischen Zeitalters* waren: Einführung der Demokratie, politische Neuordnung der Polis, kulturelle Leistungen von Tragikern wie Aischylos, Sophokles und Euripides, ferner das Geschichtswerk des Thukydides und – das Auftreten von Sokrates, Platon und Aristoteles, von denen, wenn auch mit etwas Übertreibung, gesagt werden kann: »Der eigentliche Klang ihrer Worte dringt […] hinaus in eine zeitlose Zukunft. Es ist ewige Philosophie.« (J. Hirschberger)

Sokrates

Sokrates (470–399 v. Chr.) Er ist der Philosoph mit dem größten Bekanntheitsgrad. Er bereitete den Boden für Platon und Aristoteles, die nach ihm die griechische Philosophie zu ihrem einsamen Höhepunkt führten. Als sein Lehrer gilt Archelaos, der als Schüler des Anaxogoras die ionische Naturphilosophie nach Athen verpflanzt hatte. Aber diese Tatsache spielt für die Philosophie des Sokrates überhaupt keine Rolle, denn diese bleibt völlig ohne Vorgänger. Sie entzündet sich als Gegenposition zu den Sophisten, als deren Überwinder er gilt. Sein Schüler Platon wird das von ihm gelegte Fundament zu einem monumentalen Denkgebäude ausbauen, das in veränderter Form das frühe Christentum entscheidend beeinflussen wird, während die Gedanken des Platon-Schülers Aristoteles das Denken des gesamten Mittelalters prägen werden.

Geboren wurde Sokrates in Athen, sein Vater Sophroniskos war Bildhauer von Beruf, seine Mutter hieß Phainarete und war Hebamme. Diogenes Laertius zufolge habe auch Sokrates für kurze Zeit als Bildhauer gearbeitet und einige Statuen auf der Akropolis gefertigt. Das spätere Klischee vom ewigen Nörgler und nichtstuerischen Querdenker verkennt, dass er als einfacher Soldat dreimal an Feldzügen für seine Heimatstadt teilgenommen und einmal sogar seinem Schüler Xenophon das Leben gerettet hat. Er wurde recht bald eine Stadtberühmtheit, da er auf der Straße und auf den Plätzen der Stadt jeden Bürger, den er traf, in tiefsinnige Gespräche verwickelte, nicht immer zu deren Freude. Manche seiner Gesprächspartner fanden ihn abstoßend und sparten nicht mit Hohngelächter und Fußtritten, während andere in seinen Bann gerieten und sich immer tiefer in den Sog seiner Gedanken reißen ließen. Im Jahre 423 v. Chr. war er in Athen schon so stadtbekannt, dass ihn der Dichter Aristophanes in seinen ›Wolken‹ verspottete. Grund zum Spott lieferte auch seine nicht minder berüchtigte Gattin Xanthippe. Geschichten, wie sie ihren Mann einmal schmähend aus dem Fenster mit schmutzigem Wasser übergoss oder ihm ein andermal auf dem Markt zum Gespött der Umstehenden den Mantel vom Leibe riss, trugen dazu bei, dass sie zur Personifikation des Klischees des Ehedrachens wurde. Drei Söhne soll Sokrates gezeugt haben: Lamprokles, Sophronikos und Menexenos. Der Älteste, Lamprokles, wurde zweifelsfrei von Xanthippe geboren, die beiden Jüngeren – schenkt man den Gerüchten über eine Doppelehe Glauben – von seiner zweiten Frau Myrto. Die Überlieferung kennt drei Berichte, denen zufolge Sokrates politische Zivilcourage bewies. Als das Volk nach einer verlustreichen Schlacht das Todesurteil für die verantwortlichen Feldherren verlangte, widersetzte Sokrates sich als Vorsitzender des Rates dieser Forderung. Er zog es vor, seinen Eid zu halten, »anstatt dem Volk gegen Recht und Gerechtigkeit zu schmeicheln«, schreibt Xenophon in seinen ›Erinnerungen an Sokrates‹. Auch bei der blutigen Säuberungsaktion des Kritias, der ein gewisser Theramenes trotz seiner Flucht zum Altar der Göttin Hestia zum Opfer fiel, soll Sokrates tätlich eingegriffen haben. Erst als der Aufgegriffene ihm zurief, er solle aufhören, ließ Sokrates davon ab, berichtet der Geschichtsschreiber Diodor unter Berufung auf den Universalhistoriker Ephoros. Die Gründe für Sokrates' Verurteilung wegen Gottlosigkeit und Verführung der Jugend liegen weitgehend im Dunkeln. Seine Auffassung von Recht und Gerechtigkeit hielt ihn davon ab, dem Todesurteil durch Flucht entkommen zu wollen, obwohl dies leicht möglich gewesen wäre. Die Verurteilung erfolgte mit einer Stimmenmehrheit von 280 zu 220 Stimmen. Als Strafmaß für sich selbst schlug Sokrates eine Zahlung von 25 Drachmen für sich vor. Den entstehenden Lärm übertönte er schließlich mit der Forderung nach lebenslanger Speisung im Prytaneion, dem Amtsgebäude der obersten Beamten, einer Ehre, die nur verdienten Politikern und Feldherrn zuteil wurde. Das brachte das Fass zum Überlaufen und dem Verurteilten noch weitere 80 Stimmen für den Tod durch den

Schierlingsbecher ein. Den letzten Stunden im Leben des Sokrates hat Platon in seinem Dialog ›Phaidon‹ ein ergreifendes und unsterbliches Denkmal gesetzt.

Die Quellen

Da von Sokrates keine Schriften überliefert sind, ist die Frage nach dem historischen Sokrates schwierig. Im Grunde können wir die Gestalt des Sokrates hauptsächlich aus dem Blickwinkel dreier Zeitgenossen und dem des Aristoteles erfassen:

1. Der über 40 Jahre jüngere Platon war Sokrates' getreuester Schüler, was aber nicht heißt, dass seine Sokrates-Dialoge eine getreue Wiedergabe der tatsächlichen Worte seines Meisters sind. Von seinen Frühschriften erreicht die größte Nähe zum historischen Sokrates nach allgemeiner Überzeugung die Verteidigungsrede, die Platon in der ›Apologie‹ überliefert; sie dürfte den Verlauf des Prozesses ziemlich authentisch schildern. Ansonsten stellen die genialen Dialoge Platons eine Idealisierung seines Lehrers dar. Sokrates wird zum Sprachrohr Platons, der vor allem seine eigene Lehre, obgleich an Sokrates entzündet, diesem in den Mund legt. Es besteht berechtigter Zweifel daran, dass Sokrates die Kernlehren seiner Ethik damals tatsächlich schon vertrat. (K. Döring)

2. Dem schriftstellernden Feldherrn Xenophon, vielen Gymnasiasten hinreichend durch die Lektüre der ›Anabasis‹ bekannt, begegnete Sokrates im Jahre 401 v. Chr. In Xenophons Buch ›Erinnerungen an Sokrates‹ wird Sokrates als pflichtbewusster und untadeliger Staatsbürger und als Muster an Anspruchslosigkeit dargestellt. Obwohl wir von ihm interessante Details erfahren, haben doch viele seiner Berichte keine historische Basis, da sie nicht unter dem unmittelbaren Eindruck dieser Begegnung, sondern erst 40 Jahre später als Reaktion auf die entstehende Sokrates-Literatur niedergeschrieben wurden.

3. Schließlich ist der recht unbekannte Aischines von Sphettos zu nennen, der sowohl vor Gericht als auch in der Todesstunde seines Lehrers anwesend war. Die Sokrates-Teile seiner sieben Dialoge geben das beste Bild des geschichtlichen Sokrates wieder. Bei Aischines, der als getreuer Anhänger gilt, treten die Grundgedanken der sokratischen Lehre wohl am deutlichsten zutage. Bei Diogenes Laertius ist der recht unbeachtete Hinweis zu lesen, dass Aischines' Dialoge in Wirklichkeit die Schriften des historischen Sokrates seien. Nach dessen Tod seien sie durch Xanthippe in Aischines' Besitz gelangt, und er hätte sie als die eigenen ausgegeben. Selbst der Sokrates-Schüler Aristipp soll ihn nach einer Lesung aus den Dialogen gefragt haben: »Woher hast du das, du Räuber?« Verleumdung oder nicht: Der arme Aischines wagte im Schatten Platons und Aristipps nicht, als eigenständiger Lehrer der Philosophie in Erscheinung zu treten, sondern hielt aufgrund seiner Armut Vorträge gegen Bezahlung, erteilte Unterricht in Rhetorik und schrieb Verteidigungsreden vor Gericht.

Der Schlüssel für die Lehre des Sokrates

Aristoteles, dessen Notizen zu Sokrates wohl aus den Frühdialogen Platons abgeleitet sind (K. Döring), gibt uns in seiner ›Metaphysik‹ einen wichtigen Hinweis, der besagten Schlüssel für die Lehre des historischen Sokrates darstellt:

> Sokrates erst suchte auf dem Wege strenger Erörterung den *Begriff* der Sache. Denn was er anstrebte, war ein Schlussverfahren, das Prinzip des Schlussverfahrens aber ist der Begriff. [Zweierlei sei es,] was das Verdienst des Sokrates war: den Beweis durch Heranführung und die begriffliche Bestimmung des Allgemeinen: beides Dinge, die die Grundlegung aller Wissenschaft betreffen.
> (Aristoteles ›Metaphysik‹ M 4, 1078b23–28).

Das Anliegen

1. Der Mensch solle »so gut und einsichtig wie möglich sein« (Platon ›Apologie‹) – so lautet Sokrates' Ausgangspunkt in Kurzform. Damit meint er die Erlangung von Wissen und Tugend. Er tue doch schließlich nichts anderes »als umherzugehen und euch, Junge und Alte, zu überreden, euch nicht um den Körper und die Schätze mehr oder auch nur ebenso eifrig zu sorgen, wie um die Seele, dass sie so gut wie möglich werde« (Platon ›Apologie‹). Vorrang vor dem physischen Leben, das für ihn einen geringeren Wert besitzt, hat der eigentliche Träger des Lebens, die Seele, die für ihn der Ort ethischer

Haltung ist. Nur in diesem Sichkümmern um das Tun des Guten wird der Mensch zum Menschen. In dieser Selbstverwirklichung erreicht er seine *eudaimonia*, die »Glückseligkeit als Lebensglück«.

2. Dazu ist die Erlangung von Wissen nötig. Zu diesem Zweck wendet er zunächst die philosophische Methode der *Ironie* an. Die ursprüngliche Bedeutung dieser »Selbstverkleinerung« ist die Verstellung zum Zweck der Irreführung, heute als »Tiefstapelei« verstanden (K. Döring). Der Zweck dieses Verfahrens besteht darin, vermeintliches Wissen aufzuheben, um dann ein relativ verlässliches Wissen von dem Begriff des Guten zu gewinnen.

3. Sokrates' andere philosophische Methode ist die der *Induktion*, d. h. die der »Heranführung«. Er nennt sie *Mäeutik*, übersetzt: »Hebammenkunst«, in Anlehnung an den Beruf seiner Mutter: Durch einfaches Fragen wird die Klärung von unklaren Sachverhalten vorangetrieben, bis durch kritische Selbstbesinnung neue Erkenntnisse »geboren« werden. Für Sokrates ist die alleinige Kenntnis von Tatbeständen noch lange kein Wissen. Das Wesen des Wissens wird dann verfehlt, wenn nur die Inhalte des Wissens verwendet werden. Indem Sokrates von dem Wissen um sein Nichtwissen spricht, macht er damit das Wissen selbst zum Thema. Wann aber ist Wissen eigentliches Wissen? Am Beispiel des Handwerkers macht Sokrates dies deutlich: Wissen muss sich auf das praktische Handeln beziehen. Die Fertigkeit allein reicht nicht, denn diese besitzen auch Politiker, Sophisten und Dichter, die ihre Kunst für ihre persönlichen Zwecke einsetzen. Nein, das Wesen des Wissens offenbart sich dem Handwerker, indem er nicht nur ein bestimmtes Bauwerk zimmern kann, sondern indem er auch einen Begriff davon hat. Dieser Begriff kann ein Plan sein, ein Bild, ein Musterbild oder ein Idealbild, das einen ganz bestimmten Zweck erfüllt.

4. Wenn jedes Handeln, das auf Wissen beruht, auf einen Zweck zielt, trifft das auch auf das sittliche Handeln zu. So zielen auch die allgemeinen Begriffe der Sittlichkeit letztlich auf die *aretē*, die »Tugend«. Der Begriff der Tugend ist entscheidend für die einzelnen sittlichen Handlungen, der Begriff des Schönen ist maßgeblich für alles Schöne, er hat Vorbild- oder Idealcharakter für sie, genauso wie das Bild des Stuhles für alle Stühle aus der Werkstatt des Handwerkers Idealbild ist. Egal, ob man es *Plan*, *Vorbild*, *Allgemeines*, *Begriff* oder *Idee* nennt, all das setzt die Kenntnis, das

Wissen davon voraus. Tugend lebt von Wissen, d.h. vom Erfassen des Wesens aller Tugenden, insbesondere der obersten Tugend des Guten. Dieses Erfassen im Wissen erzeugt den guten Willen, der nicht abhängt von Erfolg und eigennütziger Absicht. Das Schlechte kennt keine Allgemeinheit, es ist nur die Verneinung des Begriffs des Guten. Wer das Schlechte tut, dem mangelt es an begrifflichem Wissen.

5. Sokrates bestritt, selbst dieses Wissen zu besitzen, und bestritt diese Möglichkeit auch für andere Menschen. Diese Unmöglichkeit des Wissens um das Gute bezieht sich aber nur auf ein uneingeschränkt geltendes und unfehlbares Wissen. Daher ist aber zumindest ein vorläufiges Wissen anzustreben, das die Möglichkeit der Korrekturfähigkeit in sich trägt. Wahres Wissen sei allein Gott vorbehalten.

6. Die Gewissheit für das, was sittlich ist, bekommt Sokrates von seinem *daimonion.* Die Übersetzungen für dieses Wort reichen von »Dämon« und »Gott« bis hin zu »innerer Stimme« und »Gewissen«. Vielleicht ist der neuzeitliche Begriff des Gewissens gar nicht so abwegig, denn das Gewissen in unserem Verständnis schlägt dem Menschen immer nur dann, wenn eine Gefahr für sein Empfinden droht. Es scheint viel dafür zu sprechen, dass das, was im Volksmund als *gutes Gewissen* verstanden wird, in Wirklichkeit nur ein schweigendes Gewissen ist. Dies scheint auch Sokrates so gesehen zu haben: Sein Dämon ist die Stimme, die anschlägt, wenn das Seelenheil in Gefahr ist, wenn das sittliche Wissen sich zu verdunkeln droht.

7. Eine politische Philosophie im eigentlichen Sinne hatte Sokrates nicht. Welche Regierungsform das Gute als Recht verwirklicht, ist für ihn zweitrangig; von Bedeutung ist lediglich die Ausrichtung des Guten auf den Einzelnen und dessen Gutsein.

*

Platon wird später das, was Sokrates *Begriff* nennt, als eigenständige Idee sehen. Aber so weit ging Sokrates nicht. Für ihn ist das Allgemeine in der erfahrbaren Wirklichkeit auffindbar. Aristoteles bestätigt diese unterschiedlichen Auffassungen in seiner ›Metaphysik‹:

> Aber Sokrates fasste das Allgemeine noch nicht als gesonderte Existenz auf. Erst die Urheber der Ideenlehre nahmen die Verselbständigung des

Allgemeinen dem Sinnlichen gegenüber vor und nannten die Art von Wesen Idee.
(Aristoteles ›Metaphysik‹ XIII 4, 1078b 30–32)

Exkurs: Die Sokratiker

Die bekanntesten und wichtigsten Schüler des Sokrates waren – neben Platon – Antisthenes, Aristipp, Euklid, Phaidon, Aischines und Xenophon. Die ersten vier gründeten eigene Schulen. Es ist eine bunte Schar, die sich auf Sokrates berief und paradoxerweise zu den unterschiedlichsten Resultaten kam.

Die kynische Schule: Ihren Namen verdankt sie dem Ort, an dem sie gegründet wurde, Kynosarges, einem Gymnasium nahe Athen. Die Mitglieder wollten wie ihr Vorbild Sokrates frei sein von körperlichen und sozialen Zwängen und verabscheuten Macht, Reichtum und Ansehen. Gerade Letzteres wurde durch Vernachlässigung ihres Äußeren derart gering geschätzt, dass ihnen das Attribut *hündisch* verliehen wurde (griech. *kyon*: »Hund«, eine weitere mögliche Erklärung ihres Namens). Wahre Berühmtheit erlangte Diogenes von Sinope (404–320 v. Chr.): Aufgrund seines asketischen Lebensstils und vor allem wegen seiner bescheidenen Behausung erhielt er den Beinamen *der Mann in der Tonne;* zudem soll er Alexander den Großen gebeten haben, ihm aus der Sonne zu gehen. Diogenes von Sinope verstand sich als *Socrates redivivus* (K. Döring); sein Ziel war es, seine Mitbürger durch Verzicht auf jegliche Konvention zu provozieren (Forderung der Promiskuität). Mit seinem Anspruch, Weltbürger zu sein, verfolgte er das Ziel, jegliche Bindung an die Polis zu leugnen.

Die kyrenäische Schule: Für die Kyniker war die Bedürfnislosigkeit der Schlüssel zur Freiheit, für die Kyrenaïker war es das Streben nach Glück und Lust. Immerhin konnten auch sie sich auf eine Forderung ihres Lehrers berufen: das Streben nach einem glücklichen Leben. Der Name der Schule geht auf die altgriechische Stadt Kyrene in Nordafrika zurück, wo ihr Schulgründer Aristipp (435–355 v. Chr.) geboren wurde und einen durchaus luxuriösen Lebensstil pflegte. Ihn einen *Hedonisten* zu nennen, ist sicher richtig, wenn auch eingeschränkt: Trotz seines ausschweifenden Lebensstiles sah Aristipp die Freiheit immer nur darin, seine Vergnügungssucht ausleben zu können, ohne sich darin zu verlieren. Wichtig war ihm, den Verstand dabei einzuschalten, um zwischen niederer und höherer Lust unterscheiden zu können. Zu Letzterer zählte er die Lust am Erstreben geistiger Bedürfnisse.

Die megarische Schule: Ihr Gründer, Euklid von Megara (450–367 v. Chr., nicht zu verwechseln mit dem Mathematiker Euklid von Alexandria), war sowohl von den Schriften des Parmenides beeindruckt als auch von der Begegnung mit Sokrates. So versuchte er, die Standpunkte beider in Einklang zu bringen.

Die elisch-eretrische Schule: Die Schule des Phaidon von Elis (4. Jh. v. Chr.) verdient nur deswegen Erwähnung, weil ›Phaidon‹ der Titel von Platons schönstem Dialog mit der ergreifenden Schilderung vom Tod des Sokrates ist, bei dem sowohl Phaidon als auch Euklid dabei gewesen sein sollen. Über die Schule ist fast nichts bekannt.

Platon

Platon (427–348 v. Chr.) Er gilt neben Kant und Hegel als einer der drei größten Denker des Abendlandes. Sein Denken steht für eine bedeutsame Wende in der Philosophie. Ging es den Naturphilosophen vor Sokrates hauptsächlich um die Erklärung der sichtbaren Wirklichkeit, kreist seine Philosophie vornehmlich um die Erkenntnis einer Wirklichkeit jenseits der sichtbaren Dinge. Kaum ein anderer Denker hat eine derartige Nachwirkung gehabt wie er. Seine Philosophie erlebte ein halbes Jahrtausend später im Neuplatonismus eine Wiederbelebung und ging mit der christlichen Jenseitsvorstellung eine schicksalhafte Symbiose ein. Obwohl diese fragwürdig ist und nicht unwidersprochen bleibt, wird sie das gesamte mittelalterliche Denken beherrschen und ihren Gipfel in den idealistischen Systemen von Kant, Fichte und Hegel finden.

Eigentlich hieß er Aristokles und entstammte athenischem Adel. Über den Vater Ariston weiß man wenig, über die Mutter Periktione nur, dass ihr Onkel der berühmte Athener Gesetzgeber Solon war. Platon wuchs mit zwei Brüdern und einer Schwester auf; diese heiratete Speusippos, Platons Nachfolger an der berühmten Akademie. Seinen Namen *Platōn* (»der Breite«) bekam er wahrscheinlich von seinem Ringmeister verpasst, der ihn wegen seines breiten Körperbaus so nannte. Aber auch seine breite Stirn kommt für die Namensgebung in Frage, ebenso sein breiter Redefluss. Erste berufliche Schritte schien er als Ringkämpfer, Maler, aber auch als Verfasser einiger Dramen unternommen zu haben. Die Ergüsse seiner Dichtkunst soll er auf Anraten des Sokrates verbrannt haben. Auf eine politische Laufbahn verzichtete er, angewidert von der Diktatur der 30 Tyrannen und der folgenden Demokratie, die sein Vorbild Sokrates zum Selbstmord zwang. Diesem begegnete er 20-jährig im Jahre 407 v. Chr. Sokrates wurde sein Schicksal, er prägte den jungen Platon entscheidend, und dieser entrückte seinen Lehrer nach dessen Tod in den berühmten platonischen Dialogen in die literarische Unsterblichkeit. Nach Sokrates' Hinrichtung floh Platon nach Megara zu Eukleides, dem ältesten Sokrates-Schüler, und unternahm mehrere Reisen. In Mykene traf er mit dem Mathematiker Theodoros zusammen, in Unteritalien mit den Pythagoreern Archytas und Philolaos, in Sizilien mit dem Tyrannen Dionysios I. Ob er, wie seine detaillierten Schilderungen des Landes und seine Kenntnis der dort verorteten Urweisheit des Ostens vermuten lassen, tatsächlich auch in Ägypten war, ist umstritten.

Die Reise nach Sizilien war wohl motiviert durch den Wunsch, den dortigen Tyrannen Dionysos I., möglicherweise auch dessen Schwager Dion, zu einem Philosophenkönig auszubilden. Nach anfänglichem Interesse wurde Dionysos I. Platons jedoch überdrüssig. Nach der Erzählung des Diogenes Laertius soll Dionysos I. ihn dem spartanischen Gesandten übergeben haben, der Platon wie einen Sklaven behandelte. So wurde er auf dem Sklavenmarkt von Ägina zum Verkauf angeboten. Dort kaufte ihn ein gewisser Annikeris von Kyrene frei und sandte ihn nach Athen. Platon beschaffte 20 Minen, um diesem das Lösegeld zurückzuzahlen. Dank Annikeris, der das Geld nicht zurück haben wollte, wurde es zum Grundstock einer der bedeutendsten Schulen der Antike: Denn für dieses Geld erwarb Platon vor den Toren Athens im Jahre 387 v. Chr. den Hain des lokalen Heros Akademos und errichtete dort die legendäre Akademie von Athen, die mit einer wechselvollen, nicht immer kontinuierlichen Geschichte fast 1000 Jahre lang bestand, bis Kaiser Justinian sie im Jahre 529 n. Chr. schloss. Auch die zwei anderen Reisen Platons nach Sizilien mit dem Ziel, sein Staatsideal zu verwirklichen, standen unter einem ungünstigen Stern. Sein Versuch, Dion, der des Hochverrats verdächtigt wurde, mit dem Sohn und Nachfolger des Tyrannen, Dionysios II., auszusöhnen, scheiterte; der drohenden Verhaftung entkam Platon nur durch die Vermittlung des Archytas. Enttäuscht kehrte er nach Athen zurück, wo er 80-jährig starb.

Die Werke

Sie umfassen an die 30 Dialoge und 13 Briefe, von denen nur der 7. tatsächlich von ihm sein dürfte. Über die Echtheit herrscht heute annähernde Einmütigkeit. Vor allem die Dialoge sind einzigartige Kunstgebilde, hinter deren bekannten Personen sich Platon geschickt verbirgt. Von seinem Sekretär Philippos von Opus sind sie wahrscheinlich schon zu seinen Lebzeiten gesammelt und von Thrasyllos, einem Grammatiker am Hofe des römischen Kaisers Tiberius, in neun Vierergruppen eingeteilt worden. Über die lateinische Übersetzung während der Renaissance gelangte das *Opus Platonicum* erst im 19. Jahrhundert durch den Theologen Friedrich Daniel Ernst Schleiermacher (1768–1834) ins Deutsche.

Eine absolut korrekte Chronologie der Werke Platons ist nicht möglich, aber die unten angeführte Anordnung ist heute kaum noch umstritten. Allerdings dürfen zwei damit verbundene Gegenpositionen nicht unerwähnt bleiben. Die eine Position geht davon aus, dass Platons Lehre von Anfang an in Grundzügen fertig ausgebildet war und der Autor die Abfolge seiner Dialoge aus methodischer Rücksicht dem Leser gegenüber stufenartig anlegte (*methodische Auffassung*). Die andere plädiert für einen gewachsenen Werdegang der Dialoge, der von unterschiedlichen Entwicklungsphasen des Denkens Platons ausgeht, wobei auch das Abrücken von früheren Positionen nicht ausgeschlossen werden darf (*genetische Auffassung*). Vieles spricht für letztere Auffassung. Im Folgenden seien die Werke kurz skizziert und nach F. Ueberweg/K. Praechter in die klassischen vier Phasen eingeteilt.

1. Frühphase
   ›Apologie‹ und ›Kriton‹: Leben und Schicksal des Sokrates, Einheit von Leben und Lehre.
   ›Ion‹: Forderung nach einer scharfen Grenze zwischen Dichtung und Wissenschaft.
   ›Protagoras‹: Thema der Lehrbarkeit der Tugend.
   ›Laches‹: Begriffsbestimmung der Tapferkeit.
   ›Charmides‹: Begriffsbestimmung von Vernunft als Besonnenheit.
   ›Lysis‹: Begriffsbestimmung der Freundschaft.
   ›Thrasymachos‹, verarbeitet als Buch I der ›Politeia‹: Erfolglose Wesensbestimmung der Gerechtigkeit.
   ›Euthyphron‹: Bestimmung der Frömmigkeit.

2. Übergangsphase
   ›Gorgias‹: Sinn der Rhetorik; Kernsatz: Es ist besser, Unrecht zu erleiden, als Unrecht zu tun; Anklage der sophistischen Methode.
   ›Menon‹: Hier bahnt sich Platons eigenes Denken an: neue Sicht des Lernens als Wiedererinnerung (Anamnesis-Theorie).
   ›Euthymedos‹: Virtuoser Mummenschanz von Fangschlüssen und unergiebigen Paralogismen.
   ›Hippias Minor‹: Gegenüberstellung von Achilles als dem Besten unter den Griechen vor Troja und dem lügnerischen Odysseus; Frage, ob Fähigkeit und Absichtlichkeit oder Unfreiwilligkeit und Unvermögen imstande sind, Wahres und Falsches zu tun. Durch die Vermengung von technischen und ethischen Argumenten bringt Sokrates den Hippias, der sachlich im Recht ist, in Verlegenheit.
   ›Hippias Maior‹: Von der Einheit des Schönen und Guten.
   ›Kratylos‹: Ausführungen über Sprachphilosophie, Theorie der Wörter.
   ›Menexenos‹: Grabrede auf gefallene Athener; parodistisches Lob des athenischen Wesens.

3. Haupt- oder mittlere Phase
   ›Symposion‹: Reden über die Liebe, den Eros; höchste Form des Eros ist Sehnsucht der Seele nach der Idee des Schönen und Guten.

›Phaidon‹: Beweise für Unsterblichkeit der Seele und Seelenwanderung; ergreifende Schilderung der letzten Stunden des Sokrates.
›Politeia II-X‹: Grundzüge einer idealen Staatsverfassung; die drei berühmten Gleichnisse: Sonnen-, Linien- und Höhlengleichnis.
›Phaidros‹: Volle Ausgestaltung der Ideenlehre.

4. Spät- oder Altersphase
›Theaitetos‹: Begriffsbestimmung des Wissens.
›Parmenides‹: Der parmenideischen Einheitslehre hält Sokrates entgegen, dass die Ideen von Gleichheit und Ungleichheit zwar unvereinbar sind, aber dass Einzeldinge an beiden zugleich teilhaben können. (Dieser Dialog stellt ein Rätsel dar: Sind die Einwendungen gegen die Ideenlehre eine Art Selbstkritik Platons?)
›Sophistes‹: Demaskierung der Kunst der Sophisten als Kunst, durch Scheinweisheit zu erziehen und Jagd auf reiche Jünglinge zu machen.
›Politikos‹: Begriffsbestimmung des Staatsmannes.
›Philebos‹: Diskussion des Wertproblems: Was ist das Gute? Lust oder Vernunfttätigkeit? Weder das eine noch das andere allein, sondern bestimmte Mischungsprinzipien machen das Gute aus.
›Timaios‹: Kosmologie und Naturphilosophie; Entstehung der Welt durch den Demiurgen [Schöpfer] durch geometrische Elemente (evtl. ein pythagoreisches Manuskript).
›Kritias‹: Dialog-Torso, bricht mitten im Text ab; mythologische Geschichte Athens; Atlantis-Sage.
›Nomoi‹: Dialog ohne die Person des Sokrates; Grundprobleme von Gesetzgebung und Erziehung; Fülle von politischen, religiösen und pädagogischen Vorschriften. Problematisch: Rückt Platon hier von Teilen seiner Ideenlehre ab?
›Epinomis‹: Was muss der sterbliche Mensch lernen, um weise zu sein? (Möglicherweise eine Schrift seines Sekretärs Philippos von Opus.)
(F. Ueberweg ›Grundriß der Geschichte der Philosophie des Altertums‹. S. 202ff.)

Im 7. Brief gibt Platon an, keine zusammenfassende schriftliche Darlegung seiner Lehre gegeben zu haben. Weder der Lehrvortrag noch

Schriftliches seien geeignet, das Bemühen um Erkenntnis mitzuteilen. Nur das Durchsprechen kann für Platon der Durchgang zur Erkenntnis sein. Diese stelle sich dann wie eine Erleuchtung in der Seele ein, wie ein Licht, das von einem Funken entzündet ist. Dies ist wohl die Antwort, die auf die oft diskutierte Frage nach der ungeschriebenen Lehre Platons gegeben werden kann. Diesen Vorbehalt vor Augen sei in 9 Schritten die Lehre Platons nachgezeichnet:

1. Um die Entstehung von Platons Philosophie zu verstehen, sind zwei Voraussetzungen zu beachten. Die eine schuf sein Lehrer Sokrates, der bei der Hinterfragung einer Sache das Allgemeine im *Begriff* fand. In seinen Schriften zur Metaphysik schreibt Aristoteles, erst die Urheber der Ideenlehre (gemeint sind ›der platonische Sokrates‹ und Platon) »nahmen die Verselbständigung des Allgemeinen dem Sinnlichen gegenüber vor und nannten die Art von Wesen Idee.« (›Metaphysik‹ M, 4, 1078b 30–32)

Die andere Voraussetzung für ein Verständnis dessen, was Platon *Idee* nennt, liegt in der griechischen Kunst des 5. Jahrhunderts v. Chr. begründet, insbesondere der Bildhauerei. Betrachtet man die Statue eines Gottes oder eines Heroen, so fällt auf, dass es dem Künstler weniger um eine exakte anatomische Nachbildung ging als vielmehr um die Umsetzung eines idealisierten Gesamtbildes, das von einem einheitlichen gestaltenden Prinzip lebt. Dem Kunstwerk liegt ein Wesen (eine Idee) zugrunde, das als Gesetz für die Bearbeitung des Marmorblockes dient: Hinter der mit den Augen wahrnehmbaren Skulptur lässt sich ein Wesen erahnen, das über die äußerlichen Merkmale der Figur hinausgeht.

2. Trotz der radikalen Wende in der philosophischen Fragestellung geht Platons Denken nicht von einem Nullpunkt aus, sondern lebt von Voraussetzungen, die andere geschaffen haben. Gemeint ist neben der Lehre des Sokrates (und dessen erbitterter Auseinandersetzung mit den Sophisten) vor allem die Lehre von der Einheit des Seins, die Parmenides vertrat. Damit verbunden ist die Vorstellung, dass die angeblich wahren Wahrnehmungen in der sinnlichen Welt nur Trug- und Wahnbilder seien, eine Vorstellung, die es schon bei Heraklit gab und die in abgeänderter Form auch von Empedokles, Anaxagoras und Demokrit übernommen wurde.

Woher aber Wahn und Schein in der Sinnenwelt kommen, wurde von diesen nicht beantwortet.

3. Die Antwort, die Platon gab, ist unsterblich geworden und als literarisches Kleinod in die Philosophie eingegangen. Es ist das berühmte »Höhlengleichnis« im VII. Buch der ›Politeia‹. Obwohl es der bekannteste Text Platons ist und vielleicht auch philosophischen Anfängern vertraut sein dürfte, sei hier der Bedeutsamkeit wegen eine geraffte Zusammenfassung geboten.

> In einer Höhle leben von Kindheit an Menschen, deren Fesselung es ihnen nur erlaubt, auf eine einzige Wand der Höhle zu schauen. Diese hat nur einen einzigen Zugang, der zum Tageslicht hinauf führt. Das Licht erhalten die Menschen von einem Feuer, das hinter ihrem Rücken weit oben in der Ferne brennt. Zwischen dem Feuer und den Gefesselten ist ein Mäuerchen errichtet, hinter dem Statuen von Menschen und Tieren aus Stein oder Holz vorbeigetragen werden, deren unsichtbare Träger teils reden und teils stumm sind. Das Feuer wirft all das, was über die Mauer ragt, als Schatten an die Höhlenwand. Nie hatten die Höhlenbewohner etwas anderes gesehen, als die Schatten dieser Gestalten wie auf einer Leinwand. Nun fangen die Höhlenbewohner an, diesen Schatten Namen zu geben und sie für die einzige Realität zu halten. Sprächen die Träger der vorüberziehenden Gegenstände, würde selbst deren Echo an der Höhlenwand den Schatten zugesprochen werden. Wenn nun einer der Gefesselten befreit würde und gezwungen wäre, zurück ins Licht zu schauen, würde er den Schatten mehr Wahrheit zusprechen als den Statuen vor der Mauer. Schließlich ans Licht gezerrt, würde er sich mit schmerzenden Augen in die Höhle zurücksehnen. Später würden sich seine Augen zuerst an die Schatten im Tageslicht, dann an die Spiegelungen im Wasser und schließlich an den Mond und die Sterne am nächtlichen Himmel gewöhnen müssen, bis er die Sonne und die Welt außerhalb der Höhle voll erblicken kann und erkennt, dass es die Sonne ist, die über das sinnlich Wahrgenommene herrscht und Ursache für die Schatten in der Höhle ist. Glücklich über diese gewonnene Wahrheit geht er zurück in die Höhle, wo sich inzwischen Hochgelehrte im Wettstreit über das Wesen der Schatten messen. Seine neuen Erkenntnisse würden aber nur Spott und Gelächter hervorrufen. Wagte er es schließlich, die Höhlenbewohner zu erlösen und ans Licht zu führen, »fürwahr, er wäre des Todes.«
> (Platon ›Politeia‹ 514a–519c)

Platon vergleicht die Natur des Menschen hinsichtlich der Bildung und Bildungslosigkeit. Er billigt dem, was wir mit den Sinnen wahrnehmen, d.h. was wir als Schein für wahr halten, eine vorübergehende Wahrheit zu. Aber darüber hinaus muss es – nach Platon – eine Erkenntnis geben, die einen allgemeingültigen Anspruch erhebt. Diese bessere oder höhere Erkenntnis kann aber nur das Denken leisten. In seinem vorausgehenden *Liniengleichnis* (VI. Buch der ›Politeia‹) zieht Platon die Konsequenz und teilt die Erkenntnis in zwei Stufen mit je zwei Unterstufen ein, die im Folgenden im kursiv gesetzten Text auf das Höhlengleichnis angewendet werden soll:

Doxa (»Das Meinen« oder »die subjektive Gewissheit«)

a) *Eikasia* (»Abbildung«): Die Vermutung als abbildhafte Hinnahme, Wahrnehmung von Schatten und Bildern
Im Höhlengleichnis sehen die Gefesselten nur die auf die Höhlenwand reflektierten Schatten und Umrisse von Gegenständen und Menschen. Sie halten diese für wahr und forschen nicht nach deren Ursachen.

b) *Pistis* (»Glaube«): Die direkte sinnliche Wahrnehmung durch Erfahrung
Der unter Zwang befreite Höhlenbewohner kann jetzt die Ursache für die Erkenntnis angeben, aber noch nicht zur Erkenntnis selbst vorstoßen.

Episteme (»Das Wissen«)

a) *Dianoia* (»Denken«): Sie bedient sich als Wissenschaft der sinnlichen Bilder und wendet sie auf das Nicht-Sinnliche, die Wesenheiten oder Ideen an, die nur teilweise erkannt werden können.
Der befreite Höhlenbewohner erkennt zum ersten Mal Wirklichkeit, allerdings nur als Spiegelung im Wasser oder bei Nacht.

b) *Noesis* (»Erkenntnis«): Als philosophische Erkenntnis hinterfragt sie die vorausgesetzten Hypothesen und dringt als unmittelbare Einsicht zu den Ideen vor. Das Wissen um die letzte Ursache stellt einen Zusammenhang mit den anderen Ideen fest.
Der Mensch kann jetzt nach einer Gewöhnungsphase die Sonne als Ursache aller Dinge sehen und ist damit zum reinen Denken vorgestoßen.

4. Denken ist reines Denken, wenn es sich frei gemacht hat von allem Sinnlichen und leidenschaftlich nach Erkenntnis strebt. Diesen Antrieb hat Platon im *Eros* gefunden, der im sinnlichen Bereich zwar auf Körperlichkeit und äußere Schönheit ziele, im eigentlichen Sinne aber ein glühendes Verlangen nach Wahrheit sei. In seiner höchsten Form sei *Eros* die Sehnsucht der Seele nach der Idee des Schönen und Guten; dies ist auch der eigentliche Sinn des bekannten Schlagwortes von der *platonischen Liebe*. Die Methode für das Streben nach allgemeingültiger Wahrheit ist die *Dialektik*, zunächst also die Technik des ständigen Fragens und vorläufigen Antwortens mit dem Ziel, die Wahrheit zu finden.

5. Die Unterscheidung zwischen sinnlicher Wahrnehmung und Denken führt zu einer Aufspaltung der Realität, wie sie schon die Pythagoreer vorgenommen hatten. Die Wahrnehmung mit ihrem vorübergehenden Charakter kann das Wahrgenommene nur als veränderliche Wirklichkeit erkennen. Hingegen kann im Denken, und nur im Denken, eine bleibende Wirklichkeit angenommen werden. Eine derartig ewig gleiche Wirklichkeit müsse es geben, meint Platon.

Beispiel 1: Jedes gleichschenklige Dreieck ist in der Wahrnehmung immer unterschiedlich, egal ob auf Sand oder Papier: Identisch sind solche Dreiecke nur in der gedanklichen Realität der Geometrie.

Beispiel 2: Bei dem Urteil *Diese zwei Münzen sind gleich oder ähnlich* sehe ich zwar zwei mehr oder weniger ähnliche Münzen, aber nicht die Gleichheit oder Ähnlichkeit. Ich muss daher das Verhältnis zwischen beiden Münzen auf den Begriff der Gleichheit oder Ähnlichkeit beziehen. Diese Begriffe nennt Platon *Ideen* (griech. *eidos*: »Bild, Vorbild, Urbild«). Sie gehören nicht zu unserer Körperwelt, sondern können nur im Denken erkannt werden. Analog dazu herrscht zwischen den beiden Realitäten dasselbe Wertverhältnis wie zwischen den beiden Erkenntnisweisen: Die sichtbare Wirklichkeit ist die Scheinwirklichkeit. Sie ist voller Schatten- oder Abbilder der Ideen, während der unsichtbaren Welt der Ideen wahre Wirklichkeit, wahres Sein zukommt. Damit übernimmt Platon von Parmenides die These »Denken ist Sein«, spricht dem Sein dieselben Eigenschaften zu wie dieser (ewig, ohne Werden, ohne Vergehen), weitet sie aber aus, indem er das Sein in eine Vielheit von Ideen zerlegt, die in einem Zusammenhang miteinander stehen. Diese Verkettung der Ideen zu erkennen und ihre Beziehungen zu untersuchen, ist Aufgabe der Dialektik, die jetzt über die Kunst der Dialogführung hinauswächst.

6. Ein rechtwinkliges Dreieck auf dem Papier ist Abbild des idealen rechtwinkligen Dreiecks, es besteht hier und jetzt und ist somit veränderlich. Die mathematischen Gesetze der Schenkelverhältnisse hingegen sind nicht veränderlich. So hat der Lehrsatz des Pythagoras absolute Gültigkeit, er gilt immer und für alle Zeiten: ein Eidos ohne Anfang und ohne Ende. Ähnlich verhält es sich mit den Gegenständen der sichtbaren Welt. Sie sind Schatten, ihre Urbilder oder Ideen nicht. Jedes Pferd, jeder Baum hat seine Idee, egal ob man sie *Pferd-heit*, *Baum-heit*, *Urbild* oder *Allgemeinbegriff* nennt. Das trifft auch auf ethische oder ästhetische Begriffe zu: Die Tapferkeit einer Tat, die Gerechtigkeit einer Handlung oder die Schönheit einer Statue mag auf dieser Welt unterschiedlich bewertet werden, das ändert aber nichts an der Unveränderbarkeit der Idee von Tapferkeit, Gerechtigkeit und Schönheit. All diese Ideen befinden sich in einer Rangfolge untereinander; so ist die Idee eines Gegenstandes geringer als die eines Lebewesens, die der Tapferkeit weniger als die der Gerechtigkeit usw. Über allem aber steht eine oberste Idee oder ein Prinzip, dem alle Ideen ihre Existenz verdanken: Es ist das Eine, das Gute, der Grund allen Seins, so wie im *Höhlengleichnis* die Sonne der Grund aller sichtbaren Schatten ist. Dieser Grund ist die Idee des Guten, ist Gott.

7. Die Welt der Schatten ist von der Welt der Ideen vollkommen getrennt, zwischen ihnen herrscht eine Kluft (*chōrismos*). Platon muss daher die Frage beantworten, wie der Mensch diese Kluft überbrücken kann, damit er Erkenntnis gewinnen bzw. gerecht, tapfer oder gut handeln kann. Die Antwort liegt darin, dass der Mensch mit seiner sinnlichen Veranlagung ja nicht nur auf der einen Seite der Kluft steht, sondern dank seines Denkvermögens auch an den Ideen von Gerechtigkeit, Tapferkeit usw. teilhat. Mit diesem Begriff der Teilhabe (*methexis*) hat Platon den Schlüssel gefunden, mit dem er das Paradox der Aufspaltung der menschlichen Wirklichkeit in zwei Welten lösen kann: Zwischen beiden Welten fungiert als dritter Faktor, d. h. als Vermittlerin, die Seele. Ihre Aufgabe liegt darin, den von den Sinnen wahrgenommenen Gegenstand mit der Idee, dem Urbild dieses Gegenstandes, in Verbindung zu bringen.

Nur so kommt Erkenntnis zustande: In dem Urteil *Die Göttin Aphrodite ist schön* stellt das *ist* die Teilhabe des Besonderen (der konkreten Statue der Göttin) am Allgemeinen (der Idee der Schönheit) dar. Die Idee kann dank der Vermittlung der Seele in Erscheinung treten.

8. Die Seele entstammt den ewigen Ideen und ist daher unsterblich. In Platons Dialog ›Phaidon‹ wird dies in beeindruckenden Beweisgängen untermauert. Da die Theorie von der Unsterblichkeit der Seele lange Schatten bis in die Gegenwart wirft, soll ihre abendländische Geburtsstunde hier zur Kenntnis genommen werden. [Der Dialog wird im Kontext einer Rahmenerzählung referiert; deshalb fehlen die Sprechernamen. Der Fragesteller ist Sokrates; die Antworten gibt Kebes.]

> SOKRATES: Lass uns zusehen, ob etwa alles so entsteht, nirgend andersher, als jedes aus seinem Gegenteil, was nur ein solches hat, wie doch das Schöne von dem Hässlichen das Gegenteil ist und das Gerechte von dem Ungerechten, und ebenso tausend anderes sich verhält. Dieses also lass uns sehen, ob nicht notwendig, was nur ein Entgegengesetztes hat, nirgend andersher selbst entsteht, als aus diesem ihm Entgegengesetzten. So wie z.B.: wenn etwas größer wird, muss es doch notwendig aus irgend vorher Kleinergewesenem hernach größer werden?
>
> Ja.
>
> Nicht auch, wenn es kleiner wird, wird es aus vorher Größerem hernach kleiner?
>
> So ist es, sagte er.
>
> Und ebenso aus Stärkerem das Schwächere, und aus Langsamerem das Schnellere?
>
> Gewiss.
>
> Und wie? Wenn etwas schlechter wird, nicht aus Besserem? Und wenn gerechter, nicht aus Ungerechterem?
>
> Wie sonst?
>
> Dies also, sprach er, haben wir sicher genug, dass alle Dinge so entstehen: das Entgegengesetzte aus dem Entgegengesetzten?
>
> Freilich.
>
> Und wie? Gibt es nicht auch so etwas dabei, wie zwischen jeglichem Entgegengesetzten, was doch immer zwei sind, auch ein zwiefaches Werden von dem einen zu dem andern und von diesem wieder zu jenem zurück? Denn zwischen dem Größeren und Kleineren ist

Wachstum und Abnahme, und so nennen wir auch das eine Wachsen, das andere Abnehmen?

Ja, sagte er.

Nicht auch Aussondern und Vermischen, Abkühlen und Erwärmen, und so alles, wenn wir auch bisweilen die Worte dazu nicht haben, muss sich doch der Sache nach überall so verhalten, dass eines aus dem andern entsteht, und dass die Entstehung eine wechselseitige ist?

Gewiss.

Wie nun? fuhr er fort, ist dem Leben auch etwas entgegengesetzt, wie dem Wachen das Schlafen?

Gewiss, sagte er.

Und was?

Das Totsein, sagte er.

Also entstehen diese auch aus einander, wenn sie entgegengesetzt sind, und es gibt zwischen ihnen zweien ein zwiefaches Werden?

Wie sollte es nicht?

Die Verknüpfungen nun des einen Paars von den ebengenannten Dingen will ich dir aufzeigen, sprach Sokrates, und das dazu gehörige Werden, du aber mir die andern. Ich sage nämlich, das eine sei Schlafen und das andere Wachen, und aus dem Schlafen werde das Wachen und aus dem Wachen das Schlafen, und dies Werden beider sei das Einschlafen und das Aufwachen; habe ich es dir hinlänglich erklärt oder nicht?

Vollkommen.

Sage du mir also nun ebenso von Leben und Tod! Sagst du nicht, dem Leben sei das Totsein entgegengesetzt?

Das sage ich.

Und dass beides aus einander entstehe?

Ja.

Aus dem Lebenden also, was entsteht?

Das Tote, sprach er.

Und was aus dem Toten?

Notwendig, sprach er, muss man eingestehn: das Lebende.

Aus dem Gestorbenen also, o Kebes, entsteht das Lebende und die Lebenden?

So zeigt es sich, sprach er.

Also sind, sprach er, unsere Seelen in der Unterwelt.

So scheint es.

Und nicht wahr, auch von dem Werden, was hierzu gehört, ist das eine deutlich genug? Denn Sterben ist doch deutlich genug, oder nicht?

Freilich, sagte er.

> Was wollen wir aber nun machen? sprach er. Wollen wir nicht auch das entgegengesetzte Werden hinzunehmen, sondern soll die Natur von dieser Seite lahm sein? Oder müssen wir nicht notwendig auch ein dem Sterben entgegengesetztes Werden annehmen?
> Auf alle Weise, sagte er.
> Und was für eines?
> Das Aufleben.
> Also, sprach er, wenn es ein Aufleben gibt, so wäre eben dieses das Werden der Lebenden aus dem Toten, das Aufleben?
> Freilich.
> Also auch auf diese Weise kommt es uns heraus, dass die Lebenden aus den Toten entstanden sind, nicht weniger als die Toten aus den Lebenden. Ist dies nun so, so schien es uns ja ein hinreichender Beweis, dass die Seelen der Verstorbenen wo sein müssen, woher sie wieder lebend werden.
> Mich dünkt, o Sokrates, dem Eingestandenen gemäß müsse es sich so verhalten.
> (Platon ›Phaidon‹ 70d–71e)

In der Einzelseele ist das Wissen von den Ideen bereits grundsätzlich angelegt. Während die Weltseele am wahren Sein unmittelbar Anteil hat, ist beim Eintritt der Einzelseele in die Körperlichkeit das ursprüngliche Wissen nur verschüttet vorhanden: Was die Seele vor aller Zeit an Ideen geschaut hat, kann durch die Kraft der Wiedererinnerung wieder ans Tageslicht gebracht werden. Diese Wiedererinnerung (*anamnēsis)* bedarf eines Anstoßes oder einer geschickten Fragetechnik, die Sokrates *Mäeutik*, »Hebammenkunst«, genannt hat. Berühmt ist die Stelle aus Platons Dialog ›Menon‹, wo ein ungebildeter Sklave herbeigerufen und durch die geschickte Fragetechnik des Sokrates zur Lösung einer geometrischen Aufgabe gebracht wird.

> SOKRATES: Ist er ein Hellene und spricht er hellenisch?
> MENON: Ganz gut; er ist im Hause auferzogen worden.
> SOKRATES: So gib nur recht Acht, welches von beiden dir richtig zu sein scheint, dass er sich wiedererinnert oder dass er von mir lernt.
> MENON: Ich werde Acht geben.
> SOKRATES: Sag' mir doch. Junge, weißt du, was ein Viereck ist? Eine Figur wie diese?
> SKLAVE: Ja.

SOKRATES: Es ist also eine viereckige Figur, welche alle diese Seiten, deren es vier sind, gleich hat?
SKLAVE: Allerdings.
SOKRATES: Hat sie nicht auch diese durch die Mitte gezogenen Linien gleich?
SKLAVE: Ja.
SOKRATES: Nicht wahr, eine solche Figur könnte doch wohl auch größer oder kleiner sein?
SKLAVE: Allerdings.
SOKRATES: Gesetzt nun, diese Seite wäre zwei Fuß lang und jene auch zwei, wieviel Fuß enthielte das Ganze? – Betrachte es einmal so: Wenn es hier zwei Fuß wären, dort aber nur ein Fuß, enthielte dann nicht die Figur genau einmal zwei Fuß?
SKLAVE: Ja.
SOKRATES: Da es nun aber auch hier zwei Fuß sind, macht es dann nicht notwendig zweimal zwei Fuß?
SKLAVE: Doch.
SOKRATES: Also ergibt sich eine Figur von zweimal zwei Fuß?
SKLAVE: Ja.
SOKRATES: Wieviel sind nun diese zweimal zwei Fuß? Rechne einmal und sage es!
SKLAVE: Vier, o Sokrates.
SOKRATES: Ließe sich nun nicht eine andere Figur zeichnen, welche doppelt so groß als jene und doch jener insoweit gleich wäre, dass sie, wie jene, lauter gleiche Seiten hätte?
SKLAVE: Ja.
SOKRATES: Und wieviel Fuß wird sie haben?
SKLAVE: Acht.
SOKRATES: Wohlan, versuche es mir nun zu sagen: wie groß wird jede Seite dieser zweiten Figur sein? Im ersten Viereck hat jede zwei Fuß; wieviel hat nun jede in diesem, das doppelt so groß ist?
SKLAVE: Offenbar, Sokrates, das Doppelte.
SOKRATES (zu Menon): Du siehst, Menon, wie ich ihn nichts lehre, sondern alles frage? Und zwar meint er jetzt zu wissen, wie groß die Seite sei, aus der das acht Fuß haltende Viereck entstehe. Oder kommt er dir nicht so vor?
MENON: Doch.
SOKRATES: Weiß er es nun auch?
MENON: Nicht doch.
SOKRATES: Er meint, sie sei doppelt so groß.

Menon: Ja.

Sokrates: Schau nun, wie er sich eines ums andere wieder erinnern wird, so wie man sich erinnern muss!

(Platon ›Menon‹ 82a–83a)

Dass die Seele auch maßgeblichen Anteil an der sinnlichen Seite des Menschen hat, erschwert den Akt der Wiedererinnerung erheblich. Der göttliche unsterbliche Seelenteil steht gegen den sinnlichen Teil. Lässt sich die Seele von animalischen Trieben lenken oder durch die reine Geistigkeit der Vernunft? Auch hier ist es ein dritter Seelenteil, der Wille, der zwischen den beiden anderen, Denken und Begehrlichkeit, vermittelt und den körperlichen Einfluss der Sinne einzudämmen versucht.

9. Platon, der »verhinderte Politiker« (H.J. Störig), verwendet die Tugenden der Seele in vergrößertem Maßstab auch für den Entwurf eines idealen Staates. In diesem ist die höchste Idee die der Gerechtigkeit, sie ist die Erscheinungsweise der Idee des Guten im Staat. Die Beurteilung darüber, ob Platon einen realen, einen utopischen oder den idealen Staat vor Augen hat, schwankt. Auch ist der Eindruck nicht von der Hand zu weisen, dass Platon sich in diesen Fragen nicht eindeutig entschieden hat. Die für seine Staatslehre wichtigsten Schriften sind die ›Politeia‹ und die ›Nomoi‹.

- In der ›Politeia‹ holt Platon zu einem Entwurf aus, in dem er von den Politikern Führungswissen verlangt und sich damit gegen das athenische Demokratieverständnis wendet, das die politischen Entscheidungen in den Händen aller Bürger sehen will. In seinem 7. Brief (326ab) findet sich die berühmte Forderung nach einem Philosophenkönig: Das Schlechte würde kein Ende nehmen, ehe nicht jene, die echt und wahrhaft die Weisheit lieben, zur Herrschaft im Staate gelangen. Nach der Kritik der bestehenden Verfassungen gliedert er seinen Urstaat in drei Stände oder Klassen, denen folgende drei Aufgaben zugewiesen sind:

  Die *Unterschicht* ist für Erwerb und Ernährung zuständig, ihr sind Privateigentum und das Recht auf eine eigene Familie zugestanden, aber kein Einfluss auf politische Entscheidungen.

  Dem *mittleren Stand*, den *Wächtern*, ist die Verteidigung anvertraut. Diesen sog. Berufssoldaten sind extreme Vorschriften auferlegt, wie der Verzicht auf Eigentum und Familie; Frauen

und Kinder gehören allen Männern gemeinsam: Väter kennen nicht ihre Kinder, und Kinder nicht ihre Väter.
Im *obersten Stand* sind es die *Regenten*, denen die Staatsleitung anvertraut ist. Jedes Kind bekommt in einer körperlichen und schulischen Auslese dieselbe Chance, diesen Stand zu erreichen. Nach 10 Jahren Ausbildung wird erneut ausgelesen, nach 5 Jahren erfolgt eine philosophische Schulung, bis nach weiteren 15 Jahren der Praxisbewährung Staatsämter an die inzwischen 50-Jährigen vergeben werden.

- In seinem Alterswerk ›Nomoi‹ (»Die Gesetze«) rückt Platon von der Drei-Klassen-Gesellschaft samt Philosophenkönig ab. Ausgehend von den bestehenden und angewandten Gesetzen erarbeitet er darin detaillierte Regeln für das gesellschaftliche Zusammenleben. Der Philosoph zeigt sich hier als relativer Pragmatiker, indem er versucht, seine Erkenntnisse in die Realität unmittelbar einfließen zu lassen.

Exkurs: Der Platonismus

Der Platonismus ist eine bis heute fortwährende Geistestradition, die maßgeblich schon bei den Pythagoreern begann, als sie versuchten, das Wesen der sichtbaren Welt zu erkennen und es als Zahl zu bestimmen. Das tragende Fundament des späteren Platonismus ist Platons Zwei-Welten-Lehre. Ohne je eine historisch exakte Rekonstruktion von Platons Lehre gewesen zu sein, überstrahlte insbesondere der Plotinische Platonismus wie ein übermächtiges Gestirn andere Strömungen wie *Stoa*, *Epikureismus* und *Skepsis*. Er beeinflusste die gesamte Spätantike und setzte sich in vielfältigen Modifikationen im Mittelalter und in der Renaissance bis in die Neuzeit fort. Erst durch den Aristotelismus im Mittelalter und mit dem Aufkommen der Naturwissenschaften in der Neuzeit begann das Weltbild des Platonismus allmählich Sprünge zu bekommen.

Die Einteilung des Platonismus in den *älteren Platonismus*, *Mittelplatonismus* und den *Neuplatonismus*, ferner die Unterscheidung, Zuordnung und weitere Unterteilung von älterer, mittlerer und neuerer Akademie sind verwirrend. Es handelt sich um konstruierte Ordnungsschemata, die erst im Nachhinein entstanden sind. Die folgende zeitliche Eingrenzung der Akademien bemüht sich um eine widerspruchsfreie Auflistung und stellt eine Art Synopse aus verschiedenen Quellen dar.

Die Wurzel aller platonischen Schulen liegt in der Akademie von Athen.

Die *ältere Akademie* (347–ca. 266 v. Chr.) führte nach Platons Tod die Ideenlehre fort und verband sie mit der pythagoreischen Zahlenspekulation, womit ein Verlust des hohen wissenschaftlichen Niveaus Platons einherging. Unter Speusippos (ab 347 v. Chr.) und Xenokrates (ab 339 v. Chr.) wurde der scharfe Dualismus in der Erkenntnislehre gemildert; die leiblichen Güter wurden in die ethische Lehre von der Glückseligkeit integriert.

Die *mittlere Akademie* (266/65–241/40 v. Chr.) wandte sich unter Arkesilaos (ab 266/65 v. Chr.) der *Skepsis* zu, da sie die Möglichkeit gesicherter Erkenntnis bezweifelte.

Die *neuere Akademie* (ab 241/40) gab es in mehreren sehr verschiedenen Phasen. Zunächst bezweifelte man ebenfalls die Möglichkeit sicheren Wissens, allerdings mit besseren Argumenten; vor allem Karneades tat dies, der die Akademie ca. 164/60–137/36 v. Chr. leitete und sogar argumentierte, dass selbst für moralisches Handeln eine bloß glaubhafte Grundlage ausreiche.

Kleitomachos aus Karthago (129/28–110/09) versuchte zwar, weiter in diesem Sinne zu wirken. Aber danach spaltete die Akademie sich: Änesidem trennte sich von ihr und gründete die ›pyrrhonische Skepsis‹. Antiochos von Askalon (125–68 v. Chr.) gründete eine Konkurrenz-Akademie, seine sog. ›Alte Akademie‹, mit dem Anspruch, wieder die authentische Akademie herzustellen. Später (88–86 v. Chr.) brachte er seine ›orthodoxe‹ Akademie aber wieder in die ›Standard‹-Akademie ein und übernahm deren Leitung, bevor sie im Jahr 86 v. Chr. von den Truppen Sullas niedergebrannt wurde. Was Antiochos dann wieder aufbaute und bis zu seinem Tod leitete, galt als die ›neue‹ oder die ›fünfte‹ Akademie. Er hielt Platon, die Peripatetiker und die Stoiker alle gleichermaßen für Interpreten des Sokrates und versuchte, daraus eine einheitliche Lehre zu machen. Einer seiner berühmten Schüler aus Rom war Cicero (siehe Kapitel »Römische Philosophie«).

Nach einer wechselvollen Geschichte fand die Athener Akademie ihr vorläufiges Ende durch den römischen Kaiser Justinian, der sie 529 n. Chr. wegen ihrer antichristlichen Haltung schloss. Im Mittelalter orientierte man sich noch lange an Platon und wandte sich ab dem 13. Jahrhundert stärker Aristoteles zu. Doch 1459 wurde die Platonische Akademie in Florenz von Cosimo de' Medici (1389–1464) neu gegründet, mit dem Ziel, eine Synthese von Christentum und griechischer Philosophie zu schaffen.

Seinen folgenreichen Nachhall verdankt der Platonismus dem Gedanken, dass die Existenz materieller Dinge grundsätzlich auf etwas Nichtmateriellem fußt, was später als Grundidee Eingang in den deutschen Idealismus fand.

Aristoteles

Aristoteles (384–322 v. Chr.) Es gibt in der Antike wohl kaum einen Denker nach Platon, der die Geistesgeschichte des Abendlandes so nachhaltig geprägt hat wie dieser Universalgelehrte aus dem Norden Griechenlands, der von Hegel als *Lehrer des Menschengeschlechts* gerühmt wurde. Manche glauben, dass Aristoteles, der berühmteste Schüler Platons, bedeutender war als sein Lehrer. Wer diese Überzeugung teilt, muss aber einräumen, dass Aristoteles seine Größe auch der Gegenposition zu Platon verdankt. In die Philosophiegeschichte ging er ein als *der erste Systematiker*; nach ihm werden nur noch Thomas von Aquin, Kant und Hegel der Welt ein so geschlossenes geistiges System bescheren.

Aristoteles' Geburtsort ist Stagira auf der damals von Thrakern besiedelten Halbinsel Chalkidike. Sein Vater Nikomachos war Leibarzt des Makedonen-Königs Amyntas III. Als Aristoteles 17 Jahre alt war, schickte sein Vormund ihn nach Athen, wo sich mit dem Eintritt in die Akademie des 45 Jahre älteren Platon sein Schicksal entschied. Angeblich war Aristoteles kleinäugig, lispelte und trug stattliche Kleidung und Fingerringe. In den 20 Jahren seines Aufenthaltes in dem »intellektuellen Mekka für Wissenschaften« (O. Höffe) entstanden im Zuge seiner Vorlesungstätigkeit die ersten Entwürfe seiner Schriften. Wie weit er sich schon damals von Platon geistig entfernte, ist umstritten, bekannt ist aber die Überlieferung seines Spruches: »Ich liebe Platon, aber noch mehr die Wahrheit.« Als die Leitung der Akademie nach Platons Tod an dessen Neffen Speusippos überging, verließ Aristoteles gekränkt Athen, um in Assos unter dem Protektorat des Fürsten und ehemaligen Mitschülers Hermias eine Tochterniederlassung der Akademie zu gründen. Dort heiratete er Pythias, die Nichte des Hermias, mit der er die nach ihr benannte Tochter und den Sohn Nikomachos zeugte. In Assos lernte er auch seinen Schüler Theophrast kennen, mit dem er, nach Hermias' Hinrichtung durch die Perser, für zwei Jahre nach Lesbos ging. Danach wurde ihm von König Philipp von Makedonien die Erziehung von dessen 13-jährigem Sohn, der später als *Alexander der Große* in die Geschichte einging, anvertraut. Aristoteles und Alexander – Stoff für Legendenbildung, aber wenig ertragreich, genauso wenig wie die Früchte der Erziehung für den großen Feldherrn. Bei seinem zweiten Athen-Aufenthalt 335–322 v. Chr. vollzog Aristoteles den endgültigen Bruch mit der platonischen Akademie. Die Gründe liegen wahrscheinlich in der Berufung des Xenokrates zum neuen Leiter. Seine eigene Schule gründete Aristoteles am Lykeion, einem Apollon geweihten Hain mit Sportstätten, an dem schon der Sophist Protagoras gelehrt haben soll (der Begriff *Lyzeum* wurde davon abgeleitet). Wegen der dazugehörigen Wandelhalle wurde die Schule auch *Peripatos* (»das Spazierengehen«, »die Wandelhalle«) genannt. Hier fanden Aristoteles' Schriften ihre überarbeitete Endgestalt. Als Alexander der Große 323 v. Chr. starb, erstarkte die antimakedonische Partei des Demosthenes, und Aristoteles konnte sich der drohenden Anklage wegen Gottlosigkeit nur durch Flucht entziehen. Er zog sich auf das Gut seiner verstorbenen Mutter nach Chalkis auf Euböa zurück, wo er nur ein Jahr nach dem Tod Alexanders starb.

Sich einen Überblick über das Schrifttum des Aristoteles zu verschaffen, sowohl über das verloren gegangene als auch über das überlieferte, gleicht einer Sisyphus-Arbeit. Die Zahl seiner Schriften, denen ein trockener, nüchterner Stil nachgesagt wird, wird mit 400, manchmal aber auch mit 1000 angegeben. Der Philosophiehistoriker Diogenes Laertius (3. Jh.), dem wir historisch wertvolle wie auch unterhaltsame Berichte verdanken, gibt 445.270 Zeilen an, die der Lehrer aus Stagira verfasst haben soll. Die Einteilung in *exoterische* und *esoterische* Schriften, d. h. in Schriften, die für die breite Öffentlichkeit und welche, die für den inneren Kreis seiner Schüler bestimmt waren, ist nur bedingt hilfreich, da die Ersteren, meist Dialoge nach platonischem Vorbild, verschollen sind. Etwas nützlicher ist die klassische Einteilung in *theoretische* (Physik, Mathematik und erste Philosophie; Letztere wurde später als *Metaphysik* bezeichnet), *praktische* (Ethik und Politik) und *poietische* Philosophie (griech. *poiesis*: »Hervorbringung«).

Bekannt geworden innerhalb der Aufgliederung des Gesamtwerkes sind die zwei Sammelbegriffe *Organon* und *Metaphysik*. Unter *Organon*, d. h. »Rüstzeug des Wissens«, versteht man die Schriften zur Logik, die Kategorienschrift und die *Topik* oder *Dialektik*. Der Begriff *Metaphysik* stammt von dem 11. Schuloberhaupt des Peripatos, Andronikos von Rhodos (1. Jh. v. Chr.), der die Schriften des Aristoteles in einer bestimmten Reihenfolge anordnete. Nach dieser Ordnung kamen zuerst die philosophischen Bücher über die Natur (griech. *physis*: »Natur«, daher *Physik*) und danach (griech. *meta*: »nach«) die Bücher, die über die Natur noch hinausgingen (*meta ta physika*) und die Prinzipien des Seins untersuchten.

Aber auch mit diesen beiden Sammelbegriffen bleiben die Schriften in keiner guten Ordnung. Da eine chronologische Anordnung der Schriften nicht möglich ist, bietet sich eine Einteilung in sachliche Gruppen an, die sich inzwischen durchgesetzt hat: Schriften zu Logik, Metaphysik, Physik und Ethik/Politik.

A. Logik

Aristoteles nennt sie *Analytik*. Sie wird bei ihm als Wissenschaft des Wissens und Denkens zu einer eigenen Wissenschaft. Mit ihr löst er sich einerseits von seiner Anfangsphase, der Zeit der Athener Akademie, wo noch typisch platonische Themen wie die Wiedererinnerung und die Ideenschau der Seele eine Rolle spielten. Andererseits hielt er am platonischen Unterbau fest, der besagt, dass der Gegenstand des Wissens immer nur das Allgemeine ist und wissenschaftliches Erkennen stets in der Ableitung des Besonderen aus dem Allgemeinen besteht. Aber, und jetzt kommt die entscheidende Kehrtwendung gegen seinen Lehrer: Wissen ist machbar und nicht Wiedererinnerung der Seele. Aristoteles geht von der Sinneswahrnehmung und der Erfahrung aus, die bei Platon negativ belegt sind, und behauptet, dass die Grundfunktionen des Wissens ihren Ursprung in der erfahrbaren Welt haben. Das Allgemeine bildet sich für den Menschen erst heraus, nachdem er bestimmte Einzelerfahrungen gemacht hat. So können allgemeine Begriffe aus den Einzelbeobachtungen der Dinge herausdestilliert werden, das Allgemeine steckt zwar *in* den Dingen und *über* dem vielen Seienden, aber nicht *jenseits* der Dinge und nicht *außerhalb* des Seienden. Dabei klärt der Verstand, welche Faktoren im Spiel sind, wenn der Mensch denkt und spricht. Platons Ideen können diese Klärung nicht leisten.

Bei dieser Untersuchung stößt Aristoteles nun auf mehrere grundlegende Faktoren. Damit hat Aristoteles ein Instrumentarium geschaffen, das jahrhundertelang die methodische Grundlage für Wissensgewinnung überhaupt war.

1. Der Begriff

Der Geist fasst mehrere Dinge, die der Mensch in einem zahlreichen Nacheinander wahrnimmt, zu einem Begriff zusammen. So ist beispielsweise der Begriff *Wettkampf* eine ökonomische Zusammenfassung der vielen Einzelwahrnehmungen sportlicher Abläufe für das Allgemeine. Das Allgemeine ist nicht das *Alles* des Einzelnen, sondern das »Wesentliche«, die *ousia.* Um zu diesem Wesentlichen zu gelangen, muss ein Begriff richtig gebildet werden, was durch Eingrenzung (Definition) geschieht. Die Regel für eine Definition ist, dass ein Gegenstand in eine bekannte Klasse eingeordnet wird und dabei übereinstimmende und trennende Merkmale festgestellt werden. Bei einem Begriff höherer Allgemeinheit gelangt man zum Gattungsbegriff, bei einem Begriff geringerer Allgemeinheit, also bei spezifischer Unterscheidung, zum Artbegriff. So ergibt sich bei der Definition eines Hundes als Begriff höherer Allgemeinheit die Gattung *Tier* und als Begriff spezifischer Unterscheidung die Art: Hund – Dackel – Rüde

> Gattung ist was von mehreren und der Art nach verschiedenen Dingen bei der Angabe ihres Was oder Wesens prädiziert wird. Bei Angabe des Wesens prädiziert werden werde von solchem verstanden, was man auf eine Frage antworten muss, was das vorliegende Ding ist. So muss man z. B. beim Menschen auf die Frage, was er ist, sagen, er sei ein Sinnenwesen. Zur Frage nach der Gattung gehört auch die Frage, ob etwas mit einem anderen in derselben oder in einer verschiedenen Gattung steht. Eine solche Frage fällt unter die dieselbe wissenschaftliche Behandlung wie die Frage nach der Gattung. Haben wir dargetan, dass Sinnenwesen gleichmäßig Gattung von Mensch und Ochs ist, so haben wir dargetan, dass sie in derselben Gattung stehen. Haben wir dagegen dargetan, dass etwas Gattung des einen ist, aber nicht Gattung des

anderen, so haben wir dargetan, dass die beiden nicht in derselben Gattung stehen.

(Aristoteles ›Topik‹ I 5, 102a-b)

2. Die Kategorie

Im weiteren Fortgang seiner Analyse klassifiziert Aristoteles die Begriffe. Denn Begriffe, die Menschen einsetzen, um sich zu verständigen, lassen sich in typische Gruppen einteilen, die noch *über* den Gattungen stehen und selbst keinen gemeinsamen übergeordneten Begriff mehr über sich haben. Er findet zehn dieser Gruppen oder Aussageweisen und nennt sie *Kategorien*, für deren Einteilung er aber keine Rechtfertigung gibt. Die erste Kategorie ist die der *Substanz*, sie ist das Seiende, das in sich selbst existiert und Grund der Möglichkeit aller Prädikate ist. Die restlichen Kategorien sind *Quantität*, *Qualität*, *Relation*, *Ort*, *Zeit*, *Lage*, *Haben*, *Tun* und *Leiden*. Diese letzten neun Kategorien existieren immer *an* einer Substanz und sind insofern unselbständig. Man nennt sie *Akzidentien* (lat. *accidens*: »hinzukommend«). Außerdem gibt es noch Bestimmungen oder Prädikate, die beiläufig sind und auch fehlen können, z. B. die *bestimmte* Farbe, die etwas hat, etwa ein ganz bestimmtes Blau, ähnlich: *zart*, *blond*, usw.

3. Das Urteil

Werden zwei oder mehr Begriffe miteinander verbunden, spricht Aristoteles von einem *logischen Urteil.* Mit dem Urteil soll eine wahre Aussage über die Wirklichkeit gemacht werden. Platon hatte die Wahrheit bei den Ideen angesiedelt, bei Aristoteles ist sie das Kennzeichen von Urteilen. Auch Urteile werden in verschiedene Klassen eingeteilt. Für die Entscheidung darüber, was wahr ist, bedient sich der Mensch des *Logos*, bei Aristoteles nur noch Denkinstrument. Es gibt bejahende Urteile, verneinende, allgemeine und spezielle, ferner einfache Seinsurteile, notwendige und mögliche.

4. Der Schluss

Das Herz der aristotelischen Logik ist die Lehre vom Schluss. Diese legt dar, wie Denken fortschreitet, indem Urteile verbunden werden. Der Name für diese Methode gedanklichen Fortschritts ist *Syllogismus*, er ist das Gelenk unseres Denkens, das Fundament jeder Wissenschaft. Er besteht aus zwei Voraussetzungen und dem Schlusssatz, der *Conclusio.* Das klassische Beispiel für den Syllogismus lautet:

Obersatz (1. Voraussetzung): Alle Menschen sind sterblich.
Untersatz (2. Voraussetzung): Sokrates ist ein Mensch.
[Haben beide Voraussetzungen ein Glied gemeinsam (hier: Mensch), erfolgt eine Verknüpfung:]
Schlusssatz (*Conclusio*): Also ist Sokrates sterblich.

Ein Schluß ist eine Rede, in der, wenn etwas gesetzt wird, etwas von dem Gesetzten Verschiedenes notwendig dadurch folgt, daß dieses ist. Mit dem Ausdruck: dadurch, daß dieses ist, meine ich, daß die Folge seinetwegen eintritt, und damit, daß sie seinetwegen eintritt, daß es sonst keines, von außen zu nehmenden Begriffes bedarf, damit sich ihre Notwendigkeit ergibt.
Vollkommen nenne ich einen Schluß, der, damit seine Notwendigkeit einleuchtet, außer den Voraussetzungen keiner weiteren Bestimmung bedarf, unvollkommen einen solchen, der noch einer oder mehrerer weiteren Bestimmungen bedarf, die zwar wegen der zugrunde liegenden Begriffe notwendig gelten, aber nicht in den Vordersätzen enthalten sind.
(Aristoteles ›Erste Analytik‹ I 1, 24b10)

5. Der Beweis

Er setzt sich aus Schlüssen zusammen. Müssen schon die Prämissen der Schlüsse aus allgemeingültigen Sätzen bestehen, heißt das für den absoluten Beweis, dass auch das zu Beweisende aus seinen obersten Voraussetzungen, die selbst nicht ableitbar sind, abgeleitet werden muss. In den Seinsprinzipien der Metaphysik wird dies noch verdeutlicht, nämlich mit den Sätzen vom Widerspruch und vom ausgeschlossenen Dritten:

das sicherste unter allen Prinzipien ist dasjenige, bei welchem Täuschung unmöglich ist; denn ein solches muß notwendig am erkennbarsten sein, da sich ja alle über das täuschen, was sie nicht erkennen, und voraussetzungslos [...] Daß ein so beschaffenes Prinzip das sicherste unter allen ist, leuchtet ein; welches aber dies ist, wollen wir nun angeben. Daß nämlich dasselbe demselben in derselben Beziehung (und dazu mögen noch die anderen näheren Bestimmungen hinzugefügt sein, mit denen wir logischen Einwürfen ausweichen) unmöglich zugleich zukommen und nicht zukommen kann, das ist das sicherste unter allen Prinzipien; denn es paßt darauf die angegebene Bestimmung, da es unmöglich ist, daß jemand annehme, dasselbe sei und sei

nicht. Zwar meinen einige, Herakleitos sage so, doch ist es ja nicht notwendig, daß jemand das, was er sagt, auch wirklich so annehme. Wenn es nun aber nicht möglich ist, daß demselben das Entgegengesetzte zukomme (und dabei wollen wir auch zu diesem Satze die gewöhnlichen näheren Bestimmungen hinzugefügt haben), beim Widerspruche aber eine Meinung der anderen Meinung entgegengesetzt ist, so ist es offenbar unmöglich, daß derselbe zugleich annehme, daß dasselbe sei und nicht sei; denn wer sich hierüber täuschte, der hätte ja die entgegengesetzten Ansichten zugleich. Daher kommen alle, die einen Beweis führen, auf diese letzte Annahme zurück.
(Aristoteles ›Metaphysik‹ IV 3, 1005 b 19)

Ebensowenig aber kann zwischen den beiden Gliedern des Widerspruchs etwas mitten inne liegen, sondern man muß notwendig jedes von jedem entweder bejahen oder verneinen. Dies erhellt zuerst aus der Bestimmung der Begriffe wahr und falsch. Zu sagen nämlich, das Seiende sei nicht oder das Nicht-Seiende sei, ist falsch, dagegen zu sagen, das Seiende sei und das Nicht-Seiende sei nicht, ist wahr. Wer also ein Sein oder ein Nicht-Sein prädiziert, muß Wahres oder Falsches aussprechen.
(Aristoteles ›Metaphysik‹ IV 7, 1011 b 23)

B. Metaphysik

Hat die *Logik* Geist und Denken zum Gegenstand gehabt, so untersucht die *Metaphysik* jetzt das Sein selbst. Es gibt nicht nur eine Wissenschaft von Spezialfällen des Seins (z. B. Biologie, Physik etc.), sondern auch eine vom vorausliegenden Sein selbst.

Es gibt eine Wissenschaft, die das Seiende als Seiendes und die demselben an und für sich zukommenden Bestimmungen betrachtet. Sie fällt mit keiner der sogenannten Spezialwissenschaften zusammen. Denn keine der letzteren handelt allgemein vom Seienden als solchem; sie sondern vielmehr ein bestimmtes Gebiet aus und betrachten dasjenige, was dem diesem Gebiet angehörenden Gegenstande zukommt. So macht es z. B. die Mathematik. Da wir nun die obersten Prinzipien und Gründe suchen, so sind diese offenbar als Gründe einer an und für sich bestehenden Wesenheit zu denken. Wenn nun diejenigen, die die Elemente dessen, was ist, erforscht haben, gleichfalls diese Prinzipien gesucht haben, so ergibt sich die Notwendigkeit, daß auch die Elemen-

te, die sie meinten, Elemente sind des Seienden nicht als dessen was an anderem ist, sondern was schlechthin ist, und daß deshalb auch wir die obersten Gründe des Seienden rein, sofern es ist, ins Auge zu fassen haben.
Vom Seienden spricht man in mehrfacher Bedeutung, indessen immer unter Beziehung auf einen einheitlichen Gesichtspunkt und eine einheitliche Wesenheit
(Aristoteles ›Metaphysik‹ IV 1, 1003 a 21)

Bei Aristoteles heißt dieses Unterfangen noch nicht *Metaphysik*, sondern *erste Philosophie*. Diese kreist hauptsächlich um drei Themen:

1. Das Allgemeine und das Einzelne

Bei dieser Verhältnisbestimmung setzt sich Aristoteles von seinem Lehrer ab. Für ihn liegt das eigentliche Sein nicht in einer jenseitigen Welt der Ideen wie bei Platon, sondern im konkreten Gegenstand dieser Welt, oder besser: im Kern der Erscheinungen. Von nun an wird der Streit zwischen beiden Positionen die gesamte Geistesgeschichte beschäftigen, und zwar als Streit zwischen Idealismus und Realismus. Er wird bis zur Neuzeit dauern. Aristoteles meint, dass das Allgemeine nur das Gemeinsame an den Einzeldingen sei und nichts Substanzielles. Es ist nicht jenseits der Dinge, denn, so fragt er, wie kann ein Wesen außerhalb der Dinge sein, deren Wesen es ist? So existiert z.B. der Allgemeinbegriff *Tier* nur in unserem Gehirn, real hingegen ist der einzelne Hund, Affe oder das Pferd. Das Allgemeine allein kann letztlich kein Einzelding dazu bringen zu existieren.

2. Stoff und Form

Bei dieser Verhältnisbestimmung stoßen wir auf einen scheinbaren Widerspruch im aristotelischen Denken, und wahrscheinlich ist es sogar einer. Es wurde anfangs erwähnt, dass Aristoteles an dem platonischen Unterbau festhielt, der besagt, dass der Gegenstand der Wissenschaft immer nur das Allgemeine und nicht das gegenständliche Wissen sei. Es bietet sich die Erklärung an, dass Aristoteles die leitenden Gedanken der platonischen Ideenlehre nicht ganz aufgeben, sondern sie mit seinen eigenen Gedanken zu einer haltbaren Theorie ausbauen wollte. Ob man dem zustimmt oder nicht, sei dahingestellt. Wichtig ist folgende Einsicht: Für die Tatsache, dass Aristoteles jetzt einem allgemeinen Prinzip, das er *Form* nennt, eine höhere Wirklichkeit zubilligt, spricht die simple Erkenntnis, dass sicheres Wissen nie von der Zufälligkeit einzelner Erscheinungen ausgehen kann, die stets veränderlich sind. Gegenstand des Wissens aber muss sein, was notwendig und was unveränderlich ist. Da aber das Einzelne nie Repräsentant des Unveränderlichen sein kann, setzt das, was verändert, etwas Ungewordenes voraus. Aristoteles verwendet dafür das platonische Wort *eidos* (»Idee« oder »Form«; auch: *morphē*). Was nun geformt wird, ist der »Stoff« oder die »Materie« *(hylē)*. Der Stoff allein als gestaltloser hat aber keine Wirklichkeit, er hat nur die Möglichkeit, durch eine Form wirklich zu werden. Erst wenn der Stoff eine Form angenommen hat, ist die Form des Stoffes seine Wirklichkeit. Stoff ohne Form ist die erste Materie, allerdings ohne reale Existenz. Wer bei der Bezeichnung der Form als ewig und unvergänglich eine versteckte Wiedereinführung der platonischen Idee sieht, darf nicht vergessen, dass für Aristoteles nur die Form als die jeweilige bestimmte Form die platonischen Merkmale des Ewigen und Unvergänglichen hat.

Als weitere Neuerung gegenüber Platon schreibt Aristoteles der Form noch einen Zweck zu sowie eine Kraft, die diesen Zweck befördert. Es gibt keine Kraft, keine Bewegung, die nicht zweckgesteuert ist. So unterscheidet er vier Zwecke, vier Ursachen, die das Seiende gestalten: die *causa materialis* (am Beispiel des Hauses: die Steine), die *causa formalis* (die Form des Hauses), die *causa efficiens* (der Baumeister) und die *causa finalis* (das Wohnen).

3. Theologie

Aus der Berührung von Stoff und Form entspringt Bewegung. So ist die Verwirklichung des Möglichen ohne Ende, sie geschieht seit Anbeginn der Zeit. An ihrer Spitze steht als *prima causa* [»erste Ursache«] das Vollkommene, der erste Beweger, die reine Form ohne Stoff, die Form der Formen, die Gottheit. Sie ist reiner Geist und reines Denken, bezweckt aber keine Einwirkung auf den Weltenlauf.

C. Natur, Mensch, Ethik, Politik, Kunst

1. Natur

Auf dem Gebiet der Physik entwirft Aristoteles als Botaniker, Zoologe, Astronom, Physiologe und Naturforscher ein Weltgerüst von imposanter Größe, dessen mannigfaltige Fehler nichts von seiner

Bedeutung wegnehmen. Ging es in der *Metaphysik* um das Unbewegte, um die Prinzipien des Seins, so geht es in der *Physik* jetzt um das, was durch Form und Stoff bewegt wird, die Natur. Sie ist das Spiel von Stoff und Form, die Überführung des Möglichen ins Wirkliche, wobei Aristoteles mehr Gewicht auf die teleologischen als auf die physikalischen Erklärungen der Natur legt. Nichts in der Natur geschieht zufällig, alles, was geschieht, hat ein Ziel, einen Zweck (griech. *telos*: »Ziel/Zweck«; teleologisch: »zweckgerichtet«). Jedes Blatt, jeder Ast eines Baumes erfüllt den ihm zugewiesenen Zweck in der Natur.

2. Mensch

Mit dem Zusammenspiel von Stoff und Form wird auch der Mensch erklärt. Leben ist Selbstbewegung, auch bei Tieren und Pflanzen, die eine niedere Form von Seele haben. Was beim Menschen bewegt wird, ist der menschliche Leib, während das Bewegende die Form ist, die Seele. Sie ist Zweck des Leibes und unsterblich. Der Leib ist um der Seele willen da, nicht notwendiges Übel oder Kerker der Seele, was die Position Platons war (und die Aristoteles auch anfänglich vertrat), sondern auf ein Zweck-Ziel hin ausgerichtet. Aristoteles gebraucht das Wort *Entelechie* für den Akt, der die Vollendung als Ziel in sich hat; diese Entelechie erfährt die Seele im Leib. Die Zweckmäßigkeiten in der Natur lassen sich recht leicht an ihr selbst ablesen: Bei den Pflanzen sind es Ernährung und Fortpflanzung, bei den Tieren kommt noch die Empfindung durch die Sinne hinzu und bei den Menschen die Denkfähigkeit durch den *nous*, den »Geist«.

3. Ethik

Der Endzweck allen menschlichen Tuns liegt in der *eudaimonia*, der »Glückseligkeit«. Sie ist oberstes Ziel aller ethischen Entwürfe griechischer Denker schon seit Demokrit, also lange vor Aristoteles. Seinen Standpunkt in der ›Eudemischen Ethik‹, in der die *phronēsis*, die »denkerische Einsicht«, das göttliche Urprinzip »schaut«, hatte er in seiner ›Nikomachischen Ethik‹ aufgegeben und somit den Bruch mit dem platonischen Idealismus auch in der Ethik vollzogen (E. Zeller). Sittliche Vollendung wird nicht mehr von einem jenseitigen Prinzip, sondern vom Menschen abgeleitet. Wann ist eine Handlung gut? Wenn sie schön ist, d. h., wenn die richtige Vernunft sie leitet und die rechte »Mitte« (*Mesotes*) zwischen zwei Extremen findet. Demnach bewegt sich sittliches Handeln stets zwischen zwei Fehlern, zwischen einem Zuviel und einem Zuwenig. So liegt zwischen Tollkühnheit und Feigheit die Tugend der Tapferkeit, zwischen Prasserei und Geiz die Großzügigkeit usw.

> Die Tugend [griech. *aretē*] ist also ein Verhalten der Entscheidung [...] Die Mitte liegt aber zwischen zwei Schlechtigkeiten, dem Übermaß und dem Mangel. Während die Schlechtigkeiten in den Leidenschaften und Handlungen hinter dem Gesollten zurückbleiben oder über es hinausgehen, besteht die Tugend darin, die Mitte zu finden und zu wählen. [...]
> Freilich hat nicht jede Handlung und nicht jede Leidenschaft Raum für eine Mitte. Denn einzelne sind in ihrem Namen schon verbunden mit der Schlechtigkeit, wie die Schadenfreude, die Schamlosigkeit oder der Neid, und bei den Handlungen der Ehebruch, der Diebstahl und der Mord. ... Man kann bei ihnen also niemals das Rechte treffen, sondern immer nur sich verfehlen. Es gibt kein Richtig oder Unrichtig im Bezug auf solche Dinge, etwa mit wem und wann und wie man Ehebruch treiben solle, sondern etwas derart zu tun ist schlechthin falsch.
> (Aristoteles ›Nikomachische Ethik‹ II 6, 1106b37ff.)

Glückseligkeit hat mit »Lust« (in manchen Übersetzungen: »Freude«) zu tun, aber die Lustgewinnung ist nie Motiv, sondern Folge sittlichen Handelns, ein Gedanke, den auch Kant als der nächste der großen Systematiker in der Philosophie vertreten wird. Im Grunde soll der Mensch zur Vollendung bringen, was er seinem Wesen nach ist (W. Weischedel). Damit wird Aristoteles zum Ahnherrn des Humanismus (Schlagwort: *Werde, was du bist!*). Die Verwirklichung seiner selbst durch den *logos*, die »Vernunft«, zeigt, dass das *Erkennen* qua Vernunft Vorrang vor dem *Handeln* qua Vernunft besitzt.

4. Politik

Individuelle Sittlichkeit erfährt ihre Vollendung im Staat. Der Mensch bedarf der Gemeinschaft mit anderen. Das ist der Sinn des bekannten Aristoteles-Wortes vom Menschen als *zōon politikon* oder *animal sociale.* Die primäre Aufgabe des Staates, in dem befremdlicherweise auch das Recht auf Sklaverei herrscht, ist weniger die Erhaltung von Frieden und Leben, als vielmehr die Förderung der Glückseligkeit seiner Bürger, Erziehung zur Tugend und Vermehrung von Bildung und nicht kriegerische Machtausdehnung. So ist Politik nichts anderes als angewandte Ethik. Es gibt keine einzelne Staatsverfassung, die allein richtig ist. Die richtige muss sich nach den konkreten Bedürfnissen eines Volkes richten. Richtig regiert wird ein Volk, wenn ein Einzelner, wenn eine Minderzahl oder wenn alle Bürger sittliche Verantwortung im Staat übernehmen. Die entsprechenden Verfassungen dazu wären dann *Königtum*, *Aristokratie* und *Politie* (in heutigem Verständnis: »Herrschaft des Volkes«). Verwerflich ist es, wenn ein Einzelner, wenn eine Minderheit oder die Masse als Gewaltherrscher die Macht an sich reißt. Die Zerrformen hierfür wären demnach *Tyrannis*, *Oligarchie* und *Demokratie* (in heutigem Verständnis: »Herrschaft der Massen«).

5. Poetik

In der neben theoretischer und praktischer Philosophie schon erwähnten poietischen Philosophie bezieht Aristoteles Rhetorik und Kunst in die Wissenschaft ein. In der ›Poetik‹ bezeichnet er die Dichtkunst als Idealisierung der Wirklichkeit. Sie ist bestimmt als »Nachahmung der Natur«. Erhalten sind die Ausführungen über das Epos und die Tragödie, verschollen ist hingegen sein Buch über die Komödie (Letzteres spielt in Umberto Ecos Bestseller ›Der Name der Rose‹ eine zentrale Rolle).

Exkurs: Die Schule des Peripatos

Aristoteles' *Schule des Peripatos* setzt sich aus mehr oder weniger bedeutsamen Schülern des Gründers zusammen. Hatte schon Aristoteles die Philosophie in verschiedene Disziplinen aufgeteilt, so setzt nach dessen Tod eine Verselbstständigung der Einzelwissenschaften ein. Der wichtigste Schüler wurde Theophrast von Lesbos, der 322 v. Chr. die Leitung des Peripatos übernahm. Er war für die Sammlung der ›Ansichten der Physiker‹ zuständig. So entstand eins der bedeutendsten philosophiegeschichtlichen Werke der griechischen Literatur, das zwar verloren ging, aber durch unzählige Exzerpte relativ vollständig rekonstruiert werden konnte. Unter den anderen Schülern sorgte Eudemos für die Sammlung mathematischer und astronomischer Quellen, während Menon für die Medizin zuständig war. Andronikos von Rhodos (1. Jh. v. Chr.) schließlich verdanken wir den Namen *Metaphysik*: Er gab die Schriften des

Aristoteles neu heraus. Dabei legte er deren seither gültige Reihenfolge fest. An den Anfang stellte er die Schriften zur Logik. Es folgten die zur Naturphilosophie (»Physik«). Danach ordnete er die Werke zur Lehre von den ersten Ursachen bzw. zur Lehre vom Seienden als Seienden ein. Den Abschluss bildeten die Bücher zur Politik und Ethik. Entsprechend dieser Anordnung bezeichnete man die Schriften *»meta«/nach* denen zur Physik als die Schriften zur *Metaphysik.* Andronikos' eigentliche Leistung liegt in der Edition des aristotelischen Werkes.

Beinahe wäre es für uns verloren gegangen. Auf dem Umweg über arabische Denker in Spanien gelangte es nach Europa. Zuerst im Konflikt mit dem Christentum, später unter Thomas von Aquin dem christlichen Denken einverleibt, übte es einen gewaltigen Einfluss auf das gesamte Mittelalter aus. Bei Thomas hatte das *Corpus Aristotelicum* schon fast den Nimbus der Unfehlbarkeit. Die erste gedruckte Ausgabe der Werke des Aristoteles erschien 1499 in Venedig, und zwar in lateinischer Sprache.

3. Die hellenistische Philosophie

Der Begriff *Hellenismus* wurde im späten 19. Jahrhundert geprägt und bezeichnet die Phase vom Tod Alexanders des Großen (323 v. Chr.) bis zum Tod Kleopatras (30 v. Chr.). Obwohl nur durch äußere Daten festgelegt, wurde diese Periode kulturell für ungemein lange Zeit bestimmend, bis ins 4. nachchristliche Jahrhundert hinein. Zwei Entwicklungen in dieser Epoche seien wegen ihrer großen Bedeutung eigens hervorgehoben:

- Mit dem Verschwinden der Polis kommt die Idee des Weltbürgertums auf: Die Grenze zwischen Griechen und Nicht-Griechen (*Barbaren*) beginnt zu verwischen, und der östliche Mittelmeerraum wird zu einem Schmelztiegel der Kulturen.
- In der praktischen Disziplin der Philosophie beginnt ein Rückzug auf die Interessen des Einzelnen, was der bisherigen Philosophie in dieser Form fremd war. In demselben Maße, in dem sich die Einzelwissenschaften verselbstständigen, nähert sich die Philosophie nun der Religion. Die Philosophie ist jetzt nicht mehr »Besitztum einer geistigen Aristokratie« (E. Zeller), sondern befindet sich auf dem Weg zur Volkstümlichkeit und bietet sich als Ersatzreligion an.

In Stoa und Epikureismus macht sich ein Primat der Praxis breit, wobei metaphysische und erkenntnistheoretische Aspekte nur den Rahmen bilden. Beide philosophischen Schulen, einschließlich der sich parallel dazu entwickelnden Skepsis, haben ein gemeinsames Ziel: dem Menschen als Individuum zu innerer Ruhe, Ausgeglichenheit und Unerschütterlichkeit des Gemüts zu verhelfen.

Von den bedeutenden philosophischen Strömungen der Zeit war zuerst die Skepsis da, dann der Epikureismus und als drittes der Stoizismus. Nichtsdestoweniger wird gern gesagt, Stoa und Epikureismus seien etwa gleichzeitig entstanden und die Skepsis sei eine Reaktion auf die beiden gewesen; sie habe sich gegen jeglichen dogmatischen Anspruch auf ein geschlossenes Weltsystem gewandt.

a. Die Stoa

Sie gilt als die einflussreichste philosophische Richtung des Hellenismus, vor allem hinsichtlich ihrer Bedeutung für das römische Geistesleben.

1. *Ältere Stoa*: Der Begriff Stoa geht zurück auf eine Säulenhalle in Athen, in welcher der Begründer der Schule um 300 v. Chr. lehrte: Zenon von Kition (333–261 v. Chr.). Er stammte aus einer phönizischen Gründung auf Zypern. Nachdem er Schiffbruch erlitten hatte, kam er nach Athen, wo er sich dem Kyniker Krates von Theben (365–285 v. Chr.) anschloss. Dort prägte ihn weniger dessen radikale kynische Bedürfnislosigkeit als vielmehr dessen Grundüberzeugung, nur die Tugend sei ein Gut, die Schlechtigkeit ein Übel und alles andere gleichgültig. Grund für die Trennung von seinem Lehrer Krates war sowohl sein Naturell, das wohl die Schamlosigkeit und die Schroffheiten der kynischen (»hündischen«) Lebensführung nicht ertrug, als auch der von Krates vertretene Verzicht auf den wissenschaftlichen Unterbau der Lehre. So gründete er seine eigene Schule, deren Schüler sich nach ihrem Versammlungsort auf der Agora, der *Stoa poikile* (»bunte Säulenhalle«), *Stoiker* nannten.

Zenon machte den Wert der wissenschaftlichen Betätigung abhängig von deren Bedeutung für das sittliche Leben. Da Sittlichkeit aber eines theoretischen Rückhaltes bedarf, gliederte er seine Lehre in die drei Teile *Logik – Physik – Ethik.* Diogenes Laertius vergleicht Zenons Lehre mit einem Acker: die *Logik* wäre demnach die Umzäunung des Ackers, die *Physik* der Baum und die *Ethik* dessen Frucht.

- *Logik*: Stoiker sind Empiriker. Alles Erkennen geht von der Wahrnehmung von Einzelnem aus. Aus der Wahrnehmung entsteht die Erinnerung, aus der Erinnerung die Erfahrung. Die Seele ist bei der Geburt eine *tabula rasa*, eine »unbeschriebene Tafel«, in welche die Erfahrung ihre Spuren eindrückt, eine Vorstellung, die später im englischen Empirismus bei John Locke wiederkehren wird.
- *Physik*: Stoiker sind Materialisten. Es gibt keine dualistische Trennung von Form und Stoff, Körper und Geist, sondern alle

Substanzen, Seele, Gottheit und selbst die Eigenschaften der Dinge sind eins, sind Körper (*monistische Auffassung*). Die in der Welt wirkenden Kräfte stammen alle von einer Urkraft: *pneuma* (»warmer Hauch«; »Feuer«). Innerhalb der Natur herrscht Vollkommenheit und Zweckmäßigkeit, dort heißt die Einheit der alles bestimmenden Gesetzlichkeit *Logos* oder *Nous* (»Vernunft«), beides nicht als bewegende Kraft gedacht, sondern als Seele der Welt, als Zeus, als Gott.

- *Ethik*: Der für die stoische Philosophie zentrale Begriff der Natur als Prinzip aller Dinge reicht bis in die *Ethik* hinein. Diese geht von einem naturgemäßen Leben des Menschen aus. Da aber die Natur des Menschen die Vernunft ist, ist vernunftgemäßes Leben gleich Leben in Übereinstimmung mit der Natur, allerdings nicht als unwillkürliches passives Verhalten, sondern als im freien Willen vollzogene Zustimmung zum festen Gang der Natur. Hierin liegt die Tugend. Das einzige Übel ist das Schlechte als das Nichtwissen der Tugend. Alles andere ist gleichgültig: Besitz, Gesundheit, Leben, Ehre usw. Lust und Glückseligkeit sind immer nur Folge von Tugend. Diese besteht in der Unerschütterlichkeit des Gemüts, der Selbstgenügsamkeit und der Freiheit von den Störungen durch »Affekte«, der *apathia*: der Leidenschaftslosigkeit als Gemütszustand.

Unter den zahlreichen Vertretern der älteren Stoa ragen neben Zenon einige Persönlichkeiten hervor: Kleanthes von Assos (331–232 v. Chr.) war ein Faustkämpfer, der sich durch schwere körperliche Arbeit bei Nacht seinen Unterhalt verdienen musste, um tagsüber seinen Lehrer Zenon hören zu können. Ihn zeichneten Willensstärke, Bedürfnislosigkeit und Religiosität aus: Von ihm stammt ein ergreifender Zeushymnus. Kleanthes starb durch freiwilliges Hungern. Chrysippos von Soloi (281–208 v. Chr.) sorgte für die Ausbreitung des Stoizismus und dessen Zusammenhalt angesichts drohender Spaltungen. Das oben skizzierte altstoische System dürfte im Wesentlichen auf ihn zurückgehen.

2. *Mittlere Stoa*: Sie entstand im Kultursog zwischen Athen und Rom. Ihre wenig bekannten Vertreter sind Panaitios von Rhodos (180–110 v. Chr.), der stoische Härten milderte (äußere Güter sind nicht mehr gleichgültig, sondern können glücksfördernd sein) und Scipio Aemilianus (185–129 v. Chr.), auch bekannt als der jüngere Scipio, beeinflusste, sowie Poseidonios (135–51 v. Chr.), der platonische, aristotelische und stoische Elemente zusammenfasste. Seine hinreißenden Vorträge hörten sowohl der römische Redner Cicero als auch der Feldherr Pompejus.

3. *Jüngere Stoa*: Sie gehört hauptsächlich in die römische Kaiserzeit, wo es mittlerweile zum guten Ton gehörte, sich mit Philosophie zu beschäftigen. Ihre Vertreter waren u. a. Seneca, Epiktet und Kaiser Marc Aurel (siehe Kapitel »Römische Philosophie«).

b. Der Epikureismus

Die im Hellenismus beginnende Auflösung des Polis-Gedankens führte im Epikureismus zu einem Rückzug in ein möglichst ungestörtes Privatleben. Dieser Rückzug geschah allerdings ohne Ablehnung des Staates, der immerhin noch als Garant für die Ausführung dieses Privatlebens gesehen wurde. *Lathe biōsas!* »Lebe im Verborgenen« (Plutarch ›Vom verborgenen Leben‹): Eine gewisse resignative Einstellung spricht aus diesem Wahlspruch der Epikureer. Die Welt wird überwunden, ohne sich in eine jenseitige Welt zu flüchten, sie wird überwunden, um nicht nur die Freuden des Lebens, sondern auch die Werte der Innerlichkeit genießen zu können. Und dies nicht als Einsiedler, sondern unter Pflege, ja im Kult der Freundschaft, der sichersten aller sozialen Freuden. Der Epikureer ist in erster Linie nicht Egoist, sondern Individualist.

Epikur (341–270 v. Chr.) Er ist eine der bekanntesten und gleichzeitig auch verkanntesten Persönlichkeiten der Antike. Für die einen war er »Heilsbringer der Menschheit« (Lukrez), für die anderen ein »säuischer und hündischer« Vertreter der Naturphilosophen ohne Bildung (Timon von Phlius). Grund für seine schlechte Reputation ist zum einen sein berühmt-berüchtigter Satz, »Ursprung und Wurzel alles Guten« sei »die Lust des Bauches« (Epikur, Fragment 76), zum anderen die Worte von Horaz, er (Horaz) sei »ein richtiges Schweinchen in der Herde Epikurs.« (Horaz ›Episteln‹ 1, 4, 16). Epikur – von den Stoikern verleumdet, von Epiktet »Wollüstling« genannt (Diog. Laert. X 6), von Cicero gehasst, von den Christen nachfolgender Jahrhunderte bekämpft –

war trotzdem von überragender Bedeutung für die Zeit des Umbruchs, die mit dem Tode Alexanders des Großen einsetzte.

Die Eltern, aus Athen stammend, waren Kolonisten auf Samos, wo Epikur auch seine Kindheit verbrachte. 18-jährig kam er erstmals nach Athen, zog aber dann nach der Vertreibung der Athener aus Samos und nach Ableistung eines zweijährigen Militärdienstes nach Kolophon. Die wichtigsten philosophischen Impulse verdankte er dem Demokrit-Anhänger Nausiphanes, den er aber verächtlich *Meerlunge* (»Qualle«) nannte. Mit seinen drei Brüdern gründete Epikur eine Schule, zuerst in Mytilene, dann in Lampsakos und schließlich 307 v. Chr. in Athen, wo er einen »Garten« (*kēpos*) kaufte, woher auch die Bezeichnung *Gartenphilosoph* stammt. Die Pflege der Freundschaft als Ersatz für die Gemeinschaft der Polis war zentral für seine Anhänger, die in einer Art Lebensgemeinschaft wohnten, die auch Hetären und Sklaven einschloss. Die Lebensführung war recht schlicht: Brot, Wasser und bisweilen Wein bildeten die Hauptnahrung. Als vorherrschende Negativmerkmale wurden bei Epikur seine Intoleranz gegenüber anderen Philosophen sowie sein starrer Dogmatismus gesehen: Seine Jünger hatten seine Gedanken wie einen Katechismus auswendig zu lernen. Mit zunehmender Autorität mehrten sich die Anzeichen göttlicher Verehrung seitens seiner Anhänger. Er starb im Alter von 72 Jahren.

Vollständig erhalten sind von ihm: seine 40 Hauptlehrsätze (mancherorts *Katechismus* genannt), drei Briefe: an Herodot (Naturlehre), an Pythokles (Meteorologie, Astronomie; Echtheit umstritten) und an Meneukes (Lebenskunst für ein gutes Leben). Weiterhin existieren einige Fragmente auf Papyri in einer Bibliothek in Herculaneum; 1888 wurde in einer vatikanischen Handschrift eine Spruchsammlung von ihm entdeckt.

1. Ethik

Epikur war zweifelsfrei ein Anhänger des *Hedonismus*, ein Begriff, der oft als *hemmungslose Genusslehre* verunglimpft wird. Der griechische Begriff *hēdonē* deckt Übersetzungen von »Freude«, »Vergnügen«, »Lust«, »Genuss« bis hin zum »sinnlichen Genuss« ab. Sicher ist, dass Epikur kein Vertreter hemmungslosen Lebensgenusses war.

> Auch die Genügsamkeit halten wir für ein großes Gut, nicht um uns in jedem Falle mit wenigem zu begnügen, sondern um uns, wenn wir nicht die Hülle und Fülle haben, mit dem wenigen zufrieden zu geben ... Denn eine bescheidene Mahlzeit bietet den gleichen Genuss wie eine prunkvolle Tafel, wenn nur erst das schmerzhafte Hungergefühl beseitigt ist. Und Wasser und Brot gewähren den größten Genuss [...] Wenn wir also die Lust als das Endziel hinstellen, so meinen wir damit nicht die Lüste der Schlemmer und solche, die in nichts als dem Genusse selbst bestehen, wie manche Unkundige und manche Gegner oder auch absichtlich Missverstehende meinen, [...]
> (Diog. Laert. X, 130f.)

Ganz unschuldig an manchem Vorurteil ist er freilich nicht, und zwar aufgrund überpointierter Formulierungen. So wie er seine Atomlehre Demokrit entlehnte, so entlehnte er seine Lustlehre Aristipp von Kyrene (435–355 v. Chr.) *Gut* ist für Epikur ein außermoralischer Begriff. *Gut*: das ist »lustbetont«, »lustbringend« und vor allem – »Unlust vermeidend«, »sich vor Unlust zu schützen«, »Schmerzlosigkeit« und die »Freiheit vor seelischer Erschütterung« (*ataraxia*). Mit dieser Zielrichtung auf die Glückseligkeit im Ganzen, in einem ausgewogenen Lust-Unlust-Kalkül, grenzte er sich von Aristipp ab, der die augenblicklich gegenwärtige Lust propagierte. Außerdem sind es die geistigen Genüsse, die einzuschließen, wenn nicht gar vorrangig zu erstreben sind. Nicht um der Lust willen erstrebt Epikur die Lust, sondern er erstrebt sie »als letztes erreichbares Stück der Natur im Menschen« (K. Schilling). Darüber darf man sich auch nicht durch die schockierenden, wohl auf Werbewirksamkeit abzielenden Sprüche von der *Lust des Bauches als Wurzel alles Guten* u. ä. hinwegtäuschen lassen. Ersetzt man die Lust des Bauches durch ein gesundes Funktionieren des Organismus, klingt das Ganze schon nicht mehr ganz so anstößig.

Trotzdem bleibt ein Rest von Zweideutigkeit zurück, bezieht man Epikurs Ausführungen über die Tugend mit ein, die an manchen Stellen als ein unabdingbares Prinzip erscheint, ohne das die Lust nicht denkbar sei, und an anderen Stellen als leer und verzichtbar erklärt wird.

> Ein lustvolles Leben ist nicht möglich, ohne ein einsichtiges, lobwürdiges und gerechtes Leben, und einsichtsvolles, lobwürdiges und

gerechtes Leben nicht ohne ein lustvolles.
(Epikur »Hauptlehrsatz Nr. V«, in: Diog. Laert. X, 140)

Dagegen:

Ich dagegen rufe die Menschen zu andauernden Lustempfindungen und nicht zu leeren und sinnlosen Tugenden, deren Früchte man nur voller Unruhe erhoffen kann.
(Epikur »Von der Überwindung der Furcht«, Fragment 15)

Ferner:

Ich spucke auf das Edle (kalon) und auf jene, die es in nichtiger Weise anstaunen, wenn es keine Lust erzeugt.
(Epikur »Von der Überwindung der Furcht«, Fragment 119)

2. Erkenntnislehre (Kanonik)

»Alles Gute und Schlimme beruht auf Empfindung.« (Diog. Laert. X, 124) Wahrheit äußert sich nur in dem, was wir empfinden und was wir mit den Sinnen wahrnehmen. »Bildchen« (*eidōla*) und kleinste Zuflüsse von dem zu erkennenden Gegenstand vermitteln die Wahrnehmung von Wirklichkeit. Wir entscheiden, ob eine Erkenntnis der Wahrheit entspricht, indem wir abwägen, ob die Wirklichkeit sie bestätigt oder zumindest ihr nicht widerspricht. Was nicht mit Wahrnehmungen übereinstimmt, ist lediglich leere Behauptung. Irrtümer entstehen nur da, wo zu den Wahrnehmungen etwas hinzugedacht wird.

Wenn du irgendeine sinnliche Wahrnehmung schlechthin verwirfst und keinen Unterschied machst zwischen bloßer Mutmaßung und erst noch zu Bestätigendem und dem, was bereits als Empfindung oder als Seelenerregung oder als vorstellende geistige Tätigkeit irgendwelcher Art sich vorfindet, dann wirst du durch deine haltlose Meinung auch die übrigen sinnlichen Wahrnehmungen in Verwirrung bringen und so jede Urteilsbegründung zunichte machen.
(Epikur »Lehrsatz Nr. XXIV«, in: Diog. Laert. X, 147)

Weichen einige Erklärungen voneinander ab, gilt der sittliche Brauchbarkeitsgedanke: Diejenige Erklärung wird bevorzugt, die für ein glückliches oder ausgewogenes Leben am geeignetsten ist.

Diese »empiristische bzw. sensualistische« Auffassung (W. Röd) unterscheidet sich natürlich eklatant von der Erkenntnislehre des Platon und Aristoteles, die Wahrheit an festen Seinsprinzipien festgemacht und der Erkenntnis einen Wert an sich zugebilligt hatten.

3. Physik

Obwohl das einzige Recht der Philosophie darin besteht, den Menschen den Weg zur Glückseligkeit zu weisen, kommt auch Epikur nicht ohne eine kosmologische Erklärung des Seins aus. Die Atomlehre des Demokrit ist der Ausgangspunkt: »Kleinste unteilbare Teilchen« (*Atome*) und *das Leere* sind die Voraussetzung für die Erscheinungen der Natur und deren Bewegung. Atome unterscheiden sich nicht in ihrer Qualität, sondern nur in ihrer Form und Schwere. Alle Abläufe in der Natur bestehen aus Druck und Stoß dieses Regens aus Atomen, alles Werden in ihr besteht nur aus umorganisierten Zusammenstellungen. Auch Geist und Seele bestehen aus einem Aggregat feinster Atome, das teilbar ist und dessen Atome sich nach dem Tod zerstreuen.

Nun aber kommt die Abweichung von der Lehre Demokrits, bei dem alle Atome sich zwar gegenseitig stoßen, deren Bewegung aber automatisch (von selbst) geschieht und das All in die jetzt bestehende Ordnung versetzt. Die Konsequenz daraus ist ein Determinismus, der jede Willensfreiheit ausschließt. Das kann Epikur nicht hinnehmen und führt, um die Willensfreiheit zu retten, eine Abweichung der Atome von der geradlinigen Bewegung ein: die *parenklisis* (griech.) oder *declinatio* (lat.). Mit der Einführung dieses Zufallsprinzips als Ursachlosigkeit hat Epikur eine Unbestimmtheit in den Determinismus eingeführt, aus der menschliche Freiheit ableitbar ist. Dem Menschen werden somit ein eigenes Wollen und eine Befähigung zugesprochen, eine Ursachenkette anzufangen. Der Weltenlauf gehorcht eben nicht einer absoluten Gesetzmäßigkeit. Der Grund für diese Abweichung von Demokrits Lehre liegt auf der Hand: Der Druck des unausweichlichen Schicksals behindert die Lebensqualität.

4. Theologie

Eine weitere Störung für ein unbeschwertes Leben sieht Epikur im herkömmlichen Glauben an Götter, die in das Leben der Menschen eingreifen und jenseitige Strafen verhängen. Gegen diese »Schrecken und das ganze religiöse Dunkel« (Lukrez) stellt Epikur Götter, die einfach glücklich sind. Wegen ihrer unüberbietbar großen Glückseligkeit (vgl. Epikur, Fragment 75) sind sie für die Menschen Vorbilder und aus eben diesem ethischen Grund für uns wichtig. In das Weltgeschehen greifen sie nicht ein, sie existieren vielmehr außerhalb des Naturablaufs in *Intermundien* (»Zwischenwelten«), von denen es unendlich viele gibt. Auf diese Weise verabschiedet, können sie jederzeit angerufen werden, stören aber nicht weiter. So war man nicht nur frei von jeglichem Vorwurf der Gottlosigkeit, sondern auch frei von Aberglauben und Todesfurcht. Auf diese Todesfurcht zielt auch einer der meistzitierten Sätze Epikurs:

> Das angeblich schaurigste aller Übel also, der Tod, hat für uns keine Bedeutung; denn solange wir noch sind, ist der Tod nicht da; stellt sich der Tod ein, so sind wir nicht mehr da.
> (Epikur »Brief an Menoikus«, in: Diog. Laert. X, 125)

*

Die Wirkungsgeschichte des Epikureismus ist recht beeindruckend. Fast 700 Jahre hat die Schule Bestand gehabt, trotz der vielen Anfeindungen, vor allem von Seiten des Christentums, das in Epikur ein Musterbeispiel eines heidnischen und lasterhaften Philosophen sah.

Die Überlieferung seiner Philosophie verdanken wir neben zahlreichen Fragmenten Diogenes Laertius (3. Jh. n. Chr.) und, vor allem im ersten vorchristlichen Jahrhundert, dem Römer Lukrez (97–55 v. Chr.), dem »Propheten« der Lehre (K. Schilling), der Epikurs Naturphilosophie in poetischer Form wiedergab und damit den Verlust der Originalschriften Epikurs teilweise wieder wettmachte.

Nach Jahrhunderten des mittelalterlichen Feindbildes *Epikur* war es Pierre Gassendi (1592–1655), der anhand von Lukrez' Werk versuchte, Epikurs atomistischem Materialismus gerade in Hinblick auf die Entwicklungen in Physik und Chemie wieder Geltung zu verschaffen.

Es war aber weniger die Ethik Epikurs, die nachhaltig auf das abendländische Denken wirkte, als vielmehr seine Erkenntnis- und Naturlehre. Um der Ideenlehre Platons jede Grundlage zu entziehen, entwickelte Epikur eine eigene Auffassung, wie alle unsere Begriffe aus Erfahrung hervorgegangen sein könnten; das Aufkommen des Empirismus in England wurde dadurch stark gefördert. So gibt es epikureische Anklänge bei Thomas Hobbes, John Locke und, in Deutschland, beim jungen Leibniz. Der Einfluss von Epikurs Ethik wird vor allem im Utilitarismus des 19. Jahrhunderts deutlich sichtbar. Besonders der Gedanke des neuzeitlichen Individualismus mit der Betonung auf einem subjektiv-persönlichen Glückgefühl wurde stark von Epikur befruchtet.

Nicht zuletzt ist auch die Dissertation des jungen Karl Marx aus dem Jahre 1841 zu nennen (›Differenz der demokritischen und epikureischen Naturphilosophie‹), die aus allen Versuchen einer Rehabilitierung Epikurs hervorsticht.

c. Die Skepsis

Die Skepsis war nicht nur eine Gegenreaktion auf die Vielzahl der sich ausbreitenden Lehrsysteme, besonders auf Stoa und Epikureismus, sondern auch ein eigenständiger Versuch, einen zuverlässigen Weg zum Glück zu finden. Es ist vor allem die Unvereinbarkeit der dogmatischen Ansprüche auf Wahrheit, die im Fortgang der Antike eine gewisse »Kulturmüdigkeit« (H.J. Störig) erzeugt und eine skeptische Grundhaltung zur Folge hatte, die auch vor den eigenen Auffassungen nicht halt machte, in dem Wissen, dass es zu jedem Argument ein Gegenargument gibt. Das griechische Wort *skeptomai* heißt wörtlich: »Ich schaue prüfend umher« und meint eine Methode kritischer Sichtung. Die spätere Wortbedeutung als »Zweifel« beinhaltet in diesem Falle kein sich abmühendes oder quälendes Element, sondern die wohltuende Haltung, sich nicht endgültig festlegen zu müssen und jeder praktischen Verpflichtung aus dem Wege zu gehen. So wie in der Stoa der Wegfall der störenden Affekte zur Apathia führt, befreit sich jetzt der Geist von den verwirrenden, ungewissen Standpunkten und den beängstigenden Irrtümern und führt zum letzten Ziel des Skeptikers: der *ataraxia*, der »Seelenruhe«.

Als Begründer gilt Pyrrhon von Elis (362–270 v. Chr.), ursprünglich ein Maler, der am Zug Alexanders des Großen nach Indien teilnahm und dort mit indischen Asketen in Berührung kam. Es heißt, dass ihn nichts aus der Fassung bringen konnte. Als sein Lehrer Anaxarchos einmal in einen Sumpf fiel, ging er ungerührt weiter und wurde von diesem ob dieser Gleichgültigkeit gelobt. Bei einem Streit mit seiner Schwester Philista meinte er trocken und seinen Zorn unterdrückend, ein Weib sei ein schlechter Probierstein für unerschütterliche Gemütsruhe. Diogenes Laertius, der dies berichtet, fasst Pyrrhons Lehre prägnant zusammen: Sie vertritt den Standpunkt der Unbegreiflichkeit der Dinge und der Zurückhaltung des Urteils. Dieser doppelte Standpunkt der älteren *Pyrrhonischen Skepsis* zog sich sowohl durch die mittlere Skepsis, auch *Akademische Skepsis* genannt, da ihr Hauptsitz die platonische Akademie war (unter Arkesilaos und Karneades), als auch durch die jüngere Skepsis (unter Ainesidemos).

In den umfangreichen Werken des Arztes Sextus Empiricus (im 2. Jh.) ist die für die Skepsis charakteristische Lehre von den 10 *Tropen* des Ainesidemos überliefert, zu denen er noch fünf eigene Tropen hinzugefügt hat (*Pyrrhonische Grundzüge*). Ein *Tropus* ist eine Argumentation (wörtlich »Wendung«), welche die Unmöglichkeit gesicherter Erkenntnis aufzeigt. Diese Tropen gehen von Verschiedenheit und Ungleichheit aus: von Lebewesen, von Menschen im Einzelnen, von Sinnesorganen, von subjektiven Befindlichkeiten, von räumlichen Bedingungen, von Wirkungen der Gegenstände, von Erscheinungen und Wahrnehmungen, von Erziehung, Sitte, Gewohnheit, von philosophischen Überzeugungen usw.

d. Der Neuplatonismus

Seine Bewertung schwankt erheblich. Auf der einen Seite ist von einem großen geschlossenen philosophischen System der ausgehenden Antike die Rede, auf der anderen Seite von einer Erweichung des echten Platonismus, vom Selbstmord der Philosophie durch ihr Bedürfnis nach Selbsterlösung. Zumindest ist der Neuplatonismus der letzte Versuch des antiken Denkens, die Welterkenntnis in ein philosophisches System zu fassen. Die Fragen, ob der Neuplatonismus wirklich »Züge der Greisenhaftigkeit von Anfang an in seinem Antlitz« trug, gepaart mit einem Mangel an wirklicher Originalität (E. Zeller), oder ob er auf die neu entstehende christliche Philosophie bis ins Mittelalter höchst befruchtend wirkte, müssen nicht kontrovers beantwortet werden.

Als Begründer des Neuplatonismus gilt Ammonios Sakkas (3. Jh.) aus Alexandria, von dem fast gar nichts bekannt ist, außer dass er sein Brot als Tagelöhner verdiente und für seinen Schüler Plotin das wurde, was Sokrates für Platon gewesen ist. Dieser Schüler, Plotin, gilt als der Hauptvertreter des sog. Neuplatonismus, der in der Zeit vom 3. bis zum 6. Jh. n. Chr. fast alle geistigen und religiösen Strömungen der Zeit aufgriff und sie zu einem einheitlichen Lehrgebäude straffte. Wir sehen uns hier mit dem Paradox konfrontiert, dass dieses wirkungsmächtigste System der Antike nach Platon und Aristoteles einerseits zu einem letzten Aufbäumen der griechischen Philosophie gegen das Christentum wurde, und dass es andererseits zu einer »Platonisierung des Christentums« (W. Röd) beitrug. Vor allem der Kirchenvater Augustinus war von ihm stark beeinflusst.

Plotin (204–270) Er gilt als der letzte große Philosoph der Antike, der den mittleren Platonismus (mittlere und jüngere Akademie) überwand und sich der Mystik zuwandte. Es ist strittig, ob er Platons eigentliche Lehre aufgriff oder diese umformte. Mit der eklektizistischen Verknüpfung platonischer, aristotelischer und stoischer Ideen schuf er ein einheitliches philosophisches System, das den Charakter einer Erlösungsreligion hat. Seine Themen sind die stufenartige Ableitung allen Seins aus einem einzigen Urgrund, die Befreiung der Seele aus ihrer körperlichen Gefangenschaft und ihre Rückkehr zur *unio mystica*, zum göttlichen Urgrund des All-Einen.

Seinem Schüler und Biographen Porphyrios verdanken wir die wesentlichen Daten von Plotins Leben.. Der vermutliche Geburtsort Plotins ist Lykopolis in Ägypten (das heutige Assiut). Zwischen 232 und 243 studierte er bei Ammonios Sakkas in Alexandria Philosophie. Um die Philosophie des Orients kennenzulernen, schloss Plotin sich dem Feldzug des römischen Kaisers Gordian III. gegen die Perser an. Nach der Ermordung des Kaisers durch seine eigenen Soldaten floh Plotin 40-jährig nach Rom, wo er eine Schule eröffnete. Selbstlosigkeit und Bescheidenheit waren seine Charaktereigenschaften. Er verachtete alles Körperliche. Letzteres dürfte nach eigenem Bekunden im Spott anderer begründet liegen, da er noch mit 8 Jahren an der stillenden Brust der mütterlichen Amme hing. »Er schämte sich, im Leib zu sein«, berichtet sein Biograph. Außerdem weigerte er sich, einem Künstler Modell zu sitzen, um »kein Abbild eines Abbildes« zu hinterlassen. Er verzichtete auf Fleischnahrung und blieb unverheiratet. In Adels- und Senatskreisen erfreute sich seine Schule großen Zulaufs. Unter anderem waren auch Kaiser Gallienus und dessen Gattin Salonina seine Zuhörer. Es fehlte nicht viel, und Plotin hätte einen Traum umsetzen können, dessen Verwirklichung Platon verwehrt geblieben war: die Gründung der Stadt Platonopolis in Anlehnung an die von Platon entworfene Verfassung. Dies scheiterte an der Ermordung des ihm wohlgesinnten Gallienus. Zehn Jahre vergingen, bis Plotin anfing zu schreiben. Seine 54 Schriften sind sämtlich erhalten. Porphyrios ordnete sie zu 6 Gruppen mit je 9 Schriften (deshalb auch der Titel ›Enneaden‹: »Neunergruppen«) und gab sie heraus. Die Krankheit, die Plotin 268 befiel, muss ansteckend und abstoßend gewesen sein. Er zog sich daher auf das Landgut eines verstorbenen Freundes in Latium zurück, wo er 270 verstarb.

Der Schlüssel für Plotins System liegt in zwei Voraussetzungen: Die eine ist die schon von Pythagoras und Platon erkannte Kluft zwischen übersinnlicher und sinnlicher Welt; die andere finden wir in seiner Lehre von dem All-Einen, aus dem alles Sein hervorgeht und in das die Seele in mehreren Schritten zurückkehren kann.

> Alles Seiende ist durch das Eine ein Seiendes, sowohl das was ein ursprünglich und eigentlich Seiendes ist wie das, was nur in einem beliebigen Sinne als vorhanden seiend bezeichnet wird. Denn was könnte es sein, wenn es nicht eines ist? Da ja wenn man ihm die Einzahl, die von ihm ausgesagt wird, nimmt, es nicht mehr das ist, was man es nennt. Denn es kann kein Heer sein wenn es nicht eines sein soll, und kein Reigen und keine Herde, ohne Eines zu sein. Auch kein Haus oder Schiff, wenn sie nicht die Einheit haben, denn das Haus, das Schiff sind eines, und wenn sie das einbüßen, dann ist das Haus kein Haus mehr und das Schiff kein Schiff; die zusammenhängenden Grö-

ßen also würden nicht existieren, wenn das Eine ihnen nicht beiwohnte; wandeln sie doch, wenn man sie teilt, ihr Sein insoweit als sie das Eine verlieren.
(Plotin ›Enneaden‹ VI, 9)

1. Beide Welten sieht Plotin in mehrere Schichten zerlegt. An der Spitze der übersinnlichen Welt ist das *Hen*, das »Eine«, vor dem alle Worte versagen. Deshalb klingen Plotins Aussagen auch recht dunkel: Es ist unerklärbar, unfassbar, unermesslich, es ist kein Etwas, kein Seiendes, weder Geist noch Seele, es ist weder bewegt noch ruhend, ist nirgends und doch nicht nirgends, ist das Alles einschließlich des Nichts von diesem Allen, kurzum: Es entzieht sich jeder Bestimmung. Das Einzige, was sich mit Gewissheit sagen lässt, ist, dass es das Sein ist, das über das Sein hinaus existiert. Selbst Worte wie *Gott*, *das Eine* und *das Gute* sind nur Annäherungen.

2. Eine derartig auf die Spitze getriebene Jenseitigkeit verlangt jedoch nach einer Erklärung, wie sich diese Jenseitigkeit realisieren soll, oder anders ausgedrückt: wie die Brücke zwischen Jenseits und Diesseits funktioniert bzw. warum es auch noch die unter dem All-Einen liegenden Wirklichkeitsbereiche *Geist*, *Seele*, *Welt* gibt. Die Antwort liegt in dem Begriff des »Überfließens«, der *Emanation*. Das Gute als das Vollkommenste strömt über, als Vollkommenstes kann es sich nicht auf sich selbst beschränken. Aus ihm ergießt sich alles Seiende, aber nicht so, dass dabei eine Minderung oder Schwächung des Einen geschieht. Plotin vergleicht dieses Geschehen mit der Sonne, die Licht abgibt, ohne an Kraft zu verlieren, mit der Quelle, die Wasser entströmen lässt, ohne zu versiegen, mit Platons Vorstellung vom Unvollkommenen, das dem Vollkommenen entsprießt, und dem Abbild, das seinen Grund im Urbild hat. Daher ist Plotins Emanation nichts anderes als ein auf den Kopf gestellter (allerdings nichtzeitlicher) Begriff von Evolution, der nicht das Höhere aus dem Niederen ableitet, sondern umgekehrt.

3. Dieses Überströmen geschieht stufenweise und je nach Entfernung zu dem Einen in abnehmender Qualität. Die erste Emanation des Einen ist der *Nous*, der »Geist«. Diese Erzeugung geschieht nach Plotins Worten so, dass das Eine auf der Suche nach sich selbst sich selbst erblickt. In heutiger Sprache könnte man dies *die auf der Subjekt-Objekt-Spaltung beruhende Denkfähigkeit* nennen.

Analog zu Platon wäre der *Geist* der Inbegriff aller Ideen und somit das Licht der Sonne, durch das sich das Eine selbst erblickt.

Daß der Geist unmöglich das Erste sein kann, wird auch aus folgenden Erwägungen deutlich werden. Der Geist ist notwendig dem Denken hingegeben, und der Geist edelster Art, welcher nicht nach außen blickt, denkt notwendig das, was vor und über ihm ist; denn damit daß er sich in sein eignes Selbst hineinwendet, wendet er sich zu seinem Ursprung. Und wenn der Geist sowohl das Denkende wie selber das Gedachte ist, so ist er zwiefältig und nicht einfältig, also nicht das Eine; wenn er dagegen auf ein Anderes blickt, so unbedingt auf ein Höheres, vor ihm Liegendes; oder wenn er schließlich sowohl auf sich selbst wie auf das Höhere blickt, so ist er auch dann erst ein Zweites. Und in der Tat muß man den Geist so ansetzen, daß er einerseits bei dem Guten, dem Ersten ist und auf Es hinblickt, anderseits aber bei sich selbst ist und sich selbst denkt, und zwar denkt er sich als Inbegriff alles Seienden. Er ist also weit entfernt das Eine zu sein, da er so vielschichtig ist. (Plotin ›Enneaden‹ VI, 9)

4. Im Betrachten des Einen bringt der Geist die *psychē*, die »Seele«, hervor. Sie ist als unterste Stufe des Übersinnlichen die Brücke zum Sinnlichen. In dieser Brückenfunktion ist ihr oberer Teil als Weltseele dem Geist zugewandt, und als individuelle Seele von Menschen, Tieren und Pflanzen lässt sie das Sinnliche als Natur aus sich hervorgehen. In dieser Spannung und Unruhe vollzieht sich Leben, und je nach Übergewicht des einen oder anderen Teiles ist die Seele als ein mehr oder weniger starkes Ordnungsprinzip der Welt allen möglichen Irrungen und Täuschungen ausgesetzt.

5. Auf der untersten Stufe sieht Plotin als absoluten Gegensatz zum Göttlich-Einen den Stoff oder die *Materie*, als das Substrat alles Sinnlichen geprägt von Prozessen wie Werden, Wandel und Zerfall, die eigene Form durch Vergänglichkeit stets zerstörend. Die Materie ist fern des Guten, fern des Seins des All-Einen, als der unterste Grund der Welt das Finstere und Böse schlechthin, aber auch das Nicht-Sein.

Wenn also dies das Seiende ist und das Jenseits des Seienden, dann ist das Böse nicht unter den seienden Dingen enthalten, noch in dem Jenseits des Seienden; denn dies alles ist ja gut. Somit bleibt, wenn anders es überhaupt ist, nur übrig, daß es unter die nichtseienden Dinge

gehört und gewissermaßen eine Gestalt des Nichtseienden ist und einem der Dinge anhaftet, die mit dem Nichtseienden vermengt sind oder sonstwie Gemeinschaft mit ihm haben. Nichtseiend sei dabei verstanden nicht als schlechthin nicht existierend, sondern lediglich als vom Seienden unterschieden, und zwar nicht in dem Sinne, wie Bewegung und Ruhe des Seienden von ihm verschieden sind, sondern so wie das Schattenbild vom Seienden verschieden ist, oder gar in noch höherem Grade nichtseiend. Es ist aber nichtseiend in diesem Sinne die ganze wahrnehmbare Welt und alle Vorgänge an ihr, aber auch das, was etwa unter diesem steht und ihm nur anhaftet, oder auch sein Prinzip oder ein Ding, das dieses als solches fertig macht.
(Plotin ›Enneaden‹ I, 8)

6. Diese Stufe der Sinnlichkeit zu überwinden und zum Göttlichen zurückzukehren, aus dem alles entstanden ist, das ist der Ausgangspunkt für Plotins Ethik und höchstes Ziel des Menschen. Der Weg dorthin besteht wiederum aus drei Stufen: tugendhaftes Handeln als der äußere Weg, philosophisches Denken in Form der platonischen Dialektik als innerer Weg und als höchste Stufe die mystische Versenkung und die ekstatische Einswerdung mit dem absoluten Urgrund des Einen. Mit dieser »intellektuellen Verzückung« betritt Plotin Neuland; die mystische Versenkung ist in der bisherigen rational ausgeprägten Philosophie ein irritierender Fremdkörper, der nur mit dem Interesse zu erklären ist, die Philosophie ganz in den Dienst der Religion zu stellen, und zwar in einer Zeit, in der die Welt sich allmählich auflöst und in der die Sehnsucht nach Erlösung immer mächtiger wird.

Die Wirkungsgeschichte der plotinischen Lehre ist eine ungeheure. Das frühe Christentum wird den Gedanken einer Teilhabe des Menschen am göttlichen Wesen begierig aufnehmen. Auch die Leibfeindlichkeit und die fast schon trinitarische Dreiereinheit vom jenseitigen All-Einen werden im Christentum auf fruchtbaren Boden fallen. Man ist geneigt zu behaupten, der Wandel von der rationalen griechischen Philosophie zur gläubigen Theologie habe sich bei Plotin vorbereitet.

*

Der Plotin-Schüler Porphyrios (234–305), dem wir die Herausgabe des Gesamtwerks seines Lehrers verdanken, hat sich vor allem durch den systematischen Ausbau von dessen Lehre verdient gemacht. Er verfasste selbst 70 Werke, von denen nur wenige vollständig erhalten sind. Wichtig wurden seine Kommentare zu Platon (besonders zum ›Timaios‹-Dialog, den er in seinen ›Sententiae‹ Zeile für Zeile kommentierte) und zu den Logik-Schriften des Aristoteles.

Außerhalb Roms erging sich die syrische Schule des Neuplatonismus unter Jamblich (245–325) in magischen Praktiken und einer exakten Vermessung der himmlischen Hierarchie. Jedes Teil von Plotins dreifach gegliederter übersinnlichen Ordnung von Einem-Geist–Seele wurde noch einmal mithilfe mathematisch-pythagoreischer Zahlenspekulation dreifach untergegliedert und mit Göttern, Halbgöttern und Engelwesen angereichert, quasi als Speerspitze des noch mal mächtig aufblühenden Heidentums. Die polytheistischen Vorstellungen des Volksglaubens bekamen so eine philosophische Legitimation.

Die athenische Schule des Neuplatonismus unter Proklos (412–485) nimmt noch zusätzliche Götterordnungen und himmlische Wesen in ihr System auf und lässt die Entfaltung von Ur-Einem, Geist und Seele in weiteren triadischen Schritten vor sich gehen: Jedes Untergeordnete verbleibt im Übergeordneten, geht aus ihm hervor und wendet sich zu ihm zurück (F. Ueberweg). Proklos fasst Platon, Aristoteles, die Stoa und die gesamte mythologische Tradition zu einer Synthese zusammen. Sämtliche neuplatonische Überlieferungen wurden von ihm in religiöser Begeisterung mit einem logischen Netz umspannt, das ganze Chaos geordnet, alle Lücken ergänzt und alle Widersprüche ausgeglichen (E. Zeller).

Exkurs: Die Römische Philosophie

Obwohl Teile der Stoa schon in Rom Fuß gefasst hatten und Rom auch das Zentrum des Neuplatonismus war, fällt auf, dass eine eigene römische Philosophie in vielen Lehrbüchern entweder überhaupt nicht erwähnt wird oder zumindest ein stiefmütterliches Dasein innerhalb der Philosophie des Hellenismus fristet. Auch der bereits erwähnte Diogenes Laertius berichtet nur beiläufig von einem einzigen römischen Philosophen, einem gewissen Saturninus, der im 2. Jh. ein Schüler des Sextus Empiricus gewesen sei. Im Grunde ist die römische Philosophie – gewagt ausgedrückt – hauptsächlich nur eine griechische Philosophie innerhalb des römischen Kaiserreichs. Dafür gibt es Gründe.

Die Philosophie verschwisterte sich in Rom mit der Rhetorik und wurde ein wesentlicher Bestandteil höherer Allgemeinbildung. Eine neuere Geschichte der Philosophie nennt die Philosophie in Rom eine »Unterfütterung« für den Erfolg bei Rednern und Anwälten (W.D. Rehfus).

Ein weiterer Grund dürfte die Gesamtausgabe der Werke des Aristoteles durch Andronikos von Rhodos in der zweiten Hälfte des 1. Jh. v. Chr. gewesen sein. Mit ihr begann eine Rückbesinnung des Interesses auf griechische Schulgründer, verbunden mit gelehrten Kommentierungen ihrer Schriften (RGG II, 1875).

Unter den römischen Philosophen sollen nun die wichtigsten Denker herausgegriffen werden.

Marcus Tullius Cicero (106–43), römischer Staatsmann, Redner und Schriftsteller: Er befasste sich früh mit der griechischen Philosophie, studierte eine Zeit lang in Athen und bemühte sich sich dann, das philosophische Gedankengut den Römern zu vermitteln. Ihm haben wir daher die lateinischen Entsprechungen für griechische Begriffe zu verdanken. Sein Ansehen ist allerdings umstritten. Ciceros Zurückhaltung bei eigenen Urteilen und sein Hang, Widersprüche zwischen den einzelnen Lehrmeinungen zu mildern, brachten ihm das Vorurteil des unoriginellen Denkers ein. Für ihn bestand der Unterschied zwischen den Lehren von Platon, Aristoteles und der Stoa vor allem in der Wahl der Begriffe. Sein Lehrer war Philon von Larissa (150–83 v. Chr.), der 88 nach Rom geflüchtet war. Im Jahre 79/78 hörte Cicero in Athen Antiochos von Askalon (125–68 v. Chr.). Ciceros bekannteste philosophische Werke sind ›Über das höchste Gut und das größte Übel‹, ›Gespräche in Tusculum‹, ›Über das Wesen der Götter‹ und ›Über das rechte Handeln‹.

Der Römer **Lukrez** (97–55 v. Chr.) ist der epikureischen Philosophie zuzuordnen. Von Cicero wird er ob seiner poetischen Begabung gelobt. Nur ein Werk ist von ihm überliefert: ›Von der Natur der Dinge‹ (*De rerum natura*). Es enthält die fast vollständige Darstellung der verlorenen Werke Epikurs in Form eines Lehrgedichts. Vehement trat Lukrez für eine Überwindung jeglichen Aberglaubens ein, um für eine rationale Welterklärung Platz zu schaffen. Dabei stützte er sich vor allem auf die atomistische Naturphilosophie des Demokrit. Die frühe Kirche lobte ihn zuerst für seinen Kampf gegen den heidnischen Götterglauben, musste aber bald erkennen, dass seine Kritik später auch als eine Kritik gegen den Gottesglauben des Christentums verwendet wurde. (Sein leidenschaftlicher Kampf gegen den Aberglauben mag auch der Grund dafür gewesen sein, dass Friedrich der Große ein Bild von Lukrez auf seinem Nachtkasten stehen hatte.) Angeblich beging er Selbstmord, nachdem er durch einen Liebestrank seinen Verstand verloren hatte.

Eine der glanzvollsten Persönlichkeiten war **Lucius Annaeus Seneca** (4 v. Chr.–65 n. Chr.), der Erzieher des jungen Nero. Obwohl seine Philosophie von Nietzsche in dessen ›Fröhlicher Wissenschaft‹ als »Larifari« verspottet wird, war er doch der bedeutendste Vertreter der römischen Stoa, der letzten Form der hellenistischen Philosophie. Zahlreiche Schriften (u. a. ›Vom glücklichen Leben‹) belegen seine Lehre, Philosophie sei kein theoretisches Unterfangen, sondern praktische Belehrung: »Tun, nicht reden, lehrt die Philosophie.« (ep. 20, 2) Taten sollen mit den Worten übereinstimmen. Im Mittelpunkt stehe nicht der politische Mensch, sondern das Individuum mit seinen elementaren unpolitischen Problemen, sowie die Schwierigkeit der »Selbstfindung« angesichts gesellschaftlicher Verwicklungen (W. Rehfus). Nero denunzierte Seneca als geistigen Wegbereiter der Verschwörung, daraufhin befahl er die Selbsttötung Senecas. In den ›Annalen‹ des Tacitus wird diese geschildert, ähnlich wie Platon im ›Phaidon‹ den Tod des Sokrates festhielt.

Epiktet war ein freigelassener Sklave (50–138). Um 93 wurde er samt allen Philosophen zunächst aus Rom, später, unter Kaiser Domitian, aus ganz Italien vertrieben. Er lehrte in seinem ›Handbüchlein‹, mit eigener Kraft und aus freiem Willen die sittliche Haltung voranzutreiben. Im Mittelpunkt steht der *Kanon*, die Unterscheidung zwischen Dingen, die in unserer Macht stehen, und Dingen, die es nicht tun. Wichtig sei die Kontrolle über unsere Begierden, Wünsche, Urteile und Handlungen. Gott ist ein rationales Prinzip, das alles bestimmt und lenkt (M. v. Ackeren »Epiktet«, in: ›Philosophenlexikon‹). Zu sittlichen Vorbildern werden Herakles, Sokrates und Diogenes idealisiert.

Marc Aurel, der Philosoph auf dem Kaiserstuhl (121–180), folgte, von Epiktet beeinflusst, in seinem persönlichen wie auch in seinem staatsmännischen Leben den stoischen Tugenden: Größte Machtfülle und äußerste Selbstbeherrschung gehen bei diesem Kaiser eine seltene Symbiose ein. Abweichend von seinem Vorbild Epiktet rät er in seinen ›Selbstbetrachtungen‹ zu einem mystischen Rückzug der Seele auf sich selbst.

*

Der letzte Vertreter des Neuplatonismus war **Boethius** (480–524). Der *Magister officiorum* (dieses Amt stand an der Spitze der römischen Hofämter) wurde während der Herrschaft des Ostgotenkönigs Theoderich des Hochverrats angeklagt und vom Senatsgericht zum Tode verurteilt. Obzwar Christ suchte er im Gefängnis seinen Trost nicht im christlichen Glauben, sondern in der Philosophie: ›Vom Trost der Philosophie‹. Seine Kommentierungen zu griechischen Philosophen wirkten nachhaltig auf die Ausbildung der christlichen Theologie im Mittelalter.

Mit dem Ausklang des Neuplatonismus endete auch die Philosophie der Antike: Als Schlusspunkt gelten die Hinrichtung des Boethius 524 und das Verbot der Athener Akademie durch Kaiser Justinian I. 529. Sie hatte fast 1000 Jahre bestanden. Ihr letztes Schulhaupt hieß Damascius. Im Jahr der Schließung der Akademie begann mit der Gründung des Klosters Montecassino durch Benedikt von Nursia der Siegeszug des Mönchtums im Abendland.

Philosophie des Mittelalters

Den Beginn der christlichen Philosophie auszumachen, die im Mittelalter ihren Höhepunkt erreichte, bereitet Schwierigkeiten. Denn ihr Ausgangspunkt liegt in einem ursprünglich völlig unphilosophischen Denken: in der Heilslehre des Jesus von Nazareth und seiner ersten Jünger. Erste philosophische Ansätze klingen erst in der Abwehr zwangsläufig auftretender Irrlehren an.

Als das Christentum, vor allem in der Person des Paulus von Tarsus (5–64), einem griechisch vorgebildeten Juden und römischen Staatsbürger, die Bühne der Welt betrat, hatte es in Verkündigung und Mission nur ein Thema: das Handeln Gottes in Jesus Christus. Durch die Konfrontation mit der griechisch-römischen Geisteswelt verschob sich notgedrungen das Thema, denn gegenüber der aufgeklärten Gesellschaft musste sich das Christentum – die einsetzende blutige Christenverfolgung mag ein zusätzlicher Grund sein – auch als aufgeklärte Philosophie darstellen. Hier setzen nun die Anfänge christlich-philosophischen Denkens ein. Es ist die Zeit der Kirchenväter, der *Patristik.*

1. Die Patristik: Die Zeit der Kirchenväter

Die *apostolischen Väter* zählen zur ersten Generation nach den Aposteln. Ihre Zeit ist das beginnende 2. nachchristliche Jahrhundert, das Hauptanliegen ihrer Schriften ist die Abwehr von sog. Irrlehren, zu denen sie v. a. die *Gnosis* zählten, eine mystische Denkweise mit jüdischen, christlichen, persischen, babylonischen und ägyptischen Versatzstücken, die den zentralen Dualismus von Gut und Böse propagierte (Hauptvertreter: Marcion und Valentin).

Die *Apologeten* wollten der Welt beweisen, dass ihre Lehre nicht unvernünftig sei, und versuchten, ihren Glauben zu »verteidigen« (griech. *apologein*), indem sie ihn so erläuterten, wie er den gebildeten Heiden verständlich war. So wollten die Apologeten dem

Kaiser und der Öffentlichkeit klarmachen, dass Christen ungefährliche und loyale Staatsbürger seien. Sie nahmen die Herausforderungen des griechischen Geistes an, indem sie zeigten, dass ihre Lehre jederzeit mit der heidnischen Philosophie konkurrieren könne. Ihr Hauptbegriff war der Begriff des Logos aus dem Johannes-Evangelium, wo er aber durchaus nicht philosophisch verstanden wurde. Der Logos ist Mittler der Offenbarung und wie die Weisheit eine Gestalt, in der sich Gott der Welt zuwendet. Christus steht als Logos für die Weltvernunft, ebenso gilt umgekehrt: Wo immer Weltvernunft wirkt, ist auch Christus wirksam. So werden Sokrates und Platon unbewusst zu Zeugen Christi. Unter den Apologeten ragt vor allem eine Persönlichkeit hervor:

Justin der Märtyrer (100–165) greift den Begriff des Logos auf und findet bei den antiken Philosophen sog. *Keime der Wahrheit* (Lehre vom *logos spermatikos*). Der Logos ist keimhaft schon in früheren philosophischen Lehren vorhanden. Justin nimmt diese für die Kirche in Anspruch: Alles Wahre, was je gesagt worden ist, ist christlich. Sokrates und Heraklit sind Christen wie Abraham (K. Heussi). Platon und andere Philosophen hätten die christliche Lehre bereits vorweggenommen, auch wenn diese erst in Christus ihre Erfüllung erfuhr.

Die Schriften der Apologeten sind weitgehend wirkungslos geblieben, kaum ein Kaiser hat sie je gelesen, und wohl kein einziger Märtyrertod konnte durch sie verhindert werden.

Die *frühkatholischen Väter* führten die Apologetik auf höherem Niveau fort. Im Kampf gegen die Gnosis verdienen zwei von ihnen Erwähnung, da sie als Erste christliche Gedanken zu einem System zusammenfassten und somit als Theologen gelten können. Irenäus war Bischof von Lyon (135–202). Durch ihn erhielt die Theologie eine zusammenhängende Gestalt, da er die Entfaltung des Glaubens an Schriften des Alten und Neuen Testaments band, die für ihn eine Einheit darstellten. Tertullian (150–220), der erste lateinisch schreibende Kirchenvater, unterschied ebenso wie Irenäus zwischen dem leidenden Jesus und dem leidlosen Christus. Da er den kirchlichen Moralismus mit urchristlichem Ernst füllen wollte, konvertierte er zu der ethisch rigoristischen Sekte des Montanus: Ein bloß gütiger Gott erschien ihm zu unsittlich.

In der Katechetenschule der *alexandrinischen Kirchenväter*, einer Vorstufe der Universität, wurde Theologie wissenschaftlich betrieben. Die Forderung hieß: Jedes wissenschaftliche Denken, so auch das theologische, muss zu einem einheitlichen Lehrgebäude führen, das die Gesamtwirklichkeit abzudecken vermag. Clemens von Alexandria (150–215) bezeichnete den Gemeindeglauben als Vorstufe zur philosophischen Erkenntnis. Von Clemens stammt eine erste wissenschaftliche christliche Ethik.

Der Riese unter den Alexandrinern war *Origenes* (185–254). Nach dem Bruch mit seinem Bischof ging er von Alexandria nach Cäsarea, wo er sich den Ruf als größter Gelehrter seiner Zeit erwarb. Er gab alles Weltliche auf, lebte in Askese und schreckte selbst vor der Selbstkastration nicht zurück. Seine Auslegungen und Kommentierungen der Bibel waren richtungsweisend, von ihm stammt die erste christliche Dogmatik; in dieser entwirft er ein dreistufiges Modell: *Gott – gefallene Welt – Wiedervereinigung mit Gott.* Dies weist ihn als eindeutigen Neuplatoniker mit einer unübersehbar gnostischen Färbung aus. Origenes unterschied zwischen dem gewöhnlichen Gemeindeglauben, der nur Mythos sei, und dem wissenschaftlichen Glauben, der sich nicht mehr für den geschichtlichen Jesus interessiere und sich zum allegorischen Verständnis der Heiligen Schrift emporschwinge. Seine Lehre wird über 100 Jahre später als Irrlehre verdammt werden.

Ihren Höhepunkt erreichte die *Patristik* zweifelsohne mit dem Kirchenvater Augustinus. Beeinflusst wurde er von einer der beeindruckendsten Gestalten der alten Kirche, dem Mailänder Bischof Ambrosius (339–397). Er war der geistige Vater des Augustinus. Er erstellte einen geistlichen Entwurf für das Verhältnis von Kirche und Staat. Seine herausragende Tat war es, Kaiser Theodosius zur Buße zu zwingen. Ambrosius' Hauptwerk ›De officio ministrorum‹ ist an Ciceros Pflichtenlehre angelehnt.

Die Bedeutung des Hieronymus (347–420) liegt nicht auf philosophischem Gebiet, sondern ergibt sich aus seiner Übersetzung der Bibel ins Lateinische. Auch das Alte Testament wurde von ihm aus dem hebräischen Urtext ins Lateinische übersetzt. Als ›Vulgata‹ (»die Allgemeine«, »die Verbreitete«) hat die lateinische Bibel des Hieronymus das kirchliche Leben der katholischen Kirche bis heute geprägt. Der in der römischen Provinz Dalmatien geborene Hieronymus propagierte eifrig das asketische Leben, vor allem unter römischen Aristokratinnen, und warb für die Ausbreitung des Mönchtums. Seine Kritik am römischen Klerus brachte ihm den Bruch mit Papst Siricius ein, worauf er nach Bethlehem ging, um dort bis an sein Lebensende als Leiter eines Klosters zu wirken.

Der überragende Theologe seiner Zeit war ohne Zweifel Augustinus. Mit ihm erreichte die Theologie des 4./5. Jahrhunderts ihren Höhepunkt.

Augustinus von Hippo

Augustinus von Hippo (354–430) Das Denken des Augustinus hat wie kein anderes das christliche Abendland geprägt und tiefe Spuren hinterlassen: unheilvolle Spuren, meinen die einen, bedeutungsvolle Spuren, die wichtig für das Überleben der Kirche seien, meinen die anderen. Dieser Widerspruch braucht nicht zu verwundern, denn auf Augustinus beriefen sich sowohl Päpste als auch die Reformatoren. Martin Luther, ein Augustiner-Mönch, lobte an ihm, dass er seine Bücher der Heiligen Schrift unterworfen hat. Die Titel, die ihm die Kirche im Laufe der Zeit verliehen hat, reichen von *Lehrer der Kirche* bis *Vater des Abendlandes.*

Augustinus' Geburtsort ist Thagaste, das heutige Souk-Ahras in Algerien. Von der christlichen Erziehung durch seine Mutter Monnika war er wenig beeindruckt. In der Schule bereitete ihm die griechische Literatur Schwierigkeiten. Daher ist Augustinus der einzige Philosoph der Antike, der in seinem Studium der klassischen Philosophie stets auf lateinische Übersetzungen angewiesen war. Er wählte die weltliche Laufbahn. Ziel war ein Posten in der kaiserlichen Verwaltung; dafür erschien ihm das Studium der Rhetorik als geeignet. Seiner Geliebten, mit der er ab seinem 17. Lebensjahr zusammenlebte, deren Namen er jedoch nie preisgegeben hat, hatte er sehr lange Zeit die Treue gehalten. Der Name des gemeinsamen Sohnes war Adeodatus (lat.: »von Gott gegeben«). Dass er sie nach 14 Jahren verlassen musste, war wohl das Werk seiner Mutter, die für den Sohn eine standesgemäße Verbindung mit einem christlichen Mädchen arrangieren wollte. Augustinus litt sehr unter der erzwungenen Trennung. Er war auf der Suche. Bei Cicero, dem größten

Redner der Antike, glaubte er, die Antwort auf die brennende Frage nach der Weisheit zu finden. Cicero hatte in der leider verloren gegangenen Schrift ›Hortensius‹ einen leidenschaftlichen Aufruf zur Philosophie verfasst, der den 19-jährigen Augustinus aus den gewohnten Bahnen warf. Augustinus zog die Bibel heran und prüfte, ob sie den hohen Anforderungen Ciceros genüge – sie tat es nicht.

In Karthago geriet er in den Sog der Lehre des Persers Mani. Der Manichäismus verstand sich als Weltreligion, welche die christliche Lehre vollenden wollte, denn Mani sah sich als den von Jesus verheißenen Tröster (Joh. 14, 16). Erst später begriff Augustinus, dass die manichäische Lehre von der bösen Materie dem biblischen Gedanken von der guten Schöpfung Gottes widerspricht.

Die Suche ging weiter, auch die nach einer Ehefrau. Als die Wahl von Mutter und Sohn auf ein Mädchen fiel, das noch zu jung war, wurde eine zweijährige Wartezeit vereinbart. Doch Augustinus konnte nicht warten. Nicht als »Freund der Ehe«, sondern als ein »Sklave der Begierde«, wie er in seinen ›Confessiones‹ (»Bekenntnissen«) schreibt, nahm er sich erneut eine Geliebte. In Mailand, am Hof des Kaisers, stieß er auf die Kreise um Bischof Ambrosius, den großen Prediger, der zur Schlüsselfigur seines Lebens werden sollte. Die Predigten des Bischofs zogen Augustinus in ihren Bann.

Er lernte die Lehre des Neuplatonismus kennen. Er las die ins Lateinische übersetzten philosophischen Schriften des Plotin, und in den ›Confessiones‹ heißt es, dass sein Herz brannte. Im Sommer 386 bekam er Besuch von einem afrikanischen Landsmann und einem hohen kaiserlichen Regierungsbeamten. Die Sprache kam auf Antonius, den legendären Vater des Mönchtums. Augustinus war erregt und stürmte in den Garten. Da hörte er eine Kinderstimme singen: »Tolle, lege!« *(Nimm, lies!)* Augustinus rannte zurück, schlug die Bibel an einer beliebigen Stelle auf und begann zu lesen. Es war eine Stelle aus dem Römerbrief des Paulus, die er zufällig aufschlug: »Lasset uns ehrbar wandeln als am Tag, nicht in Fressen und Saufen, nicht in Wollust und Unzucht, nicht in Hader und Neid; sondern ziehet an den Herrn Jesus Christus und wartet des Leibes nicht so, dass ihr seinen Begierden verfallet.« (Röm. 13, 13–14) Augustinus war überwältigt. Er entsagte dem Beruf eines Redners, trennte sich von seiner Geliebten und löste die Verlobung mit seiner Braut. Der Entschluss zur Taufe stand fest. Zur Vorbereitung der

Taufe zog er sich mit Familie und Freunden auf ein Landgut bei Cassiciacum zurück, einem kleinen Ort am Comer See. An Ostern 387 wurde er von Bischof Ambrosius getauft, kurz darauf starb seine Mutter. Er reiste nach Hippo Regius, dem heutigen Annaba in Algerien (frz. Bône), eine Stadt, die sein Schicksal werden sollte. 391 empfing er dort die Priesterweihe, 396 wurde er durch Zuruf des Volkes Bischof von Hippo; er sollte es bleiben bis an sein Lebensende. Augustinus starb, während die Vandalen unter Geiserich Hippo belagerten. Als die Eroberung kurz bevorstand, stürmten die Menschen panikartig zu den Taufbecken, um sich taufen zu lassen.

Bei Augustinus sind philosophisches und theologisches Denken nicht zu trennen. Besonders augenfällig ist dies in seinen ergreifenden Reflexionen über die Zeit. »Was ist also die Zeit? Wenn niemand mich danach fragt, weiß ich's, will ich's aber einem Fragenden erklären, weiß ich's nicht« (›Bekenntnisse‹ XI, 14,17). Seine Untersuchung über die Zeit beginnt mit einer grandiosen seelischen Selbsterfahrung und endet mit der Betrachtung der Zeit als einer Erscheinungsweise der Schöpfung. Diese seelischen Selbsterfahrungen in seinem Hauptwerk, den ›Confessiones‹ (»Bekenntnissen«), sind eine »Generalbeichte vor den Augen der Welt« (H.J. Störig); in ihnen beobachtet er sich unablässig, in stetigem Misstrauen gegen sich selbst. Er befindet sich bereits auf dem Weg, den später Mystik, Pietismus, Romantik und Psychoanalyse als Weg in die Innerlichkeit beschreiten werden. Dies hat auch Peter Sloterdijk veranlasst, ihn einen *Staatsanwalt Gottes* zu nennen, der die Schleusen öffnete, durch die seither primär-masochistische Energien in das europäische Denken einflössen. (P. Sloterdijk, in: K. Flasch)

1. Glaube und Vernunft

Im Grunde nahm Augustinus das Kernproblem der Scholastik vorweg, das das gesamte Mittelalter durchzog: der Versuch einer Zuordnung von Glaube und Vernunft. Als im 13. Jahrhundert die Kenntnis des vollständigen Werks des Aristoteles das Abendland erreichte, hatte dieser endlose Streit der Scholastik für das Geistesleben verheerende Folgen. Das Schlagwort der Frühscholastik, *Credo, ut intelligam* (»ich glaube, damit ich verstehe«), räumt dem Glauben einen Vorrang vor der Vernunft ein, bevor sich in der Spätscholastik die Rangfolge umkehrt: Es ist unmöglich, den Glauben mit der Vernunft zu begründen (*credo, quia absurdum*). Mit diesen unterschiedlichen Auffassungen, die knapp tausend Jahre nach Augustinus aufeinander prallten, wurde der Kirchenvater bereits im 4. Jahrhundert konfrontiert. Er lehrte die Unterordnung des philosophischen Bewusstseins von Wahrheit unter das Wissen von Christus als letzter Wahrheit, aber er wollte auch zeigen, »dass die menschliche Vernunft in sich selbst einen Wahrheitsgrund betritt, der nicht auf Bibel oder Kirchenautorität begründet ist.« (K. Flasch)

2. Gott und die Seele

Dies ist das beherrschende Thema in seinem Denken. Gott ist höchstes Sein. Einheit und Unwandelbarkeit sind Gottes Eigenschaften, und damit muss die Lehre von der Dreieinigkeit in Einklang gebracht werden. Dies gelingt Augustinus durch einen Analogieschluss von der Seele auf Gott. Wenn der Mensch Gottes Ebenbild ist, muss das Wesen Gottes im schwachen Abbild der Seele auch zu erkennen sein: So wie menschliches Sein, Erkennen und Wollen keine drei getrennten Substanzen sind, sondern Aspekte der Seele, sind auch die drei Personen *Vater*, *Sohn* und *Geist* Aspekte des einen Gottes. In jedem der drei Aspekte existieren sowohl die Seele als auch Gott ganz.

Die Sehnsucht der Seele gilt der Erwartung glückseligen Lebens, aber im Gegensatz zu den anderen philosophischen Definitionen sieht die des Augustinus das Ziel jenseits des Ich. Denn die Sehnsucht läuft ins Leere, wenn man dieses Glück von den irdischen Dingen und Gütern erwartet. Letztere kann man »gebrauchen« (*uti*), man sollte sie aber nicht »genießen« (*frui*), da man durch ihre Vergänglichkeit und Wandelbarkeit des Glücks verlustig wird. Wahres Glück kommt vom »Genießen« (*frui*) des Unvergänglichen und Unwandelbaren, und das ist bei Gott. Gebraucht man ihn, missbraucht man ihn für Ruhm oder Selbstsucht.

3. Der Zweifel

Augustinus fragt: Gibt es ein gesichertes Wissen für die Verheißung eines glückseligen Lebens? Gibt es überhaupt eine unzweideutige Grundlage für diese Gewissheit? Ja, sie liegt im Selbstbewusstsein des Menschen. Mit seiner Antwort übt er einen bislang zu wenig gewürdigten Einfluss auf den Rationalismus des 17. Jahrhunderts aus. Descartes wird auf der Suche nach einer gesicherten Grundlage menschlicher Erkenntnis die Methode des Zweifels finden, der erst bei der unumstößlichen Selbstgewissheit im Akt des Denkens an seine Grenzen gelangt. Descartes muss mit seinem berühmten *Cogito, ergo sum* (»Ich denke, also bin ich«) offensichtlich entscheidende Anstöße von Augustinus erhalten haben.

> Wenn ich mich täusche, bin ich ja. Denn wer nicht ist, kann sich auch nicht täuschen; also bin ich, wenn ich mich täusche. Da ich demnach bin, wenn ich mich täusche, kann es keine Täuschung sein, daß ich bin; denn es steht fest, daß ich bin, wenn ich mich täusche. Da ich also, auch wenn ich mich täuschte, sein müßte, um mich täuschen zu können, täusche ich mich darin gewiß nicht, daß ich weiß: ich bin.
> (Augustinus ›Vom Gottesstaat‹ 11,26)

Descartes hat die Abhängigkeit von Augustinus allerdings nie anerkannt und den Vorwurf des Plagiats stets zurückgewiesen.

4. Der Liebe helle und der Liebe dunkle Seite

In einer Predigt über *1. Joh. 7* beginnt Augustinus zu schwärmen: »Gott ist die Liebe.« Welche Gestalt hat sie, welche Figur? Welche Füße, welche Hände? Niemand könne es sagen. Doch sie habe Füße: die führen dich zur Kirche. Sie habe Hände: die strecken sich erbarmend zu den Armen aus. Sie habe Augen: damit erkennen sie die Notleidenden. Es folgt ein Lobpreis: Sie koste nichts, haltet sie fest, umfasst sie. Köstlicher als sie ist nichts.

Wer so redet, hat das Liebesgebot Jesu verstanden: Liebe bleibt nicht im Herzen, sie wirkt. Ohne Liebe sei der Glaube leer, predigt Augustinus ohne Unterlass.

Aber die Liebe kann auch eine dunkle Seite haben. Das wohl bekannteste Zitat des Augustinus lautet: »Liebe, und tue, was du willst!« (*»Dilige, et quod vis fac!«;* oft fälschlicherweise: *Ama et fac quod vis.*) (›In epistolam Johannis ad Parthos, Tractatus Decem‹ VII, 8). Dieser Satz ist voll berauschender Wahrheit. Aber Wahrheit kann ins Gegenteil verkehrt werden. Was folgt, wirft einen Schatten auf das Bild vom großen Kirchenvater.

Es geht um den *Donatismus-Streit,* der wie eine dunkle Wolke schon lange über der Kirche Nordafrikas schwebte und diese zu spalten drohte. Diese Bewegung um den Bischof Donatus war eine logische, aber verhängnisvolle Konsequenz der Christenverfolgung. Nach deren Beendigung drängten Priester und Bischöfe, die in der Zeit der Verfolgung den Glauben verleugnet hatten, um ihr Leben zu retten, zurück in die Kirche. Dass dies als anstößig empfunden wurde, liegt auf der Hand.

Die Donatisten legten ihrer Lehre den radikalen und fanatischen Maßstab der Märtyrerkirche zugrunde. Nur die von sündlosen Priestern gespendeten Sakramente wurden anerkannt. Dem hielt Augustinus (aus heutiger Sicht: zu Recht) entgegen: Die Identität der Kirche darf nicht abhängig sein von der Qualität ihrer Amtsträger. Sakramente und Amtshandlungen sind gültig, weil sie nicht auf der persönlichen Würdigkeit des Priesters beruhen, sondern weil sie auf den objektiven Verheißungen Gottes und der objektiven Wirksamkeit der Sakramente gründen. Sie sind Stiftungen Christi und nicht des Priesters.

Die Lage eskalierte. Es kam zu Gewalt, besonders vonseiten der Donatisten. Augustinus sah im Verhalten der Donatisten eine eklatante Verletzung der Liebe. Er wusste, dass er den Ruf nach der Macht des Staates begründen musste, und er begründete ihn – mit der Liebe:

> Nicht jeder, der schont, ist dein Freund, nicht jeder, der schlägt, dein Feind [...] Besser ist es, mit Strenge zu lieben, als mit Milde zu hintergehen [...] Wer einen Tobsüchtigen bindet und einen Schlafsüchtigen aufrüttelt, fällt beiden lästig und liebt doch beide.
> (Augustinus »Brief an Vincentius von Cartenna«, in: ›Epistulae‹ 93 II, 4)

Es sind Worte, denen man ihren Wahrheitsgehalt nicht absprechen kann. Aber Wahrheit kann aufgrund eigener Interessen umgebogen werden: Berufung auf Liebe – nur eben ohne Liebe.

Augustinus' bekannte und berüchtigte Begründung des Zwangs gegenüber Abtrünnigen ist seine folgenschwerste. Es ist das berüchtigte *Cogite intrare!*, auf das sich später die Inquisition berufen wird: Augustinus bezieht sich auf Jesus; es ist die Stelle im Gleichnis vom großen Abendmahl (Luk 14,23):

> Du meinst, man dürfe niemanden zur Gerechtigkeit zwingen, obwohl du liest, dass der Hausvater zu seinen Knechten gesagt hat: ›Alle, die ihr findet, zwinget einzutreten [...]‹
> (Augustinus »Brief an Vincentius von Cartenna«, in: ›Epistulae‹ 93 II, 5)

»Nötige sie hereinzukommen!« Dieses *Cogite intrare!* wird zur Rechtfertigung einer jahrhundertelangen blutigen Ketzerbekämpfung – unter Berufung auf Augustinus.

5. Die Freiheit des Willens

Es ging schon bei Augustinus um die Frage, deren Beantwortung später Luther von Erasmus von Rotterdam trennte: Hat der Mensch einen freien Willen oder nicht? Augustinus führte einen erbitterten Streit mit Pelagius, einem Asketen aus Britannien. Pelagius war ergriffen von der Radikalität der Bergpredigt Jesu: Die Forderung der Bergpredigt nach Vollkommenheit ergebe nur dann Sinn, meint der Brite, wenn diese auch real zu erreichen sei. Die Menschennatur sei durchaus geschaffen für die Möglichkeit der Vollkommenheit, deshalb plädierte Pelagius für Willensfreiheit und Selbstverantwortung des Menschen. Dass der Wille frei sei, war anfangs auch die feste Überzeugung des Augustinus; denn wäre er nicht frei, könnte der Mensch auch nicht zur Verantwortung gezogen werden. Aber Augustinus gibt diesen Freiheitsbegriff auf. Warum?

- Ein freier Wille muss Taten hervorbringen können, aber es wären Taten, die der Mensch als verdienstvolles Handeln in den Glauben einbringen kann. Somit wären die aus dem freien Willen geborenen Werke des Menschen eindeutig Verdienste. Das aber stößt sich an Paulus, der dem Menschen den Ruhm vor Gott abspricht: »sie werden ohne Verdienste gerecht aus seiner Gnade durch die Erlösung, die durch Christus Jesus geschehen ist.« (Röm. 3,24)
  Dieser Gnadenbegriff des Paulus kollidiert mit den Verdiensten, die der angeblich freie Wille vor Gott geltend machen kann, wie Pelagius annimmt.
- Der zweite Grund hat zu tun mit dem Problem des Bösen, das Augustinus nie losließ. Die Permanenz des Bösen war es, die ihn am freien Willen zweifeln ließ. Da der Mensch keine Entschuldigung hat, ist er auf etwas angewiesen, das nicht in seiner Macht steht: auf die Gnade. Denn Augustinus' Ausgangspunkt ist nicht die Freiheit des Menschen, sondern die Freiheit und Souveränität Gottes, die sich in der Verheißung der Gnade äußert. Ein unfreier und nicht allmächtiger Gott ist kein Gott. Dieser Gedanke aber, konsequent zu Ende gedacht, spricht

dem Menschen die Freiheit und die Mächtigkeit zu verdienstlichen Werken ab.

Damit taucht das Problem der Verantwortlichkeit auf: Ohne Freiheit gibt es auch keine Verantwortlichkeit. Die Antwort, die Augustinus geben wird, lautet, dass nur der frei ist, den Gott in seiner Gnadenwahl dazu beruft. Augustinus will nicht einer Laschheit in christlicher Lebensführung das Wort reden, aber er bezweifelt, dass der Mensch von sich aus die Freiheit hat, die Pelagius annimmt. Für Augustinus steht die Gnade im Zentrum, die bedingungslos, frei und voraussetzungslos ist, ohne jede Vorleistung und Verdienst. Dass diese Gedanken 1000 Jahre später Luther aus der Seele gesprochen sein werden, ist bekannt. In einem Brief an den Ambrosius-Nachfolger Simplicianus schreibt Augustinus:

> Von dem aber, der die Gnade empfängt, kommen folglich die guten Werke, die die Gnade nicht hervorbringen können, sondern die mittels der Gnade hervorgebracht werden können [...] Ebenso tut niemand deshalb Gutes, damit er die Gnade empfängt, sondern weil er sie empfangen hat. Wie kann denn jemand gerecht leben, der nicht gerechtfertigt ist? Wie heilig leben, der nicht geheiligt ist, oder leben, der nicht lebendig gemacht wurde? Es ist aber die Gnade, die rechtfertigt, damit der Gerechtfertigte gerecht leben kann. Das erste ist also die Gnade, ihr folgen die guten Werke
> (Augustinus »Brief an Simplicianus«, in: ›Epistulae‹ 37 I,2; Unterstreichungen vom Verfasser)

Da der Mensch dazu neigt, sich zum Bösen hingezogen zu fühlen und zu einer grundlegenden Änderung unfähig ist, wirkt Gott in das menschliche Wollen hinein. Gott befreit den unfreien Willen, und zwar von dem Zwang, der von dem Bösen ausgeht. So stehen sich Gnade und Freiheit nicht mehr feindlich gegenüber. Der menschliche Wille wird nicht verneint, aber er verliert seine bestimmende Macht und trägt nichts zur Erlösung bei.

Dadurch ist aber noch nicht beantwortet, bei wem dies zutrifft und bei wem nicht. Darauf antwortet Augustinus mit der Lehre von der göttlichen Vorherbestimmung, der *Prädestination.*

6. Die Prädestination

Sie ist das Fundament, auf dem die unverdiente Gnade Gottes fußt. Würde nämlich die Gnade Gottes auf der Leistung freier Willensakte des Menschen beruhen, wäre die Gnade eine bedingte, von den menschlichen Verdiensten abhängige Gnade. Aus diesem Grund ist Augustinus gezwungen, die menschliche Selbstbestimmung in das Faktum göttlicher Gnadenwahl einzubinden.

Die Prädestinationslehre bereitete der Kirche große Schwierigkeiten. Luther hat ihre Konsequenz gescheut und behauptet, sie werfe dem den Menschen befreienden Evangelium ein Netz über. Trotzdem hat er die Kehrseite der Erwählung, die beschlossene Verwerfung mancher Menschen, in Kauf genommen.

Somit ergibt sich das Paradox, dass die Freiheit des Willens in die göttliche Gnadenwahl eingebunden ist. Diese Einbindung führt zu dem bereits angedeuteten Problem: Warum schenkt Gott nicht allen Menschen seine Gnade? Warum werden einige verworfen?

7. Die Erbsünde

Der Grund liegt in einem Ereignis aus dem Schöpfungsbericht der Bibel: dem schuldhaften Fall Adams. Hinter der Geschichte vom Sündenfall steckt die Einsicht von der Kluft zwischen Schöpfung und Wirklichkeit: Gott hat die Welt nicht so geschaffen, wie sie derzeit ist. Jetzt behauptet Augustinus, dass die Sünde und Schuld Adams durch den Akt der Fortpflanzung weitervererbt wurden. Es gibt einen biologischen Zusammenhang zwischen der Erbsünde und der Sünde Adams.

Das bedeutet für die obige Frage: Unerklärlich ist *nicht*, dass Gott in seinem unwandelbaren Sein wegen des Sündenfalls Adams alle Menschen verwirft, sondern unerklärlich ist die erwählende Barmherzigkeit Gottes, ohne Verdienst des Menschen, allein aus Gnade. Wenn Gott erwählt, ist er barmherzig, wenn nicht, ist er aber nicht ungerecht.

Auch Paulus hat gespürt, dass das Reden über Gott hier an seine Grenzen stößt: »Ja, lieber Mensch, wer bist du denn, dass du mit Gott rechten willst?« (Röm 9,20f.)

Mit seiner Antwort hat Augustinus eine gefährliche Strömung innerhalb der Kirche abgewehrt, die als Lehre von der *Apokatastasis pantōn* die Wiederbringung aller Menschen glauben machte und den Menschen von jeglicher Eigenverantwortung entband, da ja Gott alle in seinen Schoß heimholte, unabhängig davon, wie sie ihr Leben führten.

Mit der Idee von einem biologischen Zusammenhang der Erbsünde mit der Sünde Adams hielt ein wirklich folgenschwerer Gedanke Einzug in die Lehre der Kirche: Vererbung geschieht durch Sexualität, und Sexualität geschieht bekanntlich in geschlechtlicher Begierde. So ist nun die Geschlechtslust das Kupplungsstück zwischen der Schuld Adams und der Schuld des Menschen.

Augustinus hat die geschlechtliche Lust am eigenen Leib verspürt. Dass er diese aber zum wesentlichen Bestandteil der Erbsünde erklärte, hatte verheerende Folgen für die Sexualmoral der nächsten Jahrhunderte. Es ist unleugbar, dass der Erbsündenbegriff durch Augustinus eine schwerwiegende Belastung erfahren hat.

8. Die Lehre von den zwei Reichen

Das Werk, das wohl die größte Nachwirkung hatte und Augustinus' Weltruhm dauerhaft in der Theologie verankerte, war ›De civitate Dei‹ (»Der Gottesstaat«). Für seine Abfassung gab es zwei Gründe:

- Der erste Grund ergab sich aus einer rein ethischen Frage: Wie soll sich der Christ im Staat verhalten? Für die Jünger Jesu war dies kein Problem: Es ging ihnen um das Verhalten innerhalb der Gemeinde und gegenüber dem Nächsten. Aber wie sollte das Verhalten der Christen ab dem Jahre 325 aussehen, in dem das Christentum Staatsreligion wurde?
- Der zweite Grund war ein historischer: Im Jahre 410 fiel Rom. Die Christen waren bis ins innerste Mark hinein erschüttert, Depression und Lähmung machten sich breit. Augustinus antwortete darauf mit dem ›Gottesstaat‹, dessen Hauptgedanken lauten:
  a) Geschichte hat einen Sinn. Was einen Sinn hat, hat ein Ziel, hat ein Ende. Was ein Ende hat, hat auch einen Anfang. Beide sind von Gott gesetzt. Die Geschichte ist somit Heilsgeschichte. Das bedeutet: Sie läuft ab gemäß dem göttlichen Willen.
  b) Hinter dem Gejammer über die Eroberung Roms lauert Ungläubigkeit: Gott ist nicht der Garant für materielles Wohlergehen, Gott ist kein Glücksbringer im realen Leben.
  c) In der Geschichte wirken zwei *civitates*. Der Christ ist Bürger zweier »Staaten«, des »irdischen Staates« (*civitas terrena*) und des »Gottesstaates« (*civitas Dei*). Das sind aber

keine feststehenden Größen. Sie sind geprägt von zweierlei Arten von Liebe: der Selbstliebe und der Gottesliebe.
Trotz Selbstliebe hat aber auch der Weltstaat seine sinnvollen Aufgaben:

> Demnach strebt auch der irdische Staat, der nicht im Glauben lebt, nach irdischem Frieden [...]
> (Augustinus ›Vom Gottesstaat‹ 19,17)

Augustinus geht hart ins Gericht mit Staaten, die nicht den Bürgern dienen:

> Was anders sind also Reiche, wenn ihnen Gerechtigkeit fehlt, als große Räuberbanden? Sind doch auch Räuberbanden nichts anders als kleine Reiche.
> (Augustinus ›Vom Gottesstaat‹ 4,4)

d) Der Weltstaat ist aber nicht deckungsgleich mit dem römischen Imperium. Auch der Gottesstaat ist nicht mit der Kirche gleichzusetzen, da auch in der Kirche Selbstliebe anzutreffen ist. Daher ist die eigentliche Kirche nicht die sichtbar verfasste Kirche, sondern die unsichtbare Kirche als »Gemeinde der Erwählten« (*ecclesia invisibile*).

9. Licht und Schatten

Im morgenländischen Mönchtum war der Gedanke, sich vor Gott etwas verdienen zu können, in eine asketische Absurdität ausgeartet. Dem hat Augustinus durch seine Einsicht in die Gnade Gottes Einhalt geboten. Dies gelang ihm nur dadurch, dass er die Wirklichkeit des Menschen ernst nahm, eine Wirklichkeit, die geprägt ist durch Sünde und Schuld.

Verschwiegen werden darf aber nicht die unheilvolle Konsequenz, die Augustinus daraus gezogen hat. Er hat den der Gnade zugrunde liegenden Sündenbegriff auf den der sexuellen Begehrlichkeit verengt. Obwohl kein einziges Konzil diese Gleichsetzung übernommen hat, zog sich diese Vorstellung von Sünde als koitusbedingter Schuld durch die Kirchengeschichte und hinterließ ihre leibfeindlichen Spuren bis heute.

Luther hat versucht, diese radikale Sündenauffassung zu überwinden. Sünde war für ihn weniger die Begierlichkeit als vielmehr der Ichwillen des Menschen: die Ichsucht, die Gott sein Gottsein absprechen möchte. Dass aber Sünde sich durch Zeugung fortpflanzt, wollte auch er nicht verneinen.

So waren trotz dieser Milderung die Folgen für die kirchliche Morallehre und die Praxis in den Beichtstühlen verheerend.

Ausklang

In den Wirren der Völkerwanderung konnte sich die Kirche als einzige Großorganisation halten. Geistige Impulse kamen vor allem durch die Reform des Mönchtums unter Benedikt von Nursia (480–547) im Kloster Montecassino, weltliche Impulse von dem Benediktinerpapst Gregor dem Großen (540–604), dem faktischen Gründer des Kirchenstaates. Das erneute Eindringen neuplatonischer Gedanken in das Christentum war unaufhaltsam. Neue Akzente auf dem Weg zur mittelalterlichen Scholastik setzten die beiden islamischen Philosophen Avicenna (980–1037) und Averroes (1126–1198), welche die Philosophie des Aristoteles in das abendländische Denken einbrachten.

2. Die Scholastik

Als *Scholastik* (»Schullehre«) bezeichnet man das wissenschaftliche Denken, das im Kernraum des Frankenreiches an den Dom- und Klosterschulen, später an den Universitäten, in der Zeit zwischen Karl dem Großen (um 800) und der Renaissance gelehrt wurde. Angeregt wurde die Scholastik durch einige Platon-Dialoge sowie durch Bruchstücke des aristotelischen Werkes. Es war das Anliegen der Scholastiker, das fertige dogmatische Lehrgebäude, das die Kirchenväter aus Schrift und Tradition errichtet haben, mittels der Vernunft neu zu ordnen und philosophisch begreiflich zu machen. Das dem Bischof und Kirchenlehrer Petrus Damiani zugeschriebene Wort von der Philosophie als der »Magd der Theologie« besagt, dass die Philosophie in den Dienst der Theologie gestellt wurde. Deren Aufgabe bestand nicht darin, die Wahrheit zu finden (sie war ja in der Heilslehre schon gegeben), sondern sie mittels der Philosophie zu begründen. Die Argumente schöpfte sie anfangs nicht aus Beobachtung oder Denken, sondern aus den Lehren der Kirchenväter und der Heiligen Schrift.

Nach der *Frühscholastik* mit ihren Hauptvertretern Anselm von Canterbury und Abaelard erreichte die Scholastik als *Hochscholastik* ihre Blütezeit, als auf dem Weg über jüdische und arabische Philosophen aus Spanien das gesamte Werk des Aristoteles in lateinischer Übersetzung vorlag (um 1150, später auch im griechischen Urtext). Zum ersten Mal wurde das mittelalterliche Denken mit einem relativ geschlossenen System einer Weltanschauung konfrontiert, das nicht christlichen Ursprungs war. Dies war ein Ansporn zur Entwicklung eines eigenen kirchlichen Systems. Hauptvertreter waren Alexander von Hales, Albertus Magnus, Bonaventura und vor allem Thomas von Aquin.

Die *Spätscholastik* ist keine zeitliche Folgeerscheinung, sondern eine sich mit der Hochscholastik überschneidende Denkrichtung. Das Einbringen moderner Tendenzen bedeutet im Grunde einen Zersetzungsprozess der thomistischen Harmonie zwischen Glauben und Theologie. Als Hauptvertreter gelten die Franziskaner Roger Bacon, Johannes Duns Scotus und Wilhelm von Ockham.

Neben der zentralen Thematik der Zuordnung von Glauben und Wissen ist eine zweite von äußerster Bedeutung für das Verständnis der gesamten Scholastik: Es ist der erbitterte Streit, der die gesamte mittelalterliche Philosophie durchzog und als *Universalienstreit* in die Lehrbücher einging. Er ist nichts anderes als das Aufflammen der alten Streitfrage zwischen Platon und Aristoteles darüber, welcher Stellenwert dem Allgemeinen (den Universalien) in der Wirklichkeit zukommt. Die Position der Realisten räumte dem Allgemeinen eine höhere Wirklichkeit gegenüber den Einzeldingen ein, das Allgemeine hat somit höhere Realität. Die Nominalisten hielten die Einzeldinge für wichtiger, für sie waren die Allgemeinbegriffe bloße »Namen« (*nomen*) oder Laute. (Um einer möglichen Verwirrung vorzubeugen: Der heutige Begriff des Realismus, der sich auf das konkrete Einzelne beschränkt, entspricht nicht dieser Definition.)

a. Die Frühscholastik

Zu den ersten *Realisten* zählt der irischstämmige *Johannes Scottus Eriugena* (810–877, nicht zu verwechseln mit Johannes Duns Scotus), der an der Hofschule Karls des Kahlen in Paris lehrte. Seine These von der wahren Religion, die auch die wahre Philosophie sei, steht im Grunde für eine Unterordnung der Autorität der kirchlichen Tradition unter die Vernunft. Außerdem stießen sich seine neuplatonischen Thesen von der Rückkehr der Seele in den Geist, der Rückkehr des Geistes in die Ideenwelt und der Rückkehr von Natur, Mensch und Ideen in die Einheit Gottes mit dem biblischen Schöpfungsglauben. Alle greifbaren Exemplare seines 5-bändigen Hauptwerkes ›Über die Einteilung der Natur‹ mussten später verbrannt werden.

Zu den *Nominalisten* zählt *Johannes Roscelin von Compiègne* (1050–1124), der dem Allgemeinen jede Existenz absprach: das Allgemeine sei nur ein Name, ein Hauch, ein Laut: Dem Namen *Schönheit* komme beispielsweise keine Wirklichkeit zu, es gebe nur schöne Dinge. Als er aber seine nominalistische These auf das Dogma von der Dreieinigkeit Gottes anwandte und dabei folgerichtig auf drei separate göttliche Personen schloss, zog er den Vorwurf der Ketzerei auf sich; dies bedeutete das vorläufige Ende des Nominalismus.

Als *berühmtester Frühscholastiker* aber gilt Anselm von Canterbury, ein Vertreter des Realismus.

Anselm von Canterbury (1033–1109) Das, was Anselm tat, war in der 1000-jährigen Geschichte der Kirche etwas unerhört Neues: Er versuchte, die auf der Offenbarung ruhende Theologie gänzlich mit der Vernunft zu begründen. Obwohl er dem Glauben stets einen Vorrang vor der Vernunft einräumte, erhob er den Anspruch für die Vernunft, zu den eigentlichen Glaubensgeheimnissen vorzustoßen, ohne diese freilich analysieren zu können. Mit seiner radikalen Trennung von Vernunft- und Schriftbeweisen steht er am Anfang der Scholastik, die zu Beginn die Denknotwendigkeit, im späteren Verlauf die Denkmöglichkeit des Glaubens aufzuzeigen versuchte. Mit seinem Schritt, ein philosophisches Verständnis von Offenbarung zu gewinnen, gilt Anselm nicht zu Unrecht als der *Vater der Scholastik.*

Geboren in Aosta im Piemont, wuchs er in feudalen Lebensverhältnissen auf. Nach dem Zerwürfnis mit dem verschwenderischen Vater verzichtete er auf sein Erbe und gelangte auf seiner Wanderschaft zu dem berühmten Kloster Le Bec in der Normandie. 27-jährig trat er als Novize in den dortigen Benediktiner-Orden ein. Er muss eine charismatische Persönlichkeit gewesen sein, denn schon drei Jahre später wurde er Prior; die Weihe zum Abt erfolgte im Jahre 1078. 1093 trug man ihm in England die Würde des Erzbischofs von Canterbury und damit die des Primas der englischen Kirche an.

Anselm, ein erbitterter Feind der Priesterehe, kämpfte als Primas der Kirche von England in Loyalität gegenüber dem Papst für die Freiheit der Kirche vom englischen König. Nach Kontroversen mit König Wilhelm II., die Anselm Exilaufenthalte in Lyon und Rom einbrachten, erwarteten ihn unter dessen Nachfolger Heinrich I. weitere Exilaufenthalte. Der Streit, den er mit dem König um die Frage, ob dieser weiterhin das Recht habe, Bischöfe einzusetzen (Investiturstreit), endete nach vielen Jahren mit einem Kompromiss: Bischöfe erhielten ihr Bistum nicht mehr aus der Hand des Königs, mussten aber dafür den Lehenseid ablegen.

1163 kanonisierte Papst Alexander III. Anselm zum *Heiligen der Kirche*; seine Heiligsprechung erfolgte jedoch erst 1499 durch Papst Clemens XI.

1. Dass zwischen Philosophie und Theologie nicht scharf getrennt werden kann, ist ein Merkmal der Scholastik. In dieser Zeit wurden philosophische Problematiken oft in theologische Gewänder gekleidet. Anselm geht vom Glauben aus, aber innerhalb dieses Rahmens werden rationale Begründungen gesucht, die den Glauben mit einer logischen Notwendigkeit ausstatten. Auch die Menschwerdung Gottes ist eine rational begreifbare Notwendigkeit. Die Begründungsmethode ist zwar logisch, mutet aber heutigen Lesern etwas befremdlich an. Ein Beispiel: Da menschliche Schuld aus eigener Kraft unsühnbar ist, *muss* daher Gott selbst sie stellvertretend sühnen, also *musste* er, um das zu können, Mensch werden (K. Schilling).

Mit der Vernunft glaubte Anselm auch, Gott beweisen zu können. Seine Schrift ›Proslogion‹ (»Anrede«; 1077) verrät sein Programm: *Fides quaerens intellectum* (»der Glaube, der die Einsicht sucht«). Hier findet sich Anselms berühmter Gottesbeweis, der seit Kants ›Kritik der reinen Vernunft‹ »ontologischer Gottesbeweis« genannt wird und in der Philosophiegeschichte Furore machte. Thomas von Aquin und Kant bekämpften ihn, andere griffen ihn auf. Er ist in der Form eines Gebetes abgefasst. Der Legende nach hatte Anselm ihn auf eine Tafel geschrieben. Während er zum Gottesdienst ging, wischte der Teufel den Gottesbeweis weg. Als dies dem Teufel nach erneutem Aufschreiben nochmals gelang, ließ Anselm die Tafel von einem Mitbruder bewachen: So konnte der Gottesbeweis für immer gerettet werden.

Das Argument schließt in einem ersten Schritt vom Begriff Gottes auf dessen Existenz. Den zu erwartenden Einwand, dass aus einem Begriff (z. B. *Fabelwesen*) noch lange nicht dessen Existenz folge, versucht Anselm zu entkräften: Gott ist »das, was größer nicht gedacht werden kann« (*id, quo maius cogitari nequit*). Größe ist hier nicht quantitativ zu verstehen, sondern meint die größtmögliche Fülle von Seinsmöglichkeiten. Dazu gehört die Vollkommenheit; ein unvollkommener Gott ist kein Gott. Was aber vollkommen ist, muss auch existieren.

Ich fragte mich, ob nicht etwa ein Gedankengang aufzufinden sei, der außer seiner selbst keines weiteren Beweises bedürfe und so allein ausreichte, um Gottes Dasein klar zu machen, und dass Er das höchste, keines anderen bedürftige Gut sei, dessen aber alle bedürfen […] Darüber habe ich oft und angestrengt nachgedacht; manchmal glaubte ich, schon erfasst zu haben, was ich suchte, und dann entschlüpfte es wieder ganz und gar dem Zugriff meines Geistes […]
Ich versuche nicht, Herr, Deine Tiefe zu durchdringen, weil mein Geist dieser in gar keiner Weise gewachsen ist; aber ein wenig möchte ich Deine Wahrheit verstehen, die mein Herz glaubt und liebt. *Auch will ich nicht verstehen, um zu glauben, sondern ich glaube, um zu verstehen.* Und ich glaube auch dies: nie könnte ich verstehen, wenn ich nicht glaubte […]
Wir glauben aber von dir, daß über Dich hinaus Größeres nicht gedacht werden kann. Oder gibt es etwa kein solches Wesen, weil der Tor in seinem Herzen spricht: es ist kein Gott. Aber selbst dieser Tor versteht meine Worte, wenn ich sage: etwas, worüber hinaus Größeres nicht gedacht werden kann; und was er versteht, ist in seinem Erkennen, auch wenn er nicht versteht, dass es dieses Etwas wirklich gibt […]
Aber das, worüber hinaus Größeres nicht gedacht werden kann, kann nicht nur im Denken sein. Ist es nämlich nur in unserem Denken, so kann man sich es auch als wirklich seiend vorstellen. Wenn also das, worüber hinaus Größeres nicht gedacht werden kann, nur im Denken ist, so ist eben das, worüber hinaus Größeres nicht gedacht werden kann, etwas, über das hinaus etwas Größeres denkbar ist. Dies ist aber offenbar unmöglich. Daher ist zweifellos etwas, worüber hinaus Größeres nicht gedacht werden kann, sowohl dem Denken als der Sache nach wirklich […]
Es ist eine Wirklichkeit denkbar, deren Nicht-Sein undenkbar ist, und das noch mehr, als dass etwas als nicht-seiend gedacht werden kann. Wenn das Nichtsein dessen, worüber hinaus Größeres nicht gedacht werden kann, gedacht werden kann, so ist das, worüber hinaus Größeres nicht gedacht werden kann, nicht das, worüber hinaus Größeres nicht gedacht werden kann, und das ist ein Widerspruch. Es gibt also, über das hinaus Größeres nicht gedacht werden kann, derart, dass nicht einmal der Gedanke an dessen Nicht-sein möglich ist. Und das bist Du, Herr, unser Gott […] Denn könnte irgendein Geist etwas ausdenken, das besser wäre als Du, so stände das Geschöpf höher als der Schöpfer

und urteilte über ihn, was wohl sehr widersinnig wäre.
(Anselm ›Proslogion‹ I, Prooemium; c. 1–3)

2. Anselm drückte auch der Theologie seinen Stempel auf. Seine Satisfaktionslehre prägte die Versöhnungslehre der Kirche nachhaltig. In seinem Werk ›Cur deus homo?‹ (»Warum Gott Mensch wurde«) schreibt er, dass der Mensch durch die unvermeidbare Sünde Gott das Seine raube. Die Ehre Gottes sei dadurch verletzt und verlange Genugtuung, zu der der Mensch aber nicht fähig sei. Die Lösung ist: Indem Jesus Christus als Sohn Gottes freiwillig sein Leben gibt, verschafft er Gott die nötige Genugtuung.

Die Lehre von der stellvertretenden Satisfaktion durch Christus wird von den christlichen Kirchen heute als fragwürdig empfunden. Man darf aber nicht vergessen, dass sie damals ein Fortschritt gegenüber der bisherigen Theorie bedeutete, der zufolge Christus gestorben ist, um den Menschen vom Teufel loszukaufen.

Peter Abaelard (1079–1142) Auf dem Friedhof Père Lachaise in Paris ruhen die Gebeine des Mannes, der zu Beginn des ersten Jahrtausends wie kaum ein anderer dazu beitrug, nach Jahren des Verfalls der karolingischen Kultur die kirchliche Theologie auf ein bislang unerreichtes Niveau zu stellen. Er hinterfragte die Lehre der Kirche mit den Mitteln der Logik und erhob für sie den Anspruch auf Vernünftigkeit. Zusammen mit Anselm von Canterbury steht Abaelard am Anfang der Epoche, die als *Scholastik* bekannt ist und deren Hauptthema das Verhältnis von Glauben und Vernunft ist, welches das gesamte Mittelalter bis zur Reformation bewegen wird.

Geboren in La Pallet in der Nähe von Nantes, waren, der Überlieferung nach, schon recht früh Eitelkeit und Streitsucht seine beherrschenden Charaktereigenschaften. Seine Lehrer in Paris (Wilhelm von Champeaux und Johannes Roscelin von Compiègne) erschienen ihm bald nicht mehr ebenbürtig, und so bekämpfte er deren Ansichten hart, als er 1114 seine Stelle an der Pariser Kathedralschule von Notre-Dame antrat. Dort traf er die Liebe seines Lebens; diese sollte ihm zum Verhängnis werden. Die 17-jährige Heloise (1095–1164) war die Nichte (evtl. auch Tochter) des Kanonikers Fulbert. Mit ihrem bestechenden Geist und Intellekt nahm sie am wissenschaftlichen Leben in Paris leidenschaftlichen Anteil, was für Frauen ihrer Zeit ungewöhnlich war. Als der Liebe der Heloise mit dem 22 Jahre älteren Abaelard ein Sohn entsprang, brachte Abaelard sie in einem Nonnenkloster in Sicherheit und heiratete sie heimlich. Der Skandal war perfekt und die Rache von Heloises Onkel grausam: Dieser ließ Abaelard durch gedungene Mönche entmannen. Im Kloster St. Denis sammelte Abaelard Schüler um sich und erzielte erneut große Erfolge, sicher auch wegen seiner Distanz zur kirchlichen Obrigkeit. Als eines seiner Bücher bei dieser in Ungnade fiel, wurde er als Abt in das Kloster von Rhuys (Bretagne) strafversetzt. Nach Wiederaufnahme der Lehrtätigkeit in Paris wurde er zum zweiten Mal verurteilt. Sein Vorhaben, sich in Rom vor dem Papst zu verteidigen, unterbrach er in Cluny, wo er an einer Verteidigung seiner Ansichten schrieb. Über dieser Arbeit ereilte ihn der Tod.

Heloise, inzwischen längst Nonne geworden, sollte ihn um 22 Jahre überleben. Es dauerte ca. 350 Jahre, bis sie mit dem Geliebten wieder vereint wurde, als man ihre sterblichen Überreste in der Kirche von Nogent neben ihm bestattete. Seit 1817 ruhen beider Gebeine in Paris.

1. Am bekanntesten ist die Liebesaffäre mit Heloise. Der Briefwechsel mit der Geliebten – obzwar ohne philosophische Bedeutung – gehört zu den Klassikern der Liebesliteratur.

> Brief Heloisas an Abaelard:
> Ich traue mich kaum es zu sagen, meine Liebe schlug um in Wahnsinn; sie opferte in hoffnungslosem Verzweifeln das eine einzige Ziel ihrer Sehnsucht. Ohne Zaudern [...] brachte ich mein altes Gewand und mein altes Herz zum Opfer, um aller Welt zu zeigen, wie ich Dein eigen sei mit Leib und Seele. Gott ist mein Zeuge, ich habe je und je in Dir nur Dich gesucht, Dich schlechthin, nicht das Deine, nicht Hab und Gut. Ein festes Eheband, eine Morgengabe – habe ich je danach gefragt? Du bist mein Zeuge, nicht meine Lust, nicht mein Wille war je mein Ziel, nein, nur deine volle Befriedigung. In dem Namen ›Gattin‹ hören andere vielleicht das Hehre, das Dauernde; mir war es immer der Inbegriff aller Süße, Deine Geliebte zu heißen, ja – bitte zürne nicht! – Deine Schlafbuhle, Deine Dirne.
> (P. Abaelard ›Die Leidensgeschichte und der Briefwechsel mit Heloisa‹, S. 80f.)

2. Abaelard trieb das Grundanliegen der Scholastik, die Versöhnung von Glauben und Vernunft, entscheidend voran. Hatte Anselm von Canterbury mit seinem berühmten *credo, ut intelligam* (»ich glaube, damit ich erkenne«) den Vorrang des Glaubens gefordert, vertrat Abaelard umgekehrt den Primat der Vernunft: *intelligo, ut credam* (»ich erkenne, damit ich glaube«). Methodisch ging er so vor, dass er widersprüchliche Aussagen von Kirchenvätern aufzeigte und darauf hinwies, dass die christliche Tradition nie einhellig war. Seine Schrift ›Sic et Non‹ (»Ja und Nein«) stellte aber keinen Angriff auf die Autorität von Kirchenvätern und der Heiligen Schrift dar, sondern zielte auf die Behebung der Gegensätze, die mittels der Vernunft erfolgen müsse. Deshalb hat man seine Methode auch *dialektisch* genannt.

3. Die entscheidende Prägung der Scholastik des 12. Jahrhunderts durch den genial-eigenwilligen Abaelard erfolgte aber an anderer Stelle. Er griff eine alte Streitfrage zwischen Platon und Aristoteles auf: Von dieser ausgehend entwickelte sich der oben bereits erwähnte *Universalienstreit.* Im Neuplatonismus wurde diese Frage schon von Porphyrios aufgegriffen, aber letztlich doch nicht beantwortet: Kommt dem »Allgemeinen« (*universalia*) eine eigene Existenz zu oder existiert es nur in Form von Denkinhalten? Anders: Welche Realität kommt einem Allgemeinbegriff zu?

Beispiel: Ist es der Allgemeinbegriff *Menschheit* oder ist es der einzelne Mensch, dem mehr Realität zukommt?

Schnell bildeten sich zu dieser Streitfrage zwei Positionen. Die Position des Realismus sei hier wiederholt: Der Grad der Realität steigert sich mit dem Grad der Allgemeinheit: Je näher an der Gottheit, desto mehr Sein – Gott ist das Allerrealste. Die Formel des Realismus lautet demnach: *Universalia ante res* (»das Allgemeine ist vor den Einzeldingen«).

Die Position des Nominalismus hingegen lautete: Die Einzeldinge haben den größeren Realitätsgrad, die Allgemeinbegriffe sind Erfindungen des Intellekts, oder übertrieben: nur Luftbewegungen der Stimme. Die Formel lautet: *Universalia post res* (»das Allgemeine kommt erst nach den Dingen«).

Abaelard löste den Streit – verkürzt ausgedrückt – durch die Formel *universalia in rebus* (»Das Allgemeine gibt es nur in den einzelnen Dingen.«) aus: Erkenntnis beginnt mit der Erfassung von

Einzeldingen, das Allgemeine ist etwas mehr als ein Laut, es ist eine Wortbedeutung. Damit werden aber die anderen Positionen nicht unwahr, denn vor Gott sind die Universalien tatsächlich *vor* den Dingen, für den menschlichen Verstand sind sie nur *nach* den Dingen, aber in unserer Wirklichkeit sind sie in der Tat nur *in* den Dingen. (Genauer: Das *in rebus* ist nicht wie bei Aristoteles substanziell gemeint, sondern geschieht aufgrund einer vergleichenden Abstraktion, die im Menschen einen »Begriff«, lat.: *conceptus*, beim Schauen verschiedener Merkmale erzeugt. Daher wird seine Lösung auch *Konzeptualismus* genannt.)

4. Zuletzt verdankt aber auch die Ethik Abaelard einen wichtigen Impuls. Er war es, der – lange vor Kant – die menschliche Gesinnung zum Grundfaktor der Moral machte: Eine Handlung ist ihm zufolge nicht etwa gut, weil sie in sich etwas Gutes enthält, sondern weil sie einer guten Gesinnung entspringt. Dies erscheint uns heute als recht einseitig, denn ohne Taten sind Absichten leer. Aber in einer Zeit, in der der Begriff von Schuld und Sünde zum rein juristischen verkommen war, ist die Gefahr von Abaelards Deutung der Moral, sich ins Subjektive zu verlieren, sicher das kleinere Übel.

> Oder wenn uns das Gesetz verbietet, unsere Schwestern zu heiraten oder uns mit ihnen zu paaren, könnte doch keiner dies Gebot halten, wenn er etwa seine Schwestern einmal nicht wiedererkennen kann; niemand könnte es, sage ich, wenn sich das Verbot gegen die Handlung statt gegen die Zustimmung richtete. Wenn es also vorkommt, daß einer aus Unkenntnis seine Schwester heiratet: überschreitet er damit die Vorschrift, weil er tat, was das Gesetz zu tun verbot? Er überschreitet sie nicht, wirst du sagen, weil er zu dem, was er unwissend vollführte, seine Zustimmung nicht gab. So wie man also nicht sagen darf, der überschreitet das Gesetz, der wider ein Verbot handelt, sondern wer seine Zustimmung zu einer als verboten bekannten Sache gibt, so kann auch das Verbot nicht auf die Tat, sondern nur auf die Zustimmung bezogen werden.
> (P. Abaelard »Scito te ipsum« § 16, in: F. Hommel, ›Nosce te ipsum‹, S. 72f.)

b. Die Hochscholastik

Das 13. Jahrhundert begann mit einem Einschnitt, der das bisherige scholastische Denken zu einer Neubesinnung zwang: Auf dem Umweg über jüdische und arabische Philosophen – wie bereits erwähnt – waren die Schriften des Aristoteles in das Abendland gelangt, zuerst in der Übersetzung aus dem Arabischen, später aus dem griechischen Urtext. Dies führte zwangsläufig zu einer Neubestimmung des Verhältnisses von Theologie und Philosophie. Denn nach der Verbindung der christlichen Weltanschauung mit dem Platonismus bzw. dem Neuplatonismus war es problematisch, diese auf aristotelische Grundlagen zu stellen. Nach anfänglichem Lehrverbot, wahrscheinlich aus Angst vor heidnischen Einflüssen, wendete sich das Blatt: Aristoteles wurde quasi zum Vorgänger Christi in weltlichen Dingen hochstilisiert. Die Lehrmeinungen waren gespalten in zwei Lager: die *Franziskaner*, die das auf (neu)platonischen Wurzeln basierende Lehrgebäude des Augustinus favorisierten, und die *Dominikaner*, die dem »neuen« Aristoteles zuneigten. Letztere plädierten für eine philosophische Erkenntnis, die zwar unabhängig von der christlichen Offenbarung war, ihr aber nicht widersprechen durfte. Die wissenschaftliche Auseinandersetzung mit dieser Problematik fand hauptsächlich an den neugegründeten Universitäten von Bologna, Paris und Oxford statt.

Der Wegbereiter für die Verbindung von christlicher Theologie und aristotelischer Philosophie war Albertus Magnus (1200–1280), dessen Hauptwirkungsfeld die Ordensschule der Dominikaner in Köln war; in Köln liegt er auch begraben (erst 1931 heiliggesprochen). Die »Weltherrschaft des Aristoteles« (H.J. Störig) geht auf Albertus Magnus zurück, denn er hat als Erster dem Abendland dessen gesamte Werke einschließlich sämtlicher verfügbarer Kommentare zugänglich gemacht. Wie Aristoteles vertrat auch er den Vorrang des Besonderen vor dem Allgemeinen: Erkenntnis gehe immer von der Wahrnehmung konkreter Dinge aus, und zwar nur durch deren Beobachtung. Dies wandte er auch auf seine eingehende Beschäftigung mit der Naturkunde an, was ihm den Titel *doctor universalis* einbrachte.

Ein einheitliches System zu schaffen, war ihm allerdings nicht vergönnt; dies blieb seinem größten Schüler Thomas vorbehalten.

Thomas von Aquin

Thomas von Aquin (1225–1274) Der *Fürst der Scholastik* und *Doctor angelicus*, hat im Katholizismus normative Geltung, seit Papst Leo XIII. ihn 1879 zum *maßgebenden Theologen der Kirche* erklärt hat. Zu seinen Lebzeiten erreichten sowohl Papsttum wie auch Scholastik ihren Höhepunkt. Die kirchliche Wissenschaft zur Zeit des Thomas verdankte ihre Blüte neben der Entstehung der Universitäten (um 1200) vor allem dem Einfluss des Gesamtwerkes von Aristoteles auf das christliche Denken. Auch die wissenschaftliche Tätigkeit der aufkommenden Bettelorden spielte eine maßgebliche Rolle. Zentrales Thema war auch bei Thomas das scholastische Hauptanliegen, die Zuordnung von Glaube und Wissen, von Offenbarung und Vernunft.

Geboren wurde Thomas als Sohn des Grafen von Aquino auf der Burg Roccasecca bei Neapel. Nach fünf Jahren als Schüler im Kloster Montecassino begann er mit fünfzehn das Studium an der Universität von Neapel. Seinen Eintritt in den Bettel- und Predigerorden der Dominikaner versuchte die Familie durch einen einjährigen Hausarrest erfolglos zu verhindern. Von 1248 bis 1252 studierte Thomas bei dem berühmten Gelehrten Albertus Magnus in Paris und Köln; es folgte die eigene Vorlesungstätigkeit in Paris (1252–56). Wegen seiner großen inneren Sanftmut und Ruhe bekam er den Ehrentitel *Doctor angelicus* (»Engelsdoktor«); äußerlich war er stark übergewichtig. In Paris erfuhr er die Gegnerschaft des Weltklerus, der sich gegen den wachsenden Einfluss der Bettelorden an den Universitäten zur Wehr setzten. In den sechziger Jahren lehrte er in Italien an den Höfen zweier Päpste (Urban IV. und Clemens IV.). Das Angebot, Erzbischof von Neapel zu werden, schlug er aus. Weitere Stationen waren Paris und wieder Italien, bis er auf das Konzil von Lyon berufen wurde. Auf dem Weg dorthin starb er 50-jährig.

Schon früh setzte eine verklärende Legendenbildung um seine Person ein. Sein Biograph Wilhelm von Tocco berichtet, dass die Ordensbrüder »im Herrn jubelten«, als der Jüngling, »der als glänzender Morgenstern in der Morgenröte […] erschien und als Abendstern die Gläubigen bis zum Ende der Zeiten mit seinen

Büchern erleuchtet«, den Eintritt in ihren Orden begehrte. Das hinderte sie später aber nicht daran, ihm ein hübsches Mädchen in die Kammer zu schicken, die ihn »auf welch andere Art zur Sünde verleiten« sollte. Als sich bei Thomas dann der »Stachel des Fleisches erhob«, jagte er sie »mit einem Feuerbrand aus dem Kamin unwillig fort aus der Kammer«. Als er seine Intelligenz ständig unter dem »Schleier der Einfalt verbarg, begannen ihn die Brüder stummer Ochse zu nennen, denn sie wußten nichts von seinem künftigen ›Brüllen‹ in der Lehre«. Der Biograph schwärmt von der Bedeutung seiner Vorlesungstätigkeit: »Seine Hand war mit Brosamen der Heiligen Schrift aus den Körben der Apostel gefüllt.« Nach seinem Tod wurde die bei Legenden übliche Unversehrtheit des Leichnams festgestellt, ferner ein Wohlgeruch, der von der Leiche ausging. Die Verehrung fand schließlich ihren Höhepunkt in der Heiligsprechung Thomas von Aquins 1323 durch Papst Johannes XXII.

Die beiden Hauptwerke des Thomas sind die ›Summe gegen die Heiden‹ (*Summa contra gentiles*), in der die Wahrheit der christlichen Religion bewiesen werden sollte, und die ›Summe der Theologie‹ (*Summa theologiae*), die die Wahrheit des Glaubens bereits voraussetzt. Obwohl bei Letzterer der 3. Teil als unvollendet gilt, lässt der beeindruckende Umfang des Werkes jede Zusammenfassung mangelhaft erscheinen.

1. Glauben und Wissen

Das aristotelische Denken trumpft in der Geisteswelt des 13. Jahrhunderts mit einem Anspruch auf Wahrheit auf, dem sich viele beugen. Auch Thomas. Aber er setzt sich ab: sowohl von den Radikal-Aristotelikern um *Siger von Brabant*, die das neue Denken als zweite Wahrheit etablieren wollten und damit den Bruch mit der Kirche riskierten, als auch von den Franziskanern, die den Einfluss der Vernunft auf den Glauben eindämmen wollten. Die Leistung des Thomas besteht darin, Aristoteles' Lehre in den christlichen Glauben integriert zu haben, was ihm auch mit einem Minimum an Veränderung gelungen ist. (Seine Abhängigkeit von Aristoteles wird Kant später als *Mist* bezeichnen.)

In Übereinstimmung mit Aristoteles sagt Thomas: Wahre objektive Erkenntnis ist möglich, da es eine Wirklichkeit gibt, die gesetzmäßig geordnet ist und daher vom Menschen erkannt werden kann. Darüber hinaus gibt es aber auch eine übernatürliche Wirklichkeit (Thomas nennt beide Wirklichkeiten *Wissenschaften*), die von der Vernunft nicht erfasst werden kann und nur dem Glauben zugänglich ist.

> Die hl. Lehre ist eine Wissenschaft. Aber es gibt eine doppelte Art von Wissenschaft. Die eine stützt sich auf Prinzipien, die durch das natürliche Licht des Verstandes einsichtig sind, wie z.B. die Arithmetik, die Geometrie u.a.; eine zweite Art auf Prinzipien, die durch das Licht einer höheren, übergeordneten Wissenschaft einsichtig werden. So gründet z.B. die Lehre von der Perspektive in Prinzipien, die durch die Arithmetik einsichtig sind. Und zu dieser zweiten Art von Wissenschaft zählt die hl. Lehre, weil sie sich auf Prinzipien stützt, die durch das Licht einer höheren Wissenschaft erkannt werden, nämlich der Wissenschaft Gottes und der Seligen. Wie sich also die Musik auf die Prinzipien verlässt, die ihr von der Arithmetik vermittelt werden, so nimmt die hl. Lehre die Prinzipien gläubig an, die ihr von Gott geoffenbart sind.
> (Thomas von Aquin ›Summa theologiae‹ I, q. 1, a. 2)

Zu letzterer Wirklichkeit (Thomas: *Wissenschaft*) gehören die Menschwerdung Gottes in Jesus, die Dreieinigkeit von Vater, Sohn und Geist, die Auferstehung und letzte Dinge. Zu ersterer Wirklichkeit gehören die Dinge dieser Welt, Aussagen über das Sein und – Wahrheiten über das Dasein Gottes, das man aus der Welt als seinem Werk ablesen kann. Zwischen beiden Wirklichkeiten kann es keinen Widerspruch geben, denn beide sind von Gott. Sollte es Gründe gegen den christlichen Glauben geben, ist es Aufgabe der Vernunft, sie zu widerlegen. Denn es kann nur eine Wahrheit und keinen Widerspruch zwischen Philosophie und Theologie geben. Die Philosophie ist die Grundlage menschlicher Erkenntnis, aber sie ist begrenzt und wird durch die Theologie überhöht. Christliche Wahrheit ist übervernünftig, aber nicht widervernünftig (H.J. Störig).

> Die Prinzipien der anderen Wissenschaften sind entweder durch sich selbst einsichtig und können also nicht bewiesen werden; oder sie werden bewiesen durch einen Grund aus dem Bereich des natürlichen Erkennens, der irgendeiner anderen Wissenschaft entnommen ist. Die

unserer Lehre eigentümliche Erkenntnis aber stammt aus der Offenbarung und nicht aus der natürlichen Vernunft. Deshalb ist es auch nicht unsere Aufgabe, die Prinzipien der anderen Wissenschaften zu beweisen; sie hat höchstens über sie zu urteilen. Denn wo immer die anderen Wissenschaften zu ihr in Widerspruch stehen, sind sie als irrig abzulehnen.
(Thomas von Aquin ›Summa theologiae‹ I, q. 6, a. 2)

2. Seele und Erkenntnis

Thomas übernimmt von Aristoteles die Unterscheidung von Stoff und Form. Für Thomas ist die Form das Wesen aller Dinge, Gott ist die reinste Form. Die Formen, die das Wesen der Dinge sind, sind nur, weil sie in mehr oder weniger vollkommener Weise »teilhaben« am Sein Gottes.

Man muss notwendig sagen, alles, was irgendwie ist, ist von Gott. Alles, was sich nämlich in einem Ding nur durch Teilhabe findet, muss in ihm von dem verursacht sein, dem es wesentlich zukommt, wie z. B. das Eisen glühend wird durch das Feuer. Es wurde aber bei der Einfachheit Gottes gezeigt, dass Gott das in sich gründende Sein selbst ist, ebenso wurde gezeigt, dass dieses in sich gründende Sein nur ein einziges sein kann; wie die Weißfarbenheit, wenn sie in sich gegründet wäre, nur eine sein könnte, da die Weißfarbenheit sich (nur) vervielfältigen nach den aufnehmenden Körpern. Es bleibt also letztlich, dass alles andere als Gott nicht sein eigenes Sein ist, sondern das Sein besitzt durch Teilhabe.
(Thomas von Aquin ›Summa theologiae‹ I, q. 44, a. 1)

Die Seele ist eine reine Form besonderer Art, sie ist von der Materie unabhängig. Dies ermöglicht Thomas die These von der Unsterblichkeit der Seele. Ihre Möglichkeit zur Erkenntnis verdankt die Seele nicht der Wiedererinnerung an präexistente Ideen (vgl. Platon im ›Menon‹; dazu oben S. 61 ff.); am Anfang der Erkenntnis steht die Erfahrung durch sinnliche Wahrnehmung. Die Bilder von Gegenständen werden vom Verstand erfasst, der durch Abstraktion aus den Gegenständen deren Wesen ergreift.

Die Lösung des Universalienstreits lautet bei Thomas: Das Allgemeine ist *vor* den Dingen in Gott, *in* den Dingen als ihr Wesen und ihre Form, und *nach* den Dingen im Geist des Menschen. Als Begriffe sind die Universalien Abbilder allgemeiner Formen.

In der Welt hat alles eine Form. Die Form als aktives Prinzip ergänzt die passive Materie, und aus beiden gemeinsam ergibt sich etwas Seiendes. Entsprechend der Hierarchie des Seienden gibt es freilich eine Abstufung von Formen: Unorganisches, Pflanzen, Tiere, Mensch, Engel und schließlich Gott, wobei Gott als reine Form materiefrei ist. Die Form des Menschen ist seine Seele.

3. Die Gottesbeweise

Ist die Schöpfung durch Gott verursacht, lässt sich auch das Dasein Gottes beweisen. So ist es die natürliche Vernunft, die im Rückschluss von der materiellen Welt auf deren erste Ursache Aussagen machen kann. Es sind die berühmten *quinque viae*, die »fünf Wege«, mit denen Thomas Gott zu beweisen beansprucht. Alle fünf Beweise enthalten in ihrem Kern Kausalprinzipien. Hier nun eine stark verkürzte Wiedergabe der fünf Gottesbeweise. Dass Aristoteles hier anklingt, ist offensichtlich:

- Alles, was in der Welt bewegt wird, muss durch ein Anderes bewegt werden. Da nichts sich selbst bewegt, muss es einen ersten Beweger geben: Gott.
- Alle Ursachen bedingter Art lassen sich auf eine Ursache unbedingter Art zurückführen. Es gibt somit eine *prima causa*, eine »erste Ursache«.
- Alles Notwendige in dieser Welt hat seine Ursache außerhalb seiner selbst. Somit muss es etwas geben, das durch sich notwendig ist, das Anderem Ursache der Notwendigkeit ist.
- Allen Dingen kommt ein Mehr- und Wenigersein zu: Etwas ist mehr warm oder mehr gut, etwas ist am meisten warm oder am meisten gut. So gibt es auch etwas, was am meisten *seiend* ist, die Ursache des Seins, der Güte, der Wärme.
- Die meisten Dinge dieser Welt haben ein Zweck, ein Ziel. Ist damit die pure Zufälligkeit ausgeschlossen, muss es ein erstes Prinzip der Zweckmäßigkeit geben (»ein Denkendes, durch das alle Naturdinge zum Ziele geordnet werden«).

4. Ethik

Ziel aller Dinge ist Gott und die jenseitige Glückseligkeit des Menschen, die nicht durch menschliche Anstrengung, sondern nur durch die Gnade Gottes zu erreichen ist. Als Grundlage seiner Ethik dient Thomas eine Art naturrechtliches Denken, das besagt, dass die Gesetze der Natur göttliche Gesetze sind, da sie von Gott verursacht sind. Daher hat der Staat (bei Thomas in Form des Feudalstaates) die Verpflichtung, die Bedingungen für ein tugendhaftes Leben seiner Bürger zu schaffen. (Dies widerspricht dem heutigen Verständnis von Naturrecht: Es besagt, dass moralische und rechtliche Prinzipien an der Natur abgelesen werden können, und zwar ohne Zuhilfenahme der Offenbarung.)

c. Die Spätscholastik

Das gewaltige Denkgebäude der Hochscholastik, insbesondere das des Thomas, bekommt Risse, es bleibt nicht unwidersprochen. Es heißt, durch die Beobachtung der Natur, die Forderung nach experimentellem Forschen und das Opfern der Berufung auf Autoritäten zugunsten der Berufung auf die unmittelbare Erfahrung wird die Axt an die Wurzel der gesamten Scholastik gelegt (H.J. Störig). Einer der frühen Vertreter dieser neuen Denkrichtung war der englische Franziskaner Roger Bacon, auch bekannt als *Doctor Mirabilis* (1214–1294), der besonders die fehlende Kenntnis der griechischen Sprache bei Thomas kritisierte, die Anlass zu mancherlei Missverständnissen vor allem in Bezug auf Aristoteles und das Neue Testament bot. Bacons Experimente im Bereich der Physik stehen für eine Weichenstellung in Richtung naturwissenschaftliches Denken, was ihm eine langjährige Haft einbrachte.

Ihren Höhepunkt erreichte die Spätscholastik bei den überragenden Denkern Johannes Duns Scotus und dessen Schüler Wilhelm von Ockham.

Johannes Duns Scotus (1266–1308) In dem großen Rivalitätskampf zwischen den beiden Bettelorden der Dominikaner und Franziskaner war er das entscheidende franziskanische Gegengewicht zu dem Dominikaner Thomas von Aquin, dessen überragende Autorität er nicht fraglos hinzunehmen gewillt war. Im Bewusstsein des Gegensatzes zwischen Aristoteles und den Grundaussagen des christlichen Glaubens lehnte Duns Scotus die zwanghafte Harmonie des thomistischen Systems scharf ab und leugnete die Versöhnung von Theologie und Philosophie. Ein Satz kann für ihn theologisch richtig, aber philosophisch falsch sein; dasselbe gilt umgekehrt. Im Universalienstreit bezieht er zwar wie Thomas die Position des Realismus, weist aber durch seine Ansichten vom freien Willen und der damit verbundenen Neubewertung des Individuellen schon ein Stück in die Neuzeit.

Der Name *Duns* ist höchstwahrscheinlich auf eine gleichnamige Ortschaft in der Grafschaft Berwick in Schottland zurückzuführen, wo Johannes Duns Scotus vermutlich geboren wurde. Er trat in Oxford in den Bettelorden der Franziskaner ein und war bereits mit 23 Jahren als Dozent tätig. Später übte er seine Lehrtätigkeit außer in Oxford und Cambridge auch noch in Paris aus. Dort weigerte er sich 1302, das Pamphlet Philipps des Schönen von Frankreich gegen Papst Bonifaz VIII. mitzuunterzeichnen, was seine Ausweisung aus Frankreich zur Folge hatte. Nach seiner Rückkehr 1304 wurde er Lehrstuhlinhaber der Theologischen Fakultät der Franziskaner. Das berühmteste Werk des *doctor subtilis*, des »scharfsinnigen Doktors«, ist das ›Opus Oxoniense‹, ein Kommentar zu den ›Sentenzen‹ des Petrus Lombardus, einer systematisch geordneten Zusammenfassung des gesamten theologischen Wissens der Zeit. Im Jahre 1307 wurde er an die franziskanische Ordensschule in Köln berufen, wo er kurze Zeit später 42-jährig starb. Sein Grab befindet sich in der Kölner Minoritenkirche.

1. Im Grunde ist Duns Scotus ein treuer Diener seiner Kirche. Seine Kritik gilt nicht so sehr dem Inhalt der scholastischen Lehre, als vielmehr der philosophischen Methode. In dem für die Scholastik so typischen Wechselspiel, in dem mal der Glaube, mal die Vernunft Priorität hat, setzt er andere Akzente. Die Frage der Philosophie gilt nicht mehr in erster Linie Gott, sondern dem Sein. Die Vernunft kann den Begriff Gottes nicht mehr mit Sicherheit erschließen, nur der Glaube kann dies. Alle Aussagen über Gott als höchstes oder unendliches Sein bleiben somit unscharf. Obwohl er den ontologischen Gottesbeweis des Anselm übernahm, sind für ihn christliche Dogmen wie Erlösung oder Auferstehung unbeweisbar. Theologie kann daher nicht als Wissenschaft im strengen Sinn betrachtet werden, sie hat mehr praktischen Charakter, da sie vornehmlich auf das Handeln ausgerichtet ist.

2. Die Vernunft hingegen kann nur auf dem Gebiet der sinnlichen Gegenstände Sicherheit beanspruchen. Bei ihrer Erkenntnis bedarf es nicht mehr des platonischen und aristotelischen Umweges über den Allgemeinbegriff. Das Allgemeine existiert nicht als etwas Selbstständiges, sondern es wird im konkreten Seienden verwirklicht. Die Dinge sind mit den Sinnen zwar erkennbar, müssen aber abstrahiert werden: So fungiert die Allgemeinheit der Begriffe als Mittlerin zwischen Individualität und Universalität.

3. Auch beim Verhältnis von Denken und Wollen wird ein neuer Akzent gesetzt. Zentral wird jetzt der Primat des Willens. Hatte noch Thomas den Intellekt dem Willen übergeordnet, dreht Duns Scotus dies um: Nur der freie Wille kann Ursache für Handlungen sein, Freiheit ist das wahre Wesen des Willens.

> Natürliche Notwendigkeit ist unvereinbar mit Freiheit. Das beweise ich. Natur und Wille sind aktive Prinzipien, die auf entgegengesetzte Weise Prinzipien sind, also mit der Weise, wie der Wille Prinzip ist, die Weise, wie die Natur Prinzip ist, unvereinbar. Nun aber will der Wille ein Ziel frei, also kann er nicht aufgrund natürlicher Notwendigkeit ein Ziel wollen und daher auch nicht auf eine irgendeine notwendige Weise. Die Annahme, dass nämlich der Wille ein Ziel frei will, wird bewiesen. Es ist dasselbe Vermögen, das ein Ziel will und die Mittel zum Ziel, also ist es in derselben Weise tätig, weil verschiedene Tätigkeitsweisen verschiedene Vermögen zu erkennen geben. Frei aber ist es tätig hinsichtlich der Mittel zum Ziel, also auch des Ziels selbst. Dass es sich in beiden Fällen um dasselbe Vermögen handelt, ist klar. Andernfalls gäbe es hinsichtlich der Mittel zum Ziel kein Vermögen, das diese um des Ziels willen will. Das Vermögen muss daher ein einziges sein, das tätig ist hinsichtlich beider.
> (Johannes Duns Scotus ›Über die Erkennbarkeit Gottes‹ Ordinatio I, d. 1 p. 2 q. 2)

4. Auch für die Theologie gilt der Primat des Willens. Gott ist formal *freier Wille*, inhaltlich ist er *Liebe*. Es gilt nicht mehr: Gott will, was gut ist, sondern: Was Gott will, ist gut. So ist in den *Zehn Geboten* der Wille Gottes nur an die ersten drei Gebote gebunden, da sie vernunftnotwendig sind. Bei den restlichen Geboten ist dies nicht mehr der Fall wie noch bei Thomas, sie gründen im freien Willen Gottes: So kann Mord, Ehebruch oder Diebstahl in manchen Gesellschaften durchaus mit der Vernunft vereinbar sein, aber ihr Verbot ist nur deshalb gut, weil Gott es so haben will: Sittliche

Gebote lassen sich nicht rational begründen, weil Werte vom Willen Gottes abhängen.

5. Die Freiheit im Willensbegriff führt zu einer wichtigen Korrektur des Problems des Individuellen. Johannes Duns Scotus' Lehre vom »*Dieses-Sein*« (*haecceitas*) besagt, dass jedes Ding eine besondere Form hat, mit der es sich von einem anderen Ding unterscheidet. An die Stelle der bisherigen Überbewertung des Allgemeinbegriffs, der für ihn reine Denkabstraktion ist, setzt er die Betonung des Individuellen. Das aber hat Konsequenzen für den Fortgang der Philosophie. Eine weitere entscheidende Weiche für den Primat des Individualismus in der Neuzeit ist gestellt.

Wilhelm von Ockham (lat.: Occam, 1280–1347) Für manche ist er der *Zerstörer der Scholastik*, für andere der *Vorläufer* von Descartes und Kant. Feststeht, dass mit ihm die Scholastik zu einem Ende kam. Berühmt ist der Begriff *Ockhams Rasiermesser*, mit dem der englische Franziskaner den *Bart der Metaphysiker* abschneiden, d.h. alles Überflüssige aus dem metaphysischen und ontologischen Denken entfernen wollte. Damit hat er in der Tat das Ende der Scholastik eingeläutet, deren Ziel die Versöhnung von Vernunft und Glaube war. Gerade der Glaube wurde ja vor ihm mit metaphysischen Erkenntnissen der Philosophen untermauert. Glaube und Vernunft gehen ab jetzt getrennte Wege. Sein Wirken fällt in die Zeit, in der Umberto Eco seine Figuren im Roman ›Der Name der Rose‹ spielen lässt: die Zeit des Aufstandes der franziskanischen Spiritualen gegen Papst Johannes XXII. wegen des Streites um das Armutsideal und des letzten, aber erfolglosen Kampfes des Papsttums um die Vormachtstellung gegenüber über dem Kaiser.

Die Überlieferungen biographischer Daten sind dürftig. Wahrscheinlich geboren in Ockham in der englischen Grafschaft Surrey, war er Schüler von Duns Scotus, dem größten Gegenspieler von Thomas von Aquin. Obwohl Ockham 1306 zum Subdiakon geweiht wurde, hat er nie die theologische Lehrbefugnis der Kirche erlangt. Die Orte seines Wirkens waren Oxford, London und Paris. Wegen seines intellektuellen Scharfsinns bekam er den Beinamen *unbesiegbarer Doktor*. Bevor die Franziskaner ihren 12-jährigen Aufstand gegen den berüchtigten Papst Johannes XXII. im Jahre 1329 beendeten und zum Gehorsam zurückkehrten, wurde Ockham in diesen Streit verwickelt. Nach Avignon geladen, wo seit Clemens V. die Päpste 68 Jahre lang in starker Abhängigkeit von Frankreich residierten (bis 1377), wurde er 1324 der Ketzerei bezichtigt und verbrachte vier Jahre in päpstlichem Arrest. Die Exkommunikation wurde aber erst ausgesprochen, als er nach seiner Flucht die Front wechselte und an den Hof von Kaiser Ludwig dem Bayer ging. Diesen hatte der Papst gebannt, da Ludwig die Bestätigung seiner Kaiserwürde durch den Papst abgelehnt hatte. Im Gegenzug bezichtigte der Kaiser den Papst der Ketzerei. In München, wo noch heute die Schwabinger Occamstraße an Wilhelm von Ockham erinnert, wurde der Philosoph der bedeutendste Verfechter der kaiserlichen Rechte gegenüber Rom. Bekannt ist der Satz, den Ockham zu Kaiser Ludwig dem Bayer gesagt haben soll: »Kaiser, verteidige du mich mit dem Schwert, ich verteidige dich mit der Feder!« Als 1347 in München die Pest wütete, starb er dort als Exkommunizierter.

1. Ockham gilt im Universalienstreit als Erneuerer des Nominalismus, der den Einzeldingen einen größeren Realitätsgrad einräumte als den Allgemeinbegriffen: *Universalia post res.* So vertrat Ockham die Überzeugung, Erkenntnis fange mit dem sinnlichen Schauen auf die einzelnen Gegenstände unserer Welt an. Allein das Einzelne ist wirklich. Die Universalien (die Gattungs- und Allgemeinbegriffe) sind Fiktion, metaphysische Relikte, die nicht der Erfahrung entspringen. Sie sind bloße Namen für sich ähnelnde Dinge. Ihnen wird jede selbstständige Existenz abgesprochen. Das heißt aber nicht, dass Allgemeines verzichtbar ist: Das Allgemeine existiert, aber nur im Denken, und hat nur für die Psyche Realität. Beispiel: Es gibt keine *Beziehung*, sondern nur bezogene Dinge. Beziehung findet nur im Intellekt statt. Allgemeines, was denkunabhängig ist, gehört mit *Ockhams Rasiermesser* quasi weggeschnitten, damit das Denken an Ökonomie gewinnt.

2. Um allgemeingültige Erkenntnisse innerhalb des Denkens verständlich zu machen, verwendet Ockham den Ausdruck *Termini.* Sie entstehen, wenn aufgrund von Unterschieden zwischen konkreten Gegenständen durch Abstraktion allgemeine »Begriffe« (*Termini*) erzeugt werden. Sie stehen stellvertretend für die Dinge in unserer Seele. Termini sind gedankliche Zeichen, von denen es zwei Arten gibt: die eigenständigen (z. B. die Substantive) und die Termini, die auf andere Termini verweisen (z. B. die Hilfsverben). Darüber hinaus erfolgt eine weitere Untergliederung.

> Nach Boethius [...] gibt es drei Arten sprachlicher Äußerungen: die geschriebene, die gesprochene sowie die gedankliche Äußerung, welche nur im Intellekt vorkommt. Entsprechend gibt es auch drei Arten von Termini: den geschriebenen, den gesprochenen und den gedanklichen Terminus [...]
> Ich verstehe unter gesprochenen Ausdrücken (bestimmte) Zeichen, die den Begriffen bzw. Intentionen der Seele untergeordnet sind; hierbei gehe ich aber nicht von dem eigentlichen Verständnis von ›Zeichen‹ aus, nach welchem gesprochene Ausdrücke stets unmittelbar und im eigentlichen Sinne Begriffe des Intellekts bezeichnen; vielmehr verwendet man gesprochene Ausdrücke, um mit ihnen dasselbe zu bezeichnen, was auch durch die mentalen Begriffe bezeichnet wird [...]
> Zwischen diesen drei Arten von Termini zeigen sich allerdings gewisse Unterschiede. Zum einen bezeichnet ein Begriff bzw. Eindruck der Seele immer das, was er bezeichnet, auf natürliche Weise. Dagegen bezeichnet ein gesprochener oder geschriebener Terminus etwas immer nur aufgrund einer Sprachkonvention. Hieraus folgt ein weiterer Unterschied: bei einem gesprochenen oder geschriebenen Terminus kann aufgrund einer Vereinbarung das, was er bezeichnet, wechseln, bei einem gedanklichen Terminus hingegen kann das, was er bezeichnet, niemals wechseln, welcher besondere Vereinbarung auch immer geschlossen werden mag.
> (W. v. Ockham ›Summe der Logik‹ I, 1)

So wird die Wirklichkeit bei Ockham nicht mehr durch Allgemeinbegriffe gewonnen, sondern durch Sprach- und Gedankenzeichen benannt.

Ockhams komplizierte sprachphilosophische Untersuchungen gipfeln ferner in einer *Suppositionstheorie*, welche die Termini auf ihre Kombinationsfähigkeit mit anderen hin überprüft.

3. Wenn Wissenschaft so definiert wird, steht die Unmöglichkeit fest, Übersinnliches mit der Vernunft zu erkennen. Damit fällt das Programm der Scholastik in sich zusammen: Glaube und Wissen gehören aufs Schärfste getrennt. Mit der Vernunft kann Gott nicht bewiesen werden, denn die Inhalte des Glaubens stehen gegen die

Vernunft. Damit propagiert Ockham aber keineswegs eine Abkehr von der Religion. Sie soll bestehen bleiben, aber als selbstständiger Bereich außerhalb der Vernunft. Christliche Lehrsätze gewinnen ihre Geltung nicht durch die Vernunft, sondern durch die Autorität der Kirche.

4. Dieselbe Trennungslinie, die jetzt zwischen Glauben und Wissen gezogen wurde, verläuft nun auch zwischen Theologie und philosophischer Wissenschaft und konsequenterweise auch zwischen Kirche und Politik. Die Kirche soll sich auf ihre geistlichen Aufgaben beschränken und auf jedes Großmachtstreben verzichten.

*

Die geistesgeschichtliche Bedeutung der vollzogenen Trennung von Theologie und Wissenschaft war gewaltig: Die Zeit war reif für die sich herausbildenden Wissenschaften, eigene Wege zu gehen und sich von der christlichen Lehre als Erkenntnisquelle zu befreien. So verdanken die Naturwissenschaften vor allem dem Ockhamistenkreis in Paris grundlegende Erkenntnisse. In der Ablehnung der aristotelischen Physik zeitigten sie bedeutsame physikalische Ergebnisse, wie z. B. Trägheits- und Fallgesetze, die sich nicht mit der These vom ersten Beweger vertrugen. Das Ende des christlichen Mittelalters begann sich abzuzeichnen.

Auch die Theologie betrat Neuland. Ein Phänomen wie die Mystik, das Versenken in unmittelbare Glaubenserfahrungen ohne Rücksicht auf die Vernunft, wäre ohne *Ockhams Rasiermesser* nicht möglich gewesen.

Exkurs: Die Mystik

Der Begriff ist vom griech. Wort *myein* (»Augen und Lippen schließen«) abgeleitet. Die Mystik ist ein religiöses Urphänomen, bei dem ein unmittelbares Erleben Gottes angestrebt wird, meist in Form einer durch Askese und weltliche Abgeschiedenheit erreichten Vereinigung der Seele mit dem Göttlichen. Die Mystik war zu keiner Zeit ein isoliertes Phänomen, sondern trat immer als eine an eine konkrete Religion gekoppelte Erscheinung auf, zu einer bestimmten Zeit und unter bestimmten Bedingungen. So zielt jede zeitliche Erscheinung von Mystik stets auf das Zeitlose.

Mystik ist bereits in den primitiven Religionen anzutreffen, wo kultische Stammesbräuche durch Trance oder ekstatische Tänze überhöht wurden. Mystische Heilswege finden sich in China im Taoismus des Lao-tse, den Upanishaden Indiens und dem 8-gliedrigen Pfad Buddhas, der sich mit der Psychotechnik des Yoga verbunden hat. – Auch der Platonismus kennt den Aufstieg der Seele zu Gott, allerdings nicht durch Ekstase, sondern durch philosophische Erkenntnis.

Im Christentum wurde anfänglich jede Gottes-Mystik als *Häresie* abgelehnt, dafür aber später der Christus-Mystik breiter Raum gewährt (Bernhard von Clairvaux, Franz von Assisi). Selbst der protestantische Pietismus (Nikolaus Ludwig von Zinzendorf, Gerhard Tersteegen) nahm die mittelalterlich-mystischen Anschauungen – mit Ausnahme der Marien-Mystik – auf, um einer Erstarrung der reformatorischen Frömmigkeit vorzubeugen.

Meister Eckhart (1260–1328) Er ist zwar nicht der Begründer, aber der bekannteste Vertreter der sog. deutschen Mystik, die in der zur Vernunft erstarrten Theologie der Scholastik neue Glaubenskräfte erwecken wollte. Als Kind der Scholastik will die deutsche Mystik die menschliche Seele bzw. den göttlichen Anteil an ihr mit Gott vereinen. Dieses Ziel will Meister Eckhart aber nicht durch Ekstase oder trancehafte Verzückung erreichen, sondern durch einen Denkweg, der erst kurz vor der Erfassung des Absoluten jede Erkenntnis notgedrungen aufgeben muss. Insofern kann man mit Recht seine Theologie eine *philosophische* nennen. Deshalb und weil er als Seelsorger bei Nonnen seine Predigten auf Deutsch hielt, verdanken wir ihm die Anfänge einer ersten philosophischen Terminologie in deutscher Sprache. Ebenso ist von Eckhart-Forschern darauf hingewiesen worden, dass unsere Sprache viele Wörter, die mit den Endungen -heit, -keit und -ung schließen, der Handschrift Meister Eckharts verdankt, der damit konkreten Begriffen eine abstrakte Bedeutung zu verleihen suchte.

Eckhart von Hochheim (es ist nicht ganz geklärt, ob *Hochheim* Familienname oder Ortsbezeichnung ist) wurde in Thüringen geboren, und zwar in der Nähe von Gotha. In Erfurt trat er als 15-Jähriger in den Dominikanerorden ein. Die Orte seines Studiums waren Paris und Köln, wo er wahrscheinlich noch Albertus Magnus kennenlernte. 1302 wurde er an der damals berühmtesten Universität des Abendlandes in Paris Magister für Theologie, von daher sein Beiname *Meister.* Im Laufe seiner kirchlichen Karriere brachte er es zum Prior des Erfurter Klosters und zum Ordensprovinzial für Sachsen und später auch Böhmen. Weitere Stationen seines Wirkens: eine zweijährige Lehrtätigkeit in Paris, die Ordensleitung in Straßburg (hier entstand der Großteil seiner Schriften) mit dem Schwerpunkt der Seelsorge für Nonnen, und schließlich Studienleiter in Köln. Auf Betreiben des Kölner Erzbischofs wurde er der Ketzerei bezichtigt; als offizieller Grund diente die Sorge um und Rücksicht auf einfache Leute und normale Gläubige. In Avignon wandte Eckhart sich an Papst Johannes XXII. Während des Prozesses um seine Rechtfertigung starb er dort. Nach seinem Tod wurden viele seiner Sätze als ketzerisch verurteilt.

Es ist oft versucht worden, Abweichungen zwischen des Meisters lateinischen und deutschen Werken zu finden. In der Tat gibt es Abweichungen, die aber in unterschiedlichen Zwecken begründet sein mögen: In seinem lateinischen Hauptwerk ›Opus tripartitum‹ (»Dreigliedriges Werk«; 1314 begonnen, unvollendet) steht die theologische Lehre im Mittelpunkt, in seinen deutschen Bibelkommentaren und Predigten das seelsorgerliche Anliegen. In beiden Fällen aber erschließt sich die Theologie Eckharts auf philosophischem Wege. Natürlich muss angesichts des mystischen Erlebens letztlich jede Sprache versagen. Aber der Weg dorthin ist ein rein rationaler. Denn Eckhart ist zu sehr ein Kind der Scholastik, um das Einswerden der Seele mit Gott auf der Gefühlsebene mit Trance, Ekstase oder Verzückung erreichen zu wollen.

1. Eckharts Denken ist von einem starken ontologischen Interesse, d.h. dem Interesse am Sein und am Grund allen Seins, getragen. Der Einfluss des Neuplatonismus ist hier unübersehbar, welcher der Seele die Möglichkeit einer Rückkehr zum Einen durch mystische Versenkung in den Urgrund des Einen einräumt. Schon im Jetzt ist ein unmittelbares Verhältnis zu Gott ohne den Umweg über die Vereinigung mit Gott im Jenseits möglich, ohne aber dass die Jenseitigkeit Gottes verneint wird. Gott ist zwar von den Dingen der Welt unterschieden, aber er ist nicht von der Welt getrennt.

Eckharts Satz, die Dinge seien schon Gott bzw. das Sein der Kreaturen sei das Sein Gottes, ist nur auf den ersten Blick anstößig: Er besagt lediglich, die Dinge seien überhaupt nichts ohne Gott, sie sind und waren immer schon abhängig vom Sein Gottes. An der Spitze aller Seinsarten steht das einheitliche Sein, das reine Sein, Gott: »Esse est deus«, heißt es lapidar.

Die Gottheit bedarf einer Offenbarung, und zwar im Sinn einer Äußerung, einer Mitteilung. Dies geschieht durch das Wort, und in dieser Form tritt uns der Gott des Christentums entgegen. Da aber der wichtige Bezug zum Dogma der Trinität nicht fehlen darf, bedarf es einer weiteren feinsinnigen philosophischen Unterscheidung: Der Vater und der Sohn, das sind Subjekt und Objekt der Gottheit, während der Heilige Geist sich als das Sichbeziehen beider aufeinander äußert.

2. Welche Möglichkeit hat nun der Mensch, die mystische Vereinigung mit Gott, dem Ursprung des Seins, zu erreichen? Grundsätzlich gibt und gab es darauf in allem menschlichen Bemühen zu allen Zeiten nur eine Antwort, nämlich die Askese in ihren unzähligen Erscheinungsformen: Im Platonismus war es die Unterordnung des Körpers mit seinen Begierden unter die Seele, im Hinduismus die Geringschätzung des Körpers mit fast schon bestialischen Verstümmelungen und Geißelungen, im Buddhismus die gemäßigte Versenkungstechnik durch Meditation, und im frühen Mönchtum eine mehr oder weniger maßvolle Weltentsagung. Als sich zu Beginn des 12. Jahrhunderts der innerkirchliche Protest gegen den Reichtum der Klöster und die unwürdige Habgier vieler Priester regte, gewann eine neue Form der Askese Profil: die apostolische Armut gemäß dem Evangelium. Dies scheint der geistige Nährboden für Eckharts Begriff von der »geistlichen Armut« gewesen zu sein. Unter *geistlicher Armut* versteht er nicht die Bedürfnislosigkeit. Christen, die diese als äußere religiöse Übung vollbringen, nennt er *Esel.*

3. Eckharts Schlagwort ist die »Abgeschiedenheit«. Damit meint er eine Absage an die gesamte welthafte Wirklichkeit. Das klingt radikal, ist es aber nicht, denn hinter aller Askese steckt eine schlichte Wahrheit: Innerlichkeit ist nicht zu gewinnen durch Abhängigkeit von Äußerlichkeiten, weswegen er auch der Abgeschiedenheit einen höheren Rang einräumt als den Werken der Tugend.

4. Durch die Selbstentäußerung gelangt der Mensch zu dem tiefsten Grund seiner selbst, wo das zum Vorschein kommt, was mit dem Wort »Seelenfünklein« nur dürftig beschrieben ist, aber doch das Wesentliche am Menschen ausmacht: die Seele. Auf dem Seelengrund ist auch der Grund der Gottheit zu finden, ohne dass Gott und Seele identisch sind. Hier findet die Berührung mit Gott statt, die Einsicht, das Schauen Gottes. Eckhart verwendet dafür – ähnlich Plotins Begriff von der »intellektuellen Verzückung« – den Begriff *intellectus*, der für ihn keine Verstandeskraft ist, sondern die Möglichkeit, Gott zu denken, die allein von Gott abhängig ist.

So wird die Seele eins mit Gott, und Gott »ergießt« sich in den Menschen. In diesem Sinn ist das Wort von der »Gottesgeburt in der Seele« zu verstehen.

> Der Vater gebiert seinen Sohn in der Ewigkeit sich selbst gleich. ›Das Wort war bei Gott, und Gott war das Wort‹: es war dasselbe in derselben Natur. Noch sage ich überdies: Er hat ihn geboren aus meiner Seele. Nicht allein ist sie bei ihm und er bei ihr als gleich, sondern er ist in ihr; und es gebiert der Vater seinen Sohn in der Seele in derselben Weise, wie er ihn in der Ewigkeit gebiert und nicht anders. Der Vater gebiert seinen Sohn ohne Unterlaß, und ich sage mehr noch: Er gebiert mich als seinen Sohn und als denselben Sohn. Ich sage noch mehr: Er gebiert mich nicht allein als seinen Sohn; er gebiert mich als sich und sich als mich und mich als sein Sein und als seine Natur. Im innersten Quell, da quelle ich aus dem Heiligen Geist; das ist *ein* Leben und *ein* Werk. Alles, was Gott wirkt, das ist Eins; darum gebiert er mich als seinen Sohn ohne jeden Unterschied. Mein leiblicher Vater ist nicht eigentlich mein Vater, sondern nur mit einem kleinen Stückchen seiner Natur, und ich bin getrennt von ihm; er kann tot sein und ich leben. Darum ist der himmlische Vater in Wahrheit mein Vater, denn ich bin sein Sohn und habe alles das von ihm, was ich habe, und ich bin derselbe Sohn und nicht ein anderer. Weil der Vater (nur) *ein* Werk wirkt, darum wirkt er mich als seinen eingeborenen Sohn ohne jeden Unterschied.
> (Meister Eckhart »Iusti vivent in aeternum«, in: ›Deutsche Predigten und Traktate‹ Pr. 7)

*

In der Nachfolge Meister Eckharts sind noch zwei Namen zu nennen: Johannes Tauler (1300–1361) und Heinrich Seuse (1295/97–1366).

Letzterer wählte anfangs den Weg härtester Selbstkasteiung und wollte die Lehre Eckharts durch deren Einordnung in die kirchliche Tradition sichern. Diese Lehren wurden im Schatten der Heiligsprechung Thomas' von Aquin (1323) bedeutungslos. Dasselbe gilt für den Augustiner Thomas von Kempen (1380–1471), dessen Erbauungsbuch ›Von der Nachfolge Christi‹ trotz höchster Auflagen ohne wissenschaftlichen Wert ist.

Philosophie der Neuzeit

1. An der Schwelle zur Neuzeit: Der Humanismus und die Renaissance

Die Entscheidung, mit dem Ende von Spätscholastik und Mystik das Mittelalter ausklingen und mit dem Aufkommen von Humanismus und Renaissance die Neuzeit beginnen zu lassen, ist sicher keine willkürliche. Unproblematisch ist sie allerdings auch nicht, zumal viele neuzeitlich anmutende Gedanken sich schon im finsteren Mittelalter finden und umgekehrt mittelalterliche Fragestellungen auch in der Neuzeit ihre Aktualität noch lange nicht eingebüßt haben. Es ist eine Zeit des Aufbruchs, die sich jetzt anbahnt, und dieser Aufbruch findet in einer wichtigen Beobachtung seinen Niederschlag: Mit dem Schwinden der Autorität der Kirche nahm das Ansehen der neu aufkommenden Wissenschaften zu. Während die bisherigen Wissenschaften den Versuch bedeuteten, die Welt zu begreifen, war das, was jetzt kam, der Versuch, die Welt zu verändern (B. Russell). Um jedoch eine Welt verändern zu können, bedarf es bestimmter Bedingungen. Vieles spricht dafür, dass die zentrale Bedingung für den Umbruch die höhere Bewertung der Individualität war, die schon mit der ausklingenden Scholastik einsetzte. Dass eine Befreiung aus alten Bindungen entscheidend für jede Kulturentwicklung ist, ist schon in der Geburtsstunde der Philosophie belegbar: Die vorsokratischen Denker verdanken ihre ersten naturphilosophischen Leistungen der Lösung von der Gebundenheit im überkommenen Mythos. Als Vorbereiter der sich abzeichnenden Wende kann man den Franziskaner Roger Bacon (1214–1294) bezeichnen, der die Autorität von Bibel, Kirchenvätern und Aristoteles in Frage stellte und an deren Stelle die Erfahrung und die Beobachtung der Natur mittels Experimenten setzte.

1. Durch diese Berührung mit den antiken Quellen bahnte sich die neue Bewegung des *Humanismus* an, dem das Ideal einer »menschlichen« (*humanen*) und nicht theologischen Bildung vorschwebte. Eine neue Welt wurde geboren, in dem die Lebensberei-

che von Staat, Wirtschaft und Kunst nicht mehr in den idealen Bau des Reiches Gottes eingebettet waren, sondern – davon befreit – eine Eigengesetzlichkeit entwickelten. Als *Vater des Humanismus* gilt Francesco Petrarca (1304–1374), der sich für die Schönheit antiker Formen begeisterte, die Handschriften antiker Literatur sammelte und erforschte. Im Mittelpunkt der neuen Bewegung stehen jetzt die Ausbildung der eigenen Persönlichkeit und ein begeisterter Glaube an den Menschen.

Die sich anbahnende Wiederentdeckung der Antike wurde gefördert durch zwei äußere Ereignisse: Nach dem Fall von Byzanz im Jahre 1453 flüchteten viele griechische Gelehrte nach Italien und brachten mit ihren Bücherschätzen neue Texte aus der Antike mit. Hinzu kam 1459 die Neugründung der Platonischen Akademie in Florenz durch Cosimo de' Medici (1389–1464). Mit der neuen Wertschätzung Platons und der Übersetzung seiner Werke ins Lateinische begann der Sturz des Aristoteles von dem hohen Sockel, den er noch zu Zeiten des Thomas von Aquin innehatte. Auch erste Vorstöße in Richtung historischer Kritik zeichneten sich ab. So wies Laurentius Valla (1405–1457) die sog. *Konstantinische Schenkung*, der zufolge der Kirchenstaat seine Ländereien einer angeblichen Schenkung durch Kaiser Konstantin verdankte, als Fälschung nach.

2. Der Humanismus blieb im Grunde eine Angelegenheit der Gelehrten. Aber aus ihm erwuchs die *Renaissance*. Das Wort bedeutet »Wiedergeburt«, aber unter dem »Deckmantel« der Wiedergeburt der Antike verbarg sich die Sehnsucht nach einem neuen Weltbild und nach Überwindung des mittelalterlichen Denkens (W. Röd). Die Rückbesinnung auf die Antike erfasste Architektur, Dichtkunst, Malerei und Bildhauerei und brachte Künstler wie Tizian, Donatello, Giotto, Fra Angelico, Leonardo da Vinci, Michelangelo, Raffael und viele andere hervor. Kunst wurde zur weltlichen Kunst, geprägt von froher Sinnlichkeit. Pessimismus wandelte sich in Optimismus, das Interesse wandte sich von der Jenseitigkeit ab und der Diesseitigkeit zu, und aus Askese wurde Weltbejahung. Begünstigt wurde das alles von dem künstlerischen Interesse der Renaissance-Päpste, das allerdings mit einem massiven Interesse für kriegerische Politik und dem Streben nach Machterweiterung einherging.

Der neue Geist griff auch auf den Rest von Europa über. In Deutschland brachte der Gräzist und Hebraist Johannes Reuchlin (1455–1522) im Jahre 1506 die erste brauchbare hebräische Grammatik heraus und ebnete damit den Zugang zum Urtext des Alten Testamentes. Überragt wurde diese Zeit von Erasmus von Rotterdam (1469–1536), der mit einer philologischen Leidenschaft ohnegleichen einen überarbeiteten Vulgatatext (lateinische Fassung der Bibel) und 1516 einen kritischen Urtext des griechischen Neuen Testaments herausbrachte, dessen zweite Ausgabe Martin Luther als Vorlage für seine deutsche Bibelübersetzung diente. Erasmus plädierte für eine selbstständige Verantwortung des Individuums auch in Fragen des Glaubens und trat für eine Reform der Kirche ein, die er von der Entstellung durch den heidnischen Aberglauben der letzten Jahrhunderte reinigen wollte. Allerdings ging er in seinen Reformen nicht so weit wie Luther. Die bildende Kunst in Deutschland erreichte ihre Blüte in den Gemälden von Wilhelm von Köln, Albrecht Dürer und Matthias Grünewald.

Von den überragenden philosophischen Denkern in dieser Epoche sollen zwei hervorgehoben werden: Nikolaus von Kues und, in England, Francis Bacon.

Nikolaus von Kues (lat.: *Cusanus*, 1401–1464) Den einen gilt er als *letzter Philosoph des Mittelalters*, den anderen als *Denker zwischen den Zeiten,* der Mittelalter und Neuzeit verbindet. Im Herbst des Mittelalters geboren, reicht doch sein Denken in den Beginn der Frührenaissance. Er fasste alle geistigen Strömungen seiner Zeit zusammen, um mit ihrer Überwindung den Grundstock zu einer neuen Philosophie zu legen, die über eine erstarrte Scholastik und eine verinnerlichende Mystik hinausschreiten sollte. Er lehrte schon vor Kopernikus die Bewegung der Erde, machte Vorschläge zur Reform des julianischen Kalenders (die erst 1582 durch Papst Gregor XIII. zum Abschluss kam) und entwickelte vorbereitende Gedanken für eine spätere Transzendental-Philosophie. Als Kirchenreformer ist er weitgehend gescheitert.

Gegenüber der Weinstadt Bernkastel an der Mosel liegt das Städtchen Kues, in dem noch heute das St. Nikolaus-Hospital samt umfangreicher Bibliothek an seinen großen Sohn erinnert. Sein Vater

Johann Cryfftz (»Krebs«) war ein wohlhabender Moselschiffer. Im Jähzorn soll er einmal seinen Sohn aus dem Boot geworfen haben. Die Schulzeit verbrachte Nikolaus bei den *Brüdern vom gemeinsamen Leben* in Deventer. Mit 15 Jahren schrieb er sich an der Universität Heidelberg ein, die er ein Jahr später wieder verließ, um in Padua Kirchenrecht zu studieren. 1423 kehrte er nach Kues zurück, wo er Rechtsanwalt wurde, der Legende nach seinen ersten Prozess verlor und sich daraufhin ausschließlich dem Kirchenrecht widmete. Mit 24 Jahren kam er nach Köln, wahrscheinlich um an der juristischen Fakultät zu lehren. Er wurde Sekretär des Trierer Erzbischofs. Als der Bischofsstuhl doppelt besetzt wurde, ergriff er Partei gegen den päpstlichen Kandidaten, allerdings vergeblich. In Koblenz wurde er 1430 mit dem Predigtamt betraut, obwohl seine Priesterweihe wahrscheinlich erst später stattfand. Auf dem Reformkonzil zu Basel 1432 stand er als Beisitzer wiederum gegen den Papst, und zwar auf Seiten der Konzilspartei. Er schrieb sein erstes Hauptwerk ›De concordantia catholica‹ (»Über die allumfassende Übereinstimmung«). 1437 wechselte er die Seiten und stellte sich hinter Papst Eugen IV. Opportunismus und Ehrgeiz darf man als Motive nicht ausschließen, denn hohe kirchliche Würden folgten diesem Parteiwechsel. Möglich ist aber auch, dass bei den Verhandlungen mit der 1054 abgefallenen griechischen Ostkirche eine Einheit unter dem Papst leichter zu erreichen war als mit einer zerstrittenen Konzilskirche. Um diese Einheit mit Ostrom zu erzielen (die 1439 tatsächlich für kurze Zeit zustande kam), reiste er an den griechischen Kaiserhof nach Konstantinopel. 1447 wurde er im Konklave sogar als Papstkandidat gehandelt, 1448 folgte die Ernennung zum Kardinal, den Kardinalshut nahm er 1450 in Empfang. Im selben Jahr wurde er zum Fürstbischof von Brixen ernannt. Als päpstlicher Legat reiste er nach Deutschland, Österreich und in die Niederlande. Bei seinem harschen Bemühen um eine Kirchen- und Klosterreform stieß er aber auf wenig Gegenliebe. Ob er wirklich einen renitenten Mönch ertränkt haben soll, sei dahingestellt. 1452 übernahm er die Verwaltung des Fürstbistums Brixen im heutigen Südtirol. Das Domkapitel und der Landesfürst von Tirol leisteten Widerstand, bis ihn Pius II. nach Rom zurückorderte und zum Generalvikar des Kirchenstaates machte. Als er mit dem Auftrag, einen Kreuzzug gegen die Türken zu organisieren, die 1453 Konstantinopel erobert hatten, nach Ancona reiste, ereilte ihn in dem Städtchen Todi in Umbrien der Tod. Sein Leichnam wurde in seiner Titularkirche San Pietro in Vincoli in Rom bestattet, sein Herz im heimatlichen Kues.

Mitten auf dem Meer, in einer kalten Novembernacht auf der Heimreise von Konstantinopel nach Rom, hatte Nikolaus Cusanus sein Damaskuserlebnis. Es war philosophischer Art. Angeregt vom Eindruck des unendlichen Meeres dachte er den Kosmos als unendlich, ein bis dahin unbekannter Gedanke. Die mittelalterliche Theologie kannte lediglich den Begriff *Ewigkeit*, den sie in der zeitlichen Beziehung auf Gott verwendete. Die Originalität des Cusanus besteht nun darin, den räumlichen Begriff der Unendlichkeit als mathematische und geometrische Größe durchzuspielen, um sich mit diesen Analogien an einen philosophisch-theologischen Gedanken von Unendlichkeit anzunähern. So dienen in seinem Hauptwerk ›De docta ignorantia‹ (»Von der gelehrten Unwissenheit«, 1440), von dessen drei Büchern das erste das ergiebigste ist, Dreieck, Kreis und Linien als Symbole und Hilfsmittel, um angesichts der Unvorstellbarkeit der Unendlichkeit etwas auszusagen.

1. Der Titel ›Von der gelehrten Unwissenheit‹ zehrt natürlich von dem berühmten Satz des Sokrates: »Ich weiß, dass ich nichts weiß«. Auf der einen Seite demaskiert er das Wissen, das sich auf Tradition stützt, als Unwissen, auf der anderen Seite ist der Titel Programm, nämlich sich durch die gründliche Belehrung der Unwissenheit näher an die Wahrheit herantasten zu können. Wie aber kommt man näher an die Wahrheit heran?

2. Alle Forschung, meint Cusanus, besteht im Setzen von Beziehungen und Vergleichen. Ohne ein Zahlenverhältnis lässt sich das aber nicht machen. In der Kraft der Zahlen sei, in Einklang mit Pythagoras, das Erkenntnisprinzip von allem zu sehen. Denn alles Erkennen ist Messen, und Messen geschieht bekanntlich in Zahlen. Da diese aber Erzeugnisse des Geistes sind, ist Erkenntnis stets vom Subjekt abhängig: Zahlen sind Denkformen des Subjekts. Mit der Einsicht, dass nichts erkannt werden kann, was nicht durch Zahlen erfassbar ist, stellt Cusanus eine wichtige Weiche für das naturwissenschaftliche Denken der Neuzeit.

3. Aber so wichtig auch die Zahl ist, sie versagt bei der Suche nach dem Größten oder Kleinsten, da in einer auf- oder absteigenden Zahlenreihe immer eine größere bzw. niedrigere Zahl angenommen werden kann. Untersucht man aber die Natur der Größe, kommt man zu dem Schluss, dass das schlechthin Größte das sein muss, dem gegenüber nichts Größeres gedacht werden kann. Dieses schlechthin Größte, das ist die Einheit, das Eine, dessen Merkmal die Fülle ist, das Sein, das sich nirgendwoher ableiten lässt.

4. So besteht die Wahrheit der Dinge in einem Unteilbaren, sie kennt kein Mehr oder Weniger. Ihr Sein ist vom menschlichen Geist nicht genau erfassbar. Dieser verhält sich zur absoluten Wahrheit, die Gott ist, wie ein Vieleck zum Kreis: Ein 12-Eck ähnelt dem Kreis mehr als ein Fünfeck, ein 100-Eck noch mehr und ein *n*-Eck umso mehr, wenn die Eckenzahl ins Unendliche fortgeführt wird.

> Mit Hilfe der Ähnlichkeitsbeziehung kann folglich ein endlicher Geist die Wahrheit der Dinge nicht genau erreichen. Die Wahrheit ist nämlich kein Mehr und kein Weniger. Sie besteht in einem Unteilbaren. Alles, was nicht das Wahre selbst ist, vermag sie nicht mit Genauigkeit zu messen, sie wie den Kreis, der in einer gewissen Unteilbarkeit besteht, keine nichtkreisförmige Figur zu messen vermag. Der Geist also, der nicht die Wahrheit ist, erfasst die Wahrheit niemals so genau, daß sie nicht ins Unendliche immer genauer erfasst werden könnte. Er verhält sich zur Wahrheit wie das Vieleck zum Kreis. Je mehr man die Zahl der Ecken in einem eingeschriebenen Vieleck vermehrt, desto mehr gleicht es sich dem Kreise an, ohne ihm je gleich zu werden, wollte man auch die Vermehrung der Eckenzahl ins Unendliche fortführen. Das Vieleck müsste sich dazu schon umbilden zur Identität mit dem Kreis.
> Damit ist klar, dass wir über das Wahre nichts anderes wissen, als dass wir es in seiner Genauigkeit, so wie es ist, als unbegreiflich wissen. Die Wahrheit hat dabei die Bedeutung der absoluten Notwendigkeit, die nicht mehr oder weniger sein kann, als sie ist, unser Geist dagegen die Bedeutung der Möglichkeit. Die Wesenheit der Gegenstände, welche die Wahrheit der seienden Dinge ist, ist also in ihrer Reinheit unerreichbar. Sie wurde von allen Philosophen gesucht, aber von keinem wirklich gefunden. Je gründlicher wir in dieser Unwissenheit belehrt sind, desto näher kommen wir an die Wahrheit heran.
> (N. de Cusa ›De docta ignorantia‹ I, S. 15)

Somit kann man in diesem geometrischen Beispiel ein endliches Abbild der Unendlichkeit Gottes sehen.

5. Das Größte fällt nun mit dem Kleinsten zusammen, behauptet Cusanus kühn und gibt folgende Begründung: Bezieht man das Größte und das Kleinste auf eine Quantität, so ist die größte Menge die *am größten* große, die kleinste Menge die *am größten* kleine. Ziehen wir die Menge (groß und klein) wieder davon ab, wird sichtbar, dass Größtes und Kleinstes zusammenfallen. Das Absolute kann nämlich keinen Gegensatz haben, denn Gegenteile kommen nur dem Endlichen zu. Was in der Welt gegensätzlich ist, fällt in der Unendlichkeit Gottes zusammen. Dies ist der Sinn des berühmten Schlagwortes von der *coincidentia oppositorum* (»Zusammenfallen der Gegensätze«).

6. Ohne Zahlen gibt es keine Verhältnisse, keine Beziehungen auf dieser Welt. Aber obwohl diese Verhältnisse auf Zahlen beruhen, ist die Zahl nicht die Einheit, da Zahlen immer ein Mehr oder ein Weniger zulassen. Die Einheit ist vielmehr der Ursprung der Zahlen und allen Seins. Damit denkt Cusanus Platons Gedanken von der Teilhabe alles Seienden an der Einheit der Idee zu Ende.

7. Die Konsequenz aus diesem schon pantheistisch anmutenden Verhältnis *Gott/Welt* heißt: Gott ist die *complicatio* (»Zusammenfaltung«) aller Dinge in der unendlichen Einheit und die Welt die *explicatio* (»Entfaltung«) Gottes in der sichtbaren Welt. Gott ist die Unsichtbarkeit des Sichtbaren (K. Schilling).
Ähnliches gilt für den Verstand. Er ist die Entfaltung der Vernunft, die ihrerseits als Zusammenfaltung aller Widersprüchlichkeiten des Verstandes der Ursprung allen geistigen Lebens ist.

*

Von Kurt Schilling stammt die außergewöhnliche These: Wäre die Kirche Nikolaus Cusanus gefolgt, wäre vielleicht die Reformation und die Abwehrstellung der Kirche gegen die neue Physik gar nicht nötig gewesen. Etwa ein halbes Jahrhundert nach Cusanus' Tod trat der reformatorische Umbruch mit Luther und Calvin ein.

(Sir) Francis Bacon (1561–1626) Der Zeitgenosse Shakespeares gilt als eine Figur an der Schwelle zwischen Renaissance und Neuzeit, die, einst überschätzt, heute eher unterschätzt wird. Kant hat seiner großen ›Kritik der reinen Vernunft‹ ein Zitat des *Baco von Verulam* (»Bacon, Baron von Verulam«) vorangestellt. Die

Tatsache, dass Bacon Beobachtungen und Experimente in die Philosophie einbrachte und damit das Werk seines Namensvetters Roger Bacon, des Franziskaners in Oxford, ausbaute, macht ihn zum Vorreiter des englischen Empirismus. Er war es, der zum ersten Mal den Gedanken des praktischen Nutzens der Philosophie aufbrachte. Für ihn geht es nicht mehr um das Wissen als Selbstzweck, es geht nicht mehr um Wahrheit um ihrer selbst willen. Wissen ist Mittel zum Zweck, und Zweck ist die Beherrschung der Welt. *Knowledge is Power*, »Wissen ist Macht!«; Bacons Forderung der Herrschaft des Menschen über die Natur ist durchaus verständlich angesichts der nicht selten als bedrohlich empfundenen Herrschaft der Natur über den Menschen.

Bacons Karriere begann erfolgversprechend. Er studierte mit 12 Jahren schon am Trinity College in Cambridge und war ab 1576 an einer Londoner Juristenschule eingeschrieben. Danach arbeitete er als Rechtsanwalt und wurde 1584 Mitglied des Parlaments. 1603 wurde er zum Ritter geschlagen. Mit 56 Jahren trat er in die Fußstapfen des Vaters und wurde Großsiegelbewahrer bei König Jakob I. Ein Jahr später rückte er an die zweite Stelle im Staate auf und wurde Lordkanzler, Baron von Verulam; 1621 wurde er zum Viscount St. Alban erhoben. Kurz darauf folgte sein tiefer Fall. Er wurde zu Recht der Korruption angeklagt und zu einer hohen Geldstrafe und zu Kerkerhaft im berüchtigten Londoner Tower verurteilt. Die Geldstrafe wurde ihm erlassen und nach vier Tagen Haft im Tower war er wieder frei. Dieser Begnadigung verdanken wir seine wissenschaftlichen Werke, die immerhin 15 dicke Bände ausmachen. Mit 65 Jahren starb Bacon über Experimenten mit der Kältetechnik. Er starb – an einer Erkältung.

Sein Hauptwerk nannte er ›Instauratio Magna‹ (»Großer Wiederaufbau«), ein gigantisches Werk in sechs Bänden, von denen nicht einmal die Hälfte fertig wurde. Der wichtigste Band ist das ›Novum Organum‹ (»Neues Werkzeug«), das seine eigentliche Philosophie enthält und sich die Erneuerung der Wissenschaft und die Kritik an deren bisherigen Methoden zum Ziel gesetzt hatte.

1. Erfahrung und Experimente sind für Bacon die Grundpfeiler jeder Wissenschaft. Die gewonnenen Erkenntnisse müssen aber auf praktische Ziele ausgerichtet sein, sonst haben sie keinen wissenschaftlichen Wert. Bacon sieht sich nicht als gewöhnlichen Empiriker, er sieht seinen Standort zwischen Empirikern und Dogmatikern. Erstere vergleicht er mit Ameisen, die nur zusammentragen und sammeln; die Dogmatiker (damit meint er die metaphysischen Rationalisten) vergleicht er mit Spinnen, die ihre Fäden aus ihrem Inneren selbst herausspinnen. Zwischen beiden hält die Biene die Mitte, da sie sammelt, ordnet und verarbeitet. So sei es auch mit der Philosophie. Aus solch inniger Verbindung von Erfahrung und Vernunft, die bisher noch nicht stattgefunden habe, sei nun alles zu erwarten, schwärmt er im Aphorismus 95 seines ›Organum‹.

2. Bevor er aber eine neue Methode entwickelt, breitet er aus, wie man es nicht machen soll. Erkenntnis sei die Widerspiegelung der Wirklichkeit im Denken, deshalb müsse sie möglichst frei von Fehlern sein. Wie auf einem Spiegel Flecken und Unebenheiten die richtige Sicht trüben würden, so würden falsche Einstellungen richtige Erkenntnisse verzerren. Das bleibende Verdienst Bacons ist es, alle Quellen von Irrtümern aufzulisten und zu systematisieren. Er zählt vier Hauptirrtümer auf, die er *Idole* nennt: (nachklass. lat. *idola*: »Zerrbilder, Trugbilder«).

- *Die Idole der Gattung:* Hier handelt es sich um naturgegebene Vorurteile. Man neigt dazu, die Sinne zum Maßstab aller Dinge zu machen.
- *Die Idole der Höhle:* Sie entstehen durch Erziehung, persönliche Veranlagung und durch die jeweilige Lebenssituation des jeweiligen Menschen.
- *Die Idole des Marktes:* Sie sind Verzerrungen in der Kommunikation zwischen Menschen, die durch die Sprache zustande kommen. Unpassende Wortbezeichnungen führen den Verstand oft in die Irre.
- *Die Idole des Theaters:* Man lässt sich von der Tradition etwas vormachen, man hält an alten Schulweisheiten alter Philosophen fest, die eher erfundenen Theaterstücken gleichen. Das gilt auch für wissenschaftliche Lehrsätze, die durch blinden Glauben Ansehen gewonnen haben.

3. Nach dem Aufzeigen der Erkenntnisfehler schlägt Bacon als positive Vorgehensweise eine Methode vor, die sich für Experimente geradezu anbietet: die Methode der Induktion. Unter *Induktion* versteht man gewöhnlich die »Gewinnung des Allgemeinen aus Einzelfällen«. Bacon macht es sich aber nicht so einfach. Für ihn ist eine Induktion, die sich auf das bloße Aufzählen von Fakten stützt, ein kindisches Ding, das nur zu unsicheren Schlüssen führt. Dies führe nur zu den untersten Grundsätzen, die sich wenig von der Erfahrung des Einzelnen unterscheiden. Darüber sollte man hinwegschreiten, aber auch nicht gleich zu den allgemeinsten Lehrsätzen fliegen, die für unveränderlich gehalten werden. Denn jene höchsten und allgemeinsten Lehrsätze seien nur Ausgeburten des Denkens, inhaltslos und unzuverlässig. So solle man dem menschlichen Geist keine Flügel, sondern eher ein Bleigewicht beigeben, das alles Springen und Fliegen hemme. Auf die »mittleren Sätze« komme es an, sie seien die zentralen, die inhaltsleere Verallgemeinerungen in Schranken halten.

4. So besagt *Induktion* für Bacon, dass von vielen beobachteten Einzelfällen durch sorgfältiges Zusammenstellen von verneinenden und bejahenden Fällen auf ein Gesetz geschlossen wird, das zuerst einmal als Hypothese angenommen und später als gültig anerkannt wird. Nur dies sei der Weg zu neuen wissenschaftlichen Erkenntnissen. Die Methode der *Deduktion*, d.h. der »Ableitung des Besonderen aus dem Allgemeinen«, sei zwar logisch, führe aber nicht zu neuen Ergebnissen. Zu neuen Ergebnissen komme man durch die mittleren Grundsätze, zu denen man nicht durch Begriffe, sondern durch Beobachtung, Experimente und vielleicht auch durch Zufall gelange. Gerade seine Gedanken über den Zufall sind bemerkenswert.

> Hätte ebenso Jemand vor Erfindung des Kompasses erzählt: Es sei ein Instrument erfunden worden, durch welches die Hauptpunkte des Himmels erkannt und unterschieden werden könnten, so würde man der Verfertigung der feinsten astronomischen Instrumente nachgegangen und in der Hitze der Phantasie Vieles und Mancherlei erörtert haben; aber man würde es nicht geglaubt haben, dass sich etwas auffinden lasse, dessen Bewegung mit der des Himmels so genau stimme und doch nicht zum Himmel gehöre, sondern bloß aus einem steinernen und metallischen Stoff bestehe.
>
> Dennoch ist Dies und Anderes, was so lange Zeit den Menschen verborgen war, nicht durch die Philosophie und die Künste der Vernunft, sondern durch Zufall und gelegentlich entdeckt worden, und es gehört

zu dem, was, wie erwähnt, von dem bisher Bekannten völlig verschieden war und ihm so fern stand, daß es mittelst bloßer Begriffe niemals hätte erreicht werden können.
Deshalb kann man hoffen, daß die Natur in ihrem Busen noch vieles Vortreffliche verborgen halte, was mit dem bisher Erfundenen keine Verwandtschaft und Aehnlichkeit hat, sondern weit ab von den Wegen der Einbildungskraft liegt und noch nicht erfunden ist.
Unzweifelhaft wird es im Fortgang und Verlauf der Jahrhunderte zum Vorschein kommen, ebenso wie es mit dem Früheren auch geschehen ist; aber auf dem von mir dargelegten Wege wird dies schneller und entschiedener geschehen, und es kann damit auf einmal erfasst und vorausgenommen werden.
(F. Bacon ›Neues Organ‹ I, a. 109)

In Bacons Denken spielen tabellarische Zusammenstellungen eine große Rolle. So hatte er viel Zeit darauf verwandt, emsig Tabellen aufzustellen, um dort die von ihm beobachteten Fakten einzutragen. Anhand der gesammelten empirischen Daten hoffte er, Verallgemeinerungen erstellen zu können, die eine profunde Basis für neue Erkenntnisse hervorbringen könnten. Aus diesem Grund lehnte er auch eine Teleologie in der Natur ab, d.h. er weigerte sich, einem Naturereignis eine Zielgerichtetheit zuzusprechen: Alles Naturgeschehen ist nur Folge einer Ursache.

Es ist merkwürdig, dass Bacon im Gegensatz zu den meisten Denkern der neuen Zeit eine nicht geringe Verachtung für die Mathematik empfand. Denn gerade sie wird jetzt wegen ihrer höchsten Allgemeingültigkeit zum Ideal aller Erkenntnis. Die Philosophie der heraufziehenden Neuzeit ist von nun an von der Mathematik nicht mehr zu trennen (H.J. Störig).

2. Der Rationalismus

Obwohl das 17. Jahrhundert politisch durch den 30-jährigen Krieg und durch die große Not der Bevölkerung gekennzeichnet war, erhebt die Naturwissenschaft doch triumphierend ihr Haupt: Kepler entdeckt die drei Gesetze der Planetenbewegung, Galilei berechnet das Gesetz des freien Falls, und das mittelalterlich-scholastische Denken wird fragwürdig. Es regt sich etwas Neues, das als *Rationalismus* in die Geschichte der Philosophie eingehen wird. Die in der Renaissance erfolgte Befreiung der Vernunft von den Fesseln der Theologie und die Faszination für die Mathematik als Inbegriff allgemeingültiger Erkenntnis begannen, ein neues Weltbild zu formieren, das zuerst die gebildete Schicht Europas erreichte. Ob man dieses Weltbild bereits mit dem Begriff der Aufklärung etikettiert, ist eine Frage der Einteilung; die meisten Interpreten bringen die Aufklärung jedoch erst mit dem Ende der Regierungszeit des Sonnenkönigs Ludwig XIV. in Verbindung.

René Descartes (lat. *Cartesius*, 1596–1650) Ob er Frankreichs erster und letzter großer Philosoph war, sei dahingestellt. Einhelligkeit aber besteht darin, dass er als der *Vater der Philosophie der Neuzeit* gilt. Indem er die Gewissheit menschlicher Wirklichkeit von Gott weg in den Menschen verlegt und die Gewissheit äußerer Wirklichkeit vom denkenden Bewusstsein, dem begreifenden Geist, abhängig gemacht ht, hat der Vorreiter des Rationalismus gleichzeitig das Fundament für den Idealismus der kommenden Jahrhunderte bis Hegel gelegt. Descartes wird so zum Ahnherrn des Idealismus, dessen Programm lauten wird: *Wirklichkeit ist ein Produkt menschliches Denkens.*

Geboren ist er als Spross einer adeligen Familie in La Haye in der Touraine. Im berühmten Jesuiten-Kolleg in La Flèche widmete er sich mit Vorliebe den »mathematischen Disziplinen wegen der Sicherheit und Evidenz ihrer Beweisgründe«, wie er in seinem ›Discours de la Methode‹ schreibt. Den anderen Fächern bringt er gewaltige Vorbehalte entgegen. Da er schon recht früh kränkelte, durfte er morgens so lange schlafen, wie er wollte. Als der Vater starb, machte er sein Erbe zu Geld und legte es an. Heiraten wollte er nie. Die Studien gab er vorerst auf und entschloss sich, »kein anderes Wissen zu suchen, als was [er] in [sich] selbst oder im großen Buche der Welt würde finden können«. (›Discours‹ I, 14) So ging er 18-jährig nach Paris und führte ein ausschweifendes Leben. Es befriedigte ihn aber nicht; daher zog er sich in den Vorort St. Germain zurück, schloss sich ein und betrieb vorwiegend geometrische Studien. Zwei Jahre hielt er es aus, dann schloss er sich 1616 der Armee des Moritz von Nassau an, später der des Maximilian von Bayern. Als das Heer ins Winterquartier ging, erlebte er im November 1619 in einem Bauernhaus in einem Dorf bei Ulm (vermutlich Neuburg an der Donau) seinen berühmten philosophischen Durchbruch, vorbereitet durch drei Träume. Nach der Schlacht am Weißen Berg bei Prag quittierte der Offizier Descartes den Dienst. Es folgten weitere Reisen durch Europa, bis er sich für 20 Jahre in Holland niederließ. Diese Zeit sollte die wichtigste in seinem Leben werden; jetzt entstanden seine bedeutendsten Werke: ›Le Monde‹ (dieses Werk blieb unvollendet, nachdem er von der Verurteilung des Galilei erfahren hatte), der ›Discours de la méthode‹ (1637, eine vorerst anonym veröffentlichte Mischung aus Biographie und Einführung in sein Denken), die ›Meditationes de prima philosophia‹ 1649, sein Hauptwerk), die ›Principia philosophiae‹ (1644) und ›Les Passions de l'âme‹ (1649, eine Art Psychologie). 1649 lud ihn die zum Katholizismus konvertierte Königin Christina von Schweden ein, an ihren Hof zu kommen. Sie ließ ihn mit einem Kriegsschiff abholen. Er, der einstige Langschläfer, musste die Königin um 5 Uhr in der Frühe unterrichten. Er wollte zurück, aber er überlebte den kalten Winter nicht und starb im darauffolgenden Februar an einer Lungenentzündung in Stockholm. Sein Grab findet sich nach mehreren Umbettungen in der Abtei Saint-Germain-des Prés in Paris.

Fasziniert von den neuen Erkenntnissen in Physik und Astronomie steht Descartes dem philosophischen Schulwissen seiner Lehrer skeptisch gegenüber und hat nur ein Ziel: die Philosophie auf ein sicheres Fundament zu stellen. Die Mathematik ist sein großes Vorbild, weil ihre Richtigkeit in ihr selbst begründet ist.

1. Ausgangspunkt seiner Philosophie ist die Frage: Wie kann der Mensch eine sichere Erkenntnis über sich und die Wirklichkeit der Welt gewinnen? Dazu bedarf es einer absolut sicheren Basis. Eine solche zu finden ist nicht einfach, denn letztlich kann alles bezweifelt werden. Descartes sieht eine dreifache Bedrohung jeder Gewissheit durch den Zweifel:

- Durch die Sinneswahrnehmung, denn die Sinne täuschen nicht selten eine falsche Realität vor.
- Durch Urteile über unsere Existenz, denn der Traum in der Nacht gaukelt oft eine falsche Gewissheit vor. Wer sagt uns, dass wir nicht – so wie im Traum – Halluzinationen aufsitzen oder in der Wahnwelt eines Geisteskranken leben? Existieren wir wirklich oder ist das ganze Leben ein Traum?
- Selbst Einsichten der Mathematik, z. B. $2 \times 2 = 4$, könnten trotz ihrer Richtigkeit von einem Betrüger-Gott stammen, der uns in Sicherheit wiegen will.

Vorläufiges Fazit: Der Zweifel stellt alle Sicherheit in Frage. Dieser Zweifel aber ist ein methodischer Zweifel und nicht der des Michel de Montaigne (1533–1592), dem es allein um die Zerstörung dogmatischer Gewissheiten ging.

2. Ein unanfechtbarer Ausgangspunkt für eine gesicherte Erkenntnis wird aber doch gefunden: Er stammt nicht aus einer göttlichen Offenbarung von oben, sondern aus dem Zweifel selbst. Von den Trümmern falscher Sicherheiten bleibt das Ich selbst übrig: Ich kann an allem zweifeln, nur nicht am Zweifel selbst, denn ich bin, während ich zweifle. Da das Zweifeln ein Akt des Denkens ist, bin ich mir im Zweifeln meines Denkens bewusst, und damit meiner selbst. Das cartesische *cogito, ergo sum* (»ich denke, also bin ich«; französisch: »je pense, donc je suis«) ist von nun an nicht mehr aus der Geistesgeschichte wegzudenken.

3. Bei diesem Schluss wird die Folgerung aus nur einer Prämisse gezogen, aus der Feststellung »*cogito*/ich denke/je pense«. Sie ergibt sich folgendermaßen: Die Tätigkeit des Zweifelns kann man gegen alles und jedes richten und beliebig wiederholen. Wer sie ausübt, ist als Zweifelnder aber allemal ein denkendes Wesen und erfährt sich auch so. Daher kann er sich als denkende Sache (*res cogitans*) sehen, deren Existenz feststellen und sagen: »Also bin ich«. Denn zu denken ist nicht möglich, ohne zu sein. In Descartes' ausführlicheren ›Meditationes‹ heißt es dann auch: »*ego sum, ego existo*/ich bin, ich existiere«.

1. […] Ich will so lange weiter vordringen, bis ich irgend etwas Gewisses, oder, wenn nichts anderes, so doch wenigstens das für gewiß erkenne, daß es nichts Gewisses gibt. Nichts als einen festen und unbeweglichen Punkt verlangte Archimedes, um die ganze Erde von ihrer Stelle zu bewegen, und so darf auch ich Großes hoffen, wenn ich nur das geringste finde, das sicher und unerschütterlich ist.
2. Ich setze also voraus, daß alles, was ich sehe, falsch ist, ich glaube, daß nichts jemals existiert hat, was das trügerische Gedächtnis mir darstellt: ich habe überhaupt keine Sinne; Körper, Gestalt,, Ausdehnung, Bewegung und Ort sind nichts als Chimären. Was also bleibt Wahres übrig? Vielleicht nur dies eine, daß nichts gewiß ist […]
3. […]. Indessen, ich habe mir eingeredet, daß es schlechterdings nichts in der Welt gibt: keinen Himmel, keine Erde, keine denkenden Wesen, keine Körper, also doch auch wohl mich selbst nicht? Keineswegs; sicherlich war ich, wenn ich mir etwas eingebildet habe. – Aber [angenommen] es gibt einen, ich weiß nicht welchen, allmächtigen und höchst verschlagenen Betrüger, der mich geflissentlich stets täuscht. – Nun, wenn er mich täuscht, so ist es also unzweifelhaft, daß ich bin. Er täusche mich, soviel er kann, niemals wird er es doch fertigbringen, daß ich nichts bin, solange ich denke, daß ich etwas sei. Und so komme ich, nachdem ich nun alles mehr als genug hin und her erwogen habe, schließlich zu der Feststellung, daß dieser Satz: ›Ich bin, ich existiere‹, sooft ich ihn ausspreche oder in Gedanken fasse, notwendig wahr ist.
(R. Descartes ›Meditationes‹ II, 1, 2 und 3)

4. Wie aber steht es mit der Erkenntnis der Dinge um mich herum, die Descartes *res extensa* (»Dinge mit Ausdehnung«) nennt? Er verwendet hier als Beispiel das Wachs. Nachdem sich Geschmack, Geruch und Farbe, aber vor allem Gestalt und Größe des Wachses ständig ändern, wird deutlich, dass die Sinne spätestens dann versagen, wenn es erhitzt wird und zerfließt. Der Verstand allein ist es, der mir die Einsicht schenkt, dass dieses oder jenes Wachs ist. (Ohne diese Erkenntnis hätte Kant später wohl nie sagen können, dass die Vernunft nur das an der Natur erkennen kann, was sie vorher in diese hineindenkt!)

5. Da die Existenz des Geistes für Descartes gewiss ist, macht er für die Gewissheit der Materie einen Umweg. In die Argumentation wird jetzt Gott einbezogen. Um die Annahme eines betrügerischen Gottes zu widerlegen, muss Gott noch bewiesen werden.

Dies leistet der ontologische Gottesbeweis des Anselm von Canterbury, der von der Vollkommenheit Gottes auf dessen Existenz schließt, nach dem Schluss, Vollkommenheit ohne Existenz sei keine Vollkommenheit.

> Aber gesetzt auch, daß ich Gott nur als existierend denken könnte, wie einen Berg nicht ohne Tal, so folgt doch sicher daraus, daß ich den Berg mit dem Tal denke, nicht, daß es überhaupt einen Berg in der Welt gibt, und ebensowenig scheint daraus, daß ich Gott als existierend denke, zu folgen, daß Gott existiert, legt doch mein Denken den Dingen keine Notwendigkeit auf. Und ebenso wie ich mir ein geflügeltes Pferd bildlich vorstellen kann, wenngleich kein Pferd Flügel hat, so könnte ich etwa auch Gott das Dasein andichten, wenngleich gar kein Gott existiert.
> Doch nein! Hier liegt der Trugschluß; denn daraus, daß ich den Berg nicht ohne Tal denken kann, folgt allerdings nicht, daß Berg und Tal irgendwo existieren, sondern nur, daß Berg und Tal, sie mögen nun existieren oder auch nicht existieren, voneinander nicht getrennt werden können. Dagegen folgt daraus, daß ich Gott nur als existierend denken kann, daß das Dasein von Gott untrennbar ist und demnach, daß er in Wahrheit existiert, – nicht als ob mein Denken dies bewirkte, oder als ob es irgendeiner Sache eine Notwendigkeit auferlegte, sondern im Gegenteil deshalb, weil die Notwendigkeit der Sache selbst, nämlich des Daseins Gottes, mich zu diesem Gedanken bestimmt. Denn es steht mir nicht frei, Gott ohne Dasein – d. h. das vollkommenste Wesen ohne höchste Vollkommenheit – zu denken, wie es mir freisteht, mir ein Pferd mit oder ohne Flügel vorzustellen.
> (R. Descartes ›Meditationes‹ V, 9)

6. Dieser Gedanke wird durch einen zweiten Beweis abgesichert, einen bis dahin unbekannten Kausalbeweis: Woher hat der unvollkommene Mensch die Idee von der Vollkommenheit? Aus sich heraus wohl nicht, denn ein unvollkommenes Wesen kann unmöglich der Urheber der Idee von der Vollkommenheit sein. Descartes antwortet, »dass Gott [ihm], als er [ihn] schuf, diese Vorstellung eingepflanzt hat, damit sie gleichsam das Zeichen sei, mit dem der Künstler sein Werk signiert.« (›Meditationes‹ III, 38) Somit hat die angeborene, eingepflanzte Vorstellung Gottes in mir als Ursache die wirkliche Existenz Gottes. Kritiker nennen dies einen Zirkelschluss.

Dieser merkwürdige Zirkelschluss und andere Befremdlichkeiten (die Zirbeldrüse als Sitz der Seele, die Tiere als nackte Materie, die wie ein Automat tönen, der eingeschaltet wird) dürfen nicht die bleibende Bedeutung des Cartesius schmälern, der durch die Besinnung des Denkens auf sich selbst eine Spur legt, von der die gesamte Geistesgeschichte bis einschließlich Hegel fasziniert ist.

Blaise Pascal (1623–1662) Stark von Descartes beeinflusst, erhoffte sich Pascal anfangs die zentralen Antworten des Lebens von der Vernunft. Als er sich bewusst wurde, dass weder rationales Denken noch die mathematischen Wissenschaften die wahren Bedürfnisse des Menschen befriedigen können, wandelte er sich zu einem gläubigen religiösen Denker. Philosophisch lässt er sich schlecht einordnen, da seine *Logik des Herzens* in das weite Spektrum zwischen Augustinus, Rousseau und Max Scheler eingereiht werden muss.

Er war der Sohn des Vizepräsidenten der Finanzverwaltung in Clermont; als Dreijähriger verlor er die Mutter. Nach deren Tod zog der Vater nach Paris und unterrichtete ihn selbst. Der Knaben entwickelte sich zu einem wahren Wunderkind. Im Alter von 12 Jahren verstand er die Euklidische Geometrie, mit 16 veröffentlichte er eine Abhandlung über Kegelschnitte, mit 19 baute er die erste von 50 Rechenmaschinen (allerdings *nur* für Additionen und Subtraktionen), entwarf im Folgenden eine Wahrscheinlichkeitsrechnung und näherte sich der Infinitesimalrechnung. Nachdem er sich im September 1647 angeblich an zwei Tagen mit seinem Idol Descartes getroffen hatte, wandte er sich allmählich philosophisch-theologischen Fragen zu. Ab 1651 wurde er als Genie in den Pariser Salons herumgereicht, bis er am 23.11.1654 eine mystische Bekehrung erlebte. Ein in das Futter seines Wamses eingenähter Zettel, den ein Diener nach seinem Tod fand, gibt Zeugnis von seiner neuen Gewissheit, dass Gott keine philosophische oder theologische Idee ist, sondern der Gott Jesu Christi. Ein Jahr später schloss er sich im Zisterzienserinnenkloster Port-Royal bei Paris, wo seine Schwester Nonne war, dem Jansenismus an, einer scharfen antiprotestantischen, aber auch jesuitenfeindlichen Bewegung, die einen radikalen Augustinismus vertritt. Seine ›Briefe aus der Provinz‹ sind eine bissig-satirische Kampfschrift gegen die laxe Moral der Jesuiten, die er nach 18 Briefen abbrach. Ein Jahr später landeten diese auf dem Index, und er begann mit der Aufzeichnung unsystematischer Gedanken, die dereinst eine Verteidigungsrede für die christliche Religion werden sollten. Diese berühmten ›Pensées sur la religion et sur quelques autres sujets‹ (»Gedanken über die Religion und einige andere Gegenstände«) wurden erst acht Jahre nach seinem Tod – tendenziös verkürzt – veröffentlicht. Im Alter von 39 Jahren starb er unter Qualen an einem langjährigen Leiden.

Seine Grundgedanken sind formal als Fragmente in seiner Hauptschrift ›Pensées‹ (»Gedanken«) enthalten, im Zentrum steht die Verteidigung des Christentums. Auch für ihn spielt der Zweifel eine zentrale Rolle, aber es ist ein anderer Zweifel als bei dem anfangs von ihm bewunderten Descartes: Pascal verfolgt die Verzweiflung ein Leben lang. Selbst an den angeblich sicheren Beweisen der Mathematik zweifelt er, da sie für die Vernunft doch nicht so selbstverständlich seien, wie sie scheinen; denn sie gehen von Voraussetzungen aus, die auf unbewiesenen Grundbegriffen wie *Raum*, *Zeit*, *Zahl* und *Bewegung* fußen. Nicht nur in dieser Hinsicht sieht er die Sicherheit des Menschen erschüttert, auch in der Natur, im Menschen und im Denken sieht er Widersprüche. So macht er sich das Anliegen zu Eigen, die menschliche Vernunft soweit zu bringen, dass sie bereit ist, ihr eigenes Denken zu relativieren.

1. Das Universum ist geprägt von einer Unendlichkeit, die unser Verstand nicht zu fassen vermag. Dieser unendlichen Ausdehnung steht eine andere Unendlichkeit gegenüber: die im Kleinen. Am Beispiel der Milbe zeigt er, dass selbst kleinste Bestandteile weiter zerlegt werden können, die in ihrer Unendlichkeit wiederum ins Nichts führen.

> Es ist natürlich, daß man sich für fähiger hält, an den Mittelpunkt der Dinge zu gelangen, als ihren Umfang zu umfassen, denn die sichtbare Ausdehnung der Welt übertrifft uns augenscheinlich; da wir es aber sind, die die winzigen Dinge übertreffen, halten wir uns für fähiger, sie zu besitzen, und doch ist die geforderte Fähigkeit, um das Nichts zu erreichen, um nichts geringer als die, die nötig ist, um bis zum All zu gelangen; in diesem und jenem Fall muß sie unendlich sein, und ich glaube, wer die letzten Gründe der Dinge verstanden hätte, der würde

auch dahin gelangen können, das Unendliche zu begreifen; das eine hängt vom andern ab, und das eine führt zum andern. Diese äußersten Enden berühren sich und vereinigen sich allein durch ihr Getrenntsein, und sie finden sich wieder in Gott, und in Gott allein.

Machen wir uns also unsere Fähigkeit klar: wir sind etwas, aber wir sind nicht alles, was wir vom Sein haben, beraubt uns der Erkenntnis der ersten Gründe, die das Nichts gebiert, und das Wenige, das wir vom Sein haben, verdeckt uns die Schau des Unendlichen.

(B. Pascal ›Über die Religion‹, Fragment 72)

2. Des Weiteren betrachtet Pascal das Ausgeliefertsein und die Sonderstellung des Menschen innerhalb des Universums:

Nur ein Schilfrohr, das zerbrechlichste in der Welt, ist der Mensch, aber ein Schilfrohr, das denkt. Nicht ist es nötig, dass sich das All wappne, um ihn zu vernichten: ein Windhauch, ein Wassertropfen reichen hin, um ihn zu töten. Aber, wenn das All ihn vernichten würde, so wäre der Mensch doch edler als das, was ihn zerstört, denn er weiß, dass er stirbt, und er kennt die Übermacht des Weltalls über ihn; das Weltall aber weiß nichts davon. Unsere ganze Würde besteht also im Denken.

(B. Pascal ›Über die Religion‹ Fragment 347)

3. Nicht nur hier, sondern auch im Alltagsgebaren zeigt sich die Ohnmacht des Menschen. Hinter aller Beschäftigung, Hektik, Zerstreuung und Oberflächlichkeit, die im Grunde zu Leere, Überdruss und verzweifelnder Sinnlosigkeit führt, steckt die Angst des Menschen vor Einsamkeit und Tod. Demgegenüber steht auch hier die Einsicht:

Die Größe des Menschen ist, weil er sich als elend erkennt. Der Baum weiß nichts von seinem Elend. Also: elend ist nur, wer sich als elend erkennt; aber nur das ist Größe, zu wissen, dass man elend ist.

(B. Pascal ›Über die Religion‹ Fragment 397)

4. Hatte Descartes angenommen, dass Erkenntnis, aber auch die von Gott geschaffene Vernunft auf Gott hinweisen, glaubt Pascal, dass die Erkenntnisbeschränkung den Menschen dazu führt, auf Gott angewiesen zu sein. Der Mensch ist ein »Mittleres« zwischen dem Nichtsein und der Unendlichkeit. Die Weisheit, die zum Wissen um diese Spannung und den Grenzen der Erkenntnis führt, nennt er *Logik des Herzens*, denn das Herz hat seine eigene Vernunft.

5. Nur im Glauben, dass Gott sich in Jesus Christus mitgeteilt und offenbart hat, allein im Geschehnis der Gnade kann Gott erreicht und der Ausweg aus der Zerrissenheit des Menschen gefunden werden. Gott ist nicht der Gott der Philosophie, sondern der Gott Abrahams, Isaaks und Jakobs.

6. Berühmt geworden ist Pascals *Wette* darauf, dass vieles für Gott spricht. Als schlüssiges Argument taugt diese Pascal'sche Wette wenig. Aber vielleicht ist sie auch anders gemeint. Die Rede ist von der Existenz Gottes, auf die er zu setzen auffordert, um die Wette zu gewinnen:

> Schätzen wir die beiden Möglichkeiten ab: falls Sie gewinnen, gewinnen Sie alles; falls Sie verlieren, verlieren Sie nichts. Setzen Sie also, ohne zu zögern, darauf, dass er ist.
> (B. Pascal ›Über die Religion‹ Fragment 233)

So zieht Pascal seine Konsequenzen: Alle Sicherheit in Vernunft und Philosophie wird aufgegeben; diese wird allein in der Bindung an die kirchliche Autorität samt ihren Zeremonien und Bräuchen gesucht.

Baruch de Spinoza (1632–1677) Für manche ist er *der liebenswerteste aller Philosophen*, für andere *der merkwürdigste Denker, der je gelebt hat.* Leibniz hat ihn verleumdet, Lessing hat ihn geachtet, Goethe hat ihn bewundert. Egon Friedell bezeichnet Spinozas Philosophie als »schauerliche Monstrosität« und »pathologische Logik« eines geistig nicht normalen Menschen. Spinoza ist wie Descartes fasziniert von der aufkommenden Naturwissenschaft und speziell von den geometrischen Berechnungen. Seine ›Ethik‹ will er »nach geometrischer Methode« darstellen. Was herauskommt, sei für manchen ein »herzbeklemmender Monolog« in »unerträglicher Kälte« (E. Friedell). In der Tat ist Spinozas Werk ein sperriges System, dessen Lektüre wahrlich nicht leicht ist. Aber jede Zeile ist getragen vom Grundmotiv des Rationalismus, dass Wirklichkeitserkenntnis allein durch die Vernunft erlangt werden kann.

Die Familie d'Espinoza stammte aus Portugal und hatte im relativ toleranten Holland Asyl gefunden. Aufgewachsen war der junge Bento/Baruch (port./hebr.) in der blühenden jüdischen Gemeinde von Amsterdam. Eigentlich sollte er Rabbiner werden, doch sein Interesse verlagerte sich recht schnell vom Thorastudium auf scholastische Metaphysik, Naturphilosophie und Mathematik. Vor allem Descartes zog ihn in seinen Bann. Spinozas sich mehrende Zweifel brachten ihn sehr schnell in Konflikt mit der Synagoge. Die Geschichte, dass ihm ein Bestechungsgeld von 1000 Gulden pro Jahr dafür angeboten worden sei, dass er seine Ansichten zurückhielt, hat legendären Charakter. 1656 traf ihn der vernichtende Bannfluch der Gemeinde. Der angebliche Mordanschlag auf ihn dürfte die Affekthandlung eines Fanatikers gewesen sein, der Anstoß daran nahm, dass Spinoza sich weiterhin frei in Amsterdam bewegte. Aber auch das hatte ein Ende: 1660 musste er die Stadt verlassen. Von nun an latinisierte er seinen Namen in *Benedictus*. Er ging nach Rijnsburg, wo er das Handwerk des Schleifens von optischen Gläsern ausübte, später nach Voorburg und Den Haag. Mit dem Spinoza-Kreis, der sich in Amsterdam gebildet hatte, stand er bis zu seinem Tod in brieflichem und persönlichem Kontakt. 1673 erhielt er einen Ruf an die Universität von Heidelberg, den er in seiner Bescheidenheit ablehnte. Als er in Den Haag 44-jährig an Lungentuberkulose starb, hinterließ er neben Wäsche, Werkzeug und Büchern nur zwei Paar Schuhe und zwei Hüte. 1678 verbot die Kirche die ein Jahr zuvor aus seinem Nachlass veröffentlichten Werke.

1. Im 1670 anonym erschienenen ›Theologisch-Politischen Traktat‹ übte Spinoza vorsichtige Kritik am wörtlichen Bibelverständnis. Dass er damit der Begründer einer aufklärerischen Bibelkritik wurde, ist nebensächlich. Vordergründig wollte er das Festhalten an wörtlichen Wunderberichten herunterspielen; diese seien nur für das niedere Volk gedacht, das so etwas brauche. Die dahinter liegende Absicht jedoch lässt sich aus Spinozas Naturbegriff erschließen: Im biblischen Wunder bricht die Macht Gottes die Macht der Natur. Diese beiden dürften aber nicht gegeneinander ausgespielt werden. Nicht durch Wunder könne das Dasein Gottes erkannt werden, sondern durch die feste Ordnung der Natur. Nichts in der Natur ereigne sich wider die Natur. Vernunft und Theologie gehören getrennt, denn weder sei die Theologie die Magd der Vernunft, noch die Vernunft die Magd der Theologie.

2. Spinozas Hauptwerk ist die ›Ethik‹, die er in mathematischer Manier verfasst. Seine »Beweisführung« ist nicht leicht zu lesen. Sie besteht aus Definitionen, gefolgt von Grundsätzen, es folgen Lehrsätze, unterteilt in *Beweis*, *Folgesatz* und *Anmerkung*, wieder Lehrsätze, unterteilt in *Beweis*, *Folgesatz*, *Definition* und *Grundsatz*, und *Forderungen*, wiederum gefolgt von weiteren akribisch aufgefächerten Lehrsätzen.

3. Im Mittelpunkt der ›Ethik‹ steht der *Substanz*-Begriff. Spinoza übernimmt ihn von Descartes: Gott wird als »unbegrenzte Substanz« definiert. Aber Spinoza kann den Cartesischen Dualismus von Gott und Welt nicht übernehmen. Er will ihn überwinden, indem er nachzuweisen versucht, dass die Welt und die Natur nur ein und derselbe Aspekt Gottes sind, ja sogar mit ihm zusammenfallen: *deus sive natura* (»sei es Gott oder die Natur«). Spinoza wird damit zum Begründer des neuzeitlichen *Pantheismus*: Diese »Allgottlehre« bezeichnet nicht das Wirken Gottes in der Natur (was schon die alten Griechen kannten), sondern die methodische Gleichsetzung von Gott und Natur.

4. Gott ist als *substantia infinita* auch *causa sui*, d.h. »Ursache seiner selbst«. Was ist dann mit den Dingen der Welt, die sich nicht selbst verursachen? Für das, was wir gewöhnlich *Natur* nennen, hat Spinoza einen doppelten Begriff: die *natura naturans* (»die schaffende Natur«: Gott), und die *natura naturata* (»die geschaffene Natur«). Es besteht nur ein Unterschied des Aspekts: Die Dinge der Welt und wir sind nur *Modi*, »Modifikationen«, der einen unendlichen Substanz und mit ihr gleich göttlich. Da alles in Gott seinen Anfang nimmt, ist für den Menschen *qua* Natur alles notwendig, da auch für ihn die Naturnotwendigkeit gilt.

5. Der Mensch kann an Gott als der unendlichen Substanz mit unendlichen Attributen nur die zwei Attribute wahrnehmen, die der Mensch selber hat: Ausdehnung und Denken. Alles Endliche in dieser Welt lässt sich unter diesen beiden Attributen subsumieren: unter *Ausdehnung* das »Dinghafte« oder »Körperliche«, unter *Denken* die »Idee«. Denken und Ausdehnung können als Attribute der einen Substanz trotz unterschiedlicher Bezeichnungen keine unterschiedlichen Strukturen haben, deshalb bilden sie eine Einheit.

> Anmerkung: Hier müssen wir uns, ehe wir weitergehen, dessen erinnern, was wir oben dargelegt haben, nämlich daß, was auch immer von

einem unendlichen Verstand als eine Essenz der Substanz ausmachend wahrgenommen werden kann, nur zu einer einzigen Substanz gehört, und daß folglich die denkende Substanz und die ausgedehnte Substanz ein und dieselbe Substanz sind, die bald unter diesem, bald unter jenem Attribut aufgefaßt wird. Dann gilt auch, daß ein Modus von Ausdehnung und die Idee dieses Modus ein und dasselbe Ding sind, aber in zwei Weisen ausgedrückt. Das scheinen einige Hebräer, gleichsam durch Nebel, gesehen zu haben, wenn sie dafürhalten, Gott, Gottes Verstand und die von ihm eingesehenen Dinge seien ein und dasselbe. Zum Beispiel sind ein in der Natur existierender Kreis und die Idee dieses existierenden Kreises, die ebenfalls in Gott ist, ein und dasselbe Ding, das sich durch verschiedene Attribute erklären läßt. Mögen wir somit die Natur unter dem Attribut Ausdehnung oder unter dem Attribut Denken oder unter irgendeinem anderen [Attribut] begreifen, immer werden wir ein und dieselbe Ordnung, anders formuliert ein und dieselbe Verknüpfung von Ursachen finden, d. h. daß es dieselben Dinge sind, die [in Gott] unter diesen Aspekten folgen.
(B. de Spinoza ›Ethik‹, in: ›Werke in 3 Bänden‹ I, II, 7)

6. Auch für das ethische Verhalten des Menschen gilt, dass alles göttlich, also notwendig ist. Daraus ergibt sich die Konsequenz: Ethik ist eine Art Mechanik der Affekte, sowohl des Denkens als auch des Handelns. Spinoza nennt drei Affekte:

1. den Selbsterhaltungstrieb, da jedes Ding dieser Welt danach strebt, sich in seinem Sein zu erhalten,
2. die Freude, also den Zustand, der zu größerer Vollkommenheit führt, und
3. die Traurigkeit, also den Zustand, der zu geringerer Vollkommenheit führt.

Da der Mensch an diese Affekte gebunden ist, ist er nicht frei: Es siegt stets der stärkere Affekt über den schwächeren. Der stärkste Affekt ist allerdings die vernünftige Einsicht, dass alles notwendig ist. Diese Einsicht in die Notwendigkeit bedeutet »Liebe zu Gott« (*amor intellectualis dei*).

7. Bei aller Verneinung der Willensfreiheit bleibt die Frage nach dem Bösen. Das Böse gibt es nicht, lautet die Antwort, es ist lediglich auf unsere »inadäquate Erkenntnis« zurückzuführen, wenn wir einen Teil aus dem Ganzen herausnehmen und ihn für selbstständig halten.

Anmerkung: Je mehr diese Erkenntnis – daß Dinge notwendig sind – sich auf Einzeldinge erstreckt, die wir deutlicher und lebhafter vorstellen, umso größer ist die mit ihr verbundene Macht des Geistes über die Affekte, was auch die Erfahrung selbst bestätigt. Wir sehen nämlich, daß die Trauer, irgendein Gut verloren zu haben, gemildert wird, sobald der Mensch, der es verloren hat, sich klar macht, daß dieses Gut auf keine Weise erhalten werden konnte. In ähnlicher Weise sehen wir, daß niemand ein Kleinkind bemitleidet, weil es nicht sprechen, laufen oder vernünftig denken kann und so viele Jahre nahezu ohne Selbstbewußtsein verbringt. Würden hingegen die meisten von uns als Erwachsene geboren und nur der eine oder andere als Kind, dann würde jeder die Kinder bemitleiden, weil er dann das, was Kindheit ist, nicht als einen natürlichen und notwendigen Sachverhalt, sondern als einen Fehler oder ein Gebrechen der Natur ansähe. In dieser Richtung könnten wir noch manch anderes anführen.
(B. de Spinoza ›Ethik‹, in: ›Werke in 3 Bänden‹ I, V, 6)

*

K. Schilling bezeichnet in seiner ›Weltgeschichte der Philosophie‹ Spinozas System trotz dessen strenger Beweismethode als das »unbewiesenste System der Geschichte«. Dieser Einschätzung muss nicht zugestimmt werden. Die abschließende Beurteilung Spinozas durch B. Russells kann uns nachdenklich machen:

Wenn es uns aber bestimmt ist, etwas zu ertragen, was über das gewöhnliche Menschenlos hinausgeht, dann ist Spinozas Grundsatz, an das Ganze oder zumindest an Größeres als den eigenen Kummer zu denken, sehr nützlich. In gewissen Zeiten wirkt es sogar tröstlich, dass das menschliche Leben mit allem, was es an Bösem und Leidvollem umfasst, ein unendlich kleiner Teil des Universums ist. Solche Betrachtungen mögen nicht ausreichen, eine Religion zu gründen, aber in einer Welt der Leiden führen sie auf den Weg der Genesung und dienen als Heilmittel gegen das lähmende Gift der tiefsten Verzweiflung.
(B. Russell ›Philosophie des Altertums‹, S. 589)

Gottfried Wilhelm Leibniz (1646–1716) Er sei das größte enzyklopädische Genie der Deutschen mit herausragenden Leistungen auf fast allen Gebieten der Wissenschaft, meinen die meisten Interpreten. Aber es gibt auch andere Stimmen: Als Mensch sei er nicht sehr bewunderungswürdig, auf keinem seiner Gebiete sei ihm ein richtiger Abschluss gelungen, die schwer fassbare Sprödigkeit sei Schuld an dem Mangel an Zauber, etwas Gläsernes sei um ihn, und über der kaum auszuschöpfenden Fülle liege etwas Diffuses. Dass wir es aber bei Leibniz mit einem Geistesriesen zu tun haben, darin sind sich alle einig. Was Leibniz als Kind des 17. Jahrhunderts vorfand, war der Siegeszug eines sich verbreitenden mechanistischen Weltbildes, das gespeist wurde von der Faszination für die neu aufgekommenen Naturwissenschaften. Inmitten dieses neuen Denkens hatte der Franzose Descartes seine unüberhörbare Stimme erhoben und die Substanz als tragenden Urgrund des Seins in die Philosophie eingebracht; in Holland war es Spinoza, der sich ebenfalls nicht mit einem reinen Mechanismus als Welterklärung zufriedengeben wollte. Dass jetzt ein Genie wie Leibniz aus den Wirren des 30-jährigen Krieges auftauchte und den Rationalismus vollendete, grenzt an ein Wunder.

Sein Vater lehrte an der Leipziger Universität Moralphilosophie. Der Sohn, schon recht früh verwaist, entwickelte sich bald zu einem Wunderkind. Er brachte sich ohne fremde Hilfe Latein bei, ging mit 15 Jahren zur Universität und wurde 20-jährig in Altdorf Dr. iur., nachdem ihm die Leipziger Uni dies wegen seines jugendlichen Alters verwehrt hatte. Er trat in den Dienst des Mainzer Kurfürsten und Erzbischofs. Seine erste politische Mission führte ihn 1672 an den Hof des Sonnenkönigs Ludwig XIV., den er für einen Kreuzzug gegen Ägypten erwärmen wollte, um ihn von vermuteten Angriffsplänen gegen Deutschland abzulenken. Trotz des höflichen Bescheides, Kreuzzüge seien heute nicht mehr in Mode, blieb er vier Jahre in Paris und profilierte sich als Mathematiker. Er erfand die Infinitesimalrechnung (was ihm vom Engländer Newton streitig gemacht wurde) und die Rechenmaschine (die im Gegensatz zu der Spinozas auch multiplizieren, dividieren und Wurzel ziehen konnte), aber das ersehnte Angebot einer offiziellen Anstellung bleib aus. So folgte er 1676 notgedrungen dem Ruf von Herzog Johann Friedrich von Braunschweig-Lüneburg nach Hannover, der Stadt, die die nächsten 40 Jahre bis zu seinem Tod seine Wirkstätte als Hofrat und Hofbibliothekar sein sollte. Auf dem Weg von Paris nach Hannover machte er u.a. noch Station in Holland bei Spinoza. Er bekam dessen ›Ethik‹ zu sehen und muss mit ihm nächtelang diskutiert haben. Obwohl Leibniz' Aufenthalt bei Spinoza etwa einen Monat währte, leugnete Leibniz dies merkwürdigerweise und sprach nur von einem einmaligen Treffen. In Hannover entwickelte er eine gewaltige Emsigkeit auf allen Gebieten, vor allem seine Korrespondenz mit anderen Gelehrten füllt Bücher. Sein Harmoniebestreben war schon recht früh ausgeprägt, so bemühte er sich, wenn auch vergeblich, um eine Einheit zwischen Katholiken und Protestanten, später zwischen Lutheranern und Calvinisten. Seinen Auftrag, die Geschichte des Welfengeschlechtes zurückzuverfolgen, benützte er zu Studienreisen, die ihn nach München, Frankfurt, Wien und Rom führten. Ein Angebot aus Wien versäumte er, ein anderes aus Rom, Kustos der vatikanischen Bibliothek zu werden, schlug er aus; der Protestant Leibniz hätte zum Katholizismus übertreten sollen. Die Gründung einer Akademie der Wissenschaften hatte er in Wien angeregt, die in Berlin erfolgte durch ihn selbst. 1711/12 kam es zu einem Treffen mit dem russischen Zaren Peter I., der ihn zum Geheimen Russischen Justizrat ernannte. Am Ende fiel Leibniz in Hannover in Ungnade: Ein Grund war, dass die ›Geschichte des Welfenhauses‹ nicht beendet wurde. Der große Leibniz starb einsam und verbittert an einem Gichtleiden.

Leibniz' einzige abgeschlossene Schrift ist die zu seiner Zeit sehr populär gewordene ›Theodizee‹-Schrift, den Rest seiner Philosophie, vor allem seine berühmte Monadenlehre, muss man sich mühsam aus den einzelnen Gelegenheitsschriften und unzähligen Briefen zusammensuchen. Die ›Monadologie‹ von 1714 hat als trockener Paragraphen-Torso nur zusammenfassenden Charakter.

1. Die Zeit des G.W. Leibniz war geprägt von dem Glauben an die Allmacht der Naturgesetzlichkeit: Alles, was geschieht, ist Resultat einer physikalischen Notwendigkeit. Der neue Erkenntnisrausch machte auch vor den Philosophen nicht halt. Allerdings mischte sich in deren Aufbruchstimmung die Besorgnis, dass mit dem Sieg eines mechanistischen Weltbildes das auf der Strecke bleiben könnte, was seit fast 2000 Jahren mit *Seele* oder *Geist* bezeichnet wurde. War nicht auch die Seele mit Eigenschaften behaftet, auch wenn sie nicht körperlicher Natur waren? So sprach Descartes der Seele den Charakter einer Substanz zu, die neben die Substanz der materiellen Dinge trat. Dies führte zu einem Dualismus zwischen dem *Denken* und dem *Ausgedehnten*, wie die beiden Substanzen genannt wurden. Aber wie standen beide in Verbindung?

2. Descartes hatte diese Verbindung durch eine Wechselbeziehung hergestellt, die durch das Eingreifen Gottes erfolgte. Daran stieß sich Leibniz, dem das Ganze des Weltzusammenhanges am Herzen lag. Er ging zwar von der Drei-Substanzen-Lehre von Descartes aus, meinte aber, dass jedes einzelne Wissen mit jedem anderen Wissen verbunden sein und sich auf seinen Erzeuger beziehen müsse. Das größere Unbehagen an Descartes aber entzündete sich an zwei anderen Stellen:

- Die Welt der Dinge kann nicht allein mit *Ausgedehntheit* erklärt werden. Ausdehnung entsteht durch Bewegung. Unbefriedigend ist für Leibniz die bloße Feststellung dieser Bewegung. Er ersetzt nun den Cartesischen Begriff der Ausdehnung durch den Begriff *Kraft*. Nach außen ist diese mechanische Kraft und Stoß, nach innen ist sie die Kraft, Ziele und Zwecke zu erstreben. Damit hat Leibniz seinen Schlüsselbegriff gefunden und lehnt ihn an den aristotelischen Begriff der Entelechie an. (*Entelechie* meint eine Formkraft im Seienden, eine Tätigkeit, die Vollendung ergibt.)
- Was ausgedehnt ist, muss teilbar sein. Nun ist aber Materie nur im mathematischen Denken unendlich teilbar, in Wirklichkeit muss es echte Teile geben, ähnlich der Atome (griech. *atomos*: »unteilbar«) beim Griechen Demokrit.

3. So ist die ganze Welt in kleinste Teile bis ins Unendliche geteilt und belebt, alle diese Teile haben eine Seele. Diese Überlegungen führen bei Leibniz zu dem Begriff der *Monade* (griech.: *monas*: »Einheit«).

Die Erklärungsversuche für die Monaden sind vielfältig: kleinste substanzielle Einheiten, punktförmige Substanzen, nulldimensionale Kraftzentren, raumlose Energiezentren, Kraftpunkte. Wie auch immer man sie nennt: Ihre Aufgabe ist es, Vorstellungen zu produzieren, d.h. die Gesamtheit der Wirklichkeit vorzustellen, vom Staubkorn bis zum Menschen. Jede Monade reflektiert als Spiegel das gesamte Universum. In einer Stufenfolge sind sie auf Gott hin geordnet; er ist die »Urmonade«.

In den Lehrsätzen der ›Philosophie‹ versucht Leibniz, zu erklären, was eine Monade ist:

§ 7: Es gibt kein Mittel zu erklären, wie eine Monade umgewandelt oder in ihrem Innern durch irgendein anderes Geschöpf verändert werden könnte; weil man nichts in sie transportieren kann, und weil man in ihr keine innere Bewegung fassen kann, die in ihr angeregt, gesteuert, vermehrt oder vermindert werden könnte, wie das bei Zusammengesetzten geschieht, wo es eine Veränderung zwischen den Teilen gibt. Die Monaden haben keine Fenster, durch die etwas ein- oder austreten könnte.

[...]

§ 9: Es ist sogar notwendig, daß jede Monade von jeder anderen verschieden ist. Denn es gibt in der Natur niemals zwei Wesen, die sich vollkommen gleich wären und wo es nicht möglich wäre, einen inneren oder einen auf eine innere Bestimmung gegründeten Unterschied zu finden.

[...]

§ 57: Und wie ein und dieselbe Stadt, von verschiedenen Seiten aus betrachtet, ganz anders und wie perspektivisch vervielfacht erscheint, so kommt es auch, daß durch die unbegrenzte Vielheit einfacher Substanzen es gleichsam ebenso viele verschiedene Welten gibt, die dennoch nichts anderes sind als Perspektiven der Einen, entsprechend den verschiedenen Blickpunkten jeder Monade.

[...]

§ 67: Jedes Stück Materie kann wie ein Garten voller Pflanzen und wie ein Teich voller Fische aufgefaßt werden. Aber jeder Zweig einer Pflanze, jedes Glied eines Tieres, jeder Tropfen seiner Säfte ist noch solch ein Garten oder solch ein Teich.

§ 68: Und obwohl die Erde und die Luft zwischen den Pflanzen des Gartens oder das Wasser zwischen den Fischen des Teiches weder Pflanze noch Fisch ist, so enthalten sie sie dennoch, aber meistens in einer für uns unfaßbaren Feinheit.

§ 69: So gibt es nur scheinbar Unangelegtes, Steriles oder Totes im Universum, es gibt kein Chaos und keine Verwirrung; – das alles ist nur scheinbar, etwa so, wie es in einem Teich zu sein schiene, in welchem man aus einiger Entfernung ein Durcheinader und sozusagen ein Fischteichgewimmel erblickt, ohne die einzelnen Fische zu unterscheiden.

(G. W. Leibniz »Monadologie«, in: ›Lehrsätze der Philosophie‹, §7, 9, 57, 67ff.)

Menschen, Pflanzen und Steine werden zwar gleichermaßen als belebte Seelen verstanden, jedoch muss es einen Unterschied geben zwischen unbelebten und belebten Monaden. Dieser Unterschied wird erklärt durch zweierlei Art von »Denken«, dem »unbewussten«, das er *perzipieren* (also Repräsentieren von Sein), und dem »bewussten«, das er *apperzipieren* (»hinzu-perzipieren«, also Bemerken von Sein) nennt. Letzteres ist dem menschlichen Geist vorbehalten, der im Gegensatz zum Nicht-Wissen der unbelebten Monaden von seinem Perzipieren weiß.

4. Man sollte meinen, dass das Universum seine Ordnung einer harmonischen Wechselwirkung der Monaden verdankt. Dies verneint Leibniz. Die Monaden seien »ohne Fenster« und so individuell, dass keine der anderen gleiche und keine einzige von der anderen verursacht werde.

Wie aber ist dann die Harmonie des menschlichen Organismus oder die der Natur zu erklären? Durch die »prästabilierte Harmonie«: Gott hat die Harmonie im Voraus angelegt, vorgedacht und vorgeschaffen. Jede Monade ist ein eigener Mikrokosmos, selbst die unbewusste.

5. Man hat Leibniz vorgeworfen, dass die Annahme einer Willensfreiheit die ganze prästabilisierte Harmonie auseinanderfallen lasse. Leibniz sieht dies aber nicht so. Er entgegnet, dass in jeder Monade die Harmonie zwischen freier Spontaneität und Vorherbestimmung bereits enthalten sei. Aber seine Argumente von der Spontaneität und den verschiedenen Arten von Notwendigkeit befriedigen nicht so recht. Sie zeugen von dem Dilemma, mit dem er letztlich gerungen hat.

6. Berühmt und schlüssig hingegen ist sein ›Theodizee‹-Essay. Er ist berühmt geworden, da das Problem der *Theodizee* (der »Rechtfertigung Gottes angesichts des Leides und des Übels in dieser Welt«) damals wie heute nichts an Aktualität eingebüßt hat noch je einbüßen wird.

> § 20: Wo sollen wir, die wir alles Sein aus Gott herleiten, diese Ursache [des Übels in der Welt, Anm. d. Verf.] finden? Die Antwort lautet: Sie ist in der idealen Natur des Geschöpfes zu suchen, soweit diese Natur in den ewigen Wahrheiten enthalten ist, die, unabhängig von seinem Willen, im Verstand Gottes sind. Denn man muß beachten, daß es

schon vor der Sünde eine *ursprüngliche Unvollkommenheit im Geschöpf* gibt, weil das Geschöpf seinem Wesen nach beschränkt ist und auch nicht alles wissen, sich vielmehr täuschen und andere Fehler begehen kann. Platon hat in seinem *Timaios* gesagt, die Welt habe ihren Ursprung im Verstande in Verbindung mit der Notwendigkeit. Andere haben Gott und die Natur verbunden. Man kann dem einen guten Sinn geben: Gott ist der Verstand, und die Notwendigkeit, d. h. die wesensmäßige Natur der Dinge, ist der Gegenstand des Verstandes, soweit er in den ewigen Wahrheiten besteht. Aber dieser Gegenstand ist ein innerer und findet sich im göttlichen Verstand. Und eben darin findet sich nicht nur die ursprüngliche Form des Guten, sondern auch der Ursprung des Übels: man hat die *Region der ewigen Wahrheiten* an die Stelle der Materie zu setzen, wenn es sich darum handelt, die Quelle der Dinge aufzusuchen. Diese Region ist sozusagen ebensowohl die *ideale Ursache* des Bösen wie des Guten, besser gesagt aber hat das Formale des Bösen keine *bewirkende Ursache*, denn es besteht, wie wir sehen werden, in der Privation, d. h. in dem, was die bewirkende Ursache nicht bewirkt. Deshalb pflegen auch die Scholastiker die Ursache des Übels *im Mangel bestehend* zu nennen.

§ 21: Man kann das Übel metaphysisch, physisch und moralisch auffassen. Das *metaphysische Übel* besteht in der bloßen Unvollkommenheit, das *physische Übel* im Leiden und das *moralische Übel* in der Sünde. Obgleich nun das physische und das moralische Übel nicht notwendig sind, genügt es doch, daß sie vermöge der ewigen Wahrheiten möglich sind.

(G.W. Leibniz »Die Theodizee«, in: ›Philosophische Schriften‹ II, §20f.)

Trotz aller Übel hat Gott zwar die »beste aller möglichen Welten« geschaffen, aber sie ist nur Schöpfung: Erschaffenes muss notwendigerweise zweitrangig sein, denn eine ebenbürtige Welt zu schaffen, wäre nichts anderes als eine Verdoppelung Gottes.

Über allen Übeln aber steht die Hoffnung. Sie ist größer als alle Übel zusammen, die sich manchmal nur als scheinbare entpuppen.

3. Empirismus

Er steht im krassen Gegensatz zum Rationalismus, der als Erkenntnisquelle nur das reine Denken anerkennt. Natürlich spielt schon im Rationalismus die Sinneserfahrung eine Rolle, aber diese wird bloß als »Material« (J. Hirschberger) benutzt, um zu den Wesenseinsichten zu gelangen. Der Empirismus besagt, dass allein die Erfahrung Quelle und Grenze allen Erkennens sei. Nichts sei im Verstand, was nicht zuvor in den Sinnen gewesen sei (J. Locke ›Ein Versuch über den menschlichen Verstand‹). Ewige Wahrheiten könne es schon deshalb nicht geben, weil die Sinneserfahrung nie abgeschlossen sein wird, solange die Erde besteht. Obwohl der Empirismus an alte griechische Traditionen anknüpft (antike Skepsis, Epikureismus, Stoa), ist das Geburtsland England. Bis heute ist die Skepsis gegenüber der spekulativen Metaphysik und die Betonung der Erfahrung eine Eigenheit angelsächsischer Philosophie. Den Beginn markierte der Franziskanermönch Roger Bacon (1214–1294), der dem Experiment den Charakter der einzigen Erkenntnisquelle und Gewähr für Wahrheit zubilligte. Dieser Gedanke wurde von seinem Namensvetter Francis Bacon (1561–1626) aufgegriffen und ausgestaltet.

Als wichtigste Vertreter des Empirismus seien hier Thomas Hobbes, John Locke, George Berkeley und David Hume vorgestellt.

Thomas Hobbes (1588–1679) Dieser Philosoph und Staatstheoretiker hatte eine recht hohe Meinung von sich selbst, als er behauptete, als Erster eine brauchbare Theorie über den Staat aufgestellt zu haben; Platon und Aristoteles hätten dies nur ansatzweise geleistet. Dies stimmt, aber nur zum Teil. Wahr ist, dass Hobbes als der Erste gilt, der den mechanistischen Zugang zur Welt auf das Sozialgebilde des Staates übertrug. Für Hobbes ist der Staat ein künstlicher Körper, der rein mechanistisch erklärt werden kann; er nennt ihn *Leviathan.* Sein berühmtes gleichnamiges Werk wirbelte nicht nur in England viel Staub auf. Es ist heute nicht mehr aus den Theorien über Staatsbegründung wegzudenken, auch wenn B. Russell Hobbes wegen der vielen Fehler, die ihm unterlaufen sein sollen, nicht zu den »ernsten Philosophen« zählt. Hobbes war natürlich durch und durch Empiriker. Im *Sensualismus,* der besagt, Erfahrung werde allein durch die menschlichen Sinne vermittelt, glaubte Hobbes, die Wahrheit über den Menschen zu finden. Natürlich war er Materialist, für den menschliches Leben lediglich die Bewegung von Gliedmaßen, und Denken nichts weiter als das Aneinanderhäufen von Vorstellungen war. Trotz alledem sollte der Philosoph Hobbes nicht nur an seiner Radikalität gemessen werden, sondern auch an seinem Traum: Es war der Traum vom absoluten Frieden auf Erden. Derartige Träume verdienen Respekt, wenngleich der Stoff, aus dem dieser Traum gewoben ist, nicht jedermanns Zustimmung finden muss.

Hobbes, geboren im englischen Westport bei Malmesbury, wuchs in ärmlichen Verhältnissen auf. Sein Vater war ein bescheidener und ungebildeter Landvikar, der seines Amtes enthoben wurde, als er sich am Kirchenportal mit einem anderen Pfarrer stritt. Als sich Thomas' Begabung herausstellte, schickte ihn sein Onkel, ein reicher Handschuhmacher, auf eine Privatschule. 14-jährig studierte er bereits in Oxford und mit 19 Jahren hatte er die Lehrbefugnis für Logik. Neben einer kurzfristigen Übersetzungstätigkeit für Francis Bacon war sein Hauptbroterwerb die Arbeit im Hause des Earl of Devonshire, wo er drei Generationen als Privatsekretär diente. Großen Eindruck machten die Schriften von Galilei auf ihn, den er 1636 in Florenz auch persönlich kennenlernte. Als das englische Parlament sich 1640 gegen den König wandte, dessen absoluten Anspruch er heftig verteidigt hatte, floh er nach Paris und stieß zu einem Kreis englischer royalistischer Emigranten. Dort unterrichtete er den jungen Prince of Wales und späteren König Karl II. in Mathematik. In den 10 Jahren seines Exils entstand der ›Leviathan‹ als zweite Überarbeitung eines früheren Werkes. Selbst bei seinen Freunden rief dieses Buch Entsetzen hervor. Hobbes ging 1651 zurück nach London und wurde von Oliver Cromwell und später von seinem früheren Schüler Karl II. protegiert. Neben anderen Werken erschien 1669 auch ein Buch, in dem Hobbes das Problem der Quadratur des Kreises gelöst haben wollte. Im hohen Alter von 88 Jahren übersetzte er noch Homers ›Odyssee‹ und ›Ilias‹ ins Englische. Auf die Frage nach dem Grund antwortete er: »Weil ich sonst nichts zu tun hatte.« Im Alter von 91 Jahren starb er. Drei Jahre nach seinem Tod verbrannte die Universität Oxford seine Schriften.

Die Mitte von Hobbes' Philosophie ist seine Staatslehre. Ihr Ursprung ist nicht schwer auszumachen: In England wütete der Bürgerkrieg und auf dem Kontinent überzog der 30-jährige Krieg Land und Leute mit Schrecken und Verwüstung. All das weckte in ihm die Sehnsucht nach dauerhaft geordneten politischen Strukturen, die das nackte Überleben ermöglichen sollten. Durch die eindrucksvollen Begegnungen mit Galilei, Descartes, Bacon u. a. lernte er zudem die ersehnte Alternative zu den verhassten scholastischen Denkwegen kennen: die neuen Naturwissenschaften. Mit ihrer Hilfe sollte sich ein neuer Ansatz finden lassen, dem Ziel des ewigen Friedens anhand neuer Einsichten näher zu kommen. Diesen neuen Ansatz legte er im ›Leviathan‹ dar. Am Ende von Hobbes' Überlegungen stand als Antwort fest: Nur ein starker Staat ist der Ausweg aus dem politischen Dilemma. Aber am Anfang dieser Überlegungen stand eine aufsehenerregende neue Sicht auf den Menschen, die sich von den herkömmlichen Menschenbildern radikal unterscheiden sollte.

1. Hobbes' Antwort auf die Frage, was der Mensch sei, beginnt mit einer harschen Kritik an Descartes' Trennung der beiden Substanzen im Menschen: Denken und Ausdehnung. Kann man wirklich das Körperliche (Ausdehnung) und das Denken trennen? Kann nicht auch das Denken eine Funktion des Körpers sein? Wenn schon die Nerven nichts »anderes als lauter Stränge« sind und die Gelenke nichts »anderes als lauter Räder«, die den Körper bewegen, gehorcht dann nicht auch das Denken den Gesetzen der Physik? Jede Empfindung basiert auf dem Druck eines Objekts auf ein Sinnesorgan, der über die Nerven an Gehirn und Herz weitergeleitet wird und dort einen Widerstand oder Gegendruck verursacht. Druck, Stoß und Gegendruck, das ist, zusammen mit der Relaisstation des Gehirns, der Körper in seinem lebendigen Vollzug.

2. Bei der Analyse der Natur des Menschen landen viele Interpreten sehr schnell bei dem berühmt-berüchtigten Schlagwort, das an Hobbes wie ein Etikett haftet: *homo homini lupus* (»der Mensch ist dem Menschen Wolf«). Obwohl der Mensch auch Hobbes zufolge im Grunde ein bedürftiges und der Vernunft nach ein friedlich moralisches Wesen ist (K. Schilling), ist die Befriedigung seiner Bedürfnisse sein angeborenes Recht, vor allem das Bedürfnis, sein Leben zu erhalten bzw. abzusichern. Da aber alle Menschen ihre Bedürfnisse befriedigen wollen, entbrennt um diese ein Kampf. Erst die Vergegenwärtigung des Angriffs anderer macht den Menschen zum Wolf und kennzeichnet seine Haltung infolgedessen als »Naturzustand«, in dem der Kampf ständig und latent vorhanden ist. Dieser Naturzustand macht den Menschen als »Tier« zu einem gefährlichen Egoisten, der sich gegen die anderen Vernunfttiere behaupten muss. In diesem Zusammenprall der Egoisten herrscht »Krieg aller gegen alle« (*bellum omnium contra omnes*); somit sei der Mensch dem Menschen Wolf.

So finden wir in der Natur des Menschen drei Hauptursachen für Konflikte: erstens Konkurrenz, zweitens Unsicherheit, drittens Ruhmsucht.
Die erste veranlaßt die Menschen, wegen des Gewinns anzugreifen, die zweite wegen der Sicherheit und die dritte wegen des Ansehens. Die ersten gebrauchen Gewalt, um sich zum Herrn von anderen Personen, Frauen, Kinder und Vieh zu machen; die zweiten, um sie zu verteidigen; die dritten wegen Bagatellen wie ein Wort, ein Lächeln, eine unterschiedliche Meinung und jedes andere Zeichen von Unterschätzung [...]
Außerhalb von Staatswesen herrscht immer Krieg eines jeden gegen jeden. Hierdurch ist offenbar, daß sich die Menschen, solange sie ohne eine öffentliche Macht sind, die sie alle in Schrecken hält, in jenem Zustand befinden, den man Krieg nennt, und zwar im Krieg eines jeden gegen jeden
(Th. Hobbes ›Leviathan‹ I, 13)

In solch einem Krieg ist nichts ungerecht. Eine Folgeerscheinung dieses Krieges eines jeden gegen jeden ist auch, daß nichts ungerecht sein kann. Die Begriffe von Recht und Unrecht, Gerechtigkeit und Ungerechtigkeit haben hier keinen Platz. Wo keine öffentliche Macht ist, gibt es kein Gesetz, wo kein Gesetz ist, gibt es keine Ungerechtigkeit. Gewalt und Betrug sind in einem Krieg die beiden Kardinaltugenden
(Th. Hobbes ›Leviathan‹ I, 13)

Von Natur aus hat jeder ein Recht auf alles. Und weil der Zustand des Menschen [...] ein Zustand des Krieges eines jeden gegen jeden ist, wobei jeder von seiner eigenen Vernunft geleitet wird, und es nichts gibt, dessen er sich bedienen kann, das ihm nicht eine Hilfe bei der Erhaltung seines Lebens gegen seine Feinde sein mag, folgt daraus, daß in solch einem Zustand jeder ein Recht auf alles hat, sogar auf den

Körper eines anderen. Und so lange dieses Naturrecht jedes Menschen auf alles andauert, kann es daher für keinen Sicherheit geben (wie stark oder weise er auch sein mag), so lange zu leben, wie es die Natur des Menschen üblicherweise gestattet.
(Th. Hobbes ›Leviathan‹ I, 14)

Damit ist die ursprüngliche Kennzeichnung des Menschen durch seinen Geselligkeitstrieb verabschiedet. Der Mensch war nach Hobbes nie ein *animal sociale*, wie Aristoteles behauptet hatte.

3. Durch den Krieg aller gegen alle gerät der Mensch aber in eine lebensbedrohliche Krise, ausgelöst durch die Angst, dass der Mensch durch den Krieg an sich selbst zugrunde geht. Das einzige Mittel dagegen ist der Gewaltverzicht und die Übertragung des Rechts auf Gewalt auf den Staat in Gestalt eines Souveräns. Ein mächtiger Staat kann die egoistischen Individuen in Schach halten und die Todesangst durch Regeln und Gesetze mindern. Dieser Staat kommt durch einen Vertrag zustande, der von dem Willen aller getragen ist. Das Volk, das so aus dem *Staatsvertrag* hervorgeht, überträgt das Machtmonopol diesem künstlichen Gebilde des Staates, das von Hobbes *Leviathan* oder auch *sterblicher Gott* genannt wird.

(Leviathan ist im Alten Testament ein Name, der wahrscheinlich in der kanaanäischen Mythologie beheimatet ist. Er stellt einen von Gott in der Urzeit überwundenen Gegner dar, ein Chaoswesen in Form eines Krokodils oder einer Schlange. Warum Hobbes den Staat mit diesem Namen belegt, geht aus dem 41. Kapitel des Hiob-Buches hervor, in dem die furchterregende Machtfülle des Leviathan beschrieben wird, gipfelnd in den Worten: »Auf Erden ist nichts seinesgleichen«. Die Bezeichnung »sterblicher Gott« zielt einerseits auf die Allmacht (Gott) des Staates, die andererseits durch das Attribut »sterblich« als irdisch-endliche eingeschränkt wird.)

4. Der Staat sei nach Hobbes ein mit großer Macht fortwährend verhinderter Bürgerkrieg, meint ein Interpret. Nur durch die absolute Machtfülle des Staates könnten die sog. Naturrechte wie Besitzstreben und Lebensabsicherung im Zaum gehalten und durch die sog. Grundrechte ersetzt werden, die jetzt entstehen: Friede, Sitte, Religion, Recht. Die Rolle des Leviathan könnten zwar auch Aristokratie und Demokratie übernehmen, aber Hobbes favorisiert eindeutig die Monarchie. Obwohl Hobbes die Meinung vertritt, die

schlimmste Diktatur sei besser als Anarchie, sieht er die staatliche Machtfülle nicht als eine totale an, da er dem Bürger dort ein Widerstandsrecht einräumt, wo die staatliche Zwangsgewalt aufhört, die Bürger zu schützen.

5. Im Verhältnis der Staaten zueinander besteht der Naturzustand als Restbestand aus früherer Zeit weiter.

6. Es gibt für Hobbes keine Willensfreiheit. Freiheit wird rein mechanistisch verstanden; sie ist da, wenn kein Druck ausgeübt wird. Freiheit ist der Freiraum innerhalb von Gesetzen.

7. Innerhalb des Staates ist die Kirche eindeutig der Obrigkeit untergeordnet. Der Atheismus-Vorwurf gegen Hobbes ist nur vordergründig berechtigt: Im friedlichen Tausch von Gewaltverzicht gegen Schutz sieht er nicht nur die Ermöglichung von Leben, sondern auch ein Mittel für die Ausübung christlicher Moral durch die Vernunft.

John Locke (1632–1704) Seine Schriften gaben bedeutsame Impulse für die europäische Aufklärung und sorgten beinahe das ganze 18. Jahrhundert über für gedankliche Unruhe. Ob er den ihm schon zu Lebzeiten verliehenen Titel *Moderner Aristoteles* zu Recht verdient hat, sei dahingestellt. In die Geistesgeschichte eingegangen ist er nicht nur als Vorkämpfer für Toleranz und politischen Liberalismus, sondern vor allem als Begründer einer empirischen Erkenntnistheorie, die von nun an unverzichtbarer Bestandteil jeder Philosophie sein wird. Hume, Fichte und Hegel werden seiner Spur folgen, auch Kant, obwohl er Lockes Philosophie in seiner ›Kritik der reinen Vernunft‹ eine »bloße Physiologie des menschlichen Verstandes« heißen wird. Lockes Werk ist der großartige Versuch, das menschliche Bewusstsein einer strengen Analyse zu unterziehen, und zwar unter der Prämisse, dass allein Wahrnehmung und empirische Fakten die Quelle aller Erkenntnis seien. Konservative Einstellung und Fortschrittlichkeit halten sich bei ihm die Waage. Locke, Grundbesitzer und Aktionär der *Bank of England*, richtete sein Denken auch an eigenen Interessen aus, indem er in seiner Theorie über das Eigentum behauptete, Armut sei ein Zeichen unvernünftiger Lebensführung.

Locke stammte aus Wrington in der Nähe von Bristol. Sein Vater war Puritaner und im Kampf zwischen Krone und Parlament stets auf Seiten der Volksvertretung. Nach dem Besuch der Westminster School studierte er am Christ Church College in Oxford Naturwissenschaften und Medizin. Er verdingte sich als Hauslehrer und Arzt im Hause von Lord Shaftesbury, der ihm stets ein Gönner blieb (der gleichnamige Moralphilosoph ist ein Enkel dieses ersten Earls of Shaftesbury). Als dieser zweimal sein Amt als Lordkanzler verlor, emigrierte Locke parallel zu dessen Fall und Wiederaufstieg zuerst nach Frankreich und später nach Holland. Nach der Glorreichen Revolution Wilhelms III. von Oranien 1688 kehrte er nach England zurück. 1690 erschien sein berühmtes Hauptwerk ›An Essay Concerning Human Understanding‹ (»Ein Versuch/Abhandlung über den menschlichen Verstand«), etwa gleichzeitig ein ›Brief über Toleranz‹ und ›Zwei Abhandlungen über Regierungskunst‹. Nach elf Jahren im Staatsdienst trat er 68-jährig von seinem Amt zurück und zog auf das Landgut eines Freundes in der Grafschaft Essex. Vier Jahre später starb er. Er soll 20.000 Pfund hinterlassen haben.

1. Mit den ›Zwei Abhandlungen über Regierungskunst‹ schuf Locke den Grundstock für den politischen Liberalismus. Die absolute Macht des Königs sei nicht biblisch begründbar, behauptet er. Des Weiteren greift er Hobbes' Theorie vom Naturzustand auf und entschärft sie. Bei ihm ist der Mensch nicht mehr das wilde Tier, sondern ein mit Rechten und Pflichten ausgestattetes Individuum in Gleichheit und Freiheit.

> Die Menschen sind von Natur alle frei, gleich und unabhängig, und niemand kann ohne seine Einwilligung aus diesem Zustand verstoßen und der politischen Gewalt eines anderen unterworfen werden. Die einzige Möglichkeit, diese natürliche Freiheit aufzugeben und die Fesseln bürgerlicher Gesellschaft anzulegen, ist die, daß man mit anderen Menschen übereinkommt, sich zusammenzuschließen und in eine Gemeinschaft zu vereinigen, mit dem Ziel, behaglich, sicher und friedlich miteinander zu leben – in dem sicheren Genuß des Eigentums und in größerer Sicherheit gegenüber allen, die ihr nicht angehören.
> (J. Locke ›Über die Regierung‹ VIII, 95)

Des Menschen Bestimmung sind die Arbeit und der Genuss der erarbeiteten Güter. Diese Bestimmung ist bereits im Naturzustand *vor* der Vergesellschaftung angelegt und wird in die Situation *nach* dem Staatsvertrag mit eingebracht. Da die Freiheit sich am gemeinsamen Wohl orientiert, hat der Mensch die Freiheit, seinen Gehorsam dem Staat gegenüber davon abhängig zu machen, inwieweit sich dieser dem Wohl der Bürger verpflichtet fühlt. Die exekutive und die richterliche Gewalt hat der Staat wohl, aber er muss sich die Gewalt mit der Legislative, dem Parlament, teilen. Ein halbes Jahrhundert später wird der Franzose Montesquieu die Dreiteilung der Gewalt fordern und dem Staat die richterliche Gewalt absprechen.

2. Lockes grenzüberschreitende Berühmtheit gründet auf seinem erkenntnistheoretischen Empirismus, mit dem er gleichzeitig die philosophische Grundlage der Aufklärung legt, indem er nicht nur von der Erfahrung ausgeht, sondern aus ihr noch unsere Begriffe und Denkprinzipien ableitet. Dies geschieht in seinem Hauptwerk (›Versuch über den menschlichen Verstand‹).

Im Bereich des Wissens wird allein der Erfahrung durch die Sinne Wichtigkeit zuerkannt. Mit dieser Weichenstellung geht eine Verachtung nicht nur des scholastischen Denkens, sondern auch des Rationalismus einher. Bei der Lektüre von Leibniz' Monadenlehre soll Locke gesagt haben, er habe jetzt genug von diesem Zeug. In einem Sendschreiben an den Leser berichtet er über die Entstehungsgeschichte seines ›Essays‹: Als bei einer Diskussion mit Freunden in seiner Wohnung alle schnell an einem toten Punkt gelangten, kamen sie überein, doch erst »[ihre] eigenen geistigen Anliegen« prüfen zu müssen. Denn der Verstand sei es, der den Menschen über das Tier erhebe und, wie das Auge, uns »alle anderen Dinge sehen und wahrnehmen (lässt), ohne doch seiner selbst gewahr zu werden.«

3. Im »Ersten Buch« des ›Essays‹ nennt Locke das, womit der Verstand sich beschäftigt, *Idee*: »Objekt des Verstandes«, »Phantasma, Begriff, Vorstellung, oder was immer es sei, das den denkenden Geist beschäftigen kann«. Wie aber kommen diese Ideen in den Verstand? Dass sie angeboren sind, hält Locke für einen Irrglauben, der seit Platon durch die Philosophie geistert. Als Argument führt er an, dass Kindern und Idioten diese Ideen nicht bekannt seien. Es erscheint ihm unfasslich, wie man dem Geist etwas einprägen könne, ohne dass dieser es wahrnehme. Außerdem gäbe es auch keine Entdeckungen, wenn alles ursprünglich im Verstand »eingraviert« sei. Diese könnten nicht angeboren sein, da sie erst bewiesen werden müssten.

4. Es sind die Sinne, die den Einzelideen Eintritt in den Verstand verschaffen und das »leere Kabinett« einrichten. Der Geist des Menschen gleicht einem »unbeschriebenen Blatt Papier« (*white paper*; oft als *tabula rasa* übersetzt). Wie aber wird der »gewaltige Vorrat an Ideen« dem Geist zugeführt? Die lapidare Antwort Lockes lautet: Das Material für Vernunft und Erkenntnis kommt allein aus der Erfahrung: Sie verursacht die Ideen. Gleich zu Beginn des »Zweiten Buchs« seines ›Essays‹ modifiziert Locke Ursprung und Einteilung der Ideen; er unterscheidet zwischen

A. einfachen und

B. komplexen Ideen.

Der Übersichtlichkeit halber soll der Inhalt der 400 Seiten seines »Zweiten Buchs« gegliedert wiedergegeben werden.

A. Die einfachen Ideen

Die erste Quelle dieser Ideen nennt er »äußere Erfahrung« (*sensation*). Diese meint die Wahrnehmung von Dingen, die von außen auf die Sinne einwirken. Es sind aber nicht die Gegenstände selbst, die unser Bewusstsein betreten, sondern deren Qualitäten. Eine Qualität ist die Kraft, die dem Gegenstand »innewohnt«:

- Es gibt primäre Qualitäten: Festigkeit, Ausdehnung, Gestalt und Anzahl.
- Es gibt sekundäre Qualitäten: Sie erzeugen in uns nur vermittels der primären Qualitäten Wahrnehmungen, z. B. Farben, Töne, Geschmacksarten. So entstehen Ideen wie *gelb, weiß, heiß, kalt, weich*.

Allein die Ideen der primären Qualitäten sind real, die sekundären hingegen existieren in den Dingen nur als Modifikationen der primären Qualitäten.

Die zweite Quelle der Ideen nennt er »innere Erfahrung« (*reflection*). Locke bezeichnet sie auch als die »inneren Operationen, die wir wahrnehmen oder über die wir nachdenken«. Das Bewusstsein wendet sich auf sich selbst zurück, es ist die Selbstanschauung des Verstandes: Die Operationen im Geist werden selbst wahrgenommen, und der Verstand schöpft daraus andere Ideen, die nicht durch die Außenwelt eingedrungen sind, z.B. die Ideen *Wahrnehmen, Denken, Zweifeln, Glauben.*

B. Die komplexen Ideen

Sie bestehen aus Kombinationen von einfachen Ideen. Sie entstehen dadurch, dass man sie »entweder miteinander vereinigt, sie nebeneinander stellt oder vollkommen trennt«.

> § 2: Diese einfachen Vorstellungen, welche den Stoff unseres ganzen Wissens bilden, erhält die Seele nur auf den oben erwähnten zwei Wegen zugeführt, d.h. durch die Sinne und die Selbstwahrnehmung. Wenn der Verstand mit diesen einfachen Vorstellungen angefüllt ist, so kann er sie in beinah endloser Mannigfaltigkeit wiederholen, vergleichen, verbinden, und so nach Belieben neue zusammengesetzte Vorstellungen bilden. Aber weder der höchste Scharfsinn noch die ausgedehnteste Kenntnis vermag durch Schnelligkeit oder Mannigfaltigkeit des Denkens eine neue einfache Vorstellung in der Seele zu erfinden oder zu bilden, die nicht auf dem erwähnten Wege aufgenommen wäre; ebensowenig kann selbst der stärkste Verstand die darin befindlichen vernichten. Die Herrschaft des Menschen in dieser kleinen Welt seines Verstandes ist ungefähr dieselbe, als die in der großen Welt der sichtbaren Dinge; auch hier reicht seine Macht, trotz aller Kunst und Geschicklichkeit, nicht weiter, als die Stoffe, welche er zur Hand hat, zu verbinden oder zu trennen, und er kann nicht das kleinste Stück neuen Stoffes hervorbringen oder ein vorhandenes Atom vernichten. Das gleiche Unvermögen findet man in sich selbst, wenn man in seinem Verstande eine neue einfache Vorstellung bilden will, die nicht durch die Sinne von außen oder durch Achtung auf die Thätigkeiten der eigenen Seele erlangt ist. Es soll doch Jemand einen Geschmack sich ausdenken, den sein Gaumen noch nicht gekostet hat; er soll einen Geruch sich bilden, den er nie gerochen hat; vermag er es, so will ich auch glauben, dass der Blinde die Vorstellungen der Farben und der Taube bestimmte und wahre Begriffe von den Tönen hat.
> (J. Locke ›Versuch über den menschlichen Verstand‹ II, 2)

Die komplexen Ideen lassen sich in drei Klassen einteilen:

a. *Modi*: Sie sind komplexe Ideen, die nicht für sich selbst bestehen können, wie *Zahl, Raum, Ausdehnung, Dauer.* So gehört die Mengenangabe *Dutzend* zu den einfachen Modi, der Begriff *Schönheit* zu den gemischten Modi.

b. *Substanzen*: Die Kombination einer bestimmten Substanz mit Schwere/Härte/Schmelzbarkeit ergibt beispielsweise die Idee *Blei*; die Kombination einer anderen Substanz mit Denken/Bewegung ergibt die Idee *Mensch*.

c. *Relationen*: Sie entstehen in »der Betrachtung und Vergleichung einer Idee mit einer anderen«, z.B. *Ursache* und *Wirkung*, *Identität* und *Verschiedenheit*. Ferner ist die Moralität eine komplexe Idee in der Relation von willkürlichen Handlungen zu deren Regeln.

5. Das »Dritte Buch« des ›Essays‹ untersucht Wörter und Sprache. Zwischen Ideen und Wörtern besteht eine große Abhängigkeit, zumal Wörter auch die Ideen vertreten müssen, die für unsere Sinne unzugänglich sind. So sind beispielsweise *Ekel* oder *Ruhe* Wörter, die lediglich von den Wirkungen sinnlich wahrnehmbarer Dinge herkommen. Dass sich hierbei Fehler einschleichen können, liegt auf der Hand. Grund hierfür ist die Unvollkommenheit der Sprache, inhaltslose Ausdrücke oder unklare Ideenbezeichnungen. Hinzu kommt, dass wir oft Namen erlernen und nachplappern, bevor wir die Ideen besitzen, und vor allem, dass häufig die Namen mit den realen Dingen verwechselt werden. Auch der Redeschmuck, z.B. eine bildhafte Ausdrucksweise, trägt dazu bei, unbemerkt falsche Ideen in den Geist einzuschmuggeln.

6. Der ›Essay‹ schließt im »Vierten Buch« mit der Abhandlung über das Wissen. Erkenntnis und Wissen sind, im Eingeständnis, dass sie beschränkter sind als unsere Ideen, nichts anderes als die Wahrnehmung der Übereinstimmung oder Nicht-Übereinstimmung zwischen Ideen. Damit hat Wahrheit ihre alte Qualität, in der Sein und Denken noch übereinstimmten, verloren.

George Berkeley (1685–1753) Er, dem eine Stadt und eine Universität in Kalifornien ihren Namen verdanken, spricht der Materie die Urheberschaft für die sinnliche Wahrnehmung ab. In gewisser Weise verschärft er den englischen Empirismus John Lockes zu einem radikalen Sensualismus und verbindet diesen mit einem Idealismus, den Kant als *dogmatischen Idealismus* ablehnt. Berkeley, Bischof von Cloyne, verfolgt im Grunde mit seinen ungewöhnlichen Thesen ein rein religiöses Anliegen: Er empfindet den aufkommenden Materialismus als Bedrohung für den christlichen Glauben und will letztlich die Materie aus der Natur austreiben.

Als ältester von sechs Söhnen eines Gutsbesitzers wurde er in der Grafschaft Kilkenny im Süden Irlands geboren. Während seiner Studienzeit und seiner darauffolgenden Lehrtätigkeit am Trinity College in Dublin entstand schon das fertige Gesamtgerüst seiner Gedanken. Neben seinem frühen ›Philosophischen Tagebuch‹ (1707–08) gelten als seine Hauptwerke: der ›Versuch einer neuen Theorie der Gesichtswahrnehmung‹ (1709), die ›Abhandlung über die Prinzipien der menschlichen Erkenntnis‹ (1710) und die ›Drei Dialoge zwischen Hylas und Philonous‹ (1713). Nach der Lektüre der ›Prinzipien‹ meinte ein Arzt, der Autor sei krank und bedürfe ärztlicher Hilfe, während ein Bischof Berkeleys Werk als das eines Geltungssüchtigen verdammte. 1721 zum Priester der anglikanischen Kirche geweiht, ließ sich Berkeley nach ausgedehnten Reisen in Dublin nieder und heiratete 1728 Anne Forster. Aus der Ehe gingen sieben Kinder hervor. Sein dreijähriger Aufenthalt auf Rhode Island/USA diente dem Zweck, die Gründung eines theologischen Colleges auf den Bermudas in die Wege zu leiten. Als die zugesagten Gelder nicht kamen, kehrte er enttäuscht nach Irland zurück. Ab dem Jahre 1734 bekleidete er das Amt des Bischofs von Cloyne in der Grafschaft Cork, das er nach 18 Jahren aufgab, um nach Oxford überzusiedeln. Kurz darauf ereilte ihn der Tod. Beigesetzt ist er in der Kapelle des Christ Church College von Oxford.

1. Arthur Schopenhauer vertrat die Meinung, dass seine gesamte Philosophie lediglich die Entfaltung eines einzigen Gedankens sei. Diese Behauptung ist nicht falsch, denn dieser eine Gedanke ist bereits in Berkeleys ›Tagebuch‹ als Eintrag Nr. 429 vermerkt: »Existenz ist percipi oder percipere.« (»Existenz ist Wahrgenommenwerden oder Wahrnehmen«). Damit meint er, dass nur dem Realität zukomme, was wir empfinden. Es ist ein Irrglaube, anzunehmen, hinter der Empfindung stünde eine Substanz, denn Materie ließe sich nicht empfinden. Lediglich deren Eigenschaften ließen sich wahrnehmen, wie er in seiner ›Abhandlung‹ ausführt:

§ 3: Daß weder unsere Gedanken noch unsere Gefühle noch unsere Einbildungsvorstellungen ausserhalb des Geistes existieren, wird ein jeder zugeben. Es scheint aber nicht weniger evident zu sein, daß die verschiedenen Sinnesempfindungen oder den Sinnen eingeprägten Ideen, wie auch immer dieselben mit einander vermischt oder verbunden sein mögen (d.h. was für Objekte auch immer sie bilden mögen), nicht anders existieren können, als in einem Geiste, der sie perzipiert. Dies kann, glaube ich, von einem jeden anschaulich erkannt werden, der darauf achten will, was unter dem Ausdruck *existieren* bei dessen Anwendung auf sinnliche Dinge zu verstehen ist. Sage ich: der Tisch, an dem ich schreibe, existiert, so heißt das: ich sehe und fühle ihn; wäre ich außerhalb meiner Studierstube, so könnte ich die Existenz desselben in dem Sinne aussagen, daß ich, wenn ich in meiner Studierstube wäre, denselben perzipieren könnte, oder daß irgend ein anderer Geist denselben gegenwärtig perzipiert. Es war da ein Geruch, heißt: derselbe ward wahrgenommen; ein Ton fand statt, heißt: derselbe ward gehört; eine Farbe oder Gestalt: sie ward durch den Gesichtssinn oder durch den Tastsinn percipiert. Dies ist der einzige verständliche Sinn dieser und aller ähnlichen Ausdrücke. Denn was von einer absoluten Existenz undenkender Dinge ohne irgend eine Beziehung auf ihr Percipiertwerden gesagt zu werden pflegt, scheint durchaus unverständlich zu sein. Das Sein *(esse)* solcher Dinge ist Perzipiertwerden *(percipi)*. Es ist nicht möglich, daß sie irgend eine Existenz außerhalb der Geister oder denkenden Wesen haben, von welchen sie perzipiert werden.

§ 4: Es besteht in der Tat eine auffallend verbreitete Meinung, daß Häuser, Berge, Flüsse, mit einem Wort, alle sinnlichen Objekte, eine natürliche oder reale Existenz haben, welche von ihrem Perzipiertwerden durch den denkenden Geist verschieden sei. Mit wie großer Zuversicht und mit wie allgemeiner Zustimmung aber auch immer dieses Prinzip behauptet werden mag, so wird doch, wenn ich nicht irre, ein jeder, der den Mut hat es in Zweifel zu ziehen, finden, daß dasselbe einen offenbaren Widerspruch in sich schließt. Denn was sind die vorhin erwähnten Objekte anderes als die sinnlich von uns wahrgenommenen Dinge, und was perzipieren wir anderes als unsere eigenen Ideen oder Sinnesempfindungen? – und ist es nicht ein vollkommener Widerspruch, daß irgend eine solche oder irgend eine Verbindung derselben unwahrgenommen existieren sollte?

(G. Berkeley ›Abhandlung über die Prinzipien der menschlichen Erkenntnis‹ §3f.)

2. Berkeleys Hauptangriff gilt Lockes Werk ›Ein Versuch über den menschlichen Verstand‹. Er korrigiert Locke an einer entscheidenden Stelle: Hat dieser behauptet, nur die sekundären Qualitäten (Sinneseindrücke wie Farben, Töne, Geschmack, Geruch) seien subjektiv, während den primären Qualitäten (wie Festigkeit, Ausdehnung, Gestalt, Anzahl) dank der ihnen zugrunde liegenden Substanz Realität zukomme, erklärt Berkeley auch die primären Eigenschaften der Dinge für subjektiv: Auch sie seien ausschließlich in unserem Bewusstsein vorhanden, es gebe kein äußeres Objekt.

> § 15: Kurz, wenn jemand jene Argumente recht erwägt, von denen man glaubt, daß sie deutlich erweisen, daß Farben und Geschmacksempfindungen bloß im Geiste existieren, so wird er finden, daß sie mit gleicher Kraft dasselbe von der Ausdehnung, Figur und Bewegung darzutun vermögen. Doch muß zugegeben werden, daß diese Argumentationsweise nicht sowohl beweist, daß es keine Ausdehnung oder Farbe in einem äußeren Objekte gebe, als vielmehr nur, daß wir nicht durch die Sinne erkennen, welches die wahre Ausdehnung oder Farbe des Objekts ist. Aber die vorhergehenden Argumente zeigen deutlich die Unmöglichkeit, daß überhaupt irgend eine Farbe oder Ausdehnung oder sinnlich wahrnehmbare Eigenschaft irgend welcher Art in einem nicht denkenden Substrat außerhalb des Geistes existiere, oder vielmehr die Unmöglichkeit, daß es irgendetwas derartiges, wie ein äußeres Objekt gibt.
> (G. Berkeley ›Abhandlung über die Prinzipien der menschlichen Erkenntnis‹ §15)

Was als Materie erscheint, ist nur die Idee von Materie, die nur durch die Wahrnehmung vermittelt wird. Denn was soll ein Ding, was soll ein Objekt sein, wenn man dessen wahrgenommene Eigenschaften abzieht? *Ein Ding ist nichts anderes als die Summe von Wahrnehmungen im Bewusstsein.*

3. Viele Interpreten sehen darin eine Verflüchtigung der Realität. Man muss aber Berkeley darin gerecht werden, dass keine Blutleerheit daraus spricht, sondern das wahrnehmende Auskosten einer vielfältigen Welt in all ihren Farben und Schattierungen. Der höchste Grad der Realität ist in den Sinnen; Gott selbst ist der Urheber dieser bunten und schönen Welt, die er uns gegeben hat zum Fühlen, Schmecken, Tasten usw. Dies, und nur dies ist die Voraussetzung für die Erkenntnis der Welt, wie sie ist.

4. Berkeley bestreitet auch Lockes Annahme von allgemeinen Begriffen oder Ideen. Am wichtigsten sei ihm, sagt er in seinem Tagebuch-Eintrag Nr. 642, »den Nebel oder Schleier von Wörtern zu beseitigen«, sie seien der »Ruin« für das Denken. Er belegt dies am Allgemeinbegriff des Dreiecks. So sei der Begriff des Dreiecks keine allgemeine Idee, die gleichschenklige, stumpfwinklige und spitzwinklige Dreiecke einschließe. Jedes Dreieck sei konkret: Dreiecke würden stets von der Wahrnehmung als gleich-, stumpf-, spitz- oder rechtwinklige konkrete Gebilde erfasst. Ob Berkeleys leicht anmaßende Meinung, damit einen tödlichen Streich gegen Locke geführt zu haben, gerechtfertigt ist, sei einmal dahingestellt.

5. Mathematik, Physik und Konstruktionen sind dazu da, die Welt zu beherrschen, mit dem Zweck, sie zu nutzen, aber sie sind zweitrangig, denn sie sind menschliches Werk und nicht Werk Gottes.

6. Aber es gibt trotz allem eine vom menschlichen Bewusstsein unabhängige Wirklichkeit. Denn wie kann es sein, dass dieselben Vorstellungen gleichermaßen im Bewusstsein anderer Menschen sind? Wie kommt es, dass diese nicht willkürlich variieren? Die Antwort des Empiristen Berkeley ist ein Rückgriff auf die Metaphysik: Es gibt eine geistige Wirklichkeit. Dass es zwingende überindividuelle Vorstellungen gibt, die in unserem Geist und im Geist anderer Menschen vorhanden sind, verdanken sie einem höheren Geist, nämlich Gott. Er hat sie allen »Bewusstseinen« in gleicher Weise als Idee gegeben. Somit kann zu Recht behauptet werden: »Über den Gottesbegriff holt er (G. Berkeley) die Objektivität der Welt wieder herein, die er vorher kritisierte« (Ch. Helferich).

Natürlich tun wir uns schwer, den *Immaterialismus* Berkeleys, der auch in Begriffen wie *Immanenzphilosophie* oder *konsequenter Idealismus* durch die Lehrbücher spukt, nachzuvollziehen, sind wir doch gewohnt, dass wir nicht unsere Wahrnehmungen »wahrnehmen«, sondern deren Gegenstände. Natürlich sind es die Ideen, die Eingang in unseren Geist finden, und nicht die Objekte selbst. Aber haben diese Ideen, sofern sie sich auf Gegenstände beziehen, ihre Begründung nicht in den Gegenständen selbst?

Sicher hat das auch Berkeley gewusst, denn so weltfremd konnte er nicht gewesen sein. Vielleicht ging es ihm aber nur um die Fragwürdigkeit der Letztbegründung allen Seins durch die Materie. Aufschlussreich ist seine Bemerkung im § 35 seiner ›Prinzipien‹:

> Ich bestreite nicht die Existenz irgend eines Dinges, das wir durch Sinneswahrnehmung oder durch Reflexion auf unser Inneres zu erkennen vermögen. Daß die Dinge, die ich mit meinen Augen sehe und mit meinen Händen betaste, existieren, wirklich existieren, bezweifle ich nicht im mindesten. Das einzige, dessen Existenz wir in Abrede stellen, ist das, was die Philosophen Materie oder körperliche Substanz nennen. Und indem dies geschieht, verlieren die übrigen Menschen nichts, die, wie ich wohl sagen darf, diese Materie nicht vermissen werden. Allerdings werden die Atheisten die anscheinende Stütze verlieren, welche ein leeres Wort ihrer unfrommen Ansicht gewährt, und die Philosophen werden vielleicht finden, daß sie einen mächtigen Anlaß zur Tändelei und Disputation verloren haben.
> (G. Berkeley ›Abhandlung über die Prinzipien der menschlichen Erkenntnis‹ §35)

David Hume (1711–1776) Ohne Hume wäre Kant nie zu eigenem Philosophieren gelangt, wird mitunter behauptet. Diese kühne These ist sicher übertrieben. Wahr daran ist, dass Humes Psychologismus, der das objektive Sein der Dinge im psychologischen Verhalten des Menschen auflöste, die Wissenschaften jeglicher Sicherheit beraubte. Dies brachte in der Tat 35 Jahre später Kant auf den Plan, den Humes Kritik der Kausalität aus seinem »dogmatischen Schlummer« riss, wie er in seinen ›Prolegomena‹ von 1783 bekannte. Hume habe auf John Locke aufgebaut, diesen aber konsequent und radikal zu Ende gedacht und damit die Philosophie in eine Sackgasse geführt, wie B. Russell behauptet. Der angelsächsische Empirismus, ob man ihn nun als Vorstufe oder schon als Bestandteil der Aufklärung versteht, ist nach Hobbes und Locke (England), Berkeley (Irland) und Hume (Schottland) an seinem Höhepunkt, aber auch an seinem Endpunkt angelangt.

Als Sohn des Rechtsanwaltes Joseph Home in Edinburgh geboren, änderte er 23-jährig seinen Namen von *Home* in *Hume*. Als Jugendlicher absolvierte er zwar den gesetzlich vorgeschriebenen sonntäglichen Kirchgang um 7 und 14 Uhr, muss aber unter der strengen religiösen Erziehung sehr gelitten haben. Von 1723 bis 1725 studierte er u.a. Griechisch, Logik, Metaphysik und Naturwissenschaft in Edinburgh, danach bereitete er sich auf dem Familiensitz in Ninewells auf eine juristische Laufbahn vor. Es folgten private Studienreisen nach Frankreich, wo er 26-jährig sein dreibändiges ›A Treatise on Human Nature‹ (»Eine Abhandlung über die menschliche Natur«) schrieb. Das Buch war, was den Erfolg betraf, eine Totgeburt. Eine Überarbeitung zeitigte die ›Philosophical Essays‹, die in der zweiten Auflage den Titel ›An Enquiry Concerning Human Understanding‹ (1751) trugen. Diese ›Untersuchung über den menschlichen Verstand‹, zusammen mit dem zweiten Band ›Untersuchung über die Prinzipien der Moral‹, in dem er das Prinzip des Guten auf Lust und Nutzen reduziert, bildet sein Hauptwerk. Berühmt und reich geworden ist er aber durch seine 6-bändige Geschichte Englands, die er nach ausgiebiger Reisetätigkeit als Bibliothekar in Edinburgh schrieb. Seiner Stellung als Gesandtschaftssekretär in Paris verdankte er seine Bekanntschaft mit Rousseau, den er aufgrund von dessen krankhaftem Gemüt und hysterischem Verfolgungswahn später als »Ungeheuer« bezeichnete. Von 1763 bis 1766 war er Sekretär des britischen Botschafters in Paris, danach wurde er Unterstaatssekretär in London, bis er sich 1768 nach Edinburgh zurückzog. Er war zeit seines Lebens Junggeselle geblieben und starb 1776 im Kreise seiner Familie. Sein eigentlicher Traum von einem akademischen Lehramt blieb unerfüllt: kein Wunder, denn seine philosophischen Bücher landeten 1761 allesamt auf dem Index verbotener Schriften.

1. Ähnlich wie John Locke fragt Hume nach Möglichkeiten und Grenzen des Bewusstseins. Neu aber ist die radikale Verschärfung des Zweifels daran, dass Verstand oder Vernunft von sich aus zur Wahrheit vorstoßen können. Zumindest ist es die Erfahrung, die einen sicheren Ausgangspunkt für all unsere Denkakte bietet, ein Satz, dem auch Kant nicht widersprechen würde. Des Weiteren sind es »Eindrücke« (*impressions*), die in ihrer Frischheit und Unmittelbarkeit auf unser Bewusstsein treffen. Woher sie kommen, wissen wir nicht, sie werden lediglich erfahren. Keineswegs sind sie Wirkungen von Reizen. Die Eindrücke werden verarbeitet, sei es in der Erinnerung, der Phantasie oder in der Einbildungskraft, und bilden die »Vorstellung« (*idea*), die Welt des Gedanklichen. Sie sind blasser und schwächer und nicht wie bei Locke der Überbegriff aller Inhalte des Bewusstseins. Als abgeblasste, bleiche Abbilder der Eindrücke schließen sie jede Annahme einer Substanz aus.

2. Erkenntnis entsteht nun aus der Verknüpfung, der Kombination, von Vorstellungen, auch ein Gedanke, den Hume von Locke übernimmt. Diese *Assoziationen* geschehen aber nach bestimmten Gesetzen. Humes (psychologisches) Assoziationsgesetz ist ein dreifaches:

a. das Gesetz der Ähnlichkeit und Verschiedenheit,
b. das Gesetz der zeitlichen oder räumlichen Nachbarschaft und
c. das Gesetz von Ursache und Wirkung: Dies allerdings *erscheint* nur als Gesetzlichkeit, ist aber für Hume ein reines Assoziationsgesetz.

Seine Kritik an dem Begriff der Kausalität (siehe Punkt 5) wird die originellste Leistung des Schotten sein.

3. Die menschliche Vernunft in ihrer »prinzipiellen Irrtumsanfälligkeit« (W. Röd) kann sich ihrer Urteile nie ganz sicher sein. Dies trifft in besonderem Maße auf die Erkenntnis von Naturgesetzen zu, die »empirische Urteile« sind (*matters of facts*). Sie liefern zwar wichtige Auskünfte über unsere Welt, sind aber trotzdem immer nur »wahrscheinlich«.

Nicht so die »Beziehungen von Begriffen« (*relations of ideas*). Diese sind wahr, sagen aber nichts über Tatsachen aus: Als Beispiel dient Hume die Mathematik: 15 ist immer die Hälfte von 30. Dies gilt absolut, im Gegensatz zu den »Beziehungen von Tatsachen« (*relation of matters of fact*), bei denen immer auch das Gegenteil möglich ist.

4. Hume ersetzt die Möglichkeit einer objektiv gültigen Erkenntnis durch die Annahme einer Art von »Glauben« (*belief*), der nicht auf religiöse Inhalte gerichtet ist, sondern der ein Glaube an die reale Wirklichkeit unserer Alltagswelt sein will, auf die es sich zu beschränken gilt. Dieser Glaube basiert auf der Nachhaltigkeit der Eindrücke, ferner auf Assoziationen und Gewohnheit.

5. Hier sind wir bei Humes berühmter Kritik der Kausalität angelangt. Obwohl wir es gewohnt sind, die Bewegung einer Billardkugel durch den Anstoß einer anderen im Sinne eines Ursache-Wirkungs-Mechanismus zu erklären, kommt diesem Vorgang nach Hume keine kausal-mechanische Notwendigkeit zu.

Man meint, durch die bloße Tätigkeit des Verstandes und ohne Erfahrung, die Wirkungen entdecken zu können. Man meint, daß wenn man plötzlich in die Welt gestellt worden wäre, man sofort hätte schliessen können, daß eine Billardkugel durch Stoß einer anderen ihre Bewegung mitteilen könne, und daß man nicht nötig gehabt, auf den Erfolg zu warten, um dies mit Sicherheit aussprechen zu können. So stark ist die Macht der Gewohnheit; gerade da, wo sie am größten ist, verdeckt sie nicht bloß unsere natürliche Unwissenheit, sondern verbirgt auch sich selbst; sie scheint nicht vorhanden zu sein, gerade weil sie im höchsten Maße besteht.

Aber die folgenden Betrachtungen werden vielleicht genügend zeigen, daß alle Naturgesetze und alle Bewegungen der Körper ohne Ausnahme lediglich durch die Erfahrung kennengelernt werden. Wenn ein Gegenstand uns gebracht wird, und wir sollen die von ihm ausgehende Wirkung angeben, ohne frühere Beobachtungen zu Rate zu ziehen, so frage ich, wie soll die Seele hierbei verfahren? Sie muß sich eine Folge ausdenken oder erfinden, welche sie der Sache als Wirkung zuschreibt, und es ist klar, daß diese Angabe nur ganz willkürlich sein kann. Die Seele kann unmöglich die Wirkung in diesem Falle ausfindig machen, selbst bei der genauesten Untersuchung und Prüfung. Denn die Wirkung ist von der Ursache ganz verschieden und kann deshalb niemals in dieser aufgefunden werden. Die Bewegung von der zweiten Billardkugel ist ein ganz anderer Vorgang, als die Bewegung in der ersten, und es ist nichts in dem Einen, was den leisesten Wink für das Andere gäbe. Ein in die Höhe gehobener Stein oder Metallklumpen fällt sofort, wenn man die Stütze wegnimmt; betrachtet man aber die Sache a priori, ist da etwas darin enthalten, was eher die Vorstellung von einer Bewegung nach unten erzeugen könnte, als nach oben oder nach der Seite?

So wie bei allen Naturvorgängen die erste Vorstellung oder Erfindung einer bestimmten Wirkung ohne Rückfrage bei einer Erfahrung willkürlich bleibt, so gilt dasselbe für das angenommene Band oder die Verknüpfung zwischen Ursache und Wirkung, welche sie zusammenbindet und es unmöglich macht, daß eine andere Wirkung aus der Wirksamkeit dieser Ursache hervorgehen kann. Wenn ich z. B. eine Billardkugel sich gerade gegen eine andere bewegen sehe, so mag mir vielleicht der Gedanke kommen, daß die Bewegung der zweiten das Ergebnis der Berührung oder des Stoßes sei; aber kann ich nicht ebenso gut hundert andere Wirkungen aus dieser Ursache voraussetzen? Könnten beide Kugeln nicht in völliger Ruhe bleiben? Kann die erste Kugel sich nicht gerade zurück bewegen oder in irgend einer Richtung

seitlich von der zweiten abspringen? Alle diese Annahmen sind möglich und denkbar. Weshalb soll man da der einen den Vorzug vor der anderen geben, die ebenso möglich und denkbar ist wie jene?
(D. Hume ›Eine Untersuchung in Betreff des menschlichen Verstandes‹, S. 31ff.)

Natürlich bestreitet Hume die Verwendungsmöglichkeit des Mechanismus von Ursache-Wirkung nicht. Was er sagt, ist: dass der oben beschriebene Vorgang mit der subjektiven, assoziativen Verknüpfung der Vorstellungen beider Bewegungen zu erklären ist, entstanden durch die Gewöhnung an wiederholte Wahrnehmungen. Dasselbe gilt auch für Naturvorgänge. Da die Erfahrung nur ein »danach« oder ein »daneben«, aber nie ein »weil« wahrnehmen kann, sind es Häufigkeit, Übung, Instinkt – und vor allem die Gewohnheit, die große Führerin des Lebens, die den Schein sinnlicher Gewissheit vermitteln.

Überall, wo die Wiederholung einer einzelnen Tat oder Handlung eine Neigung auf Wiederholung dieser Tat oder Handlung erweckt, ohne daß irgend ein Vernunftgrund dazu bestimmte, nennt man diese Neigung die Wirkung der Gewohnheit. Mit diesem Wort will ich nicht gerade die letzte Ursache für diese Neigung angegeben haben; ich bezeichne nur ein Prinzip der menschlichen Natur, was allgemein anerkannt wird, und das durch seine Wirkung wohl bekannt ist. Es ist möglich, daß man die Forschung nicht weiter treiben und die Ursache von dieser Ursache nicht ermitteln kann; daß man also damit, als dem äußersten Prinzip, sich begnügen muß, auf welches alle Erfahrungsschlüsse sich zurückführen lassen. Man kann froh sein, daß man so weit kommt, und braucht sich über die Schranken unserer Fähigkeiten nicht zu betrüben; denn sie bringen uns nicht weiter. Und sicherlich haben wir hiermit einen sehr verständlichen Satz aufgestellt, sollte er selbst unwahr sein, wenn wir behaupten, daß man in Folge der beständigen Verbindung zweier Dinge, wie Hitze und Flamme, Gewicht und Maße durch Gewohnheit, bestimmt werde, mit Eintritt des einen das andere zu erwarten. Diese Voraussetzung löst allein die Schwierigkeit, weshalb wir von tausend gleichen Fällen einen Schluß ziehen, den wir von einem nicht ziehen können, obgleich er in keiner Beziehung von jenen sich unterscheidet [...]
Die Gewohnheit ist daher der große Führer im Leben. Dieses Prinzip allein macht unsere Erfahrung uns nützlich und läßt uns in der Zukunft

einen gleichen Lauf der Ereignisse erwarten, wie in der Vergangenheit geschehen. Ohne die Kraft der Gewohnheit wären wir über alle Tatsachen unwissend, die nicht den Sinnen oder der Erinnerung gegenwärtig wären. Wir würden nie Mittel für Zwecke benutzen, noch unsere natürlichen Kräfte zur Hervorbringung einer Wirkung gebrauchen können. Alles Handeln sowohl, wie der größte Teil der Forschungen hätte ein Ende.

(D. Hume ›Eine Untersuchung in Betreff des menschlichen Verstandes‹, S. 45f.)

Trotz ihrer Originalität ist Humes »Entlarvung« der Kausalität für uns schwer nachvollziehbar. Richtig ist aber, dass Kausalität nie sinnlich erfahren werden kann.

6. Auch der Begriff der Substanz, der bei Locke immerhin noch hinter den Eigenschaften der Gegenstände angenommen wird, ist bei Hume nur ein psychologischer Begriff: Er ist eine Vorstellungsverknüpfung, die durch die Selbstbeobachtung des Verstandes zustande kommt. Dasselbe gilt für die Seele, deren Begriff ebenfalls nur aufgrund eines Bündels von Wahrnehmungen gebildet wird.

Durch die Psychologisierung der Erkenntnis stellt Hume die Realwissenschaften auf den schwankenden Boden der Wahrscheinlichkeit. Was bleibt, sind Ungewissheit und Zweifel. So kann Kant von Hume sagen, dass dieser »sein Schiff, um es in Sicherheit zu bringen, auf den Strand (des Skeptizismus) setzte, da es denn liegen und verfaulen mag« (I. Kant ›Prolegomena‹).

Was Kant natürlich nicht wissen konnte, ist, dass über 100 Jahre später die Entdeckung der Relativitäts- und Quantentheorie uns die Unmöglichkeit vor Augen führen sollte, über die Gültigkeit experimenteller Theorien mit Sicherheit entscheiden zu können. Vor allem die Forschungen von W. Heisenberg und N. Bohr ergaben, dass ein einheitliches und widerspruchsloses Verständnis von Natur unmöglich ist.

Vielleicht ist somit das Denken des Schotten Hume doch keine so große Sackgasse, wie Bertrand Russell annimmt.

4. Aufklärung

Sie beherrscht das 18. Jahrhundert mit ihrer Grundstimmung, dass aus dem Zeitalter der Dunkelheit der Gang in das Licht der Vernunft angetreten werden soll (siehe das englische Wort *enlightenment* für »Aufklärung«). Im Grunde wird in der Aufklärung nur ein weiterer konsequenter Schritt in dieselbe Richtung getan, die bereits Humanismus und Renaissance eingeschlagen und im Rationalismus und Empirismus ihren Niederschlag gefunden haben. Schlagworte hierfür sind: *Hinwendung zum Menschen* (ähnlich der *Aufklärung* bei den Sophisten in Griechenland: »Der Mensch ist das Maß aller Dinge«), *Lösung von der Bevormundung durch die Religion* und *Autonomie des Denkens hinsichtlich der aufkommenden Naturwissenschaften.* Vor allem die Entdeckungen des englischen Physikers Isaac Newton stärkten den Glauben an die Kraft der menschlichen Vernunft. Metaphysik und Religion hatten als Bannerträger der Vernunft ihre Vorrangstellung eingebüßt, an ihre Stelle traten Naturbeobachtung und Experiment. *Weltbeherrschung*, *Weltverbesserung* und *Weltbeglückung* wurden die Stichworte des neuen Fortschrittsglaubens, dessen augenfälligste Früchte der *Deismus* und der *Liberalismus* waren.

Der *Deismus* (lat. *Deus*: »Gott«) kennzeichnet die Gottesvorstellung der Aufklärung auf eine eigene Weise. Gott hat die Welt, oder besser: den Weltmechanismus, erschaffen, greift in ihn aber nicht mehr ein. Das Bild vom Uhrmacher-Gott wird charakteristisch, das *Uhrwerk* ist vollkommen und bedarf keines Eingreifens Gottes mehr in Form von Wundern, Offenbarung oder Erlösung. Religion wird zur nützlichen Moral, zum Vehikel der Weltverbesserung.

Der *Liberalismus* vertritt die essentiellen Freiheitsrechte des Menschen, die zuerst einmal von den absoluten Herrschern, den Hauptträgern der Aufklärung (außer in Frankreich), in Anspruch genommen wurden. Toleranz, Religionsfreiheit und politische Freiheit schlechthin finden ab jetzt allmählich ihren Weg in die Verfassungen der abendländischen Staaten. Auf ökonomischem Gebiet allerdings führte die Aufklärung zu einer sozialen Rücksichtslosigkeit im Namen der totalen Freiheit der Marktwirtschaft.

a. In Frankreich

Das klassische Land der Aufklärung ist nicht England, sondern Frankreich. Hier gab sie sich radikaler, ein Grund dafür dürfte der Unmut über die herrschenden Zustände nach dem Tod des Sonnenkönigs Ludwig XIV. im Jahre 1715 sein. Einer der Vorreiter der Aufklärung ist Pierre Bayle (1647–1706), der unter dem Einfluss der Engländer die Unvereinbarkeit von Vernunft und Religion vertrat. Er forderte absolute Toleranz auch gegenüber Atheisten. Sein ›Historisches und kritisches Wörterbuch‹ war ein Verzeichnis der größten Fehler und Irrtümer der Menschheit. Es wurde das bestverkaufte Buch des 18. Jahrhunderts.

Montesquieu (Charles-Louis de Sécondat, Baron de la Brède et de Montesquieu, 1689–1755) Der Staatsphilosoph aus Bordeaux gilt manchen als *Vorläufer der Französischen Revolution*, anderen als *eitler, flacher und unorigineller Modeautor.* Er trägt seine Staatslehre mit besonderem Anspruch vor, ohne dass er allerdings kenntlich macht, dass er die berühmte Theorie von der Gewaltenteilung schon in den Schriften von John Locke vorgefunden hat. Allerdings modifiziert er Lockes Teilung der Gewalten und bringt sie in die Form, die bis heute gültig ist. Im Grunde ist seine Staatslehre eine Verbindung des traditionellen Freiheitsbegriffs des französischen Ständestaates mit dem Freiheitsbegriff der Aufklärung.

Einen Tag nach seiner Geburt sprach ein Bettler im Schloss la Brède nahe Bordeaux vor und wurde sein Taufpate. Die Eltern wollten damit ein Zeichen setzen: Die Armen seien seine Brüder. Bei seiner Erziehung in einer Klosterschule standen weniger christliche Grundsätze im Vordergrund als vielmehr das Studium der Antike, besonders der römischen, der seine Liebe galt. Dem Christentum stand er, seinen Schriften zufolge, distanziert gegenüber. Von 1705 bis 1708 studierte er Jura in Bordeaux und arbeitete danach als Rechtsanwalt in Paris. 1716 bekam Montesquieu, der einen Sohn und zwei Töchter hatte, von seinem Onkel das Amt des Parlamentspräsidenten von Bordeaux übertragen, das er zehn Jahre lang ausübte. Bekanntheit erlangte er durch seine ›Persischen Briefe‹, obwohl diese 1721 anonym veröffentlicht wurden. Diese Schilderung politischer und sittlicher Zustände in Frankreich durch fiktive Briefe der beiden Perser Usbek und Rica wurde zum Modebuch der aristokratischen Gesellschaft. Seine Wahl in die Académie française wurde von König Ludwig XV. zunächst verhindert, 1728 erfolgte sie schließlich doch. Montesquieus Reisen führten ihn nach Wien, Italien, Ungarn und zuletzt nach England, wo er während eines dreijährigen Aufenthalts die entscheidenden Impulse für sein Lebenswerk bekam. Es erschien 1748, zwei Jahre, nachdem er in die Preußische Akademie der Wissenschaften in Berlin aufgenommen worden war, unter dem Titel ›Vom Geist der Gesetze‹ (*De l'esprit des lois*), umfasste 31 Bücher und wurde in alle westlichen Kultursprachen übersetzt. Vor allem das 6. Kapitel des 11. Buches begründet seinen Weltruhm bis heute. Eine zunehmende Erblindung beeinträchtigte seine Schaffenskraft in den letzten Lebensjahren. Er starb im Alter von 66 Jahren.

Montesquieu gilt als einer der *Väter der modernen Geschichtswissenschaft*. In seinem Hauptwerk ›Vom Geist der Gesetze‹ untersucht er die Grundlagen des politischen Lebens der Völker. So sieht er in der *Bürgertugend* das Fundament für republikanische Staatsverfassungen, in der *Ehre* das für monarchische und in der *Furcht* das Fundament für despotische Staatsverfassungen. Im Vergleich zu den anderen umfangreichen Themen seines Werkes ist das Kapitel über die Gewaltenteilung relativ schmal. Zu einem zentralen Kernstück wurde es erst aus späterer Sicht.

1. Hatte John Locke die exekutive *und* die richterliche Gewalt noch dem Staat zugesprochen, die gesetzgebende Gewalt hingegen dem Parlament, sprach Montesquieu die richterliche Gewalt dem Staat ab und machte sie unabhängig. Damit verhinderte er willkürliches Eingreifen und begründete die bis heute gültige Dreiteilung.

> In jedem Staat gibt es drei Arten von Gewalt: *die gesetzgebende Gewalt, die vollziehende Gewalt in Ansehung der Angelegenheiten, die vom Völkerrechte abhängen, und die vollziehende Gewalt hinsichtlich der Angelegenheiten, die vom bürgerlichen Recht abhängen.*
>
> Vermöge der ersten gibt der Fürst oder Magistrat Gesetze auf Zeit oder für immer, verbessert er die bestehenden oder hebt sie auf. Vermöge der zweiten schließt er Frieden oder führt er Krieg, schickt oder empfängt Gesandtschaften, befestigt die Sicherheit, kommt Invasionen zu-

vor. Vermöge der dritten straft er Verbrechen oder spricht das Urteil in Streitigkeiten der Privatpersonen. Ich werde diese letzte die *richterliche* Gewalt und die andere schlechthin die *vollziehende* Gewalt des Staates nennen.

Die politische Freiheit des Bürgers ist jene Ruhe des Gemüts, die aus dem Vertrauen erwächst, das ein jeder zu seiner Sicherheit hat. Damit man diese Freiheit hat, muß die Regierung so eingerichtet sein, dass ein Bürger den anderen nicht zu fürchten braucht.

Wenn in derselben Person oder der gleichen obrigkeitlichen Körperschaft die gesetzgebende Gewalt mit der vollziehenden vereinigt ist, gibt es keine Freiheit; denn es steht zu befürchten, dass derselbe Monarch oder derselbe Senat tyrannische Gesetze macht, um sie tyrannisch zu vollziehen.

Es gibt ferner keine Freiheit, wenn die richterliche Gewalt nicht von der gesetzgebenden und vollziehenden getrennt ist. Ist sie mit der gesetzgebenden Gewalt verbunden, so wäre die Macht über Leben und Freiheit der Bürger willkürlich, weil der Richter Gesetzgeber wäre. Wäre sie mit der vollziehenden Gewalt verknüpft, so würde der Richter die Macht eines Unterdrückers haben.

Alles wäre verloren, wenn derselbe Mensch oder die gleiche Körperschaft der Großen, des Adels oder des Volkes diese drei Gewalten ausüben würde: die Macht, Gesetze zu geben, die öffentlichen Beschlüsse zu vollstrecken und die Verbrechen oder die Streitsachen der einzelnen zu richten.

(Montesqieu ›Vom Geist der Gesetze‹, S. 214f.)

2. Das Wohl des Volkes als höchstes Prinzip des Staates hängt nicht von Willkür und Willen des einzelnen Herrschers ab, sondern vom Wesen der gesellschaftlichen und staatlichen Beschaffenheit als Ganzem.

3. Staatsform und Gesetze sind nicht beliebig veränderbar, sondern erwachsen aus geschichtlichen, aber auch aus örtlichen, klimatischen, sozialen und religiösen Bedingtheiten.

4. Die Freiheit des Bürgers wird nicht nur durch die Gewaltenteilung garantiert: Entscheidend ist auch die Balancierung der politischen Kräfte. So ist beispielsweise die richterliche Gewalt an keinen Stand gebunden, aber der Richter sollte dem sozialen Stand des Angeklagten angehören; der gesetzgebenden Gewalt wird das Recht auf selbstständige Einberufung sowie eigene Vertagung abgesprochen; sie besitzt kein Vetorecht im Gegensatz zu der vollziehenden Gewalt, die ein Vetorecht gegenüber den Beschlüssen der Gesetzgebung genießt.

5. Das Volk ist Souverän und Untertan, aber die volle Volkssouveränität besitzt es nicht. Es ist nicht befähigt zum richtigen Handeln, aber zur Auswahl derer, die für es handeln. Es besitzt ein aktives, aber kein uneingeschränktes passives Wahlrecht: Dies ist eingeschränkt auf bestimmte Klassen der Gesellschaft. Eine soziale Rangordnung gilt auch für die Demokratie: Die Privilegien des Adels werden nicht beeinträchtigt.

Voltaire (1694–1778) Eigentlich hieß er *François-Marie Arouet.* Selbst in den großen Philosophiegeschichten wird er nur kurz behandelt. Das hat seinen Grund: Im strengen Sinn ist Voltaire kein Philosoph. Aber als das wohl größte schriftstellerische Genie Frankreichs und als einer der brillantesten Autoren der Weltliteratur ist er die Personifikation der französischen Aufklärung schlechthin. Kaum jemals besaß ein Schriftsteller zu Lebzeiten einen solch großen Einfluss. Mit seinen Bekenntnissen zu Menschenrechten, Toleranz und seinem Glauben an die Vernunft trug er maßgeblich zur Französischen Revolution, die elf Jahre nach seinem Tod einsetzte, bei.

Seine Behauptung, der uneheliche Sohn eines Liederdichters zu sein, ist falsch und gegen seinen ungeliebten Vater gerichtet, der ein angesehener Pariser Notar war. Mit neun Jahren durchlief Voltaire am Internat des Jesuiten-Kollegs in Paris eine klassische Erziehung, die allerdings keinerlei theologische Schwerpunkte setzte. Als junger Mann führte er in den Pariser Salons das Leben eines geistreichen und witzigen Dandys. Seine erste Tragödie trug den Namen ›Œdipé‹ und wurde sofort veröffentlicht. Als provokativer Störenfried, der er zeit seines Lebens war, eckte er überall an: Ein diffamierendes Gedicht über den Regenten Philippe d'Orléans brachte ihm 1717 eine elfmonatige Haft in der Bastille ein, allerdings unter komfortablen Umständen. In dieser Zeit muss er den adeligen Namen de Voltaire angenommen haben, um sich von seiner bürgerlichen Herkunft zu distanzieren. Ein Mitglied des Adelsstandes nahm ihm das übel und ließ ihn auf offener Straße von seinen Dienern verprügeln.

Es entstand die Lebensgeschichte Heinrichs IV., des Vorgängers von Ludwig XIV. (›La Henriade‹), aber die 45-malige Aufführung seines ›Œdipé‹ war es, die seinen Ruhm steigerte, sodass selbst der einst geschmähte Regent ihm eine Pension aussetzte. Von einer weiteren Haftstrafe aufgrund einer Duellforderung wurde abgesehen, unter der Bedingung, dass er das Land verlässt. Die drei Jahre, die Voltaire von 1726 bis 1729 in England verbrachte, veranlassten ihn – zurück in Paris – zu seinen ›Briefen über die Engländer‹, in denen er die englischen Institutionen als den französischen überlegen darstellt. Trotz der erneuten Flucht, dieses Mal nach Cirey in Lothringen, und der gewagten Rückkehr nach Paris schaffte er 1746 die begehrte Aufnahme in die Académie française, nachdem er mit der Ernennung zum Königlichen Kammerherrn offiziell in den Adelsstand erhoben worden war. Zwischen 1750 und 1753 weilte er auf Einladung von Friedrich dem Großen zweieinhalb Jahre in Potsdam. Wegen verbotener Geldgeschäfte musste er Preußen verlassen und gelangte über die Schweiz nach Ferney an der Rhône, unweit von Genf. Hier betrieb er, neben einer gewaltigen Literaturproduktion, eine Seiden- und Spitzenmanufaktur, ließ Uhren herstellen und verlieh Geld gegen Zinsen. 1778 übermannte ihn das Verlangen, Paris noch einmal zu sehen. Gegen den Rat des Arztes fuhr er in die Stadt seiner Sehnsucht und wurde dort mit Ehrungen überhäuft, von König Ludwig XVI. beneidet. Wohlbegütert starb er dort 83-jährig. Christlich beigesetzt wurde der scharfe Kritiker der Kirche in der Kapelle der Abtei von Scellières. 1791 wurde sein Sarkophag feierlich in das Panthéon überführt. Das Entsetzen war groß, als sich ein halbes Jahrhundert später herausstellte, dass im Panthéon ein leerer Sarkophag ruhte. Grabräuber hatten schon vor der Überführung den Inhalt geplündert und die menschlichen Leichenreste auf einen Müllhaufen geworfen. Gehirn und Herz Voltaires waren indessen vorher dem Körper entnommen worden. Das Gehirn wurde an einen Unbekannten versteigert, das Herz an Napoleon III. verkauft. Dieser vermachte es der Bibliothèque nationale in Paris, wo es heute noch aufbewahrt wird.

Eine Philosophie Voltaires zu skizzieren, scheitert daran, dass es keine gibt. Es gibt nichts in seinen zahlreichen Werken, was nicht schon vorher gesagt worden ist. Es ist die Leidenschaftlichkeit, der Elan und die Kunst, Menschen zu fesseln, die Voltaires Bedeutung ausmachen. Weniger der Gedankeninhalt, als vielmehr sein *esprit* zeichnet sein umfangreiches Werk aus: *Esprit* verstanden als Vergnügen intellektueller Einsicht verbunden mit der Brillanz der Darbietungsweise (Ch. Helferich). Mit Voltaire habe Frankreich angefangen zu denken, meint sogar W. Durant. Gewiss eine Übertreibung, doch mit Verweischarakter.

1. In der Geschichtsschreibung bricht Voltaire mit der Tradition. In seinen ›Neuen Betrachtungen über die Geschichte‹ kritisiert er die penible Sorgfalt, mit der bislang Einzelheiten über tausende von Schlachten, Verträgen und Krönungszeremonien geschildert worden seien, und plädiert für eine Philosophie der Geschichte, die folgenden Fragen nachgeht: Ist ein Fortschritt im Verlauf der Jahre erkennbar? Wie wirkt sich die Verschiedenartigkeit von Epochen und Staaten auf die kulturelle und geistige Entwicklung aus? Welche Stufen hat der Mensch zwischen Barbarei und Zivilisation zurückgelegt? Auf diese Weise entsteht der ›Versuch über die Sitten und den Geist der Nationen‹, in England ein Werk über Karl XII. von Schweden und in Potsdam eines über das Zeitalter Ludwigs XIV.

2. Die beiden Schriften, die Voltaires Ruhm bis in die heutige Zeit nicht verblassen ließen, sind ›Candide‹ und das ›Philosophische Taschenwörterbuch‹. ›Candide‹ enthält in Romanform eine Kulturgeschichte des 18. Jahrhunderts mit all seinem Charme und seiner Frivolität und ist eine böse und beißende Satire auf Leibniz' These von unserer Welt als der besten aller möglichen Welten. Wahrscheinlich wurde Voltaires Satire angeregt von dem verheerenden Erdbeben in Lissabon 1755. In seinem ›Taschenwörterbuch‹ mit ca. 600 Artikeln schreitet er in alphabetischer Ordnung ein Thema nach dem anderen ab und brilliert mit seinem immensen Wissen. Im Grunde ist dieses Werk als ein persönlicher Gegenentwurf zu der entstehenden ›Enzyklopädie‹ von Diderot und d'Alembert zu verstehen, an der er selbst mitarbeitete.

3. Die letzten 20 Jahre seines Lebens widmete Voltaire seinem polemischen Hauptziel: der Bekämpfung des etablierten Christentums. Dabei war er bei Weitem kein antireligiöser Mensch, vielmehr galt sein Kampf dem Christentum, wie es sich vor allem in der katholischen Kirche, aber auch im calvinistischen Genf darstellte. Dieses Christentum charakterisiert er als Aberglauben. Voltaire gebührt Ruhm dafür, in einer Zeit voll von blutiger Verfolgung und Unterdrückung Andersgläubiger die Stimme der Toleranz erhoben zu haben. Tief erschüttert über zahlreiche Vorkommnisse wandelte sich seine Ironie in eine Erbitterung, die ihren Ausdruck in dem Schlagwort *Écrasez l'Infâme* (»Zerschlagt die Infamie«) fand. Seine Religion nennt er *Theismus.* Sie ist eine Vernunftreligion, die einen belohnenden und bestrafenden Gott voraussetzt. Sein berühmtestes Wort – wenn Gott nicht existierte, müsste man ihn erfinden – mutet anstößig an, ist aber ein ernstgemeintes Plädoyer für die Notwendigkeit von Religion und die Ablehnung des Atheismus.

> Unsere Religion ist ohne allen Zweifel göttlich, denn Gott selbst hat sie in unsere Herzen geschrieben, Gott, der Herr der allgemeinen Weltvernunft, der zu dem Chinesen, dem Inder, dem Tataren gesagt hat: Bete mich an und sei gerecht. […]
> Wir verdammen den Atheismus, wir verabscheuen jeden barbarischen Aberglauben, wir lieben Gott und das Menschengeschlecht; das sind unsere Glaubenssätze. […]
> Angesichts so vieler unwiderlegbarer Tatsachen fragen wir die ganze Welt, ob ein Theist jemals einen Andersgläubigen zwingen wollte, sich zum Theismus zu bekennen so göttlich dieser auch ist. Gerade weil er göttlich ist, hat er niemals irgend jemand Gewalt angetan. Hat ein Theist jemals getötet, hat er einen einzigen seiner wahnsinnigen Gegner auch nur geschlagen? Noch einmal, vergleicht und urteilt. […]
> Wir verehren einen Gott, der Freund der Menschen ist, wir haben Geduld mit allen Formen des Aberglaubens, wir achten jede Gemeinschaft, wir beleidigen keine Sekte, wir sprechen nie mit Hohn und Verachtung von Jesus, der Christus genannt wird; im Gegenteil, wir sehen in ihm einen Menschen, der sich vor den anderen durch seinen Eifer, seine Tugend und durch seine Liebe zu brüderlicher Gerechtigkeit auszeichnet; wir beklagen ihn als einen vielleicht etwas zu unbesonnenen Reformator, der das Opfer fanatischer Verfolger wurde. Wir verehren in ihm einen israelitischen Theisten, so wie wir Sokrates preisen, der ein athenischer Theist war. Sokrates betete einen Gott an und gab ihm den Namen Vater, wie sein Evangelist Platon berichtet. Jesus gab Gott stets den Namen Vater, und die Gebetsfornel, die er lehrte, beginnt mit den Worten Unser Vater, wie wir sie auch bei Platon finden.
> (Voltaire ›Kritische und satirische Schriften‹, S. 466ff.)

Exkurs: Die Enzyklopädisten

Nach Voltaire spaltete sich die französische Aufklärung in verschiedene Richtungen auf, es war die Zeit der sog. *Enzyklopädisten.* Sie beabsichtigten mit ihrer berühmten 28-bändigen ›Enzyklopädie der Wissenschaften, Künste und Gewerbe‹ (1751–1780) nicht nur ein Nachschlagewerk des gesamten Wissens der Zeit, sondern auch eine Kampfansage an den überholten Geist der Vergangenheit im Namen der Wissenschaft.

Julien Offray de LaMettrie (1709–1751) und Paul Henri Thiery d'Holbach (1723–1789) vertraten einen massiven Materialismus. Denis Diderot (1713–1784) war Atheist und gilt als der literarische Mittelpunkt der Aufklärung. Er lehnte sich an Leibniz an und sah im Universum ein belebtes aus Atomen bestehendes Wesen. Von ihm stammen über 1000 Artikel der ›Enzyklopädie‹.

Der Mathematiker Jean-Baptiste le Rond d'Alembert (1717–1783) schrieb die Einleitung, ließ aber Diderot im Stich, als staatliche Repressalien drohten. D'Alembert trat sowohl gegen kirchliche wie atheistische Fanatiker ein und mahnte zu Toleranz und Gewissensfreiheit. Das Christentum verstand er als Menschenliebe auf einer sozialen Grundlage.

Die ›Enzyklopädie‹ gilt als die geistige Großtat des 18. Jahrhunderts. Sie schlug ein wie eine Bombe. Die Monarchie in Frankreich sperrte sich gegen deren aufklärerische Gedanken, was sie schließlich mit der blutigen Revolution von 1789 bezahlen musste. Keiner der genannten Aufklärer sollte diese mehr erleben.

Jean-Jacques Rousseau (1712–1778) Er ist der egozentrischste aller Philosophen, falls man seine Gedanken überhaupt zur Philosophie rechnen mag. Er erschütterte die Vernunfthörigkeit der Aufklärung und trug damit als einer der Größten der Aufklärung gleichzeitig zu deren Überwindung bei. Die vom Zeitgeist propagierte Idee des Fortschrittes entlarvt er als Illusion und setzt an die Stelle unfruchtbarer Verstandestätigkeit das Gefühl. Wahrheit lokalisiert er nicht im Denken, sondern im Fühlen. Mit seinen Gedanken im ›Contrat social‹ lieferte er den Zündstoff für die Französische Revolution. Ludwig XVI. klagte kurz vor seiner Hinrichtung, als er die Bücher von Voltaire und Rousseau sichtete, diese beiden Männer hätten Frankreich zerstört. Ersetzt man das Wort Frankreich durch das Wort Bourbonen-Monarchie, dann hatte der unglückselige König durchaus recht.

Geboren wurde Rousseau in der unabhängigen Republik Genf, sein Vater war Uhrmacher und Tanzlehrer, seine begüterte Mutter starb im Kindbett. Mit 12 Jahren verließ er die Schule, mit 16 brach er eine Lehre ab und floh nach Savoyen, wo er Diener einer Dame wurde. In seinen »Bekenntnissen« (›Confessions‹), die von einem fast schon psychopathischen Ehrlichkeitsfanatismus geprägt sind, schildert er, dass er allein aus materiellen Gründen zum Katholizismus übertrat. (Der große Kant soll angeblich nach Lektüre der ›Bekenntnisse‹ das Rousseau-Porträt in seiner guten Stube abgehängt haben.) Nachdem seine Gönnerin starb, verbrachte er die nächsten zehn Jahre mit Madame de Warens, einer älteren Dame, die sich um Konvertiten kümmerte. Sie wurde ihm Mutter und Geliebte. Irgendwann fühlte er sich auch hier beengt und begann, als Musiker und Musiklehrer quer durch Europa zu reisen. Dadurch erlangte er vor allem in Venedig gehobenere Positionen. In Paris schloss er Freundschaft mit Diderot, für dessen ›Enzyklopädie‹ er zahlreiche Artikel über Musik schrieb. Er komponierte sogar eine Oper, die ein Erfolg wurde. Ludwig XV. war von ihr so begeistert, dass er Rousseau eine Pension anbot. Dieser lehnte ab, er wollte unabhängig bleiben. 1745 lernte er Thérèse Levasseur kennen, ein Zimmermädchen in einem Pariser Hotel, das kaum lesen und schreiben konnte. Er lebte mit ihr, obwohl er sie nie wirklich liebte, bis zu seinem Tode zusammen. Ihre fünf gemeinsamen Kinder schoben sie in ein Findelhaus ab. 1750 begann sein literarischer Durchbruch, als die Akademie von Dijon einen Preis aussetzte auf die Abhandlung der Frage »Haben die Künste und Wissenschaften dem Menschengeschlecht Segen gebracht?« Mit der Verneinung dieser Frage gewann er den ersten Preis. 1754 ging er nach Genf zurück, wo er den calvinistischen Glauben wieder annahm. Es kam zu Spannungen. Sein ›Diskurs über die Ungleichheit‹ fand nicht die Zustimmung des Rates der Stadt. Zudem kam es zwischen ihm und dem ebenfalls in der Nähe von Genf weilenden Voltaire zu intellektuell verbrämten Hassausbrüchen: Rousseau siedelte nach Montmorency bei Paris um. 1761 feierte er große Erfolge mit dem Roman ›Julie oder Die neue

Heloise‹. Die beiden Werke, die seinen Weltruhm begründen, der Erziehungsroman ›Émile‹ und der berühmte ›Contrat social‹ (»Gesellschaftsvertrag«), wurden von Ludwig XV. verboten. Es wurde sogar ein Haftbefehl gegen Rousseau erlassen. Er musste, nach einem Zwischenspiel im preußischen Fürstentum Neuenburg, wo ihm Friedrich der Große, ansonsten ihm nicht in Freundschaft zugetan, Asyl anbot, wieder aus Frankreich fliehen und fand Zuflucht in England, wo ihm David Hume Hilfe anbot. Rousseaus Verfolgungswahn nahm immer schlimmere Züge an. Obwohl Hume zu ihm hielt, floh Rousseau zurück nach Paris, wo er die letzten Lebensjahre in Armut verbrachte. Ohne ihn, meinen viele, wäre die Revolution von 1789 nicht möglich gewesen. Seine Gebeine wurden 1794 von den Revolutionären ins Panthéon überführt.

1. Auf die oben erwähnte Preisfrage der Akademie von Dijon antwortet Rousseau mit der ›Abhandlung über die Wissenschaften und Künste‹. In ihr und der folgenden Abhandlung auf die zweite Preisfrage findet sich seine zentrale These: *Das ursprüngliche Wesen des Menschen und seine Existenz in Staat und Gesellschaft stehen in Widerspruch zu einander.* Das, was allgemein als *Wert der Kultur* gilt – Künste, Literatur, Wissenschaften und Religion –, ist in Wahrheit Verfall und Degeneration. Einfalt, Unschuld und Armut, wie man sie noch bei einfachen Völkern finde, seien die eigentlichen Güter, die Glück befördern. Die Natur wird zum zentralen Schlagwort. Alle Kultur trägt nur zur Verbildung des »natürlichen Menschen« bei. Dieser wird verdeckt durch Klassen- und Standesunterschiede, ferner durch die Machtinstitutionen von Staat und Kirche. »Der Mensch ist von Natur aus gut«, formuliert Rousseau in scharfer Abgrenzung vom Engländer Hobbes. Der paradiesische Urzustand ging verloren, als zum ersten Mal jemandem einfiel, ein Grundstück einzuhegen und zu behaupten, dies sei sein. Hiermit fing die bürgerliche Gesellschaft an mit ihren Untugenden von Eigentum, Einsetzung einer Obrigkeit, Eifersucht, Hass, Neid und Rache. Während der Naturmensch nur aus sich selbst heraus lebt, lebt der Gesellschaftsmensch aus der Meinung anderer. So hat sich Kultur entwickelt, und auf die Trägerin dieser Kultur, die Gesellschaft, sind alle Ungerechtigkeiten zurückzuführen.

2. *Zurück zur Natur* hieß somit sein Schlagwort (das wörtlich aber in keiner seiner Schriften vorkommt), und prompt wurde er missverstanden. Voltaire schrieb in einem Brief an Rousseau: Er hätte nach der Lektüre seines Buches Lust, wieder auf allen Vieren zu kriechen. Voltaire stand damit nicht allein. Der Ruf *Zurück zur Natur* bedeutet aber entgegen der landläufigen Meinung nicht die Rückkehr in eine vergangene Epoche der Menschheit, sondern die Vergegenwärtigung eines ursprünglichen Gutseins, das gedacht werden muss, auch wenn dieser Naturzustand niemals existiert haben mag. Diese Sicht wird aber von Rousseau selbst verstellt, wenn man seine Meinung zum Erdbeben von Lissabon liest: Würden die Menschen nicht in mehrstöckigen Häusern wohnen, sondern verteilt in den Wäldern, würde es ihnen besser ergehen.

3. Der ›Gesellschaftsvertrag‹ ist Rousseaus reifste Leistung. Er setzt voraus, dass Menschen irgendwann nicht mehr länger in ursprünglicher Unabhängigkeit verbleiben konnten, sondern sich zusammenschlossen und eine Gesellschaft gründeten. Anfang und Ende dieser Entwicklung aber klaffen auseinander. »Der Mensch ist frei geboren, und überall liegt er in Ketten«, so der Beginn des ›Contrat social‹. Wie aber ist diese Kluft zu überwinden? Eine freie Übereinkunft ermöglicht dies, nämlich die Zustimmung aller zu einem Vertrag, der getragen ist vom Willen der Bürger, die sich unter die oberste Leitung eines gemeinsamen Willens begeben. Der eigennützige »Wille aller« (*volonté de tous*) wird somit in den »allgemeinen Willen« (*volonté générale*) integriert. Dieser ideale Gemeinschaftswille ist der eigentliche Staatswille, mit dem Volk als dem einzigen Träger der Souveränität. Der Staat wird somit nach der freiwilligen Aufgabe aller Rechte des Einzelnen zum Garant für Freiheit und bekommt ein sittliches Ziel.

> Während sich endlich jeder allen übergibt, übergibt er sich damit niemandem, und da man über jeden Gesellschaftsgenossen das nämliche Recht erwirbt, das man ihm über sich gewährt, so gewinnt man für alles, was man verliert, Ersatz und mehr Kraft, das zu bewahren, was man hat.
>
> Scheidet man also vom Gesellschaftsvertrag alles aus, was nicht zu seinem Wesen gehört, so wird man sich überzeugen, dass er sich in folgende Worte zusammenfassen lässt: ›Jeder von uns stellt gemeinschaftlich seine Person und seine ganze Kraft unter die oberste Leitung

des allgemeinen Willens, und wir nehmen jedes Mitglied als untrennbaren Teil des Ganzen auf.‹

An die Stelle der einzelnen Person jedes Vertragsschließenden setzt solcher Gesellschaftsvertrag sofort einen geistigen Gesamtkörper, dessen Mitglieder aus sämtlichen Stimmabgebenden bestehen, und der durch ebendiesen Akt seine Einheit, sein gemeinsames Ich, sein Leben und seinen Willen erhält. Diese öffentliche Person, die sich auf solche Weise aus der Vereinigung aller übrigen bildet, wurde ehemals Stadt genannt und heißt jetzt Republik oder Staatskörper. Im passiven Zustand wird er von seinen Mitgliedern Staat, im aktiven Zustand Oberhaupt, im Vergleich mit anderen seiner Art Macht genannt. Die Gesellschaftsgenossen führen als Gesamtheit den Namen Volk und nennen sich einzeln als Teilhaber der höchsten Gewalt Staatsbürger und im Hinblick auf den Gehorsam, den sie den Staatsgesetzen schuldig sind, Untertanen.

(J.-J. Rousseau ›Der Gesellschaftsvertrag‹, S. 18f.)

Das ist ein nicht unproblematischer Gedanke von Freiheit, bedenkt man, dass Freiheit auch den Zwang zum Gehorsam gegenüber dem Gemeinschaftswillen einschließt. Ein weiteres Problem ergibt sich aus der Frage, wie das Volk als Souverän repräsentiert ist. Als öffentliche Person ist es keineswegs identisch mit der Regierung. Dies führte dazu, dass sich sowohl demokratische, monarchistische als auch revolutionär-tyrannische Herrschaftsformen als Verkörperung dieses Souveräns betrachten konnten und dies unter Berufung auf Rousseau auch wirklich taten.

Gewinnt man diesem quasi metaphysischen Konstrukt des idealen Gemeinschaftswillens eine negative Seite ab, wird man die völlige Preisgabe von Freiheit und die Ablehnung der Menschenrechte beklagen müssen (B. Russell). Will man dem Freiheitsbegriff eine positive Seite abgewinnen, wird man eine neue Dimension entdecken: das Wozu der Freiheit, die jede Willkür abstreift und sich an ein Gesetz bindet (W. Weischedel).

4. Die Erziehungstheorie des Mannes, der seine fünf Kinder ins Waisenhaus abschob, wurde Vorbild für viele Generationen. Die paradiesische Unschuld des Urzustandes wird auch für die Pädagogik grundlegend. Der ›Émile‹ ist eine Mischung aus Roman und pädagogischer Unterweisung und umfasst über 500 Seiten. Geschildert wird darin die Erziehung eines fiktiven Menschen. Der Grundgedanke Rousseaus, dass die Gesellschaft schädliche Einflüsse habe, ist auch hier sichtbar:

> Alles ist gut, wie es aus den Händen des Schöpfers kommt; alles entartet unter den Händen des Menschen [...] Unter den heutigen Verhältnissen wäre ein Mensch, den man von der Geburt an sich selbst überließe, völlig verbildet. Vorurteile, Macht, Notwendigkeit, Beispiel und alle gesellschaftlichen Einrichtungen, unter denen wir leben müssen, würden die Natur in ihm ersticken, ohne etwas anderes an ihre Stelle zu setzen. Sie gliche einem Baum, der mitten im Wege steht und verkommt, weil ihn die Vorübergehenden von allen Seiten stoßen und nach allen Richtungen biegen.
> (J.-J. Rousseau ›Emile‹, S. 9)

Daneben werden Ratschläge über Wickeln, Nähren, Stillen, Nahrung der Amme, Waschen usw. erteilt. Das heranwachsende Kind bedarf anfangs einer »negativen Erziehung«, die im Fernhalten des Kindes von Wissen, Büchern und moralischen Prinzipien besteht. Erst später werden Gut und Böse erfahren und für ein eigenes verantwortliches Handeln verarbeitet.

Trotz der krassen Diskrepanz zwischen der theoretischen und praktischen Erziehungsmaxime Rousseaus sollte nicht vergessen werden, dass hier zum ersten Mal in der neueren Geschichte der Pädagogik die Forderung laut wurde, einen jungen Menschen gemäß seinen Möglichkeiten und Anlagen zu erziehen und ihm nicht ein von außen kommendes erzieherisches Ideal überzustülpen.

5. Rousseaus Stellung gegenüber der Religion wird innerhalb des 4. Buches des ›Émile‹ unter dem Kapitel »Glaubensbekenntnis des savoyischen Vikars« abgehandelt. Abgelehnt werden sowohl der schroffe Atheismus eines Diderot als auch der dogmatisch vermittelte Offenbarungsglaube der Kirchen. Der savoyische Vikar vertritt eine Religion des Herzens. Gott ist nicht Gegenstand des Verstandes, sondern des Gefühls und des Herzens. Für die Existenz von Gut und Böse gibt es eine untrügliche und eingeborene Instanz, das Gewissen. Es ist für die Seele das, was der Instinkt für das Tier ist. Es ist göttlicher Instinkt, die unsterbliche himmlische Stimme Gottes. Dass das Gewissen hingegen ein Produkt unterschiedlicher Sozialisations- und Zivilisationsformen ist und dabei auch unterschiedlich reagiert, hat Rousseau nicht berücksichtigt.

Vieles hat man Rousseau vorgeworfen: seine mitunter anstößige Lebensführung, seinen künstlichen Naturbegriff und den schriftstellerischen Elan, der auf Kosten denkerischer Exaktheit ging. Aber eines kann man ihm nicht absprechen: dass er Frankreich mitten ins Herz traf und somit den Geist der Revolution mit heraufbeschworen hat. Die neue Verfassung der Revolutionäre war vom Geist seines ›Contrat social‹ durchwirkt. Daneben sind die Nachwirkungen, vor allem auf die deutsche Aufklärung, immens. Seine Gefühlsleidenschaft befruchtete die Epochen des Sturm und Drang und der Romantik. Goethe, Schiller und der junge Kant gehörten zu seinen Bewunderern. Friedrich Nietzsche profitierte trotz böser Worte über ihn von Rousseaus Kulturkritik, und auch die sozialistischen Utopien eines Karl Marx sogen Rousseaus Gesellschaftskritik begierig auf: Der Einzelne wird auf Kosten der Gesellschaft in seiner Verantwortlichkeit entlastet.

b. In Deutschland

Die deutsche Aufklärung beginnt mit Leibniz und endet mit Kant. Sie war weniger radikal als in Frankreich, vor allem in religiösen Fragen. Die Aufklärung in Deutschland sei »hausbacken« und »provinziell gestrickt« gewesen, ist oft zu lesen. Das ist nicht falsch, bedarf aber einer Klärung des geschichtlichen Hintergrunds. Das 18. Jahrhundert kannte kein Deutschland, sondern nur ein Konglomerat aus 300 Fürstentümern und mehr als 1000 anderen Teilterritorien des dahinsiechenden Heiligen Römischen Reiches deutscher Nation. Das bürgerliche Bewusstsein war im Entstehen begriffen und oft in seinem Bestreben nach Befreiung von obrigkeitlicher und theologischer Bevormundung durch Zensur und ängstliche Selbstzensur eingeschränkt. Hinzu kam das Sprachproblem. An den Universitäten wurde hauptsächlich auf Latein, aber auch auf Französisch gelehrt, weil das durch die Luther-Bibel geschaffene Einheitsdeutsch noch nicht als Sprache der Wissenschaft anerkannt war.

So markiert das Jahr 1687 in Leipzig einen bedeutsamen Einschnitt: Der Rechtsgelehrte Christian Thomasius (1655–1728) betrat nicht nur zum Entsetzen seiner Kollegen das Katheder mit Federhut und Degen, sondern überraschte sie mit seiner ersten Vorlesung in deutscher Sprache. Damit wurde den aufklärerischen Gedanken der Weg in bürgerliche Kreise geebnet. Mit der Vernunft als Leitschnur befreite Thomasius die Philosophie von aristotelischem und scholastischem Ballast.

Zum *Fürsten der deutschen Aufklärung* wurde Christian Wolff (1679–1754). Aus Halle vertrieben, wurde er von Friedrich dem Großen 1740 aus Marburg wieder zurückgeholt. Das allgemeine Urteil über ihn, der sich stark an die Philosophie von Leibniz anlehnte und diese populär machte, ist nicht gerade schmeichelhaft: Unoriginell, pedantisch und langweilig seien seine Bücher. Dem entgegen steht allerdings der Zulauf, den die Schule der Wolffianer an deutschen Hochschulen erlebte. Sein bleibendes Verdienst aber war die Schaffung einer einheitlichen philosophischen Terminologie auf Deutsch. Seine Begriffe bildeten das Handwerkszeug für spätere Generationen, vor allem für Kant, der ihn als den *Urheber des Geistes der Gründlichkeit* lobte.

Dass die Aufklärung in Deutschland nicht zu revolutionären Neuerungen führte, mag man zum Teil auch dem Preußenkönig Friedrich dem Großen (1712–1786) zugute halten. Der *Philosoph von Sanssouci*, gedanklich zunächst von Wolff und Leibniz geprägt, stand in engem Kontakt mit Voltaire und Rousseau. Er vertrat einen aufgeklärten Absolutismus, der neben unbedingter Pflichterfüllung auch eine hochherzige Toleranz gerade in religiöser Hinsicht forderte.

Das literarische Zentrum der deutschen Aufklärung war ohne Zweifel Gotthold Ephraim Lessing (1729–1781), der sich als wohl erster Schriftsteller 1748 entschloss, nur noch von seinen literarischen Erzeugnissen zu leben. In seiner Bibliothekarszeit (wie Leibniz in Wolfenbüttel) brachte er unter dem Titel ›Woffenbütteler Fragmente‹ anonym eine Schrift des Hamburger Orientalisten Hermann Samuel Reimarus (1694–1768) heraus, der Wunder und Offenbarung als eine für Gott unwürdige Annahme betrachtete: Sie seien für die Vernunft, die doch nach kausalmechanistischen Maßstäben arbeite, nicht hinnehmbar.

Ganz so radikal sah das Lessing nicht. Für ihn entscheidet zwar die Vernunft über den Inhalt von Religion; dem die Vernunft Übersteigenden wird indes ein symbolischer Gehalt zugesprochen. Religionen können nie Endgültigkeit für sich beanspruchen. In Gestalt großer religiöser Vorbilder erziehe Gott den Menschen, so der Tenor in seiner Schrift ›Erziehung des Menschengeschlechts‹ von 1780. Am bekanntesten dürfte die Ringparabel in ›Nathan der Weise‹ sein: In jeder der drei monotheistischen Religionen sei Gottes Offenbarung sichtbar. Für den Menschen gebe es keine Wahrheit, nur das Streben nach Wahrheit (»Das Erwerben der Wahrheit ist wichtiger als ihr Besitz.«). Darin liege seine Würde und Unsterblichkeit. Angesichts des immer noch aufflammenden fanatischen Hasses zwischen den Religionen und der damit verbundenen Folgen ist sein Aufruf zu Toleranz gerade auf religiösem Gebiet heute noch aktuell.

Am Ende der Aufklärung steht Kant, der jedoch gleichzeitig die neue philosophische Epoche des Idealismus in Deutschland initiierte. Kants Definition von *Aufklärung* ist berühmt geworden:

> Aufklärung ist der Ausgang des Menschen aus seiner selbst verschuldeten Unmündigkeit. Unmündigkeit ist das Unvermögen, sich seines Verstandes ohne Leitung eines anderen zu bedienen [...] *Sapere aude!* Habe Mut, dich deines eigenen Verstandes zu bedienen! ist also der Wahlspruch der Aufklärung.
> (I. Kant ›Beantwortung der Frage: Was ist Aufklärung?‹)

Weniger bekannt ist allerdings Kants Beschränkung der Freiheit des Verstandes auf den öffentlichen Bereich, auf den Gelehrten, im Anschluss an dieses Zitat. Der Privatgebrauch der Freiheit dürfe »öfters sehr enge eingeschränkt sein«. Ein Offizier müsse beispielsweise gehorchen, ein Gelehrter dürfe jedoch über »die Fehler im Kriegsdienste Anmerkungen machen« (I. Kant ›Beantwortung der Frage: Was ist Aufklärung?‹).

5. Der Idealismus

Das Wort stammt aus dem Griechischen: *idein*: »sehen«; *eidos*: »das Bild«. Trotz der sinnlichen Grundbedeutung ist damit schon sehr früh etwas gemeint, was über das sinnliche Sehen und das äußere Bild hinausgeht, nämlich das, was Bild und Sehen zugrunde liegt, ähnlich unserem Wort *Ideal*, das auch nicht bei Äußerlichkeiten haltmacht. Für den griechischen Philosophen Platon war das *Bild* ein geistiges Urbild, eine *Idee*, und alle handfesten Wirklichkeiten dieser Welt waren nur Abbilder, nur verkörperlichte Abziehbilder des Urbildes, der *Idee*.

Die klassische Form des Idealismus beinhaltet, dass die Gegenstände der Welt hauptsächlich als Vorstellungen eines Subjekts existieren; diese Sicht beherrschte im Großen und Ganzen als *Metaphysik* fast die gesamte herkömmliche Philosophie des Abendlandes, die einen einheitlichen Grund für alles Sein gefunden hatte: das Geistige, das Ideelle, das der Welt zugrunde liegt. In der Zeit zwischen Descartes und Hegel ist eine gewisse Bedeutungsverschiebung festzustellen, da im Zuge der Aufklärung die Idee nicht mehr als Teil des imaginären Reiches der Ideen (und später: von Gott) gesehen wird. Sie wird jetzt als »Vorstellung« und »Begriff« gedeutet, als eine Art »Repräsentanz der Dinge der Welt im Bewusstsein des Menschen«. Die übliche Einteilung des Idealismus sieht

in Kant den Vertreter des *kritischen* oder *transzendentalen*,
in Fichte den Vertreter des *subjektiven*,
in Schelling den Vertreter des *objektiven*,
in Hegel den Vertreter des *absoluten* Idealismus.

(Die Einteilung des neuzeitlichen Idealismus variiert erheblich. In manchen Lehrbüchern wird Kant nicht als Vertreter, sondern als Überwinder des Idealismus genannt, da er mit der Annahme eines »Ding an sich« davon ausging, dass es ohne die Voraussetzung der Existenz materieller Dinge kein Bewusstsein von uns selbst gebe. Die Kant folgenden Denker werden dann dem sog. *Deutschen Idealismus* zugerechnet, einmal mit und ein andermal ohne Hegel.)

In allen diesen Systemen herrscht jedoch die Grundüberzeugung des Idealismus, dass alle Wirklichkeit ein System von Erkenntnissen des Bewusstseins sei.

Es ist durchaus nicht abwegig, dass der Idealismus streckenweise eine Antwort war auf das Aufkommen und den unaufhaltsamen Siegeszug der Naturwissenschaften, in denen die Erfahrung an die erste Stelle rückte und unter dem Schlagwort des *Empirismus* die höchsten Weihen menschlicher Erkenntnis bekam.

Dagegen wehrten sich die oben genannten Vertreter des Idealismus. Sie sahen eine neue geistige Wirklichkeit anbrechen. Der Geist hat sich nicht mehr in die Gesetzlichkeiten der Natur einzufügen, sondern reißt sich von den Grundlagen der Natur los. Es wird ihm eine neue Mächtigkeit zugeschrieben, die in der Lage ist, die Welt zu gestalten. Dass dieser Anspruch in die Zeit der Sturm-und-Drang-Epoche fällt, passt nur allzu gut. Verbunden mit diesem Anspruch ist es das große Anliegen des Idealismus, die traditionellen abendländischen Werte – Wahrheit, Sittlichkeit und Religion – zu retten.

Am Anfang aber steht der Name eines Philosophen, dessen Ruhm und Nachruhm alles Bisherige in den Schatten stellen soll: Immanuel Kant.

Immanuel Kant

Immanuel Kant (1724–1804) Der deutsche Philosoph Karl Jaspers zählt ihn neben Platon und Augustinus zu den drei größten Denkern unserer Erde. Das ist sicher nicht falsch, wenn man wie der Autor überzeugt ist, dass es nur eine Philosophie vor Kant und eine nach Kant gibt; aus diesem Grund soll ihm auch mehr Raum zugebilligt werden. Kant hat das abendländische Denken revolutioniert, indem er wie kein anderer vor ihm das Denken und dessen Bedingungen thematisiert hat. Kein philosophischer Entwurf kann heute achtlos an Kant vorbeigehen.

Geboren ist er in Königsberg, der Stadt, die er, abgesehen von 9 Jahren Hauslehrertätigkeit im 120 km entfernten Insterburg und Arnsdorf, nie mehr verlassen sollte. Sein Vater Johann Georg Kant war ein armer Sattlermeister aus der Vorstadt. Immanuel Kant sollte, obwohl selbst von schwacher Gesundheit, alle seine Geschwister, bis auf eine Schwester, überleben. Mit 16 ging er an die Königsberger Universität und studierte Mathematik, Theologie und Naturwissenschaft, bis er bei seiner geliebten Philosophie landete. Mit 31 wurde er promoviert, im selben Jahr habilitiert. Es begannen seine Hungerjahre als Privatdozent. Trotz leiser Stimme und häufiger Versprecher beim Reden war der Zulauf zu seinen Vorlesungen ungebrochen. Heiraten sollte er nie, sein Tagesablauf glich ab der Mitte seines Lebens einem minutiös ablaufenden Uhrwerk. Zweimal bewarb er sich um einen eigenen Lehrstuhl, ohne Erfolg. Mit 40 bekam er – ein Wink von Friedrich dem Großen aus Berlin ist in der Tat erfolgt – den Lehrstuhl für Dichtkunst angeboten. Er lehnte ab – und wurde Hilfsbibliothekar. Die Universitäten von Erlangen und Jena wollten ihn als Professor. Kant lehnte wiederum ab und wartete, mit Erfolg: Mit 46 Jahren bekam er den Philosophie-Lehrstuhl in Königsberg angeboten und damit die ersehnte Lebensstellung. Elf Jahre wurde es still um ihn, nur seine Studenten hörten von ihm. In dieser Zeit wurde sie geboren, die große ›Kritik der reinen Vernunft‹. Aber – sie wurde überhaupt nicht zur Kenntnis genommen. Erst mit der 2. Auflage von 1787 begann ihr Siegeszug.

Es sind 69 Veröffentlichungen Kants überliefert. Die wichtigsten sind die berühmten drei ›Kritiken‹ und die für Kants Ethik bedeutsame Grundlegungsschrift.

Die 1793 erschienene Schrift ›Die Religion innerhalb der Grenzen der bloßen Vernunft‹ brachte Kant auf Kollisionskurs mit dem preußischen Thron. Darauf saß der geistig stumpfe, aber frömmelnde Preußenkönig Friedrich Wilhelm II., der Nachfolger Friedrichs des Großen.

I. Kritik der reinen Vernunft*

In der »Vorrede« zur 1. Auflage gibt Kant an, worum es ihm geht. Es geht ihm um Fragen der Metaphysik, welche die Vernunft nicht beantworten kann. Zuvor aber eine Klärung, was *Metaphysik* (die klassische Grundform abendländischer Philosophie) überhaupt ist.

Anhand von drei Beispielen soll diese Klärung erfolgen: Der Mond ist eine Kugel, der Ofen ist warm, der Hund ist bissig. Alle

* Eine ausführliche Abhandlung von Kants ›Kritik der reinen Vernunft‹ findet sich in: Ralf Ludwig ›Kant für Anfänger. Die Kritik der reinen Vernunft‹. München 2011.

diese Dinge »sind«, und was »ist«, können wir *Seiendes* nennen. Zu all dem Seienden verhalten wir uns, selbst zu Kugeln oder Mondschein. Aber kommt dem vielen »ist«, »sind« oder der Vielzahl des Seins nicht auch ein »Sein« zu? Gibt es ein Sein, das der Grund des vielen Seienden ist? Wenn es schon in der Natur Gesetzmäßigkeiten gibt, wie Schwerkraft, Fallgeschwindigkeit usw., warum nicht auch im Sein?

Beeinflusst war Kant lange vom *Rationalismus*, der den Aussagen der Vernunft den Vorrang gegenüber den Erkenntnissen der Sinneserfahrung gab. Diese Auffassung versuchte er mit dem Anliegen des *Empirismus* zu versöhnen, der von den Naturwissenschaften fasziniert war und allein die Erfahrung als Quelle und Grenze allen Erkennens ansah; schon John Locke hatte behauptet, nichts sei im Verstand, was nicht zuvor in den Sinnen gewesen wäre.

In der »Vorrede« zur 2. Auflage 1787 (zitiert mit B) erläutert Kant seine Entdeckung, die er *Revolution in der Denkart* nennt. In die Geschichte der Philosophie ist sie als *Kopernikanische Wende* eingegangen. Vor Kant ging es der Philosophie darum, Gegenstände, ja selbst Jenseitiges erkennend in den Griff zu bekommen. Jetzt aber geht es Kant darum, wie es zu dieser Erkenntnis kommt, was überhaupt die Bedingungen dafür sind, Gegenstände erfahren und erkennen zu können.

Deshalb nennt Kant seine Philosophie *Transzendentalphilosophie*. Das lateinische *transcendere* heißt »hinüberschreiten, eine Grenze überschreiten«. Die Grenze wird aber nicht nach vorne in die Jenseitigkeit überschritten, wie bei dem Wort *tranzendent*, sondern rückwärts: Was geht aller Erkenntnis voraus, was sind die *Bedingungen der Möglichkeit aller Erkenntnis*?

Was auch immer ein Gegenstand der Wirklichkeit ist, wie er *an sich* ist, werden wir nie in Erfahrung bringen. Das *Ding an sich* kann der Mensch weder mit seinen Sinnen noch mit seiner Vernunft angemessen begreifen. Wir können nur so davon sprechen, wie es uns jeweils erscheint, oder in Kants Sprache: wie die Dinge vom Verstand zur Erscheinung gebracht werden.

In der »Einleitung« führt Kant noch zwei Begriffspaare ein, die für das Verständnis seines Anliegens unerlässlich sind.

a) *Empirische Erkenntnisse* und *Erkenntnisse a priori*
b) *Analytische Urteile* und *synthetische Urteile*.

Zu a.:
Unabweisbar ist die Tatsache, dass alle Erkenntnis mit der Erfahrung anfängt. »Erfahrung« heißt *empeiria*, deshalb heißt »Erkenntnis, die sich auf Erfahrung gründet«, *empirische Erkenntnis.*

Erkenntnisse *a priori* (»von vornherein«) sind nur dann apriorische, wenn sie von jeder Erfahrung absehen. Für den Fall, dass dies nicht geschieht, gebraucht Kant das Wort *a posteriori*, d. h. die Erkenntnis wird »nach« (lat. *post*) einer möglichen Erfahrung gewonnen. Kant nennt die Merkmale einer Erkenntnis a priori:

Sie darf keine bloß empirische Allgemeinheit haben, dies wäre nur eine »willkürliche Steigerung ihrer Gültigkeit«, sondern eine strenge Allgemeinheit. Streng heißt, nicht von einem anderen Urteil abgeleitet zu sein und Notwendigkeit zu besitzen.

Zu b.:
Hier geht es um das Verhältnis eines Subjekts zum Prädikat.

- *Analytisches (zergliederndes) Urteil:* Der Schimmel ist ein weißes Pferd, die Prädikate *weiß* und *Pferd* sind im Subjekt *Schimmel* enthalten. Alle analytischen Urteile gelten aber zugleich auch als apriorische Urteile, weil sie allgemein und mit strenger Notwendigkeit gelten.
- *Synthetisches (zusammengesetztes) Urteil*: Es ist ein aus mehreren Aussagen bestehendes Urteil. Beispiel: »Meine Nachbarin ist eine Blondine.« Das Prädikat *Blondine* geht weder allgemein noch notwendig aus dem Begriff *Nachbarin* hervor.

Es ergibt sich dabei ein nicht geringes Problem: Ein analytisches Urteil bringt meinen Kenntnisstand nicht weiter. Es ist zwar wichtig, aber es verdeutlicht lediglich manche Begriffe. Hingegen trägt ein synthetisches Urteil zu einer wirklichen Erweiterung meiner Kenntnis bei; das Problem hierbei aber ist, dass es allein auf Erfahrungen angewiesen ist.

Dieses Dilemma veranlasst Kant zu fragen, ob es ein Urteil gibt, das meine Erkenntnis wirklich erweitert und dazu noch allgemein und notwendig gilt.

Kant beantwortet diese Frage mit einem *Ja.* Er begründet dies mit Beispielen aus anderen Wissenschaften:

– In der *Mathematik* gilt der Satz *7 + 5 = 12* als apriorisch richtig, da das Ergebnis allgemeingültig und notwendig ist; der Satz ist aber kein rein analytischer Satz, da in der Zahl *12* nicht unbedingt die Zahlen *5* und *7* als Bestandteile enthalten sind, es könnten genauso gut *4* und *8* darin stecken. Daher ist der Satz auch synthetischer Natur.

– In der *Geometrie* gilt ähnliches für den Satz: *Zwischen zwei Punkten ist die kürzeste Linie die Gerade.* Das Wort *Gerade* enthält nicht analytisch die Begriffe *Punkte* oder *kurz*, deshalb ist auch dies ein synthetischer Satz a priori.

Nach diesen Klärungen gliedert Kant sein Werk in zwei Hauptteile und behandelt in der »transzendentalen Elementarlehre«

A. die transzendentale Ästhetik (die Theorie von der sinnlichen Wahrnehmung), und
B. die transzendentale Logik (die Theorie des Denkens). Diese ist wiederum gegliedert in:
   1. die transzendentale Analytik (Thema: Verstand) und
   2. die transzendentale Dialektik (Thema: Vernunft).

A. Die transzendentale Ästhetik

Ihr geht es um die Bedingungen dafür, etwas wahrnehmen zu können (griech. *aisthēsis*: »Wahrnehmung«). Kant spricht von einem doppelten Erkenntnisvermögen des Menschen. Der Verstand ist auf die Sinnlichkeit angewiesen, und umgekehrt bringt die Sinnlichkeit ohne den Verstand keine richtige Erkenntnis zustande. Im Originaltext heißt es: »Gedanken ohne Inhalt sind leer, Anschauungen ohne Begriffe sind blind.« (B 75)

- *Gedanken ohne Inhalt sind leer*:
  (oder: Der Verstand ist auf die Sinnlichkeit angewiesen.) Beispiel:
  Höre ich den Ausdruck *sobaka*, entsteht kein Bild in meiner Vorstellung. Erst der Hinweis, dass dies das russische Wort für »Hund« sei, führt zum Begriff eines Hundes.
- *Anschauungen ohne Begriffe sind blind*:
  (oder: Die Sinnlichkeit ist auf den Verstand angewiesen.)
  Sehe ich ein mir völlig unbekanntes Objekt, ist dies eine »blinde Anschauung«, wie Kant sagt. Erst wenn mein Verstand die Begriffe *Science/Fiction/Film* verarbeitet, ist meine Erkenntnis auf den richtigen Weg gebracht.

Was aber sind die Bedingungen für die Anschauungen? Für die Antwort isoliert er die Sinnlichkeit, indem er sowohl die Begriffe als auch alle Empfindungen abzieht. Übrig bleiben zwei Prinzipien unserer Erkenntnis, die nicht abgezogen werden können. Er nennt sie die *reinen Formen sinnlicher Anschauung*: den Raum und die Zeit.

- *Der Raum*: Er ist kein empirischer Begriff, da ich zwar das Wohnzimmer, die Küche oder den Wald, in dem ich gerade bin, als Begriff der Erfahrung abziehen kann, nicht aber die Tatsache, dass ich mich zu jeder Zeit notwendigerweise in einem Raum aufhalte.
- *Die Zeit*: Hier gilt dasselbe. Ich kann jede Zeitangabe einer Erfahrung verlegen, umändern oder vergessen, aber ich kann keinem Ereignis eine Zeitfolge absprechen.

B. Die transzendentale Logik

Sie befasst sich mit den Gesetzen des formalen Denkens, die Kant in drei Schritten abhandelt.

1. Die transzendentale Analytik

1.1 Die Analytik der Begriffe

Was Kant von der sinnlichen Wahrnehmung fordert, verlangt er auch vom Denken. Genauso wie das Gewühl von Sinnesempfindungen nach zugrunde liegenden apriorischen Prinzipien durchforstet wurde, wird nun das Denken durchsucht. Bei dieser Durchsuchung soll gefragt werden, ob es nicht Denkformen gibt, die vier Voraussetzungen erfüllen:

Sie dürfen nicht von der Erfahrung abhängen,
sie dürfen nicht zur Sinnlichkeit gehören,
sie dürfen nicht abgeleitet oder zusammengesetzt sein und
sie müssen in einer vollständigen Zusammenstellung, bei Kant: in einer *Tafel*, erfasst werden können.

Die Entdeckung dieser apriorischen Denkformen gelingt Kant auf dem Umweg über das Urteil. Verstehen heißt Urteilen, und Urteilen kann nur durch Begriffe geschehen.

> Wir können aber alle Handlungen des Verstandes auf Urteile zurückführen, so daß der *Verstand* überhaupt als ein Vermögen zu urteilen vorgestellt werden kann. Denn er ist nach dem obigen ein Vermögen

> zu denken. Denken ist d[ie] Erkenntnis durch Begriffe. Begriffe aber beziehen sich, als Prädikate möglicher Urteile, auf irgendein eine Vorstellung von einem noch unbestimmten Gegenstande. So bedeutet der Begriff des Körpers etwas, z. B. Metall, was durch jenen Begriff erkannt werden kann. Er ist also nur dadurch Begriff, daß unter ihm andere Vorstellungen enthalten sind, vermittelst deren er sich auf Gegenstände beziehen kann. *Es* ist also das Prädikat zu einem möglichen Urteile, z. B. ein jedes Metall ist ein Körper. Die Funktionen des Verstandes können also insgesamt gefunden werden, wenn man die Funktionen der Einheit in den Urteilen vollständig darstellen kann. (B 94)

Urteile müssen geordnet und zu einer Einheit gebündelt werden. Diese Tätigkeit des Verstandes erfolgt durch Denkformen, um die es gleich gehen wird. *Den zu findenden Denkformen kommt eine einheitsstiftende Funktion zu.* Ohne diese Einheitsfunktion des Verstandes wäre alles Urteilen wirr und zusammenhanglos.

Die Ordnungsfaktoren, die Kant bei dieser verknüpfenden (urteilenden) Tätigkeit des Verstandes finden wird, nennt er *transzendentale Grundbegriffe* oder (hier übernimmt er einen Begriff von Aristoteles) *Kategorien.*

Von diesen gefundenen Urteilsformen leitet Kant (analog zu der *Urteilstafel*) die *Kategorientafel* ab, die jeweils noch in drei Unterkategorien gegliedert ist:

Quantität (Einheit – Vielheit – Allheit)
Qualität (Realität – Negation – Limitation)
Relation (Inhärenz und Subsistenz – Kausalität – Gemeinschaft)
Modalität (Möglichkeit und Unmöglichkeit – Dasein und Nichtsein – Notwendigkeit und Zufälligkeit)

1.2 Die transzendentale Deduktion

Bei der Erkenntnis eines Gegenstandes hat der Mensch qua Vernunft zwar die Wahrnehmung, reine Begriffe und Kategorien zur Verfügung, erkennen kann er aber nur ein Ding in seiner Anschauung, nie das *Ding an sich*, es ist für ihn unbegreiflich und unverfügbar. Jetzt fragt Kant: *Wie kann sich etwas, das jenseits von Verfügbarkeit und Begreiflichkeit ist, auf mich beziehen und umgekehrt?*

Die Antwort erschließt sich über Kants Kategorienlehre, die eine wichtige Weichenstellung verlangt. *Gibt es die Kategorien, weil es die*

Gegenstände gibt, oder gibt es die Gegenstände, weil es die Kategorien gibt?

Hier ist der Ort der Kopernikanischen Wende, die in der transzendentalen Deduktion ihren eigentlichen Platz hat.

Kant zufolge lautet die richtige Antwort: »Es gibt Gegenstände, weil es die Kategorien gibt.« Aber: Eine Kategorie produziert nicht das Ding, sondern die *Anschauung* des Dinges.

Deutlich wird dies am Beispiel der Kategorie der Kausalität (Teil der Kategorie der Relation). Kant fragt: Wie kann Kausalität als »subjektive Bedingung des Denkens [...] objektive Gültigkeit haben«? (B 122) Aus der Beobachtung bestimmter Regelmäßigkeiten von Erscheinungen kann man diese Gültigkeit wohl nicht ableiten, das wäre – wie Kant sagt – ein »bloßes Hirngespinst«.

Das bekannteste Beispiel ist: »Die Butter auf dem Tisch schmilzt, weil die Sonne scheint.« Unsere Sinne nehmen die Sonne wahr, den Tisch und die Verflüssigung der Butter, nicht aber das *weil*, also nicht das Kausalprinzip zwischen Sonne und Schmelzen. *Das Kausalprinzip stammt aus dem Verstand und gilt doch notwendig und allgemein für alle Erfahrung.* Wie kommt dies zustande? Die Antwort findet sich in der neuen Denkart, der *Kopernikanischen Wende*:

Der Verstand prägt wie ein Stempel die Kategorie der Kausalität in das Rohmaterial der sinnlichen Wahrnehmung hinein und findet sie in der Wahrnehmung wieder.

1.3 Die transzendentale Apperzeption

Jetzt muss noch ein weiterer Schritt vorgeschaltet werden, den Kant die *transzendentale Apperzeption* (lat.: »Hinzuwahrnehmung«) nennt. Es ist die Möglichkeit des Denkens, die alle Akte meines Bewusstseins begleitet: Es ist das immer vorgeschaltete »Ich denke«.

Das subjektive »Ich denke«, oder genauer: das notwendige subjektive »Ich denke«, ist die objektive Bedingung für das Erkennen von Gegenständen.

Denn das erkannte Objekt ist nichts anderes als das Produkt der einigenden Tätigkeit des *Ich denke*, das sich der reinen Denkformen, der Kategorien, bedient, ja sogar ihnen noch vorgeschaltet ist.

1.4 Das transzendentale Schema

Woher aber weiß der Verstand, welche der 4 × 3 Kategorien er anwenden soll, um das Rohmaterial der ungeordneten Sinneseindrücke zu ordnen? Die Bedingung, unter der die Kategorien auf sinnliche Eindrücke angewendet werden können, nennt Kant das *transzendentale Schema*, eine Art Kupplungsstück zwischen Wahrnehmung und Denken (griech. *schēma*: »Form, Gestalt«).

Die Frage, wie ein transzendentales Schema als reiner Begriff zugleich auch sinnlich sein kann, löst Kant, indem er aus der transzendentalen Ästhetik etwas heranzieht, das sowohl zur sinnlichen Anschauung gehört als auch eine reine apriorische Form ist: Es ist die Zeit. Sie ist der »Mechanismus«, der zwischen Sinnlichkeit und Verstand vermittelt. Als Zeitreihe gehört die Zeit sowohl zu den Anschauungen als auch zu den Begriffen. *Die Zeit liegt dem Schema zugrunde.*

2. Die transzendentale Dialektik

Der Verstand ist an den Grenzen der Sinnlichkeit angelangt. Sie zu überschreiten, ist Aufgabe der Vernunft. Bis jetzt sind alle Versuche gescheitert, eine Welt jenseits aller Erscheinungen zu erkennen. Die Ergebnisse dieser Versuche sind in Wirklichkeit Schein, der *immer dann entsteht, wenn die Grenzen der Sinnlichkeit überschritten werden.*

a. Der *Schein* ist für Kant eine unvermeidbare Illusion der Vernunft, die nicht beseitigt werden kann. Er grenzt ihn ab vom *empirischen Schein*, z.B. vom *optischen Schein*: Ein Stab, ins Wasser gehalten, erscheint gebrochen. Ein solcher Schein kann beseitigt werden. Der Schein aber, der nicht beseitigt werden kann, heißt bei Kant der *transzendentale Schein.*

Dieser Schein gehört unauflöslich zur Vernunft. Kant definiert nun *Vernunft* im Gegensatz zu *Verstand*: »Wir erklärten […] den Verstand durch das Vermögen der Regeln; hier unterscheiden wir die Vernunft von demselben dadurch, dass wir sie das *Vermögen der Prinzipien* nennen wollen«. (B 356)

Die Vernunft begnügt sich aber nicht damit. Sie will ihrem eigentlichen Interesse nachgehen, zum Unbedingten vorstoßen. Dieses Unbedingte ist das, was keinen Bedingungen mehr unterliegt, was über allem Sein steht, was jenseits von allem liegt.

b. Kant findet es, und zwar in der Erkenntnis, dass dieses Unbedingte nicht erkannt werden kann, aber *gedacht* werden muss. Kant sucht nach einem Namen für das nicht zu Erkennende und greift auf einen Begriff zurück, den schon Platon geprägt hat, die *Idee.*

> Ich verstehe unter der Idee einen notwendigen Vernunftbegriff, dem kein kongruierender Gegenstand in den Sinnen gegeben werden kann. Also sind unsere jetzt erwogenen reinen Vernunftbegriffe *transzendentale* Ideen. Sie sind Begriffe der reinen Vernunft; denn sie betrachten alle[...] Erfahrungserkenntnis als bestimmt durch eine absolute Totalität der Bedingungen. Sie sind nicht willkürlich erdichtet, sondern durch die Natur der Vernunft selbst aufgegeben, und beziehen sich daher notwendiger Weise auf den ganzen Verstandesgebrauch. Sie sind endlich transzendent und übersteigen die Grenzen aller Erfahrung, in welcher also niemals ein Gegenstand vorkommen kann, der der transzendentalen Idee adäquat wäre. (B 383)

Kant nennt drei (transzendentale) Ideen: *Unsterblichkeit*, *Freiheit* und *Gott.* Er meint damit:

- Zu den Bedingungen, denen der *Mensch* unterworfen ist, muss es etwas Unbedingtes, etwas Absolutes, als Einheit dieser Bedingungen geben. Kant gibt diesem Unbedingten einen Namen: *Unsterblichkeit (der Seele).* Sie ist Gegenstand der Psychologie.
- Zu den Bedingungen, denen die *Welt* als Bedingung aller Erscheinungen unterworfen ist, muss es etwas Unbedingtes als Einheit dieser Bedingungen geben. Kant gibt diesem Unbedingten den Namen *Freiheit.* Sie ist Gegenstand der Kosmologie.
- Zu allen Bedingungen schlechthin, denen *alles Denken und alles Gedachte* unterworfen ist, muss es etwas Unbedingtes als Einheit dieser Bedingungen geben. Kant sieht diese Einheit in einem notwendigen Wesen: *Gott.* Er ist Gegenstand der Theologie.

Das Problem aber ist, dass wir weder von Unsterblichkeit, noch von Freiheit, noch von Gott Verstandesbegriffe haben. Da dem Verstand aber Erfahrungen und Veranschaulichungen fehlen, fehlen dem Unbedingten die zwei Bedingungen objektiver Erkenntnis (die sinnliche Anschauung und der Verstandesbegriff); genauer noch: Sie *müssen* ihm fehlen, denn das Unbedingte mit Bedingungen ist kein Unbedingtes.

Dieser Verzicht hat einen hohen Preis: Er führt zu den unvermeidlichen Fehlschlüssen der reinen Vernunft. Diese Fehlschlüsse sind das Thema der *transzendentalen Dialektik.*

c. Für Kant bedeutet *Dialektik*, dass die Vernunft sich auf der Suche nach dem Unbedingten in Widersprüche verwickelt. Kant nennt den Grund: Er ist nicht im jeweiligen Denkansatz zu suchen, *sondern in der Vernunft selbst, deren Natur eben diese Widersprüchlichkeit ist.*

Auf der Suche nach dem Unbedingten in der Welt stößt Kant auf vier Antinomien (»Gegengesetzlichkeiten«). Die Antinomien Nr. 1 und 3 sind die interessantesten, die Nr. 3 die wichtigste, weil hier das Fundament gelegt wird für das eindrucksvolle Monumentalgebäude seiner Moralphilosophie bzw. Ethik.

3. Antinomie

Thesis: Die Kausalität nach Gesetzen der Natur ist nicht die einzige, aus welcher die Erscheinungen der Welt insgesamt abgeleitet werden können. Es ist noch eine Kausalität durch Freiheit zur Erklärung derselben anzunehmen notwendig. Beweis:

Die Beweisführung zusammengefasst: Gäbe es keine Freiheit, etwas neu anzufangen, würde alles einen vorigen Zustand voraussetzen. Jede Kausalität würde nach den Gesetzen der Natur eine andere Kausalitätskette voraussetzen. Da in der Natur nie etwas ohne Ursache passiert, gäbe es somit keinen ersten Anfang. So widerspricht der Satz von der Naturgesetzlichkeit wegen seiner unbeschränkten Allgemeinheit sich selbst, da eine Kausalreihe nie vollständig wäre. Demnach muss es etwas geben, meint Kant, was es mir beispielsweise ermöglicht, vom Stuhl aufzustehen, um eine neue Kausalreihe anzufangen (B 478). Kant nennt dies *absolute Spontaneität der Ursachen* oder *transzendentale Freiheit.*

Antithesis: Es ist keine Freiheit, sondern alles in der Welt geschieht lediglich nach Gesetzen der Natur. Beweis:

Diese Beweisführung zusammengefasst: Gäbe es Freiheit, würde nicht nur eine Reihe durch die Spontaneität anfangen, sondern auch die Kausalität. Somit ginge nichts vor sich, wodurch Geschehenes durch Gesetze bestimmt sei. Aber jeder Handlungsbeginn setzt doch einen Zustand der noch nicht handelnden Ursache voraus. Somit hätte ein erster Anfang einen Zustand vorausgesetzt, der mit dem vorhergehenden Zustand in keinem Zusammenhang steht. Was aber in keinem gesetzlichen Zusammenhang steht, kann nicht erkannt werden, es ist ein »leeres Gedankending«.

4. Das transzendentale Ideal

Es hat neben *Kategorie* und *Idee* den weitesten Abstand von jeder sichtbaren Realität. Unter *Ideal* versteht Kant »die Idee, nicht bloß in concreto, sondern in individuo«.

Nehmen wir als Beispiel Mahatma Gandhi, das Idealbild des Pazifisten. Man kann ihm seine pazifistische Einstellung jedoch nicht ansehen, man kann sie nur durch sein pazifistisches Handeln erkennen.

> Tugend, und, mit ihr, menschliche Weisheit in ihrer ganzen Reinigkeit, sind Ideen. Aber der Weise (des Stoikers) ist ein Ideal, d. i. ein Mensch, der bloß in Gedanken existiert, der aber mit der Idee der Weisheit völlig kongruieret. So wie die Idee die Regel gibt, so dient das Ideal in solchem Falle zum *Urbilde* der durchgängigen Bestimmung des Nachbildes, und wir haben kein anderes Richtmaß unserer Handlungen, als das Verhalten dieses göttlichen Menschen in uns, womit wir uns vergleichen, beurteilen, und dadurch uns bessern, obgleich es niemals erreichen können. Diese Ideale, ob man ihnen gleich nicht objektive Realität (Existenz) zugestehen möchte, sind doch um deswillen nicht für Hirngespinste anzusehen, sondern geben ein unentbehrliches Richtmaß der Vernunft ab [...] Das Ideal aber in einem Beispiele, d. i. in der Erscheinung, realisieren zu wollen, wie etwa den Weisen in einem Roman, ist untunlich, und hat überdem etwas Widersinniges und wenig Erbauliches an sich, indem die natürlichen Schranken, welche der Vollständigkeit in der Idee kontinuierlich Abbruch tun, alle Illusion in solchem Versuche unmöglich und dadurch das Gute, das in der Idee liegt, selbst verdächtig und einer bloßen Erdichtung ähnlich werden. (B 597)

Jetzt sucht Kant über das Ideal der Menschlichkeit hinaus nach einem vollständigen Prinzip aller Ideale. Er findet das Prinzip der Vollständigkeit in folgenden Begriffen: *höchstes Wesen*, *Wesen aller Wesen*, und schließlich: *Gott*.

Gott ist das höchste Ziel allen Denkens, aber er ist kein Gegenstand des Denkens, dem Existenz zugesprochen oder abgesprochen werden kann. Dies ist das Ergebnis, zu dem Kant gelangen wird, nachdem er die drei klassischen Gottesbeweise widerlegt hat: den ontologischen Gottesbeweis des Anselm von Canterbury, ferner den kosmologischen und den teleologischen Gottesbeweis des Aristoteles.

Die radikale Schlussfolgerung Kants lautet:

> Ich behaupte nun, daß alle Versuche eines bloß spekulativen Gebrauchs der Vernunft in Ansehung der Theologie gänzlich fruchtlos und ihrer inneren Beschaffenheit nach null und nichtig sind; daß aber die Prinzipien ihres Naturgebrauchs ganz und gar auf keine Theologie führen, folglich, wenn man nicht moralische Gesetze zum Grunde legt, oder zum Leitfaden braucht, es überall keine Theologie der Vernunft geben könne. Denn alle synthetischen Grundsätze des Verstandes sind von immanentem Gebrauch; zu der Erkenntnis eines höchsten Wesens aber wird ein transzendenter Gebrauch derselben erfordert, wozu unser Verstand gar nicht ausgerüstet ist. (B 664)

Die Vernunft hat nur eine Aufgabe in der Theologie: die Grundlegung für ein moralisches Gesetz. Die Moral ist die einzige Daseinsberechtigung der Vernunft innerhalb der Theologie.

Kant kommt zum Ende. Die Gottesbeweise sind entkräftet, aber:

> Das höchste Wesen bleibt also für den bloß spekulativen Gebrauch der Vernunft ein bloßes, aber doch *fehlerfreies Ideal*, ein Begriff, welcher die ganze menschliche Erkenntnis schließt und krönt, dessen objektive Realität zwar nicht bewiesen, aber auch nicht widerlegt werden kann. (B 669)

Somit hat Kant 500 Jahre nach Thomas von Aquin dessen Versuche, die Existenz Gottes zu beweisen, widerlegt und 100 Jahre vor Ludwig Feuerbach die Unmöglichkeit aufgezeigt, die Nicht-Existenz Gottes beweisen zu können.

II. Kritik der praktischen Vernunft / Grundlegung zur Metaphysik der Sitten / Metaphysik der Sitten*

In seiner »Einleitung« zur ›Kritik der praktischen Vernunft‹ gibt Kant sein Programm an. Während sich die Vernunft in ihrem »theoretischen Gebrauch« mit der Möglichkeit der Erkenntnis von Gegenständen beschäftigt, befasst sie sich in ihrem »praktischen Gebrauch« mit Bestimmungsgründen des Willens, der entsprechende Gegenstände (Handlungen) hervorzubringen vermag. Sollte in diesem Bereich ein moralisches Gesetz mit absoluter Verbindlichkeit gefunden werden, muss es *mit der reinen Vernunft begründet werden, und nicht mit der Erfahrung.* Begründet jemand beispielsweise die Tugend der Ehrlichkeit damit, dass er mir ihr gute Erfahrungen gemacht habe, dann gerät sein Prinzip der Ehrlichkeit ins Wanken, wenn andere mit Lügen gute Erfahrungen gemacht haben. Ehrlichkeit wäre dann eine praktische Regel, wie Kant es ausdrückt, die man je nach Erfahrung ändern kann, und nicht ein oberstes Prinzip der Moralität. Ein solches oberstes Prinzip zu finden, macht sich Kant zur Aufgabe. Davor legt er aber noch zwei wichtige Stationen ein.

Nur noch ein kurzer Tipp für Anfänger: Wer Kants praktische Philosophie im Originaltext erkunden will, hat größeren Gewinn, die ›Grundlegung‹ mit ihren 100 Seiten anstelle der ›Kritik der praktischen Vernunft‹ mit ihren ca. 200 Seiten zu lesen.

1. Der gute Wille

> Es ist überall nichts in der Welt, ja überhaupt auch außer derselben zu denken möglich, was ohne Einschränkung für gut könnte gehalten werden, als allein ein *guter Wille*. Verstand, Witz, Urteilskraft, und wie die *Talente* des Geistes sonst heißen mögen, oder Mut, Entschlossenheit, Beharrlichkeit im Vorsatze, als Eigenschaften des *Temperaments*, sind ohne Zweifel in mancher Absicht gut und wünschenswert; aber sie können auch äußerst böse und schädlich werden, wenn der Wille, der

* Eine ausführliche Abhandlung von Kants ›Kritik der praktischen Vernunft‹ findet sich in: Ralf Ludwig ›Kant für Anfänger. Der kategorische Imperativ‹. München 2012.

von diesen Naturgaben Gebrauch machen soll und dessen eigentümliche Beschaffenheit darum *Charakter* heißt, nicht gut ist. Mit den *Glücksgaben* ist es eben so bewandt. Macht, Reichtum, Ehre, selbst Gesundheit, und das ganze Wohlbefinden und Zufriedenheit mit seinem Zustande, unter dem Namen der *Glückseligkeit*, machen Mut und hiedurch öfters auch Übermut, wo nicht ein guter Wille da ist, der den Einfluß derselben aufs Gemüt, und hiemit auch das ganze Prinzip zu handeln, berichtige und allgemein-zweckmäßig mache [...] (Gr. BA 1f.)

Verstand ist natürlich etwas Erstrebenswertes, aber er ist nicht an sich gut, weil er auch für ein perfektes Verbrechen eingesetzt werden kann. Für *Witz* und *Humor* gilt dasselbe, sie sind imstande, andere Menschen bloßzustellen. Selbst die *Gesundheit* wird als etwas nicht unbedingt Gutes genannt. Es ist durchaus vorstellbar, dass der vor Gesundheit strotzende Mensch in der Lage ist, sich in selbstherrlicher Selbstsicherheit über Kranke oder Behinderte zu erheben.

Aber wann ist ein guter Wille gut? Zuerst wird eine negative Antwort gegeben: Er ist *nicht* gut, wenn er zur Erreichung eines wie auch immer wertvollen Zweckes benutzt wird. Damit bricht Kant mit der jahrhundertelangen Tradition, in der *Sittlichkeit* dadurch bestimmt wird, dass irgendein als sittlich wertvoll erachtetes Gut oder ein Zweck (z. B. Tapferkeit, Enthaltsamkeit, Glück) als oberstes Ziel erstrebt werden soll.

2. Die Pflicht

In der zweiten Station wird die endgültige Antwort gegeben. Ein guter Wille ist nur dann wirklich gut, *wenn er allein durch die Pflicht bestimmt wird.*

Der grundlegende Ausdruck heißt jetzt *aus Pflicht* und wird im Folgenden von dem Ausdruck *pflichtmäßig* (»pflichtgemäß«) unterschieden.

Kant verwendet zur Erläuterung das Beispiel eines Krämers. Ein Krämer, der seine Preise ehrlich berechnet und seine Kunden nicht übers Ohr haut, tut es noch lange nicht *aus Pflicht*, seine Handlung ist *pflichtmäßig*. Warum? Weil sie äußerlich nicht von der Handlung aus ehrlichen Grundsätzen heraus unterschieden werden kann, denn sie kann in der eigennützigen Absicht erfolgen, seine Kunden nicht zu verlieren. Sie geschieht in diesem Fall aus *Neigung*. Mit der Neigung ist neben der Erfahrung der zweite große Feind der Sittlichkeit demaskiert.

Was Kant über den guten Willen sagte, dass er gut sei nicht durch das, was er bewirkt, gilt auch für die Handlung *aus Pflicht*.

> Eine Handlung aus Pflicht hat ihren moralischen Wert *nicht in der Absicht*, welche dadurch erreicht werden soll, *sondern in der Maxime, nach der sie beschlossen wird*, hängt also nicht von der Wirklichkeit des Gegenstandes der Handlung ab, sondern bloß von dem Prinzip des Wollens, nach welchem die Handlung, unangesehen aller Gegenstände des Begehrungsvermögens, geschehen ist. Daß die Absichten, die wir bei Handlungen haben mögen, und ihre Wirkungen, als Zwecke und Triebfedern des Willens, den Handlungen keinen unbedingten und moralischen Wert erteilen können, ist aus dem Vorigen klar. Worin kann also dieser Wert liegen, wenn er nicht im Willen, in Beziehung auf deren verhoffte Wirkung, bestehen soll? Er kann nirgend anders liegen, *als im Prinzip des Willens*, unangesehen der Zwecke, die durch solche Handlung bewirkt werden können; denn der Wille ist mitten inne zwischen seinem Prinzip a priori, welches formell ist, und zwischen seiner Triebfeder a posteriori, welche materiell ist, gleichsam auf einem Scheidewege, und, da er doch irgend wodurch muß bestimmt werden, so wird er durch das formelle Prinzip des Wollens überhaupt bestimmt werden müssen, wenn eine Handlung aus Pflicht geschieht, da ihm alles materielle Prinzip entzogen worden. (Gr. BA 13f.)

3. Die Maxime

Der Begriff *Maxime* schillert in mehreren Facetten. Kant selbst nennt ihn ein *Prinzip des Wollens*, *subjektives Prinzip des Wollens* und *subjektives Prinzip zu handeln*. Heute lässt sich die Maxime am besten so zusammenfassen:

Eine Maxime ist eine beabsichtigte Handlungsweise mit dem Anspruch, über die singuläre Verwirklichung hinauszugehen.

4. Die Achtung für das Gesetz

Vor der Einführung des *kategorischen Imperativs* fordert Kant noch eine weitere Pflichtbestimmung ein: »Pflicht ist die Notwendigkeit einer Handlung aus Achtung fürs Gesetz.« (Gr. BA 14) Gemeint ist das Sittengesetz, welches nicht in der Natur vorkommt und welches das Gesetz einer Welt ist, die als *intelligible* oder *noumenale* (»gedachte«) Welt über unsere *phänomenale* Welt (»reale Welt der Erscheinungen«) hinausgeht. Beide Welten, die Welt der Natur und die gedachte Welt, in der Freiheit und Sittlichkeit möglich sind, sind unsere Heimat.

Aber: Ist die Achtung nicht auch ein Gefühl und somit eine Neigung, die dem *aus Pflicht* entgegensteht? Kant ahnt diesen Einwand und bestreitet ihn mit dem Argument, Achtung sei »kein durch Einfluss empfangenes, sondern durch einen Vernunftbegriff *selbstgewirktes* Gefühl und daher von allen Gefühlen der ersteren Art, die sich auf Neigung oder Furcht bringen lassen, spezifisch unterschieden.« (Gr. BA 16 Anm.**)

5. Die Absage an die Erfahrung

Erfahrungen sind, wie bereits betont, völlig ungeeignet, ein oberstes Prinzip der Sittlichkeit zu finden. Eine Moral, die sich auf Erfahrung stützt, geißelt Kant als »einen ekelhaften Mischmasch von zusammengestoppelten Beobachtungen und halbvernünftelnden Prinzipien [...], daran sich schale Köpfe laben, weil es doch etwas gar Brauchbares fürs alltägliche Geschwätz ist, (und ein) Blendwerk«. (Gr. BA 31)

So fordert er, nur Vernunftbegriffe *a priori* für die Begründung von Ethik zuzulassen: Ein solcher muss allgemein und notwendigerweise gelten.

6. Hypothetischer und kategorischer Imperativ

Was für die Natur gilt, in der alles nach Gesetzen wirkt, trifft auch auf uns Menschen zu, aber: Als Vernunftwesen haben wir die Möglichkeit, ein eigenes Gesetz oder Prinzip aufzustellen, das wir unserem Willen voranstellen. Für die Befolgung von Naturgesetzen brauche ich keine Vernunft, ich brauche sie aber für das Handeln aus Prinzipien; diese Vernunft heißt *praktische Vernunft*.

Eine wichtige Klärung: Wille ist bei Kant *nicht* der freie Wille, wie wir ihn kennen. Wille, oder freier Wille, ist bei Kant der schon am praktischen Gesetz ausgerichtete oder der noch an diesem auszurichtende Wille. Das, was in unserer Umgangssprache oft »freier Wille« bedeutet, wird bei Kant *freie Willkür* heißen, und meint die Beliebigkeit, je nach Laune tun und lassen zu können, was man will. In Kants Worten ist dies die Freiheit des »Bratenwenders«.

Nun weiß auch Kant um die Illusion, dass die Vernunft totale Gewalt über unsere Handlungen hat. Tatsache hingegen ist, dass zwischen uns und der Vernunft oft »gewisse Triebfedern« oder subjektive Bedingungen (Lust, Laune, Neigungen …) stehen.

Aus diesem Grunde muss der Wille durch Gründe der Vernunft gezwungen werden, da er nicht notwendigerweise der Vernunft gehorcht. Kant nennt dies *Nötigung*. Genötigt jedoch wird durch ein Gebot, und die Formel des Gebotes ist der Imperativ.

> Alle Imperative nun gebieten entweder *hypothetisch*, oder *kategorisch*. Jene stellen die praktische Notwendigkeit einer möglichen Handlung als Mittel, zu etwas anderem, was man will (oder doch möglich ist, daß man es wolle), zu gelangen, vor. Der kategorische Imperativ würde der sein, welcher eine Handlung als für sich selbst, ohne Beziehung auf einen andern Zweck, als objektiv-notwendig vorstellte.
> Weil jedes praktische Gesetz eine mögliche Handlung als gut und darum, für ein durch Vernunft praktisch bestimmbares Subjekt, als notwendig vorstellt, so sind alle Imperativen Formeln der Bestimmung der Handlung, die nach dem Prinzip eines in irgend einer Art guten Willens notwendig ist. Wenn nun die Handlung bloß *wozu anders*, als Mittel, gut sein würde, so ist der Imperativ *hypothetisch*; wird sie als *an sich* gut vorgestellt, mithin als notwendig in einem an sich der Vernunft gemäßen Willen, als Prinzip desselben, so ist er *kategorisch*. (Gr. BA 39f.)

Der *hypothetische Imperativ* funktioniert nach der Formel: Wenn du A willst, musst du B tun. Wenn du ein guter Klavierspieler werden willst, musst du täglich üben.

Ein solcher Imperativ kann natürlich nicht kategorisch oder notwendig für alle gelten, weil Klavierspielen nicht unbedingt notwendig ist.

Der unbedingte *kategorische Imperativ* unterscheidet sich vom bedingten hypothetischen durch die Nötigung. Nötigung aber geschieht durch ein Gesetz.

Dieses Gesetz kommt indes nicht in der Erfahrung vor. Die Formel der Nötigung lautet nun:

> Handle nur nach derjenigen Maxime, durch die du zugleich wollen kannst, daß sie ein allgemeines Gesetz werde. (Gr. BA 52)

Dieser kategorische Imperativ erlitt wie jeder berühmte Satz das tragische Schicksal unzähliger Missverständnisse und Verzerrungen: »Was wäre, wenn das alle täten?« oder die Goldene Regel, die in Wirklichkeit eine moralische Forderung im eigenen Interesse ist: »Was du nicht willst, dass man dir tu, das füg' auch keinem andern zu!«

Ein Beispiel soll möglichen Missverständnissen vorbeugen:

Ich sehe einen Geldboten einer Bank auf der Straße, der die Geldtasche ungesichert in der Hand trägt, und beschließe, sie ihm mit einem kurzem Ruck zu entreißen, ohne ihm Schaden zuzufügen, und schnell in der Menge zu verschwinden. »Das ist nicht schlimm«, denke ich, denn die Banken schwimmen sowieso alle im Geld, und außerdem sind sie versichert.

Dieses Stehlen ist nach Kant nicht deshalb unsittlich, weil es gegen das 7. Gebot »Du sollst nicht stehlen!« (Ex 20,15) verstößt, denn dann wäre es eine heteronome Bestimmung der Vernunft, eine Fremdbestimmung, die von außen an mich herangetragen wird (weil es geschrieben steht).

Der kategorische Imperativ wird wie folgt angewandt: Zuerst wird probeweise eine Maxime formuliert: »Immer, wenn ich in Geldnot bin, entwende ich Geld.« Jetzt wird die Maxime verallgemeinert und als allgemeines Gesetz gedacht: »Das Stehlen von Geld ist zum Zwecke der Behebung von Geldnot geboten. Kann ich das wollen? Nein, denn wenn ich ein solches Gesetz wirklich will, muss ich auch wollen, dass mein eigenes Geld von anderen gestohlen wird.« Dem Wunsch aber, bestohlen zu werden, liegt ein widersprüchliches Wollen zugrunde, das wohl kaum mit der Vernunft vereinbart werden kann.

Kant spart nicht mit eigenen Beispielen, um seinen Imperativ zu illustrieren, sie finden sich nur in der ›Grundlegung‹ und sind dringend eigener Lektüre empfohlen: Gr. BA 53f. Vielleicht fällt dabei auf, dass alle Beispiele negativ enden, es wird nur die Unsittlichkeit der ihnen zugrunde liegenden Maxime aufgezeigt. An keiner Stelle wird beschrieben, welches Handeln richtig oder sittlich ist, sondern nur, welche Maxime widersprüchlich und nicht verallgemeinerungsfähig ist.

Der Grund hierfür liegt in der äußerst wichtigen Denkvoraussetzung Kants, dass mögliche Wirkungen des Sittengesetzes nicht mit unseren fünf Sinnen dingfest gemacht werden können. Kann eine Maxime verallgemeinert werden, ist das noch lange keine Garantie dafür, dass hinter der folgenden Handlung wirklich eine sittliche Gesinnung steckt. Ich kann zwar die Handlung wahrnehmen, aber nicht nachweisen, dass dahinter als Motiv das steckt, was der Leser schon als *Achtung für das Gesetz* kennengelernt hat.

*

Im Jahre 1797, Kant war inzwischen 73 Jahre alt, erschien sein lange angekündigtes letztes großes Werk: ›Die Metaphysik der Sitten‹. Es ist in die zwei Teile »Rechtslehre« und »Tugendlehre« unterteilt.

Die *Rechtslehre* hat, grob gesagt, die Aufgabe, den Anspruch des Sittengesetzes über den Horizont der ethischen Gesinnung hinaus zu erweitern. Thema ist jetzt nicht mehr die sittliche Gesinnung des einzelnen Handelnden, sondern das Verhältnis der Handlungen mehrerer Personen untereinander, ganz gleich, ob diese dem Sittengesetz gehorchen oder nicht. Es wird ein Regulationsprinzip aufgestellt, das die äußeren Verhältnisse von Personen innerhalb der Sinnenwelt regelt, unabhängig von deren sittlicher Gesinnung.

So formuliert Kant ein Prinzip des Rechts, er nennt es ein *Prinzip aller Maximen.*

> Also ist das allgemeine Rechtsgesetz: handle äußerlich so, daß der freie Gebrauch deiner Willkür mit der Freiheit von jedermann nach einem allgemeinen Gesetz zusammen bestehen kann. (RL 34, in ›Metaphysik der Sitten‹)

Damit ist für Kant der Weg frei, über die moralische Gesinnung hinauszugehen und die konkreten Handlungen zwischen Menschen zu untersuchen, auch wenn sie nicht unter dem Sittengesetz stehen.

Was aber, wenn ich mich daran halte, der andere aber nicht? Die Antwort lautet: Das Recht ist mit der Befugnis zu zwingen verbunden.

Schließlich prüft Kant, ob dieses Vermögen zu zwingen mit dem kategorischen Imperativ vereinbar ist. Er fragt:

Kann ich wollen, dass die Anwendung von Zwang zur Verhinderung eines Hindernisses von Freiheit ein allgemeines Gesetz werde?

Die Antwort muss *Ja* lauten. Der kategorische Imperativ bestätigt die Moralität der rechtlichen Zwangshandlung. Am Beispiel eines Vertragsbruchs heißt das: Es gibt für das Individuum eine doppelte Möglichkeit der Verpflichtung:

1. die *ethische* Verpflichtung. Beispiel: Ich halte mein vertragliches Versprechen *aus Pflicht, aus Achtung vor dem Gesetz,* d.h. ich unterwerfe mich dem kategorischen Imperativ.
2. die *juridische* Verpflichtung. Beispiel: Ich halte mein vertragliches Versprechen, weil ich dazu gezwungen werden kann, d.h. ich unterwerfe mich dem Rechtsgesetz. Das Recht zu diesem Zwang ist durch den kategorischen Imperativ als moralisch ausgewiesen.

Die *Tugendlehre* erfährt eine gewisse Korrektur, vor allem hinsichtlich der Zwecke, die bislang als eine Materie der Handlung betrachtet und ausgeschlossen wurden. Kant führt nämlich zwei positive (aber nicht materiale) Zwecke ein. Dahinter steckt die Einsicht, dass es zwecklose Handlungen im Grunde nicht gibt. Damit will er die ethischen Forderungen des Sittengesetzes konkretisieren. Die gefundenen Zwecke sind die der *fremden Glückseligkeit* und die der *eigenen Vollkommenheit.* Es sind nach Kant Zwecke, die zugleich Pflichten sind. Sie sind frei von dem Vorwurf der empirischen Zufälligkeit und frei von sinnlichen Reizen oder Neigungen. Es sind Zwecke, die verbindlich sind, *ohne* dass etwaige Mittel zu ihrer Verwirklichung gefordert wären.

Als oberstes Prinzip der *Tugendlehre* heißt dann diese Variante des kategorischen Imperativs:

> Handle nach einer Maxime der Zwecke, die zu haben für jedermann ein allgemeines Gesetz sein kann. (TL 30, in: ›Metaphysik der Sitten‹)

Kant braucht diese positiven Zwecke. Die formale Gesetzmäßigkeit des Sittengesetzes, wie sie in Form des kategorischen Imperativs gefunden wurde, konnte bislang nur in negativ-ausgrenzender Weise Handlungen ausschließen. Es wird das eindeutig ausgegrenzt, was wir *nicht* tun dürfen. Jetzt aber hat Kant mit den beiden Pflichtzwecken eine positive Formulierung gefunden, ohne welche die innere Freiheit der Entscheidung abstrakt und unwirklich bliebe.

Damit ist für den Menschen, der sittlich handeln möchte, der Weg frei, seine empirischen Zwecke, die er für seine Handlungen notwendigerweise braucht, an den geforderten Pflichtzwecken zu messen.

III. Kritik der Urteilskraft*

Das Thema von Kants dritter Kritik ist eine ›Kritik des Geschmacks‹ (so der ursprüngliche Titel), oder besser: eine kritische Beurteilung des Schönen unter Bedingungen der Vernunft. Der Absolutheitsanspruch der Vernunft soll nun neben Erkenntnis und Handeln auf das Gebiet der Ästhetik ausgedehnt werden (*Ästhetik* wird jetzt nicht mehr als »Wahrnehmung« definiert, wie in Kants erster Kritik, sondern durchaus im heutigen Sinn, als »Wissenschaft vom Schönen und von der Kunst«).

Am Anfang steht Kants wichtige Unterscheidung zwischen *bestimmender Urteilkraft* und *reflektierender Urteilskraft.*

Bestimmend ist sie, wenn der Ausgangspunkt das Allgemeine ist, oder: wenn als Allgemeines ein Prinzip, ein Gesetz, gegeben ist. Beispiel: Lässt jemand einen Stein aus der Hand fallen, fliegt dieser nach unten. Das Allgemeine ist in diesem Fall das Naturgesetz der Schwerkraft, die den Stein nach unten zieht. Das Besondere ist die einzelne Handlung, den Stein fallen zu lassen.

Reflektierend ist die Urteilskraft, wenn der Ausgangspunkt das Besondere ist. Beispiel: Jemand steht vor einem Gemälde und will ein Urteil darüber fällen, ob es ihm gefällt. In diesem Falle ist das Besondere gegeben, nämlich das einzelne Kunstwerk, und er sucht für das Urteil, ob es schön ist, das Allgemeine, ein Gesetz, ein Prinzip, eine Richtlinie dazu.

Das Anliegen Kants

Kant hatte bislang zwei Welten einer *Kritik* (»Untersuchung«) unterzogen: die Welt der Natur, in der nicht die Dinge selbst erkannt

* Eine ausführliche Abhandlung von Kants ›Kritik der Urteilskraft‹ findet sich in: Ralf Ludwig ›Kant für Anfänger. Die Kritik der Urteilskraft‹. München 2008.

werden, sondern lediglich deren Erscheinungen; ferner die Welt der Freiheit, in der sittliche Handlungen nur in ihrer Denkbarkeit gegeben sind. In keiner der beiden Welten ging es um konkrete Gegebenheiten. Jetzt tritt in der ›Kritik der Urteilskraft‹ das zutage, was in den beiden vorigen Vernunftkritiken quasi »unterirdisch« sein Dasein fristete: das Problem des Konkreten (›Die Metaphysik der Sitten‹, in der es auch um das Problem des Konkreten und nicht der Gesinnung, geht, wird erst Jahre später geschrieben).

Dieses Problem wird Kant über den Begriff des *Zweckes* bzw. der *Zweckmäßigkeit* lösen. Kant will zwischen dem Übersinnlichen und der Sinnenwelt eine Brücke schlagen. Dies erfolgt in zwei Schritten, anhand von zwei Zweckmäßigkeiten, von denen er behauptet, dass sie apriorische Prinzipien seien: der subjektiven (Teil 1) und der objektiven Zweckmäßigkeit (Teil 2).

Teil 1: Die ästhetische Urteilskraft

A. Das Schöne

Dem Prinzip der *subjektiven Zweckmäßigkeit* geht es um den Geltungsanspruch ästhetischer Urteile: Wann ist etwas schön? *Zweckmäßig* ist etwas Schönes dann, wenn es den Zweck erfüllt, das Gefühl von Lust oder Unlust hervorzurufen.

Wichtig ist, dass der gesuchte Maßstab für das Gefühl, etwas als schön zu bezeichnen, in uns liegt. *Es geht Kant nicht um die Reflexion über ein schönes Objekt, sondern es geht ihm um die Reflexion des Urteilenden über sich selbst.*

Kant führt vier Hauptarten der Urteilsfunktionen an, es sind die bekannten vier Tafeln der 12 Kategorien: Qualität, Quantität, Relation und Modalität.

In der *Qualität des Geschmacksurteils* grenzt Kant das Geschmacksurteil gegen das Erkenntnisurteil ab. Im Gegensatz zu Letzterem ist ein ästhetisches Urteil eine selbstständige Leistung des Subjekts, das durch die Vorstellung eines Objekts angeregt wird. Es ist frei, da es nicht durch das Interesse am Gegenstand gebunden ist.

Die *Quantität des Geschmacksurteils* gründet nicht auf Begriffen, sondern bezieht sich auf das Gefühl von Lust. Damit stellt sich die Frage, ob dieser Grund der Lust allein für mich gilt oder doch für mehrere. Hat jemand Lust am Schönen, wird er dies kaum als eine private Hirngeburt hinstellen, sondern den Grund für das Schöne in jedermann ansiedeln wollen.

Das Urteil *schön* gilt beispielsweise bei Leonardo da Vincis ›Mona Lisa‹ nicht nur für mich, sondern es ist so, dass Kant eine Zustimmung zu diesem Urteil jedermann »ansinnet«.

Den Grund hierfür findet Kant in dem »freien Spiel der Erkenntniskräfte«. Die Erkenntniskräfte waren bislang *Einbildungskraft* und *Verstand*: Bei dem Verhältnis von Einbildungskraft und Verstand gibt es jetzt keine festen Regeln mehr wie zuvor. War ihr Verhältnis beim logischen Urteil bis jetzt als *gesetzmäßig* beschreibbar, so ist es beim ästhetischen Urteil als *harmonisch* zu beschreiben.

Wie kommt diese Harmonie zwischen Einbildungskraft und Verstand zustande?

Die erste Erklärung ist, dass sie *frei* ist: frei von der Gesetzmäßigkeit des Verstandes, frei von der Pflicht, sich in Kategorien einbinden zu müssen, frei vom Zwang zu Begriffen.

Die zweite Erklärung ist, dass es ein *Spiel* ist. Beispiel: zwei Kinder, die ohne Punkte, Tore und Besessenheit, zu gewinnen, Ball spielen. Ein solches Spiel ist zwanglos, es ist nicht dazu da, etwas Bestimmtes zu beabsichtigen. Noch nicht einmal die Lust ist beabsichtigt, denn diese stellt sich ohnehin ein.

Zurück zur These der allgemeinen Mitteilbarkeit. Kant begründet sie so: Jedermann hat neben der Anlage zur Erkenntnis die Anlage zum harmonischen Spiel der Erkenntniskräfte. Der Unterschied liegt darin, dass es beim *Spiel* der Erkenntniskräfte zur Lust und zu keinem Ergebnis, d.h. zu keinem Begriff, kommt. Deshalb folgert Kant: »Schön ist das, was ohne Begriff allgemein gefällt.«

Bei der *Relation des Geschmacksurteils* geht es um den Bezug auf Zwecke. Ein Zweck ist mit der Handlung durch die Kausalität verknüpft. Es gibt eine materiale Zweckmäßigkeit, die subjektiv sein kann (»ich kaufe Brot, weil ich hungrig bin«) oder objektiv (»ich tue etwas, weil es sittlich gut ist«). Diese Zweckmäßigkeit ist vom Interesse an Verwirklichung geleitet. Die Zweckmäßigkeit, die in der ästhetischen Urteilskraft gemeint ist, nennt Kant eine *Zweckmäßigkeit ohne Zweck*. Hilfreicher ist der Begriff »Kausalität ohne *materialen* Zweck.« Da das Gegenteil von *material formal* heißt, nennt Kant diese Zweckmäßigkeit ohne Zweck *formale Zweckmäßigkeit*.

Bei der Betrachtung eines Kunstwerkes könnte diese heißen: Harmonie der Ordnung, inneres Gefüge des Schönen, Ordnung der einzelnen Elemente untereinander, Fasslichkeit, Symmetrie.

Bei der *Modalität des Geschmacksurteils* geht es darum, die Notwendigkeit der allgemeinen Gültigkeit zu begründen. Dass eine Erkenntnis mit Lust verbunden ist, beansprucht auf den ersten Blick keine Notwendigkeit. Also muss diese Notwendigkeit eine andere sein. Kant nennt sie *exemplarisch.* Egal, ob sich der Freund dem Urteil, ein Bild sei schön, anschließt oder nicht: Ich weiß, dass jeder unter denselben Bedingungen an meiner Stelle im Museum Lust als positives Lebensgefühl verspüren *kann.* Mein Gefühl der Lust ist somit exemplarisch. Apriorisch ist diese *Möglichkeit* einer ästhetischen Einstellung bei jedem.

Kant verwendet für diese Möglichkeit einer Notwendigkeit im Geschmacksurteil das Wort *Gemeinsinn.* Es tritt an die Stelle der Regel, die dem theoretischen Erkennen Notwendigkeit verleiht.

Er schließt seine vierte Analogie zur Kategorientafel mit den Worten:

»*Schön* ist, was ohne Begriff als Gegenstand eines *notwendigen* Wohlgefallens erkannt wird.«

B. Das Erhabene

Mit dem Gefühl der Lust oder Unlust über das Schöne ist aber der Begriff des Gefühls noch nicht ausgeschöpft.

Zur Einstimmung stelle man sich ein Bild vor, das auch Kant verwendet: Er blickt auf das Meer, der weite Ozean ist durch Stürme empört und sein Anblick ist grässlich.

Auch das Urteil über das Erhabene ist ein ästhetisches Urteil. Der Unterschied zu dem Gefühl des Schönen ist:

Beim Anblick des Schönen kommt Lust beim Betrachter auf, hier definiert Kant *Lust* als »Gefühl der Beförderung des Lebens«. Bei dem Gefühl des Erhabenen hingegen gerät das Spiel der Einbildungskraft ins Stocken. Vergegenwärtigen wir uns wieder den Anblick von Unwetter und tosender See, verstehen wir, dass hier sehr wohl das »Gefühl einer augenblicklichen Hemmung der Lebenskräfte« aufkommen mag. Kant verwendet dafür den Begriff der *negativen Lust.* Positive und negative Lust sind nach Kant das, was das Gefühl des Erhabenen ausmacht.

Aber: Nichts in der Natur darf als erhaben gelten, auch nicht Gewitter oder Meer, da das Erhabene ausschließlich als Gefühl in der Reflexion des urteilenden Subjekts über sich selbst besteht. Die Erfahrung des Erhabenen ist keine Natur-, sondern eine Selbsterfahrung.

Es folgt eine zweifache Auflistung des Erhabenen:

Beim *Mathematisch-Erhabenen* reflektiert Kant über die Größe. Sie ist kein reiner Verstandesbegriff und kein Begriff der Sinne. Auf dem Gebiet der Erscheinungen gibt es nur relative Größen, aber keine absolute Größe, die auch *Größe schlechthin* genannt wird. »Erhaben ist das, mit welchem in Vergleichung alles andere klein ist [...], das jeden Maßstab der Sinne übertrifft.«

> [Es] kann auch hinreichen, die Bestürzung, oder Art von Verlegenheit, die, wie man erzählt, den Zuschauer in der St. Peterskirche in Rom beim ersten Eintritt anwandelt, zu erklären. Denn es ist hier ein Gefühl der Unangemessenheit seiner Einbildungskraft für die Ideen eines Ganzen, um sie darzustellen, worin die Einbildungskraft ihr Maximum erreicht, und, bei der Bestrebung, es zu erweitern, in sich selbst zurück sinkt, dadurch aber in ein rührendes Wohlgefallen versetzt wird. (§ 26)

Unzweifelhaft sind auch die Maße des Petersdomes als Form endlich und relativ, aber es geht ja nicht um den Gegenstand, der erhaben ist, sondern um das Gefühl des Erhabenen, das ausschließlich in der Reflexion des urteilenden Subjekts über sich selbst besteht. Denn die Einbildungskraft des Einzelnen ist mit einer gleichzeitigen Auffassung aller endlichen Details überfordert.

Beim *Dynamisch-Erhabenen* geht es Kant um die Natur und deren bedrohliche Macht. Ist beim Mathematisch-Erhabenen der Faktor der Lust noch teilweise vorstellbar, prüft Kant ihn jetzt für das Dynamisch-Erhabene:

> Kühne überhangende gleichsam drohende Felsen, am Himmel sich auftürmende Donnerwolken, mit Blitzen und Krachen einherziehend, Vulkane in ihrer ganzen zerstörenden Gewalt, Orkane mit ihrer zurückgelassenen Verwüstung, der grenzenlose Ozean, in Empörung gesetzt, ein hoher Wasserfall eines mächtigen Flusses u. d. gl. machen unser Vermögen zu widerstehen in Vergleichung mit ihrer Macht, zur unbedeutenden Kleinigkeit. Aber ihr Anblick wird nur um desto anziehender, je furchtbarer er ist, wenn wir uns nur in Sicherheit befinden. (§ 28)

Trotz Furcht gibt es etwas im Menschen, das allen Naturgewalten überlegen ist. Es ist das Wesentliche beim Dynamisch-Erhabenen: Der Mensch ist zwar Teil der Natur, aber als Vernunftwesen auch mehr. Als Naturwesen ist er zwar den Ängsten ausgesetzt, die um seine leibliche Unversehrtheit und die Bedrohung durch den Tod kreisen, aber er hat kraft der Vernunft auch Anteil an einer Unendlichkeit, die alles Sinnliche hinter sich lassen kann. So kommt A. Gulyga in seiner Kant-Biografie zu dem treffenden Schluss: *Das Erhabene ist die furchtlose Beziehung zum Fürchterlichen.*

C. Die Deduktion der reinen ästhetischen Urteile

Kant stellt seine Ausführungen über die ästhetische Urteilskraft auf den Prüfstand. Besteht der Anspruch auf allgemeine Gültigkeit zu Recht?

Das ästhetische Gefühl ist ein empirisches Gefühl und bezieht sich auf einzelne Gegenstände der Anschauung. Kant gibt auch den empirischen (und deshalb nicht-apriorischen) Charakter des Lust-Urteils zu, *aber dafür spricht er diesem Urteil apriorischen Rang zu, wenn er »jenes Wohlgefallen [am Schönen] jedermann ansinnen darf.«*

D. Eine Theorie der Kunst

Kant grenzt Kunst in dreifacher Hinsicht ab: Kunst ist nicht *Natur.* Auch wenn die Bauten der Bienen im Innern eines Bienenstocks wie ein Kunstwerk erscheinen, fehlt ihnen doch das Eigentümliche der Kunst: die zugrunde liegende Vernunft. Kunst ist auch keine *Wissenschaft.* Ersteres ist praktisches Vermögen, Letzteres theoretisches Wissen. Kunst ist nicht gleich *Handwerk.*

Trotz der Abgrenzung zur Natur gibt es eine Verbindung zwischen schöner Kunst und Natur: Die Kunst muss in ihrer formalen Zweckmäßigkeit wie ein Produkt der Natur erscheinen. Das heißt aber nicht, dass das Nachahmen der Natur einen Künstler ausmacht. Um Künstler zu sein, bedarf es des *Genies.* »Genie ist das Talent, welches der Kunst die Regel gibt.« Da Talent für Kant angeboren ist und somit zur Natur gehört, wird die Definition des Genies erweitert: »Genie ist die angeborene Gemütslage, *durch welche* die Natur die Regel gibt.«

Kant fordert für die Kunst Vorstellungen und Begriffe mit »ästhetischer Bedeutung«. Er nennt sie *ästhetische Ideen*, die Schwung in das Gefühl der Lebenskräfte bringen, um das harmonische Spiel von Verstand und Einbildungskraft am Leben zu erhalten. Das trifft zwar auch auf die Ideen der Vernunft zu, doch gibt es einen Unterschied zwischen beiden.

Beispiel: Ein Bild zeigt Sklaven bei der Arbeit und trägt den Titel ›Ausbeutung‹. *Ausbeutung* wäre in Kants Worten eine ästhetische Idee. Als Vergleich soll die Vernunftidee *Freiheit* dienen. Der Unterschied besteht darin, dass *bei der Vernunftidee die Anschaulichkeit hinter den Begriff Freiheit zurücktritt, bei der ästhetischen Idee der Begriff Ausbeutung hinter die Anschaulichkeit.*

E. Die Dialektik der ästhetischen Urteilskraft

Zwei Auffassungen sieht Kant in einem dialektischen Widerspruch:

a. Das Geschmacksurteil gründet sich nicht auf Begriffe,
b. das Geschmacksurteil gründet sich auf Begriffe.

Kant löst diesen Widerspruch, indem er zwei Arten von Begriffen angibt: die *bestimmten Begriffe*, die der Verstand mithilfe der Kategorien formt, wie z.B. *Hund*, *Katze*, *Tisch*. Diese dienen der Erkenntnis. Daneben gibt es Begriffe, die nicht so eindeutig sind, wie *Zweck*, *Sinn*, *Ursache* ... Kant nennt sie *unbestimmte* Begriffe; diese lassen »sich gar nicht durch Anschauungen bestimmen«.

Teil 2: Die teleologische Urteilskraft

Kants Interesse gilt im Teil 2 der Frage, ob die Natur in ihren lebendigen Organisationsformen neben der sinnlich wahrnehmbaren Unterwerfung unter Naturgesetze auch einem sinnlich nicht wahrnehmbaren Gesetz unterworfen ist. Dieses Gesetz findet Kant auch hier in der Zweckmäßigkeit.

Hieß der zentrale Begriff der ästhetischen Urteilskraft *subjektive* Zweckmäßigkeit, so geht es ab jetzt um *objektive* Zweckmäßigkeit. Die äußere oder relative Zweckmäßigkeit ist hier zu vernachlässigen (*Nutzbarkeit* wäre eine solche), wichtig ist die *innere Zweckmäßigkeit.*

A. Der Naturzweck

Sie ist das Herzstück der Teleologie, und zwar als Naturzweck, den Kant so definiert und zum Prinzip ohne Ausnahmen erklärt: »Ich würde vorläufig sagen: ein Ding existiert als Naturzweck, *wenn es von sich selbst Ursache und Wirkung ist.*«

Eine alleinige mechanistische Betrachtungsweise der Natur ist somit unzureichend.

B. Die Dialektik der teleologischen Urteilskraft

Auch diese Urteilskraft enthält *Antinomien* (»Gegengesetzlichkeiten«), allerdings nur eine. Diese lautet:

> *Satz:* Alle Erzeugung materieller Dinge ist nach bloß mechanischen Gesetzen möglich.
> *Gegensatz:* Einige Erzeugung derselben ist nach bloß mechanischen Gesetzen nicht möglich. (§ 70)

Beide Prinzipien zugleich sind widersprüchlich, da sie zusammen nicht auf *einem* Grund beruhen können. Der Widerspruch entfällt, wenn keine Ableitung aus einem einheitlichen Prinzip erfolgt. Das heißt aber nicht, dass es kein gemeinschaftliches Prinzip für die Ableitung des mechanistischen und teleologischen Prinzips gibt. Es gibt ein Prinzip, aber es liegt im Übersinnlichen. Gegenstände der Erfahrung können deswegen gleichzeitig Produkt der Natur und Produkt eines Zweckes sein, weil nicht nur Zwecke übersinnlich sind, sondern auch Gegenstände der Erfahrung Erscheinungen eines übersinnlichen Substrates, des Dinges an sich.

So sind im Übersinnlichen beide, der mechanistische und der teleologische Grund eines Naturproduktes, vereinbar.

Die Philosophie Kants setzte sich nur langsam durch. Vor allem seine Kritik an der herkömmlichen Metaphysik erregte die Gemüter (W. Röd). Die Geschichte der Philosophie des 19. Jahrhunderts ist größtenteils die Geschichte der » ›Aufnahme, Verbreitung, Bekämpfung, Umbildung und Wiederaufnahme Kantischer Ideen‹ « (F. Jodl, in: H.J. Störig). »Sie alle [die größten Philosophen des 19. Jahrhunderts] stehen gewissermaßen mit einem Bein in Kants Gedankenwelt« (H.J. Störig). Wer glaubte, etwas Neues beitragen zu können, konnte nicht an Kant vorbeigehen.

Es ist strittig, ob Gegner oder Anhänger der neuen Lehre in der Mehrzahl waren. Von denen, die ihr positiv gegenüber standen, ist Karl Leonhard Reinhold (1757–1823) am bekanntesten. Für die Gegner war vor allem das »Ding an sich« ein Stein des Anstoßes (F.H.

Jacobi). Salomon Maimon (1753–1800) beseitigte es und bereitete damit den Übergang zu Fichte vor.

Letzterer war es auch, der die erste bedeutende und selbstständige Umbildung der Philosophie Kants vollzog.

Johann Gottlieb Fichte

Johann Gottlieb Fichte (1762–1814) »Da geht der Mann, dem wir alles verdanken«, sagte Goethe zu seinem Begleiter Carl Friedrich Zelter, als sie Fichte am 08. August 1810 in Karlsbad auf der anderen Straßenseite sehen. Goethe meinte, Fichte entscheidende Impulse für seine ›Farbenlehre‹ zu verdanken. Fichtes Stern erstrahlte für kurze Zeit mit übermächtiger Leuchtkraft über Jena, bis er von seinem Nachfolger Schelling und dem gewaltigen Schatten Hegels verdunkelt wurde. Der Zugang zu seinen Schriften ist nicht leicht, vielleicht liegt es daran, dass es meist Vorlesungsmanuskripte waren, die für den Druck überarbeitet wurden. Fichte war ein Mann des Streites, der sich nicht scheute, einen seiner Gegner, Friedrich Nicolai, als *literarisches Stinktier* zu titulieren. Trotzdem verdankt ihm die Philosophie viel, denn er hat die Spur gelegt für die neue geistige Wirklichkeit des Idealismus, die im Gefolge der Sturm-und-Drang-Epoche dem Geist eine eigenständige Mächtigkeit zuerkennt, welche die Welt zu gestalten vermag. Es ist ein genialer Entwurf, den Fichte der Welt mit seinem *subjektiven Idealismus* vorgelegt hat, auch wenn ein Mann wie B. Russell ihm vorwirft, er treibe den Subjektivismus in einer Art auf die Spitze, »die schon an Wahnsinn grenzt«.

Geboren wurde Fichte in der Oberlausitz als ältestes von acht Kindern in ärmlichen Verhältnissen. Seine Schulbildung wurde von einem Mäzen finanziert, der von der Gedächtnisleistung des Jungen beeindruckt war: Dieser konnte ihm nämlich die versäumte Sonntagspredigt aufsagen. Da er sein Studium der Theologie und Rechtswissenschaft in Jena und Leipzig nicht abschloss, musste Fichte verschiedene Stellungen als Hauslehrer annehmen, zuerst in Leipzig, dann in Zürich. Dort kam es zu Reibereien mit den Zöglingseltern. Starrsinn und Streitsucht, Eigenschaften, die Fichtes Leben bis zuletzt bestimmten, beendeten seinen Aufenthalt in Zürich. Zurück in Leipzig erbat sich ein Student von ihm Privatunterricht in Kants Philosophie. Es war die entscheidende Wende in Fichtes Leben, da er bislang noch nie Kant gelesen hatte. Seine drängenden Fragen über Freiheit und Notwendigkeit fand er hier beantwortet. Nach einem kurzen Intermezzo als Hauslehrer in Warschau, das wiederum im Streit endete, reiste er 1791 nach Königsberg. Sein erstes Treffen mit Kant und der Besuch von dessen Vorlesung, während der er Kants Sprache als »schläfrig« empfand, waren nicht sehr ergiebig. Dennoch schrieb er im Sog von Kants Gedanken den ›Versuch einer Kritik aller Offenbarung‹, nach eigener Einschätzung oberflächlich und schnell hingeworfen, und schickte sie seinem Vorbild. Die Resonanz war zwar freundlich, half ihm aber nicht weiter. Er entschloss sich zu einem Bettelbrief an Kant, um von ihm ein Darlehen zu bekommen. Dieser lehnte ab, bot ihm indes an, sein Skript seinem Verleger Hartung in Königsberg anzubieten, obwohl er nur acht Seiten gelesen hatte. 1792 erschien Fichtes ›Kritik‹, ohne Namensangabe, ohne Vorwort. Ein Versehen oder ein Trick des Verlegers? Überwältigende Rezensionen waren die Folge, jedermann hielt das Werk für die erwartete Religionsschrift Kants. Als dieser das Missverständnis berichtigte und den »Kandidaten der Theologie« als Autor nannte, war Fichte ein gemachter Mann. Frei von finanziellen Sorgen reiste er nach Zürich, wo er die Tochter eines Freundes und Nichte Klopstocks, Johanna Rahn, die er einst schmählich sitzengelassen hatte, heiratete. Ein Sohn ging aus der Ehe hervor, der nach Fichtes Tod die Herausgabe seiner Werke besorgte. 1794 erfolgte ein Ruf nach Jena – die Fäden dazu waren von Weimar aus gezogen worden. Seine Vorlesung in Jena über die ›Grundlage der gesamten Wissenschaftslehre‹ war ein Riesenerfolg. Aber schon ein Jahr später herrschte der ärgste Streit. Die Missgunst gegenüber einem, der wie er noch schnell einen Magistergrad erwerben musste, um eine Professur zu erwerben, und Fichtes Attacken gegen die rohen Sitten der Studenten brachten ihm offene Feindschaft ein: Seine Frau wurde auf offener Straße beleidigt, Steine wurden in seine Fenster geworfen, was Goethe zu der süffisanten Bemerkung veranlasste, es sei doch unhöflich von den Nicht-Ichs, durch die Scheiben zu fliegen. 1796 erschien Fichtes ›Grundlage des Naturrechts‹, 1798 das ›System der Sittenlehre‹. Der berühmte

Atheismus-Streit und Fichtes Temperament brachten das Fass zum Überlaufen. Fichte sah sich als Märtyrer der Geistesfreiheit, in Wirklichkeit war er wohl ein Opfer seines rechthaberischen Starrsinns. Er wurde entlassen und zog 1800 nach Berlin, wo es den toleranten Preußenkönig Friedrich Wilhelm III. nicht störte, dass »Fichte einen Hader mit Gott hatte«. Im selben Jahr erklärte Kant, dass er »Fichtes Wissenschaftslehre für ein gänzlich unhaltbares System halte.« Fichte konterte, indem er Kant einen *Dreiviertelkopf* nannte. 1805 wurde Fichte Professor für Philosophie in Erlangen, ein Jahr später musste er jedoch wegen des Krieges nach Königsberg und Kopenhagen fliehen. Fichtes Leben erreichte seinen Höhepunkt, als sich die militärische Niederlage Preußens gegenüber Napoleon abzeichnete: 1807 kehrte er nach Berlin zurück, wo er in seinen ›Reden an die deutsche Nation‹ den Anbruch eines neuen Zeitalters verkündete und Gedanken zu einer allgemeinen Nationalerziehung entwickelte. 1810 wurde die neugegründete Universität Berlin eröffnet, deren erster gewählter Rektor er 1811 wurde und wo er bis 1814 Vorlesungen hielt. Aber auch hier kam es wieder zum Streit, er trat zurück. 1814 wurde er von seiner Frau mit Typhus angesteckt, den sie sich als Pflegerin in den überfüllten Kriegslazaretten zugezogen hatte. Während Johanna die Krankheit überlebte, starb Fichte an ihr.

Fichte erhebt den Anspruch, die Transzendental-Philosophie Kants zu vollenden. Kant hatte in dem Ich einen Akt gesehen, in dem der Mensch als Subjekt des Wissens von allen dinglichen Objekten absieht, sich in sich selbst zurückwendet und damit die Einheit mit sich selbst bewahrt. Das ist Fichte aus dem Herzen gesprochen. Aber er entdeckte bei Kant zwei Ungereimtheiten, die es auszumerzen galt:

- Die erste Ungereimtheit sah Fichte darin, dass Kant seine These, die Erfahrung der Welt sei abhängig vom Subjekt, nicht konsequent genug durchgehalten hatte. Denn wenn Gegenstände ausschließlich vom Subjekt abhängen, bliebe mit dem von Kant angenommenen »Ding an sich« ein Restbestand einer von außen gegebenen Wirklichkeit bestehen. Kant hatte nämlich nur das *Wie* (die *Form)* der Welterfahrung auf das Ich bezogen, während er das *Was* (den *Inhalt)* dieser Erfahrungen auf die Einwirkung des unerklärlichen *Dings an sich* zurückgeführt hatte.

- Kant hatte nach Fichtes Meinung zwar der praktischen Vernunft mit ihrem Sittengesetz Vorrang vor der theoretischen (reinen) Vernunft eingeräumt, einen letzten Zusammenhang zwischen beiden aber nicht erkennen lassen. Schon Fichtes Vorgänger in Jena, Karl Leonhard Reinhold, hatte dies gesehen und die Forderung nach Einheit des Wissens in einem einzigen Grundsatz erhoben. Diese Forderung greift Fichte auf und entwickelt seine Philosophie aus einem einzigen Grundsatz heraus, aus dem alle folgenden Sätze entwickelt wurden: Er nennt ihn die *Tathandlung des Bewusstseins* und gibt ihm den Namen *Wissenschaftslehre*, im Grunde nichts anderes als eine eigene alternative Wortschöpfung für Philosophie.

1. Das Ziel von Fichtes ›Wissenschaftslehre‹ ist, den notwendigen Zusammenhang in der Erkenntnis zwischen Ding und Ich, zwischen Welt und Subjekt herzustellen, unter der Vorgabe, dass es keine Realität ohne Bezug auf das Denken gibt. Der *erste Grundsatz* lautet: »Das Ich setzt sich selbst«. *Setzen* heißt: »als wirklich beurteilen«. Damit greift Fichte Kants Voraussetzung auf, die besagt, dass das »Ich denke« alle Vorstellungen stets begleite, und weitet sie auf den Gedanken des tätigen Handelns aus. Das Ich schaut sich selbst an und entwickelt sich dabei zum Selbstbewusstsein, d. h. es kommt durch sein Handeln zum Bewusstsein seiner selbst. Dies ist insofern eine schöpferische Tathandlung, weil das Bewusstsein das Wissen von sich selbst in völliger Freiheit aus eigener Kraft erschafft, ohne ein Einwirken anderer Faktoren.

> Merke auf dich selbst: kehre deinen Blick von allem, was dich umgibt, ab, und in dein Inneres; ist die erste Forderung, welche die Philosophie an ihren Lehrling tut. Es ist von nichts, was außer dir ist, die Rede, sondern lediglich von dir selbst.
> Auch bei der flüchtigsten Selbstbeobachtung, wird jeder einen merkwürdigen Unterschied zwischen den verschiedenen unmittelbaren Bestimmungen seines Bewußtseins, die wir auch Vorstellungen nennen können, wahrnehmen. Einige nämlich erscheinen uns als völlig abhängig von unsrer Freiheit, aber es ist uns unmöglich zu glauben, daß ihnen etwas außer uns, ohne unser Zutun, entspreche. Unsere Phantasie, unser Wille erscheint uns als frei. Andere beziehen wir auf eine Wahrheit, die, unabhängig von uns, festgesetzt sein soll, als auf ihr Muster;

> und unter der Bedingung, daß sie mit dieser Wahrheit übereinstimmen sollen, finden wir uns in Bestimmung dieser Vorstellungen gebunden. In der Erkenntnis halten wir uns, was ihren Inhalt betrifft, nicht für frei. Wir können kurz sagen: einige unserer Vorstellungen sind von dem Gefühle der Freiheit, andere von dem Gefühle der Notwendigkeit begleitet.
> Es kann vernünftiger Weise nicht die Frage entstehen: warum sind die von der Freiheit abhängigen Vorstellungen gerade so bestimmt, und nicht anders: denn indem gesetzt wird, sie seien von der Freiheit abhängig, wird alle Anwendung des Begriffs vom Grunde abgewiesen; sie sind so, weil ich sie so bestimmt habe, und hätte ich sie anders bestimmt, so würden sie anders sein.
> (J. G. Fichte GA I, 4, S. 186)

Selbstbewusstsein entsteht in Freiheit und aus eigener Kraft, und zwar durch die tätige Rückwendung des Bewusstseins auf sich selbst. Fichte hat dies seinen Hörern einmal so erklärt:

> Indem du irgend eines Gegenstandes – es sei derselbe die gegenüberstehende Wand – dir bewußt bist, bist du dir, wie du eben zugestanden, eigentlich deines Denkens dieser Wand bewußt, und nur inwiefern du dessen dir bewußt bist, ist ein Bewußtsein der Wand möglich. Aber um deines Denkens dir bewußt zu sein, mußt du deiner selbst dir bewußt sein. – Du bist – deiner dir bewußt, sagst du; du unterscheidest sonach notwendig dein denkendes Ich von dem im Denken desselben gedachten Ich. Aber damit du dies könnest, muß abermals das Denkende in jenem Denken Objekt eines höheren Denkens sein, um Objekt des Bewußtseins sein zu können; und du erhältst zugleich ein neues Subjekt, welches dessen, das vorhin das Selbstbewußtsein war, sich wieder bewußt sei. Hier argumentiere ich nun abermals, wie vorher; und nachdem wir einmal nach diesem Gesetze fortzuschließen angefangen haben, kannst du mir nirgends eine Stelle nachweisen, wo wir aufhören sollten; wir werden sonach ins Unendliche fort für jedes Bewußtsein ein neues Bewußtsein bedürfen, dessen Objekt das erstere sei, und sonach nie dazu kommen, ein wirkliches Bewußtsein annehmen zu können. [...]
> Kurz; auf diese Weise läßt das Bewußtsein sich schlechthin nicht erklären ... Nun aber ist doch Bewußtsein; mithin muß jene Behauptung falsch sein: ihr Gegenteil gilt; sonach folgender Satz gilt: es gibt ein Bewußtsein, in welchem das Subjektive und das Objektive gar nicht zu

trennen, sondern absolut Eins, und eben dasselbe sind. Ein solches Bewußtsein sonach wäre es, dessen wir bedürfen, um das Bewußtsein überhaupt zu erklären.
(J. G. Fichte GA I, 4, S. 274f.)

2. Daher formuliert Fichte einen *zweiten Grundsatz*: »Dem Ich wird ein Nicht-Ich entgegengestellt.« Genauer muss es heißen: Das Ich setzt sich im Ich ein Nicht-Ich entgegen; nur so kann es mir entgegentreten. So schließt der Satz der Identität den Satz des Widerspruchs mit ein. Die gedachte Wand des obigen Beispiels sprengt den Satz der Identität, sie geht über die Feststellung des *Ich = Ich* hinaus. So wird das Bewusstsein mit der zweiten Tathandlung des Ichs konfrontiert: dem Nicht-Ich. In diesem sich Entgegentreten von Ich und Nicht-Ich in sich selbst geschieht die Unterscheidung von Anderem. Es ist ein beliebtes Missverständnis, in der Setzung des Nicht-Ichs eine Art Realitätsschöpfung der Außenwelt zu sehen. Aber das Nicht-Ich ist zuerst einmal reine Negation gedachter Ich-Inhalte. Eine Ebene der Realität wird erst im nächsten Schritt erreicht.

3. Die Unterscheidung zwischen Ich und Nicht-Ich ist nur möglich, wenn das Bewusstsein in sich selbst teilbar ist. So kann Fichte seinen *dritten Grundsatz* formulieren: »Ich setze im Ich dem teilbaren Ich ein teilbares Nicht-Ich entgegen.« Anders ausgedrückt: Beide Setzungen, die vom ersten und zweiten Grundsatz, werden als dritter Grundsatz vereinigt, ohne dass die Einheit des Bewusstseins verloren geht, denn die wechselnde Verschiebung der Grenzen von Ich und Nicht-Ich geschieht innerhalb des Ich. Mit diesem dritten Schritt hat Fichte das empirische Bewusstsein erreicht und das Gebiet betreten, das wir *Realität* nennen. Sie vollzieht sich in einer stetigen Auseinandersetzung mit dem, was wir nicht sind. Diese Spannung zwischen Ich und Nicht-Ich gestaltet Leben, und zwar in zweifacher Hinsicht:

- Wenn wir uns passiv dem Eindruck des Nicht-Ich hingeben, bestimmt das Nicht-Ich das Ich, d. h. wir wissen uns abhängig von der Welt. Dies ergibt unser theoretisches Verhalten: Wir erkennen.
- Wenn wir tätig auf die Gestaltung des Nicht-Ich hin agieren, wenn das Ich das Nicht-Ich bestimmt, wird die Welt durch uns

als veränderbar gesetzt. Dies ergibt unser praktisches Verhalten: Wir handeln.

Damit ist der Weg frei, mit der sittlichen Forderung die Sphäre der Freiheit über alle Beschränkungen hinweg auszuweiten.

4. Fichte hat diese Grundform seiner Wissenschaftslehre, die er so 1794 formuliert hatte, viermal variiert. Ob die Fassungen von 1797, 1801, 1804 und 1810 Variationen des einen Themas oder Abkehrungen vom ursprünglichen Standpunkt sind, darüber ist viel spekuliert worden. Dass aber Fichte in der Tat zumindest eine wichtige Kehre vollzogen hat, ist unumstritten. Um das Jahr 1800 scheint er seine Ich-Philosophie in eine Philosophie des Absoluten abgewandelt zu haben. Das war insofern notwendig, als er den Vorwurf nicht aufkommen lassen wollte, die Welt sei nur die Vielzahl von Inhalten des individuellen Bewusstseins.

Er beginnt, vom absoluten Wissen zu sprechen: Da sich das bestimmte Wissen seiner Unfertigkeit bewusst ist, kann es nicht mehr genügen, dass die mannigfaltigen Gegenstände allein in der Einheit des Ich begründet sind. Sie müssen auf eine absolute Einheit zurückgeführt werden. Das Wissen reißt sich los von seiner Begrenztheit, und im Wissen vom Wissen wird das Absolute sichtbar, das sich in der Vielheit des Endlichen äußert: Gott. Das hat Folgen für die Freiheit, die jetzt nicht mehr in schrankenloser Absolutheit bestehen bleiben darf. Auch sie erfährt ihre Grenze. Indem sie einsieht, dass es ohne Anerkennung einer Wirklichkeit an sich keine sittliche Verpflichtung geben kann, muss auch sie ihre sich selbst begründende Selbstgewissheit aufgeben und nach ihrem Ursprung fragen. Sie findet diesen Ursprung in der Freiheit Gottes.

*

Abschließend ein wichtiger Hinweis: *Man darf den Vertretern des Idealismus auf keinen Fall unterstellen, für sie gäbe es keine reale Welt.* Fichte hat nie bestritten, dass die Dinge der Welt als real erfahren werden. Sie werden zwar nicht als real erkannt, aber doch als real gefühlt (W. Röd).

Trotz der letzten Kehre hatte Fichte seine Absicht wahr gemacht, Kants theoretische und praktische Vernunft zu einer einheitlichen Grundlage zusammenzufassen. Er präsentierte sie der nachfolgenden Philosophengeneration in Form der Wissenschaftslehre als einzig mögliche Weltformel. Es schmerzte ihn, dass sein Schüler Schelling davon abwich und in Fichtes Weltverneinung eine »Vergewaltigung der Natur« sah. Fichtes bleibendes Verdienst indes ist die Spur, die er zu Hegels Dialektik gelegt hatte: die Setzung des Ich als *These*, die Setzung des Nicht-Ich als *Antithese* und die Vereinigung beider Setzungen als *Synthese*.

Friedrich Wilhelm Joseph (von) Schelling

Friedrich Wilhelm Joseph (von) Schelling (1775–1854) Bei keinem Philosophen springt die Diskrepanz zwischen seinem zeitweiligen Ruhm und der folgenden Entzauberung, bis hin zur Bedeutungslosigkeit so sehr ins Auge wie bei ihm. Er, das frühreife Genie und der Zimmergenosse von Hölderlin und Hegel im Tübinger Stift, wollte Kant überbieten, dessen Resultate er für mangelhaft fundiert hielt. Aber sein Vorhaben, die Philosophie zu vollenden, darf wohl als missglückt betrachtet werden. Für Odo Marquard war Kant die Wahrheit, Fichte die sich als Selbstsicherheit gebärdende Unwahrheit und Schelling die Unsicherheit. Letzterer wechselte seine Ausgangsprinzipien wie die Hemden, meint A. Gulyga. Während der *subjektive Idealismus* gemeinhin mit Fichte und der *absolute Idealismus* mit Hegel besetzt werden, ist Schelling der *objektive Idealismus* zugeordnet.

Die Wiege des Friedrich Wilhelm Joseph Schelling stand im württembergischen Leonberg, wo sein Vater Pfarrer war und sich als Altphilologe, Orientalist und Professor am Höheren Seminar des Klosters Bebenhausen einen Namen machte. Fritz, wie das älteste von fünf Kindern genannt wurde, fiel schon 8-jährig als frühreifes Genie mit immenser Sprachbegabung auf; bald beherrschte er Latein, Griechisch, Hebräisch, Arabisch, Französisch, Englisch, Spanisch und die Grundbegriffe des Sanskrit. Mit einer Sondererlaubnis durfte er 15-jährig in die berühmteste Theologenschmiede, das Tübinger Stift, eintreten. Zufall oder Sternstunde der Geistesgeschichte: Seine Zimmergenossen waren Hölderlin und Hegel, beide fünf Jahre älter als er. Mit Spinoza, Rousseau, Kant, Fichte und dem Feuer der Französischen Revolution wappnete man sich gegen die konservativ-reaktionäre Grundhaltung der Stiftsleitung. Als Schelling nach dem Abschluss seines Theologiestudiums 1795 das Stift verließ, hatte er schon mehrere Schriften veröffentlicht. Es folgte eine Anstellung als Hauslehrer in Stuttgart. Zwischen 1796 und 1798 studierte er Mathematik, Naturwissenschaften und Medizin in Leipzig. Bei einem Besuch in Dresden stieß er auf den Kreis der Frühromantiker um Novalis und die Brüder Schlegel, wo er seine spätere Frau Caroline, die zu dieser Zeit noch mit August Wilhelm Schlegel verheiratet war, kennen und lieben lernte. Ab 1798 lehrte er an der Seite Fichtes als außerordentlicher Professor Philosophie an der Jenaer Universität, wo er auch mit Goethe verkehrte, musste aber wegen des Vorwurfs des Atheismus die Stadt verlassen. 1803 heiratete er Caroline nach ihrer Scheidung von August Wilhelm Schlegel, die zu einem Bruch mit dem Romantikerkreis führte. Schelling wurde als ordentlicher Professor nach Würzburg berufen; 1806 wurde er in München Mitglied der Bayerischen Akademie der Wissenschaften, 1808 in den persönlichen Adelsstand erhoben; in das Jahr 1809 fiel der für ihn schmerzliche Tod Carolines, vier Jahre später ehelichte er Pauline Gotter. 1810 hielt er Privatvorlesungen in Stuttgart, zwischen 1820 und 1826 hatte er eine Honorarprofessur in Erlangen inne, 1827 wurde er als ordentlicher Professor an die Universität München berufen. Preußens Friedrich Wilhelm IV. berief ihn 1841 nach Berlin, 10 Jahre nach Hegels Tod, um die »Drachensaat« des Hegelianismus auszurotten; Schellings Antrittsvorlesung, bei der er mit dem Anspruch eines Vollenders der Philosophie auftrat, war ein Ereignis ersten Ranges; zu seinen Füßen saßen Hörer vieler Nationen und Religionen, u. a. auch Kierkegaard und Engels. Mit der Zeit wurde der Zulauf zu seinen Vorlesungen geringer. Nach einem verlorenen Prozess gegen die Herausgabe einer unautorisierten Vorlesungsmitschrift resignierte er verbittert und gab 1846 seine Lehrtätigkeit auf. Die ihm verbleibenden Lebensjahre widmete er dem Versuch, sein Werk zu vollenden. Indes, es blieb ein Versuch. Der Tod ereilte ihn 1854 bei einem Kuraufenthalt in Bad Ragaz in der Schweiz.

Schellings philosophische Entwürfe segeln unter mehreren Flaggen: Identitäts-Philosophie, Ich-Philosophie, Natur-Philosophie und Philosophie der Offenbarung. Eine exakt abgegrenzte Untersuchung aller wechselnden Ausgangspositionen ist in diesem Rahmen zu aufwändig; daher soll nur ein grober Streifzug durch Schellings Denkansätze geboten werden.

1. Kant hatte den Weg gewiesen mit seinem Grundsatz, dass das »Ich denke« alle Vorstellungen stets begleite. Fichte war noch einen Schritt weitergegangen und hatte mit dem »Ding an sich« auch noch Kants Restbestand einer von außen gegebenen Wirklichkeit weitgehend verworfen und die uns umgebende Natur lediglich als Betätigungsort für sittliches Handeln zugestanden. Der anfangs begeisterte Fichteaner Schelling sah darin eine »Vergewaltigung der Natur« und entwarf mit seiner Naturphilosophie eine Aussöhnung von Fichtes Idealismus mit der Wirklichkeit.

2. Der Weg, den Schelling einschlägt, beginnt mit der Übernahme von Fichtes Gründung der Wirklichkeit im Ich. Dies aber, kritisiert er an Fichte, erkläre nur die geistige Seite der Wirklichkeit, nicht aber die tatsächliche außerhalb des Ich. Für ihn ist die Natur in der Fülle aller ihr eigenen Lebendigkeiten ein beseelter Organismus; sie sei mehr als nur ein System gesetzmäßig verbundener Erscheinungen (I. Kant) und mehr als nur ein Feld der Ich-Tätigkeit (J. G. Fichte). Der Hintergrund für diese Einsicht war der Höhenflug naturwissenschaftlicher und technischer Erkenntnisse: die Entdeckung des Uranus, der Ballonflug der Brüder Montgolfier, die Erfindung der Dampfmaschine, die Begründung der neuen Elektrizitätslehre durch Galvani und Volta usw. Für Schelling, der schon früh von der Liebe zur Natur beseelt war, fielen hier Faszination für und Erschrecken über eine rein mechanistische Sicht der Natur zusammen.

3. So entwickelt Schelling den Ansatz Fichtes, die Natur als Entfaltungen des Selbstbewusstseins zu sehen, noch in eine andere Richtung, und zwar rückwärts: die Natur als zwingend zu denkende Voraussetzung des Selbstbewusstseins in der Vergangenheit; die Natur als Geschichte des Ich, geschrieben vom gegenwärtigen Selbstbewusstsein, geschehen als tatsächliche Entwicklung, ausgehend von Mineralien, Pflanzen, Tieren usw., schließlich mündend im kommenden Ich (D. Göbel).

Somit orientiert Schelling das Bewusstsein von Anfang an an etwas, das nicht von diesem produziert wurde, und begründet damit den *objektiven Idealismus.* Von diesem Ausgangspunkt aus entwickelt er seine Naturphilosophie, was konsequenterweise zum Bruch mit Fichte führte.

> Da in unserem Geiste ein unendliches Bestreben ist, sich zu organisieren, so muß auch in der äußeren Welt eine allgemeine Tendenz zur Organisation sich offenbaren. So ist es wirklich. Das Weltsystem ist eine Art von Organisation, das sich von einem gemeinschaftlichen Centrum aus gebildet hat. Die Kräfte der chemischen Materie sind schon jenseits der Grenzen des bloß Mechanischen. Selbst rohe Materien, die sich aus einem gemeinschaftlichen Medium scheiden, sch[l]ießen in regelmäßigen Figuren an. Der allgemeine Bildungstrieb der Natur verliert sich zuletzt in einer Unendlichkeit, welche zu ermessen selbst das gewaffnete Auge nicht fähig ist. Der stete und feste Gang der Natur zur Organisation verrät deutlich genug einen regen Trieb, der, mit der rohen Materie gleichsam ringend, jetzt siegt, jetzt unterliegt, jetzt in freieren, jetzt in beschränkteren Formen sie durchbricht. Es ist der allgemeine *Geist* der Natur, der allmählich die rohe Materie sich selbst anbildet. Vom Moosgeflechte an, an dem kaum noch die Spur der Organisation sichtbar ist, bis zur veredelten Gestalt, die die Fesseln der Materie abgestreift zu haben scheint, herrscht ein und derselbe Trieb, der nach einem und demselben Ideal von Zweckmäßigkeit zu arbeiten, ins Unendliche fort ein und daßelbe Urbild, *die reine Form unseres Geistes*, auszudrücken bestrebt ist.
> (F.W. Schelling »Abhandlungen zur Erläuterung des Idealismus der Wissenschaftslehre«, in: ›Schellings Werke‹ I, S. 310f.)

4. Das Wesen der Natur außer uns und das Wesen des Geistes in uns sind gleich. Ideale und reale Wirklichkeit bilden eine Einheit. Der gemeinsame Grund, den Schelling anfangs im Ich fand, genügt nicht mehr, da Geist und Natur noch im Ich unterschieden wurden. Was Geist und Natur umschließt, wird jetzt im Absoluten gefunden. Schelling greift den Gedanken Spinozas von der absoluten Substanz auf und wandelt ihn in den einer absoluten Vernunft um, die er *Gott* nennt. Die Natur als sichtbarer Geist und der Geist als unsichtbare Natur sind in dieser absoluten Vernunft bereits eins. Diese ist die »totale Indifferenz« der Gegensätze von Subjektivem und Objektivem (*Indifferenz*: »Unterschiedslosigkeit«). Selbst die Unterscheidung von Bewusstsein und Materie beinhaltet keinesfalls eine Aufgabe ihrer Einheit. »Außer der Vernunft ist nichts, in ihr ist alles.« Nur die absolute Unendlichkeit der Vernunft bürgt für wahre Wirk-

lichkeit, da Endliches nicht wahrhaft wirklich sein kann. Das, was uns als qualitative Unterschiedenheit von Subjekt und Objekt erscheint, ist in Wahrheit nur quantitativ: Im Weltprozess überwiegt einmal der materielle Aspekt als objektiver Faktor, ein andermal der geistige Aspekt als subjektiver Faktor, alle uns als Realität erscheinenden Erscheinungen biegen sich ins Absolute zurück. Dies brachte ihm die Kritik Fichtes und den Spott Hegels ein, Schellings Absolutes sei die Nacht, in der alle Kühe schwarz seien.

5. Wie geht nun aus der absoluten Einheit die Mannigfaltigkeit der Naturerscheinungen hervor? Diese Letzteren, so seine Antwort, haben als Gemeinsamkeit ein trennendes Prinzip: das dualistische Gegensatzprinzip, wie Anziehung und Abstoßung, positive und negative Elektrizität usw. Er nennt es das *Prinzip der Polarität*, für welches das Gesetz des Magnetismus ihm als Musterfall dient. Diese polaren Verhältnisse sind der Grund, warum sich das Absolute als Prozess der Selbstentäußerung zur Welt hin entfalten kann.

Diese Polarität, die Schelling in der Natur als sichtbarem Geist und im Geist als unsichtbarer Natur findet, besteht einerseits aus dem negativen oder realen Pol, der Natur, deren Lebensprinzip er *Weltseele* nennt. Andererseits aus dem positiven oder idealen Pol, dem Geist, der sich in drei Stufen entwickelt: im theoretischen, praktischen und künstlerischen Bewusstsein.

6. Während Kant einen letzten Zusammenhang zwischen theoretischem und praktischem Bewusstsein nicht erkennen ließ, und Fichte als gemeinsame Wurzel beider die Tathandlung des Ich entdeckte, sah Schelling diesen Grund im ästhetischen Bewusstsein: Das künstlerische Schaffen stellt die Identität zwischen dem Wissen und Wollen einerseits und dem bewusstlos schaffenden Geist in der Natur andererseits her. Dieser Entwurf einer Philosophie der Kunst dürfte Schellings originellste und eindringlichste Leistung sein. Die Kunst ist »Synthese von Natur und Freiheit«, ist »tätiges Band« zwischen Mensch und Natur.

> Das Kunstwerk reflektiert uns die Identität der bewußten und der bewußtlosen Tätigkeit. Aber der Gegensatz dieser beiden ist ein unendlicher, und er wird aufgehoben ohne alles Zutun der Freiheit. Der Grundcharakter des Kunstwerks ist also eine bewußtlose Unendlichkeit [Synthesis von Natur und Freiheit]. Der Künstler scheint in seinem Werk außer dem, was er mit offenbarer Absicht darein gelegt hat,

instinktmäßig gleichsam eine Unendlichkeit dargestellt zu haben, welche ganz zu entwickeln kein endlicher Verstand fähig ist [...]
So ist es mit jedem wahren Kunstwerk, indem jedes, als ob eine Unendlichkeit von Absichten darin wäre, einer unendlichen Auslegung fähig ist, wobei man doch nie sagen kann, ob diese Unendlichkeit im Künstler selbst gelegen habe, oder aber bloß im Kunstwerk liege.
(F. W. Schelling »System des transzendentalen Idealismus«, in: ›Schellings Werke‹ II, S. 619f.)

Im Kunstwerk kommen freie Produktion des Geistes und bewusstlose Produktion der Natur zur Übereinstimmung. In ihm wird das Absolute anschaulich, symbolisiert in den mannigfaltigen Mythologien der unterschiedlichen Kulturkreise, in denen es seine Basis hat. Der von Fichte entliehene Begriff der »intellektuellen Anschauung« wird nun zum ästhetischen Organ, das den Mensch-Natur-Kosmos als einheitliches Kunstwerk zu durchschauen vermag.

7. Schellings nächste Phase, die mit der Schrift ›Philosophie und Religion‹ 1804 beginnt und mit den ›Philosophischen Untersuchungen über das Wesen der menschlichen Freiheit‹ 1809 ihren Höhepunkt erreicht, wird als *Philosophie der Freiheit* bezeichnet. Sie zielt auf den Zusammenhang von Gott und Welt, der gewahrt werden soll, ohne allerdings einem Pantheismus das Wort zu reden. Zentral dabei ist das uralte Grundproblem des Bösen, das zu Gott als dem Prinzip des Guten in Widerspruch steht. Wenn Freiheit das Vermögen zum Guten *und* Bösen ist, und wenn weiterhin alles Vermögen von Gott stammt, dann müsste die Befähigung zum Bösen ebenfalls von Gott stammen. Wird das Böse aber durch einen Abfall von Gott gedeutet, muss dessen Grund auch in Gott gesucht werden, wenn das Böse kein ursprüngliches Prinzip sein soll. Gibt es aber Freiheit und das Böse als ein ursprüngliches Prinzip, dann gibt es etwas von Gott Unabhängiges. Das Böse als Voraussetzung für Freiheit wäre dann nur außerhalb Gottes möglich.

Schelling löst diesen Widerspruch, der nichts anderes als das uralte Theodizee-Problem ist (*Theodizee*: »Rechtfertigung Gottes angesichts des Bösen«), indem er auch im Absoluten einen Grund annimmt, einen von Gott unterschiedenen Urgrund, der ihm vorausgeht, der in Gott, aber nicht Gott selbst ist. Begrifflich können wir ihn nur mit Worten wie *blinder, dunkler Wille* oder *Verstandloses* umkreisen. Aber nur mit einem solchen »Ungrund« in Gott ließe sich Böses, Schuld, Tragik oder Sinnloses erklären. Das Absolute begibt sich in einen Werdeprozess, an dessen Anfang sich Gott noch nicht entfaltet hat. In einer gewissen Entsprechung zum Werdeprozess Gottes entwickelt sich die Menschheit frei im Kampf zwischen Gut und Böse und mündet in die Geschichte mit ähnlichen Phasen, die in den diversen Weltaltern abzulesen sind. Aber diese Nachzeichnung der Weltalter, die ursprünglich das zentrale Anliegen von Schellings Philosophie sein wollte, blieb unvollendet.

8. Mit dem zunehmenden religiösen Interesse Schellings geht ab 1804 eine Abwendung von seiner Identitätsphilosophie einher. Es scheint, als ob Schelling anfange, eine Grenze zu ziehen. Was bisher gedacht worden ist, wird auf einmal zur »negativen Philosophie«, was nicht als »irrational« missverstanden werden darf, sondern als »Denken innerhalb von rationalen Grenzen«. In diesen aber kann die letzte philosophische Wahrheit nicht ausgemacht werden. So entsteht der Entwurf einer »positiven Philosophie«, die in Mythologie und Offenbarung ihre eigentlichen Themen findet. Beginnend mit den Mythen der Vorzeit entfaltet sich das Absolute als eine fortschreitende Offenbarung Gottes bis hin zur christlichen Religion. Analog zu seiner Potenzenlehre sieht er auch in der Offenbarung ein sich in drei Potenzen entwickelndes Sein, das sich in der Trinität widerspiegelt. Auch hinsichtlich der Entwicklung des Christentums meint Schelling drei Perioden konstruieren zu können: die petrinische des Katholizismus, die paulinische des Protestantismus und die johanneische, in der der Geist allein herrscht. Das Phantastische beginnt nun überhand zu nehmen. Es heißt, seine Philosophie verliere sich als dialektische Scharlatanerie ins Uferlose. Feuerbach wird all dies später als »theosophische Posse« belächeln.

*

Eine abschließende Würdigung Schellings fällt schwer. Dass von ihm Anregungen für Kierkegaard, Schopenhauer und Nietzsche, aber auch für Freud ausgegangen sind, steht außer Frage. Oft wird auch behauptet, unter Schelling würde der Idealismus in die empirischen Wissenschaften bzw. in existentialistische Formen des Denkens überführt werden. Das ist sicher nicht falsch, nur: Schelling reagierte lediglich auf einen Prozess, der nach dem Tode Hegels bereits in Gange war. Auch ohne ihn wäre dieser Zug abgefahren.

Georg Wilhelm Friedrich Hegel

Georg Wilhelm Friedrich Hegel* (1770–1831) Nach den großen Weltentwürfen eines Aristoteles, Thomas von Aquin und Kant war Hegels philosophisches System der letzte geschlossene Philosophieentwurf der abendländischen Philosophie. Nach Hegel hat kein Denker mehr ein derart geschlossenes System geliefert, das einen nennenswerten Einfluss auf den Gang der Welt gehabt hätte. Karl Marx hat Hegels ›Phänomenologie des Geistes‹ als »Geburtsstätte« seiner Philosophie betrachtet und es zum berühmtesten und wirkungsmächtigsten Buch erklärt.

Am 27. August 1770 erblickte Georg Wilhelm Friedrich Hegel in Stuttgart das Licht der Welt. Der Vater war Herzöglicher Rentkammersekretär; seiner Ehe mit Maria Magdalena Fromme entstammten noch Sohn Georg Ludwig, der Offizier wurde und recht bald starb, und Schwester Christiane, die ihren berühmten Bruder um ein Jahr überleben sollte, bevor sie im Jahre 1832 Selbstmord beging. Der kleine G.W.F. kam mit drei Jahren in die Schule, mit fünf in die Lateinschule und mit sieben ans Stuttgarter Gymnasium. Die Mädchen haben die Nase gerümpft, als sie des unscheinbaren Studenten ansichtig wurden, der meist nachlässig und altmodisch gekleidet war. Nach durchzechter Nacht musste er sich auch anhören, wie ein Stubengenosse jammerte: »O Hegel, du saufscht dir gewiss no dei bissle Verstand vollends ab!«

Im Herbst 1788 bekam er im legendären Tübinger Stift einen Platz, wo er Philosophie und evangelische Theologie studierte. Die fünf Jahre im Stift prägten sein Leben, es war die Zeit der Französischen Revolution und die Zeit der Freundschaft mit Hölderlin und Schelling.

Nach acht eintönigen Jahren als Hauslehrer traf Hegel 1801 in Jena ein, wo er habilitiert wurde und fast ein Jahr bei Schelling wohnte. Für Hegel wurde Jena zur Schicksalsstadt. Seine berühmte Schrift ›Differenz des Fichteschen und Schellingschen Systems der

* Eine ausführliche Abhandlung von Hegels Philosophie findet sich in: Ralf Ludwig ›Hegel für Anfänger. Die Phänomenologie des Geistes‹. München 2013.

Philosophie‹ entstand. Das erste Treffen mit Goethe in Weimar kam zustande, der fortan seine schützende Hand über ihn hielt und bei Karriereproblemen und Finanznöten mehrfach eingriff. 1805 wurde Hegel an der Jenaer Universität zum außerordentlichen Professor für Philosophie ernannt.

Während Hegel die letzten Seiten der ›Phänomenologie‹ schrieb, dröhnten noch die letzten preußischen und französischen Kanonen. Im selben Jahr empfing seine Hauswirtin Christiane Fischer ein Kind, das den Namen Ludwig erhielt. Das Kind stammte von Untermieter Hegel. Dieser Sohn sollte sich später von der holländischen Armee anwerben lassen, die ihn nach Niederländisch-Indien (heute: Indonesien) verschiffte. Ludwig starb 1831 auf Java an Malaria, knapp drei Monate vor seinem inzwischen berühmt gewordenen Vater.

Nach einem Intermezzo in Bamberg als Chefredakteur einer Zeitung wurde Hegel 1808 Rektor des Ägidien-Gymnasiums in Nürnberg, einer Gründung des Reformators Melanchthon. Dort heiratete er auch die 21 Jahre jüngere Marie von Tucher. Das erste Kind aus der Ehe war ein Mädchen und starb gleich nach der Geburt. Sohn Karl sollte das hohe Alter von 85 Jahren, Sohn Immanuel das Alter von 77 Jahren erreichen.

1812 erschien die dreibändige ›Wissenschaft der Logik‹, von der Hegel kühn behauptet, es wären die Gedanken Gottes vor der Schöpfung. Nach acht Jahren Nürnberg und zwei Jahren Heidelberg wurde Hegel nach Berlin berufen und betrat 1818 die Bühne seines größten Erfolgs. Hegel wurde unter dem zaudernden Reformkönig Friedrich Wilhelm III. zum Staatsphilosophen Preußens schlechthin. Seine Kollegs zwischen 12 und 13 Uhr waren das gesellschaftliche Ereignis in Berlin mit bis zu 200 Zuhörern, zum Teil aus aller Herren Länder, die nach Berlin wallfahrteten, nur um den großen Hegel zu hören.

Aber es gab auch Widersacher, z. B. den charismatischen Friedrich Daniel Schleiermacher, angeblich der bedeutendste Theologe seit Luther. Es kam zur Rivalität zwischen beiden anlässlich der Amtsenthebung des Theologen De Wette, bei der Schleiermacher Hegel »erbärmlich« nannte. Genüsslich wird kolportiert, die beiden gelehrten Herren seien mit Messern aufeinander losgegangen.

Ein anderer Widersacher ist Schopenhauer. Hegel ebnete ihm den Weg für seine Habilitation und ahnte nicht, dass er in dessen

Werk grob beschimpft werden sollte. Die freundliche Palette reicht von »geistiger Kaliban« (primitiver Rohling) und »Afterphilosoph« bis hin zu »Windbeutelei« und »Scharlatanerei«.

1831 stand die Cholera vor den Toren Berlins. Am 14. November 1831 um 17.15 Uhr starb Hegel. Als offizielle Todesursache wurde die asiatische Cholera angegeben. Zwei Tage später wurde er auf dem Dorotheenstädter Friedhof zu Grabe getragen und neben Fichte beerdigt. Dies war sein letzter Wunsch gewesen.

Von allen seinen Werken ist die ›Phänomenologie des Geistes‹ sicher das wirkungsmächtigste. Deshalb wollen wir uns darauf beschränken und es wegen seiner komplexen Sprache Schritt für Schritt erläutern.

Eine kurze Abklärung

Phänomenologie heißt: »Lehre von den ›Erscheinungen‹« (*Phänomenen*). Was in Erscheinung treten soll, ist der Geist, sein Wesen und das Wissen von ihm. *Wesen* und *Erscheinung* sind nicht nur Begriffe der Philosophie, sondern auch des Alltags. Nehmen wir als Beispiel die Liebe: Sie hat ein Wesen, aber auch verschiedene Arten, in Erscheinung zu treten: als Vertrauen, Gefühlsrausch, Zärtlichkeit oder Begierde. Aber nicht nur die Liebe, sondern auch das gesamte Sein tritt in Erscheinung, und zwar im Wissen davon. So untersucht Hegel das Wissen vom Wesen der Dinge.

Dialektik: Hegel selbst bezeichnete einmal Goethe gegenüber die Dialektik als einen geregelten, methodisch ausgebildeten Widerspruchsgeist, der jedem Menschen innewohne. Das griechische Wort *dialektikē technē* bedeutet »Kunst der Unterredung«; diese wurde zum beherrschenden Stilmittel der berühmten platonischen Dialoge. Somit ist *Dialektik* am besten zu übersetzen mit »Methode von Rede und Widerspruch«. Dies führt zu der bekannten Formel von These, Antithese und Synthese, die aber von Hegel nie in dieser einfachen Form verwendet wurde.

Hegels eigenes Beispiel von dem dialektischen Weg der Knospe (These) über die Blüte (Antithese) zur Frucht (Synthese) in der »Vorrede« besagt im Grunde: *Die Wirklichkeit befindet sich in einer Bewegung.* Und die Dialektik ist das Bewegungsgesetz des Lebens.

Teil 1: Bewusstsein

1. Die sinnliche Gewissheit

Hegel geht von einem Bewusstsein aus, das normaler und natürlicher gar nicht sein kann: ein Bewusstsein, das auf der Vergewisserung der Gegenstände um uns herum mit unseren Sinnen fußt.

Wenn ich etwas sehe, gibt es eine Beziehung zwischen dem, der sieht (Hegel nennt ihn »Dieser als Ich«, »Dieses Ich«) und dem, was gesehen wird (»Dieses als Gegenstand«).

Nehmen wir als Beispiel einen Baum. Aus dem reinen (bloßen) Sein des Baumes fallen zwei *Diese* heraus, oder besser, treten heraus:

- dieses Ich oder das reine Ich,
- dieser Gegenstand: der Baum.

Wenn Hegel sagt, weder das Ich noch der Gegenstand seien »unmittelbar, sondern vermittelt«, heißt das: Die sinnliche Gewissheit des Ich lebt von etwas anderem (dem Baum). Und das Sein des Baumes braucht für seine Gewissheit (d.h. *für sein Gewusstwerden)* das Ich.

Zwei Begriffe müssen jetzt zwingend eingeführt werden, ohne die Hegels Philosophie nicht verstanden wird: das *An-sich* und das *Für-ein-anderes.*

Der Baum ist *an sich* ein Baum, unabhängig davon, wer sich alles Gedanken um ihn macht. Aber sein An-sich-Sein hilft nicht weiter. Wenn er *für mich*, für mein Wissen, ein Baum ist, führt er eine Bestimmung mit sich, die Hegel *Für-einen-sein* oder *Für-einen-anderen-sein* nennt.

Mit dieser Einsicht muss die sinnliche Gewissheit den Anspruch, unmittelbare Gewissheit zu sein, zu Grabe tragen.

Bei näherer Betrachtung des Wortes *Dieses* entdecken wir etwas, was die sinnliche Gewissheit blind übergangen hat: Wenn ich auf etwas deute und »Dieses da« sage, ist damit immer etwas Räumliches und Zeitliches, ein Hier und ein Jetzt, verbunden.

Somit habe das *Dieses* ein doppeltes Sein, sagt Hegel und meint damit: Dem Hier und dem Jetzt wird ein Sein zugesprochen:

Das Jetzt ist: Den Baum, den ich um 9 Uhr sehe, sehe ich nicht unbedingt um 20 Uhr.

Das Hier ist: Den Baum, den ich in der Landschaft sehe, sehe ich nicht unbedingt in meinem Wohnzimmer.

Die Formeln *Dieses*, *Jetzt* und *Hier* gelten im Gegensatz zu den einzelnen Sachen allgemein. Deshalb werden sie von Hegel ein *Allgemeines* genannt. Somit ist das Allgemeine und nicht das Einzelne die Wahrheit der sinnlichen Gewissheit, und nicht die vermeintlichen Einzeleindrücke.

Ein dritter wichtiger Ausdruck ist die *Negation.*

Sage ich »Jetzt ist Nacht«, stimmt dies irgendwann einmal nicht mehr. Wenn das *Jetzt* ausgesprochen ist, hat es schon aufgehört zu sein. Die Wahrheit ist »verschwunden«, sie ist »aufgehoben«.

Hier sagt Hegel etwas Kostbares (neue Bedeutung: »auf-heben«). Wir sind es gewohnt, es negativ zu sehen, wenn eine Behauptung aufgehoben wird. Nein, die Aussage, dass jetzt Nacht ist, wird wie ein wertvolles Stück Papier (vom Boden) aufgehoben, d.h. aufbewahrt. Beispiel:

1. Ich behaupte »Das Jetzt ist« als erste Wahrheit.

2. Dies aber ist nicht mehr ganz richtig, weil das Jetzt gewesen ist. Es wird negiert/verneint und damit »auf-gehoben«. Das ist die zweite Wahrheit.

3. Gewesenes aber kann nicht sein, deshalb muss ich das Aufgehobensein der zweiten Wahrheit selbst aufheben.

Somit bin ich zurückgekehrt zum ersten »Das Jetzt ist«, allerdings in veränderter Form (z.B. *Jetzt ist Mittag*).

2. Die Wahrnehmung

In der Wahrnehmung als zweiter Denkbewegung nimmt das Ding (unter Aufbewahrung der Sinneserfahrung) endlich Konturen an, denn das Ding entpuppt sich als Träger von Eigenschaften. Das Bewusstsein entdeckt wahr-nehmend (die Wahrheit nehmend) am Gegenstand Bestimmungen und Unterschiede.

Eigenschaften, die notwendig zu einem Gegenstand dazugehören, müssen also für die Wahrnehmung von ihm unterschieden werden: Das Säuerliche, das zum Apfel wesentlich dazugehört, muss als Eigenschaft von ihm unterschieden werden, damit ich den Begriff *Apfel* habe.

Aber: Jedes wahrgenommene Ding leidet an einem Widerspruch. Es ist Eins, sofern es sich von anderen Dingen unterscheidet (das Einssein des Apfels besteht darin, dass er keine Zitrone ist). Es ist aber auch ein Allgemeines, weil es für-mich (im Sinne von: für-einanderes) in unzählige Bestimmtheiten zerfällt (der Apfel hat Eigenschaften, die allgemein sind; so haben beispielsweise das Säuerliche auch Essig und Zitrone).

Hegel unterscheidet zwischen einer positiven Allgemeinheit der Eigenschaften – *scharf*, *eckig*, *weiß* und *schwer* widersprechen sich nicht – und einer negativen Allgemeinheit von Eigenschaften – *süß* schließt *scharf* aus, *rund* schließt *eckig* aus.

Ein weiterer Begriff muss jetzt abgeklärt werden: das *Für-sich-Sein*. Mit der zweiten Denkbewegung hat aber das Ich als Wahrnehmendes dem Ding bestimmte Bedingungen untergeschoben: dass es allgemein ist, sei es positive oder negative Allgemeinheit, und vor allem, dass die Einheit ihre Verschiedenheit in sich führt. Kurzum: das Ding ist zum Begriff geworden. *Das An-sich wird über das Für-andere-sein zum Für-sich.*

Fazit: Ohne das An-sich-Sein des Dinges geht zwar nichts, aber das Ding kann nur in seinem Für-sich-Sein *gedacht* werden.

So kommt Hegel zu dem Ergebnis, dass auch die Wahrnehmung unser Wissen nur ein bisschen weiterführt, weil alle Wahrnehmung nur ein Spiel von »leeren Abstraktionen« ist und Tür und Tor für Täuschungen weit offen hält.

3. Kraft und Verstand

Ziel der dritten Stufe der Erkenntnis ist, aus dem Strudel der Täuschungen herauszukommen, ins Innere des Dings an sich zu blicken. Hat das Ding im Inneren eine »Seinsverfassung«, ähnlich wie jeder Staat eine Verfassung hat, die das Gesamtsein seiner Bürger zusammenhält?

Ja, findet Hegel. Er erhebt seinen Fund in den Rang einer *Kategorie.* Eine Kategorie ist für ihn ein Organisationsprinzip, das dem Verstand aufgedrückt wird, um dessen Denken zu ordnen und zu formen. Die Kategorie heißt bei Hegel *Kraft.* Sie ist eine Art Ur-Kategorie, die zwei Seiten hat:

- Eine *äußere*: Es ist die Kraft, die wirken muss, sie ist das Für-andere-sein der Kraft.
- Eine *innere*: Kraft muss aber auch irgendwoher kommen und nicht mit der Äußerung verbraucht sein.

Beispiel: Ein Boxer schlägt mit seiner Faust auf den Trainingsball ein. Die Kraft im Inneren des Boxers (Muskel, Arm) hat sich in einer Erscheinung geäußert und kehrt nach dem Schlag zurück. Die zweite Kraft steckt im Punchingball: Unbestreitbar geht von diesem eine Kraft aus, die der Schläger als Schmerz oder Widerstand spürt. Wechselseitig ziehen beide Kräfte ihre Kraftfelder in sich zurück.

Hier hat Hegel die Tür schon ein wenig aufgestoßen, um ins Innere der Dinge schauen zu können. Nachdem sich Kraft geäußert hat, bleibt das Wesen der Kraft in ihrer latenten Spannung erhalten, und der Verstand weiß jetzt den ersten Begriff von Kraft wirklich als Begriff (»diese Einheit ist *ihr Begriff als Begriff*«).

Hegel gerät ins Schwärmen: »der Vorhang ist [...] vor dem Innern weggezogen.«

Was aber erblickt der Verstand? Nichts. Das ist kein Scherz, denn das Nichts bezieht sich auf unsere Sinne. Das Innere der Dinge ist leer und reines Jenseits für das sinnliche Bewusstsein.

Hier ist die Nahtstelle zwischen sinnlicher und nicht mehr sinnlicher Welt. Es ist wie bei dem Scharnier einer Pendeltür, die Kraft schlägt als Äußerung in die Welt um, wo sie auch als Äußerung erscheint, um in der Gegenbewegung in die übersinnliche Welt zurückzuschwingen, in welcher sie als abstrakter Begriff zu Hause ist.

Beispiel: Die Kraft des Salzes als ein Für-anderes äußert sich auf der Zunge, im Für-sich-Sein aber findet das Salz seine Wahrheit bei dem Wissen des Verstandes von der Kategorie der Kraft, die im Salz steckt, so z.B. in der chemischen Formel *NaCl*.

Somit ist mein Bewusstsein vom Gegenstand nicht das Bewusstsein von einer fremden Wirklichkeit, sondern das Bewusstsein von meinem Wissen. Und das ist für Hegel das Selbstbewusstsein.

4. Das Selbstbewusstsein

Das Selbstbewusstsein weiß um sich, das geht aus dem Wort hervor. Das aber ist nicht alles. Wäre es alles, wäre es »bewegungslose Tautologie«, denn mit dem Wissen »Ich bin Ich« ist nichts gewonnen.

Im Wissen setzt sich das Ich dem Gewussten gegenüber. Wohlgemerkt: Es setzt sich jetzt nicht dem Gegenstand gegenüber, sondern dem gewussten Gegenstand.

Beispiel: Ein Forscher untersucht unter dem Mikroskop eine Bakterienkultur und entwickelt die Theorie X. Bei dieser Untersuchung ist das Wissen des Mannes nicht eine Beziehung zwischen ihm und den Bakterien, sondern es ist eine Beziehung zwischen ihm und der Theorie X. Das Wissen bezieht sich somit auf sich selbst. Das ist für Hegel Selbstbewusstsein.

> Nunmehr aber ist dies entstanden, was in diesen früheren Verhältnissen nicht zustande kam, nämlich eine Gewißheit, welche ihrer Wahrheit gleich ist; denn die Gewißheit ist sich selbst ihr Gegenstand, und das Bewußtsein ist sich selbst das Wahre. Es ist darin zwar auch ein Anderssein; das Bewußtsein unterscheidet nämlich, aber ein solches, das für es zugleich ein nicht Unterschiedenes ist.
> (G. W. F. Hegel »Phänomenologie des Geistes«, in: ›Werke in 20 Bänden‹ 3, S. 137)

Wenn Hegel sagt, das Bewusstsein unterscheide, was für das Bewusstsein zugleich ein nicht Unterschiedenes ist, heißt das: Im Satz *Ich weiß um mich* ist das *Mich* zwar formal ein Unterschied zum *Ich*, aber ich weiß mich auch in eins mit dem Unterschied.

Darüber hinaus gibt es aber jetzt nicht nur dieses Wissen, sondern auch ein Wissen von diesem Wissen. Vom einfachen Wissen um meinen Hunger zum Wissen um dieses Wissen vom Hunger liegt eine eindeutige Steigerung von Erkenntnis: Der Mensch kann mit diesem Wissen fasten, das Tier aber wird hungern, weil es nicht um sein Wissen vom Hunger weiß.

Bis hierher hat Hegel das Selbstbewusstsein nur definiert. Wissen sollte aber nicht nur beim Wissen haltmachen, es muss sich auch zum Leben verhalten. Hier kommt das berühmte Wort Hegels von der *Begierde* ins Spiel.

Wer sich praktisch verhalten *will*, muss dies *wollen*. So ist die Grundlage allen praktischen Verhaltens das Wollen, das Begehren. Dieses Wollen nennt Hegel *Begierde*.

Es genügt nicht zum Leben, dass ich körperlich existiere. Ich hänge von fremder Wirklichkeit ab, ich brauche äußere Dinge. So muss ich das Andere verneinen, um es für mich gebrauchen zu können. Beispiel: Das Sein von Holz oder Öl muss vernichtet werden, um für mich Wärme zu sein.

Begierde hat aber auch mit Wissen zu tun, denn Menschen besitzen auch einen Wissensdrang. Auch dies ist Begierde. Somit ist Begierde die praktische Seite des Selbstbewusstseins.

Dieser Gedanke gipfelt in dem Satz von der Verdoppelung des Selbstbewusstseins.

> Das Selbstbewußtsein erreicht seine Befriedigung nur in einem anderen Selbstbewußtsein.
> (G.W.F. Hegel »Phänomenologie des Geistes«, in: ›Werke in 20 Bänden‹ 3, S. 144)

Gemeint ist hier kein Aufeinandertreffen zweier Menschen mit Selbstbewusstsein, sondern: Genauso, wie das Bewusstsein Erfahrungen mit den Dingen gemacht hat, macht jetzt auch das Selbstbewusstsein Erfahrungen: *mit sich*. Es will praktisch werden und sich auf das Leben beziehen. Leben aber, das nicht nur auf Menschen beschränkt ist, ist nicht nur Einzelnes, sondern auch Allgemeines. Der Strauch ist nicht nur einzelnes Gestrüpp, sondern auch allgemein Teil einer Gattung *Strauch* (Heckenstrauch, Efeustrauch ...).

Hegel spricht dem Für-sich-sein der Natur vorerst die Qualität eines Selbstbewusstseins zu. Dieses hat aber keine richtige Selbstständigkeit, da es nicht um sich weiß und sich in der Gegenständlichkeit der Welt verloren hat.

Diesem Selbstbewusstsein tritt mein eigenes Selbstbewusstsein gegenüber, das um sich weiß und das andere Selbstbewusstsein ergreifen möchte. Somit hat Hegel zwei Selbstbewusstseine. Hegel nennt dies die *innere Dopplung* des Selbstbewusstseins. Beide »Selbstbewusstseine« sind aufeinander bezogen:

- Das, welches sich als sich selbst weiß, das sein Ich in absoluter Identität erhalten will, und
- das, welches nur um sich weiß, weil es angeblich Anderes, von ihm Unterschiedenes gibt: Gegenstände, Natur usw.

Das Resultat: *Das Selbstbewusstsein verdoppelt sich in der Unterscheidung seiner selbst.*

5. Herrschaft und Knechtschaft

Dieses Kapitel gilt als »heimliches Zentrum« der ›Phänomenologie‹: von den einen als Hegels Meisterstück gepriesen, von anderen als welthistorisch drapiertes Maskenspiel verspottet oder von wieder anderen als Spiegel des Todeskampfes der bürgerlichen Gesellschaft entdeckt.

Zu Beginn des Kapitels sieht es so aus, als träfen zwei Menschen aufeinander, deren Selbstbewusstseine um gegenseitige Anerkennung ringen. Aber es gilt auch hier: Es handelt sich um die Verdoppelung des Selbstbewusstseins innerhalb *eines* Menschen.

Das Ich, das sich in seiner Bindung an die Gegenstände in einen Gegensatz zu seinem anderen Ich gebracht hat, kehrt in sich selbst zurück, indem es sich als Einheit zu diesem Gegensatz begreift. Somit sind die Kontrahenten des Kampfes diese zwei Gestalten des Selbstbewusstseins:

- Das, welches um sich selbst weiß, dessen Begierde der Machtwille ist, sich selbst zu behaupten. Es möchte mit aller Macht seine Negation im Anderen verhindern.
- Das, welches sich an der gegenständlichen Welt verliert. Dessen Begierde will mit aller Macht der Welt anhängen und somit seine drohende Negation durch die andere Gestalt verhindern.

Das Ergebnis ist absehbar: Keine der beiden Gestalten kann ohne die andere existieren. Und am Ende tritt das ein, was Hegel fordert: »Sie erkennen sich als gegenseitig sich anerkennend.«

Sie erkennen sich an und sind sich dessen bewusst. Zu wechselseitiger Anerkennung zu gelangen, ist aber mit erheblichen Schwierigkeiten verbunden.

> Das Verhältnis beider Selbstbewußtsein[e] ist also so bestimmt, daß sie sich selbst und einander durch den Kampf auf Leben und Tod *bewähren.* – Sie müssen in diesen Kampf gehen, denn sie müssen die Gewißheit ihrer selbst, *für sich zu sein*, zur Wahrheit an dem andern und an ihnen selbst erheben. Und es ist allein das Daransetzen des Lebens, wodurch die Freiheit, wodurch es bewährt wird, daß dem Selbstbewußtsein nicht das *Sein*, nicht die *unmittelbare* Weise, wie es auftritt, nicht sein Versenktsein in die Ausbreitung des Lebens das Wesen, – sondern daß an ihm nichts vorhanden, was für es nicht verschwindendes Moment wäre, daß es nur reines *Fürsichsein* ist. Das Individuum,

welches das Leben nicht gewagt hat, kann wohl als *Person* anerkannt werden; aber es hat die Wahrheit dieses Anerkanntseins als eines selbständigen Selbstbewußtseins nicht erreicht. Ebenso muß jedes auf den Tod des andern gehen, wie es sein Leben daransetzt; denn das Andre gilt ihm nicht mehr als es selbst; sein Wesen stellt sich ihm als ein Andres dar, es ist außer sich, es muß sein Außersichsein aufheben; das Andre ist mannigfaltig befangenes und seiendes Bewußtsein; es muß sein Anderssein als reines Fürsichsein oder als absolute Negation anschauen.

(G.W.F. Hegel »Phänomenologie des Geistes«, in: ›Werke in 20 Bänden‹ 3, S. 148f.)

Hegel greift jetzt zu einem biblischen Gleichnis (Lk 17,7–10), dem Bertolt Brecht 1940/41 in seinem Theaterstück ›Herr Puntila und sein Knecht Matti‹ ein literarisches Denkmal gesetzt hat. In dem Gleichnis lässt Hegel die beiden Gestalten des Selbstbewusstseins als eigenständige Personen auftreten. Das Gleichnis von Herr und Knecht ist so bildkräftig, dass sich damit unwillkürlich ein Abgleiten der Sicht auf den sozialen Umgang von Menschen aufdrängt.

Der Herr

... ist das Moment im Selbstbewusstsein, das sich als reine Identität weiß. Es will sich durch kein Ding, keinen Gegenstand des Lebens bestimmen lassen. Es begreift aber nicht, dass mit der reinen Selbstständigkeit nichts gewonnen ist, weil es sich so nicht realisieren kann. Es blockiert die Realisierung, die nötig für die Selbsterhaltung ist.

Der Knecht

... ist das Moment im Selbstbewusstsein, das als endliches Selbst auftritt. Es ist fasziniert und gefangen von den Gegenständen, den Dingen dieser Welt. Es weiß von diesen Dingen, das natürliche Dasein ist ihm lieber, es weiß aber noch nicht um sich selbst. Aber wegen der Begrenztheit und Endlichkeit der Dinge hat es Todesfurcht, denn alles, was bestimmt ist, ist auch vom Ende bedroht.

Jetzt stellt Hegel die beiden Hauptspieler des Dramas selbst vor.

Der Herr bezieht sich *auf den Knecht mittelbar durch das selbständige Sein*; denn eben hieran ist der Knecht gehalten; es ist seine Kette, von der er im Kampfe nicht abstrahieren konnte, und darum sich als unselbständig, seine Selbständigkeit in der Dingheit zu haben, erwies. Der Herr aber ist die Macht über dies Sein, denn er erwies im Kampfe, daß es ihm nur als ein Negatives gilt; indem er die Macht darüber, dies Sein

aber die Macht über den Andern ist, so hat er in diesem Schlusse diesen Andern unter sich. Ebenso bezieht sich der Herr *mittelbar durch den Knecht auf das Ding*; der Knecht bezieht sich, als Selbstbewußtsein überhaupt, auf das Ding auch negativ und hebt es auf; aber es ist zugleich selbständig für ihn, und er kann darum durch sein Negieren nicht bis zur Vernichtung mit ihm fertig werden, oder er *bearbeitet* es nur. Dem Herrn dagegen *wird* durch diese Vermittlung die *unmittelbare* Beziehung als die reine Negation desselben oder der *Genus*; was der Begierde nicht gelang, gelingt ihm, damit fertig zu werden, und im Genusse sich zu befriedigen. Der Begierde gelang dies nicht wegen der Selbständigkeit des Dinges; der Herr aber, der den Knecht zwischen es und sich eingeschoben, schließt sich dadurch nur mit der Unselbständigkeit des Dinges zusammen, und genießt es rein; die Seite der Selbständigkeit aber überläßt er dem Knechte, der es bearbeitet.
In diesen beiden Momenten wird für den Herrn sein Anerkanntsein durch ein anderes Bewußtsein
(G.W.F. Hegel »Phänomenologie des Geistes«, in: ›Werke in 20 Bänden‹ 3, S. 151)

Der Herr verdankt seine Anerkennung zwei Beziehungen:

- Seiner Beziehung zum Knecht: Der Herr bezieht sich auf die Unselbstständigkeit des Knechtes, die dem Knecht im Kampf wie eine Kette war. Dieser, der vorerst unselbständige Knecht, war an diese Kette gefesselt, der Herr nicht. Deshalb hatte Letzterer ja den Kampf vorerst für sich entschieden, weil er als vorerst selbständiger Herr »die Macht über das Sein« hatte.
- Seiner Beziehung zum Ding, zur Welt der Gegenstände: Der Knecht hat zwar in seiner Beziehung zum Ding auch eine Negationskraft, aber sie ist so, dass er das Ding nicht vernichtet (er braucht es ja!), sondern auf-hebt und bewahrt: *er bearbeitet es, für den Herrn.*

Der Begierde des reinen Selbstbewusstseins, des Herrn, war es nicht gelungen, von sich aus das Andere zu negieren.

Auf dem Umweg über den Knecht aber gelingt es: Die Selbstständigkeit eines Dinges wird durch die Bearbeitung ein Unselbstständiges, das dem Herrn zum Genusse gereicht wird.

Jetzt geschieht die Umkehrung.

Bislang war das Verhältnis zwischen Herr und Knecht »ein einseitiges und ungleiches Anerkennen«. Aber diese vorerst einseitige

Anerkennung hat ihren Preis: Wenn das angeblich selbstständige Bewusstsein die Anerkennung in Form von fremder Arbeit für den eigenen Genuss annimmt, verändert es »die Wahrheit der Gewissheit seiner selbst«

Zur Wahrheit des Herrn gehört allmählich immer mehr, je länger er sich des Knechtes bedient, das, was ihm früher unwesentlich erschien. Der Herr verliert seine Selbstständigkeit, während diese unaufhaltsam in das Bewusstsein des Knechtes abwandert.

Für den Knecht war die Wahrheit der Herr. Die andere Wahrheit für das knechtische Bewusstsein war die Angst, nicht um dieses oder jenes, auch nicht nur vor dem Herrn, sondern vor dem Tod, den Hegel *absoluten Herrn* nennt, vor dem es gezittert und gebebt hat.

Die Wende in der Herr-Knecht-Beziehung tritt ein, die Negation ist dabei, selbst verneint zu werden. Man muss aufpassen, um die Wende nicht zu überlesen: »[D]ies Moment des reinen Fürsichseins [des Herrn] ist auch *für es.*« Durch seine Beziehung zum Knecht wird aus dem Fürsichsein des Herrn ein Für-den-Knecht-sein, so dass dieser auch ein Fürsichsein beanspruchen kann.

So wird die Abhängigkeit von den Dingen vom Knecht »hinweggearbeitet«, d.h. durch die Arbeit gewinnt der Knecht seine Selbstständigkeit. Der Herr wird abhängig vom Knecht, und dieser abhängig vom Herrn.

Aus der abhängigen Unselbstständigkeit wird eine unabhängige Selbstständigkeit.

Der Gedankengang Hegels erfährt im Folgenden eine gewaltige Steigerung. Er führt von der Definition der Arbeit als gehemmter Begierde zu dem folgenschweren Gedanken, dass Arbeit bildet und formt: nicht nur den Gegenstand, sondern auch den arbeitenden Menschen.

Wer das Kommende liest, wird sich der Geschichtsträchtigkeit des Textes bewusst werden. Es sind dieselben Worte, die später ein junger Student namens Karl Marx lesen wird. Aus ihnen wird dieser seinen Begriff von Arbeit ableiten. Diese Worte Hegels sind der Samen, den Marx für seine damals wirklich revolutionäre Botschaft verwendet: Wenn Arbeit den Menschen formt, dann deformieren inhumane Arbeitsbedingungen der neuen Industriegesellschaft den Arbeiter.

Bei Hegel klingt das positiv: »Durch die Arbeit kommt es [das Bewusstsein] aber zu sich selbst«, und zwar durch die Freiheit vom Herrn. Karl Marx verkehrt dies aufgrund seines sozialen Anliegens ins Negative: Durch die inhumanen Arbeitsbedingungen kommt der Arbeiter nicht zu sich selbst – und wirft das als flammende sozialkritische Anklage den Kapitaleignern an den Kopf.

6. Das unglückliche Bewusstsein

Der Herr hat sich im Knecht erkannt und der Knecht sich im Herrn. Aber das Selbstbewusstsein hat noch ein anderes Problem, und zwar mit sich selbst: Wie kann es seine Einheit vorantreiben?

Dem stehen zwei weitere Probleme im Weg:

- Im Denken ist das Bewusstsein frei, frei von allen Situationen der Welt. Diese Freiheit des denkenden Selbstbewusstseins versieht Hegel mit dem Etikett *Stoizismus*. Das Problem dabei ist: Der Stoiker bewegt nichts, er ist ein denkendes Wesen ohne Arme.
- Das Problem des anderen Teils des Selbstbewusstseins ist genau das Gegenteil. In seinem Bemühen, es nicht bei der abstrakten Freiheit zu belassen, sondern zum Handeln vorzustoßen, »taumelt« dieser Teil im Endlichen, Zufälligen und Individuellen herum. Auch diesem Teil des Selbstbewusstseins gibt Hegel einen Namen. Das Etikett heißt *Skeptizismus*.

Im Gestrüpp der wandelbaren Zufälligkeit des Lebens erreicht das Bewusstsein rein gar nichts, es gerät ins Trudeln. Sein skeptizistischer Teil ist nichts anderes als eine isolierte Negation.

So vollbringt der Skeptizismus auch nicht die Einheit des Selbstbewusstseins, weil er sich nur an der Wandelbarkeit der Welt orientiert.

Fazit: Weder stoische noch skeptische Grundeinstellung bringt das Selbstbewusstsein zur Einheit: Es macht die bittere Erfahrung der inneren Zerrissenheit.

Diese Erfahrung nennt Hegel das »unglückliche Bewusstsein«. Dieses Unglück passiert nicht irgendwann im biografischen Ablauf eines Menschenlebens, sondern es gehört zum Wesen des Menschen dazu.

7. Die Vernunft

Aus dem unglücklichen Bewusstsein wird zwar nicht ein glückliches, aber doch ein *geglücktes* Bewusstsein. Der Übergang zum geglückten Bewusstsein verweist auf eine höhere Stufe: Der Mensch erkennt, dass die Vernunft der Grund aller Wirklichkeit ist.

Wichtig ist, dass die Einheit von Allgemeinem und Einzelnem schon da ist, und zwar im Denken, welches an-gedacht worden ist: nämlich in der Vernunft.

Die Vernunft ist endlich auf der Ebene angelangt, auf der der Anspruch des Idealismus eingelöst wird: Wirklichkeit und Denken sind eins. Das Bewusstsein weiß, dass es sich unglücklich im Zwiespalt bewegt. *Es überwindet diesen, indem es begreift, dass auf der nächsten Stufe des Denkens das An-sich-Sein des Zwiespaltes bereits die Einheit ist.*

Beispiel: Ein katholischer Priester lernt trotz seiner Verpflichtung zur Ehelosigkeit eine Frau kennen und lieben. Er erlebt seine Zerrissenheit. Trotzdem bringt er sich in seinem Hin-und-Hergerissen-Sein als Einheit auf die kommende Stufe seiner Lebensform, zu der er sich jetzt entschließt, gleich, wie sie ausfällt. Er erlebt seine Einheit nicht trotz Zerrissenheit, sondern die Vernunft sagt ihm, dass er sie gerade in seiner Zerrissenheit erlebt.

Dasselbe gilt nicht nur für unser Beispiel, sondern im letzten Sinn für einen jeden Menschen, der nicht dem Wahn verfällt, mit sich immer eins sein zu wollen.

Das Bewusstsein weiß sich jetzt in der Sphäre der Vernunft, die ihren Mantel über die Allgemeinheit der Begriffe ausbreitet und die Zerrissenheit zwar nicht zudeckt, aber unter sich bergend auf-hebt, bewahrt.

Teil 2: Vernunft

1. Der Anspruch

Das Bewusstsein hat sich als Selbstbewusstsein erkannt: In Wahrheit ist das Andere es selbst. Neugierig schaut es jetzt umher, zuerst in der Natur, und sucht nach Selbstsicherheit.

> Damit daß das Selbstbewußtsein Vernunft ist, schlägt sein bisher negatives Verhältnis zu dem Anderssein in ein positives um. Bisher ist es ihm nur um seine Selbständigkeit und Freiheit zu tun gewesen, um sich für sich selbst auf Kosten der *Welt* oder seiner eignen Wirklichkeit, welche ihm beide als das Negative seines Wesens erschienen, zu retten und zu erhalten. Aber als Vernunft, seiner selbst versichert, hat es die Ruhe gegen sie empfangen und kann sie ertragen; denn es ist seiner selbst als der Realität gewiß, oder daß alle Wirklichkeit nichts anders ist als es; sein Denken ist unmittelbar selbst die Wirklichkeit; es verhält sich also als Idealismus zu ihr.
> (G. W. F. Hegel »Phänomenologie des Geistes«, in: ›Werke in 20 Bänden‹ 3, S. 178)

In dieser Reflexion ist es zur Vernunft geworden und trumpft jetzt mit dem Anspruch auf, es sei »alle Wirklichkeit«. Dieser Anspruch ist der Anspruch des Idealismus. Vorher hatte das Bewusstsein die Dinge der Welt begehrt, vertilgt, bearbeitet usw. Jetzt steht die Welt da als die neue, die seine.

> Die Vernunft ist die Gewißheit des Bewußtseins, alle Realität zu sein; so spricht der Idealismus ihren Begriff aus.
> (G. W. F. Hegel »Phänomenologie des Geistes«, in: ›Werke in 20 Bänden‹ 3, S. 179)

Realität durch das Bewusstsein setzen, das kann heißen: Begriffe von Treue und Vertrauen sind nicht unbedingt leere Begriffshülsen oder begriffliches Spielzeug, sondern es wird ihnen eine Seinsmächtigkeit zugetraut, die neue Wirklichkeit setzt.

In dieser Wirklichkeit entspricht dann (in Hegels Sprache) *der Begriff von Vertrauen seinem Gegenstand und der Gegenstand seinem Begriff.*

2. Eine bloße Behauptung

Der Anspruch der Vernunft ist aber vorerst nur eine Behauptung. Als Behauptung der Wahrheit gegenüber anderen Behauptungen kann die Vernunft nicht den Anspruch des Idealismus einlösen, alle Realität zu sein, zumal sie wieder ins Taumeln gerät, und zwar in der Spannung zwischen ihrem Wirken und dem, was sie bewirkt hat.

Die Aufgabe, die Gewissheit zur Wahrheit zu erheben, steht noch bevor. Um in das gelobte Land der absoluten Wahrheit zu gelangen, wird es nun Aufgabe, die gesamte Natur zu beobachten.

3. Die beobachtende Vernunft

Bei den ersten griechischen Philosophen hatte der staunende Mensch die Vernunft oder ein Prinzip derselben in der Welt entdeckt. Bei Hegel wird die Vernunft nicht in der Welt entdeckt, sondern sie entdeckt selbst die Welt – und in der Welt sich selbst, und zwar als Begriff. Das ist ihre Wahrheit. Nimmt man aber den Begriff nur als Vorstellung (wie in der Wahrnehmung am Anfang), sinkt er zu »alberneren Vorstellungen« herab. Ein Bewusstsein, das nur fähig ist, den Inhalt des Begriffes als (sinnliche usw.) Vorstellung zu sehen, ist unwissendes Bewusstsein.

4. Die Verwirklichung des Selbstbewusstseins

Nach dem Weg der Vernunft durch die Natur hat das Selbstbewusstsein seine Einheit mit der Gegenständlichkeit der Welt bestätigt bekommen. Aber damit ist es nicht getan, sie ist Aufgabe: Deshalb erhebt sich aus der beobachtenden Vernunft die tätige Vernunft, die sich endlich realisieren will.

In dem Moment, wo die beobachtende Vernunft durch die Natur hindurchgegangen ist, hat der unmittelbare Gegenstand seine Unmittelbarkeit verloren, denn er ist als lebendiger Begriff erfahren worden. Er ist aufgehoben worden,

- einerseits zerstört in seinem Anspruch, wahres Sein darzustellen,
- andererseits auf-gehoben, bewahrt als Durchgangsstadium der Erkenntnis.

Hegel nimmt jetzt den Gedanken der Verdoppelung des Selbstbewusstseins wieder auf. Das Schema *Herr/Knecht* wird jetzt an das Verhältnis *Individuum/Volk* angelegt und damit der Bereich der Sittlichkeit aufgeschlossen, denn Sittlichkeit braucht einen Raum.

Im Volk erreicht das Individuum seine Bestimmung, allgemeines und einzelnes Wesen zu sein. Hegel hält dafür das Wort *Glück* bereit: Es ist Ausgangsort des Selbstbewusstseins und es ist Ziel, da die Verwirklichung noch nicht abgeschlossen ist.

Zwischen Ausgangsort und Ziel gerät das Selbstbewusstsein wiederum ins Wanken. Der Grund liegt in den zwei möglichen Wegen, die das erstrebte Glück ermöglichen, wobei die Parallelen zu dem Thema *Herr und Knecht* ins Auge springen.

Der *erste Weg* ist der Weg der Selbstverwirklichung des Individuums ohne jegliche Bindung. Es sucht den Genuss. Ungehemmter Sinnesgenuss als Verwirklichung von Freiheit, heute würde das heißen: »Konsum unter dem dreisten Mantel der Freiheit.«

Aber jede Überheblichkeit lebt von der Notwendigkeit eines Gegenübers, über das sie sich erheben kann, es braucht die Sittlichkeit als Kulisse seiner Schrankenlosigkeit.

Erst die Reflexion des Bewusstseins, dass es selbst die Notwendigkeit ist, entlarvt das einzelne Ich als allgemeines und eröffnet den zweiten Weg, die neue Gestalt des Selbstbewusstseins.

Diese neue Gestalt will die Notwendigkeit selbst sein. So bietet sich nach dem Weltgenuss für das Individuum der *zweite Weg* an, auf dem es seine Bestimmung zu finden hofft. Es hat die Vision, seine Einzelheit nicht mehr in Begierde und Genuss bestätigt zu bekommen, sondern in der Verbesserung der Welt. Hegel nennt diese Vision das Gesetz des Herzens.

Das Gesetz des Herzens will sich verwirklichen und gerät dabei in den ersten Widerspruch. Sobald es verwirklicht ist, hört es auf, Gesetz des Herzens zu sein. Es ist Gesetz für alle geworden.

Der zweite Widerspruch entspringt diesem Gedanken. Was verwirklicht oder wirksam ist, kann nur das Allgemeine sein, »worin die Einzelheit des Bewusstseins [...] vielmehr untergeht; statt dieses *seines Seins* erlangt es also in dem Sein die Entfremdung *seiner selbst.*«

Die *Entfremdung*: Dieser Klassiker unter Hegels Begriffen meint, dass die Individualität untergeht (sich fremd wird), weil sie den Anspruch erhebt, Allgemeines zu sein. Wesen und verwirklichtes Wesen widersprechen sich.

Egal, ob Diktator oder Revolutionär: Wer den anmaßenden Anspruch erhebt, Allgemeines zu sein, hat vor sich das Elend der Welt, im Herzen die Vision der Weltverbesserung und hinter sich das Leid derer, die unter dem neuen Gesetz des Herzens stöhnen.

Das Gesetz des Herzens scheitert, und die Schuld daran suchen Diktator und Revolutionär nicht bei sich, sondern bei den unverständigen Untertanen.

Die Individualität schlüpft nach dem Scheitern der beiden ersten Wege in den Mantel der Tugend und versucht einen *dritten Weg*, ihre Bestimmung zu finden, den Weg der *Tugend*: Das ist für Hegel die Einstellung, die eigene Individualität zurückzustellen und zu Opfern bereit zu sein. Damit befindet die Individualität sich aber in Gegnerschaft zum *Weltlauf*, d. h. zu der Einstellung, die auf dem Rücken des Staates ihre eigensüchtigen Interessen ausleben möchte, ohne Opfer zu bringen.

Aber bei dem Kampf *Tugend gegen Weltlauf* taucht das Problem auf, dass der nach außen als böse erscheinende Weltlauf im Innern so schlecht nicht sein kann, dass Eigennutz auch dem Guten dienen kann. Gemeint ist, dass ein Gemeinwohl, das als reines Zweckbündnis egoistischer Individuen zum bloßen mechanischen Interessenausgleich verwendet wird, auch Gutes hervorbringen kann.

Beispiel: Sozialleistungen für sozial Schwache können selbst vom größten Egoisten befürwortet werden, da dadurch ein Anwachsen der Kriminalität verhindert wird.

Somit gleicht die Tugend einem traurigen Ritter, der seine Waffen nicht bekleckern will, ja sogar nicht darf.

»[P]omphafte Reden vom Besten der Menschheit und der Unterdrückung derselben, von der Aufopferung fürs Gute [...] sinken als leere Worte zusammen, welche das Herz erheben und die Vernunft leer lassen, erbauen, aber nichts aufbauen«, solange sie von leerer Allgemeinheit sind. Nur in der tätigen Individualität sind sie verwirklichbar.

5. Die reelle Individualität

Allgemeinheit und Individualität stehen kurz vor ihrer Versöhnung, so scheint es. Diese Versöhnung wird vorbereitet durch die Erkenntnis, dass die Allgemeinheit nur durch tätige Individualität verwirklichbar und tätige Individualität ohne Anspruch auf Allgemeinheit nur »leere Pfiffigkeit« ist.

Alle Wirklichkeit, die bislang von der Vernunft durchstreift wurde, wird wieder als in ihr selbst liegend erkannt. Das Bewusstsein »geht frisch *von sich* aus, und nicht auf *ein Anderes*, sondern *auf sich selbst.*«

Die Handlung des Menschen ist lediglich das Spiel der Vernunft, es ist keine Handlung außerhalb des Bewusstseins. Es gibt keine Kluft zwischen Sein und Tat, sondern es bestätigt sich die Lehre von der *Erscheinung des Geistes* (›Phänomenologie des Geistes‹) in der Handlung. Die Tat ist eine Erscheinung des Seins.

Aber wir sind immer noch nicht im gelobten Land angekommen, nachdem der Begriff der reellen Individualität herausgearbeitet wurde. Denn der neue Begriff wird von Hegel erneut »als *einfaches Ansichsein* gesetzt«. Er wird Ausgangspunkt einer neuen dialektischen Bewegung, als deren Ergebnis das sittliche Bewusstsein erscheint.

Das Gebiet dieser Sittlichkeit ist der Ort, an dem Einzelheit und Allgemeinheit zusammentreffen müssen. Denn Einzelheit allein macht Sittlichkeit willkürlich, Allgemeinheit allein macht sie abstrakt und weltfremd.

Teil 3: Geist

Mit dem letzten Kapitel der ›Phänomenologie‹ wird eine Schwelle überschritten. Mit dem Schritt in die gesellschaftliche Wirklichkeit wird das sittliche Handeln aus dem abstrakten Raum in den Raum des sittlichen Gemeinwesens hinübergeführt.

Hier verwirklicht sich der Begriff des Geistes. Er ist die sittliche Substanz, die sittliche Wirklichkeit, das Hinter-sich-Lassen des individuellen Selbstbewusstseins, das sittliche Leben eines Volkes.

1. Die Sittlichkeit

Mit dialektischem Spürsinn findet Hegel zwei Momente, die aus dem Bewusstsein vom sittlichen Gemeinwesen herausfallen. Auf beide bezieht sich das Selbstbewusstsein:

- *Das göttliche Gesetz*: Ihm entspricht im sittlichen Gemeinwesen die Familie. Das einzelne Familienmitglied wird hinsichtlich mehrerer Verhältnisse betrachtet: das von Mann und Frau, von Eltern und Kindern usw.
- *Das menschliche Gesetz:* Ihm entspricht im sittlichen Gemeinwesen der Staat. Der Einzelne ist der Bürger, durch Leistung, Dienst und Verdienste greifbar, aber auch ersetzbar. Das

hauptsächliche Verhältnis, in dem er steht, ist das zu Staat und Regierung.

Das sittliche Bewusstsein aber entscheidet sich, »dem göttlichen oder dem menschlichen Gesetz anzugehören«. Diese Entschiedenheit heißt bei Hegel *Charakter*. Da beide Gesetze gegensätzlich sind, sehen sie im anderen jeweils das Schlechte:

Somit entzweit die Tat die gewähnte Einheit von menschlichem und göttlichem Gesetz. *Die Tat wird zur Schuld, weil die Selbstbestätigung des Einzelnen ein Verrat am Allgemeinen ist.*

Dies ist keine Wiederholung einer früheren dialektischen Bewegung. Denn der Mensch als Gattung wird schuldig, und die Schuld ist eine Notwendigkeit. Sonst gäbe es keine Geschichte.

Das führt zu einer tragischen Verwicklung. Aus der Anerkennung der Schuld folgen zum einen die Rückkehr zur sittlichen Gesinnung und der Untergang des Handelnden. Zum anderen kann sich das Gemeinwesen nur durch die Unterdrückung des Geistes der Einzelheit erhalten. Da es aber vom Unterdrückten lebt, ist es zum Untergang bestimmt, da keines ohne das andere überleben kann.

Das ist die Tragik der sittlichen Welt, und ihr Schicksal. Aus dem Untergang geht sie über in eine andere Gestalt.

Es herrscht Untergangsstimmung, »das Allgemeine (wurde) in die Atome der absolut vielen Individuen zersplittert«. Alles ist zurückgeworfen auf das einfache Ich des Selbstbewusstseins, das Wir ist aufgelöst, und zurück bleibt das leere Ich, die Person als das Überbleibsel aus der Zersplitterung, allerdings in einem Rechtszustand.

In diesen Rechtszustand wird nun die Person, das »reine *leere Eins* der Person«, als Ausgangspunkt gesetzt und in einen neuen dialektischen Wirbel geschickt. Dem leeren Eins stellt Hegel als Inhalte die Rechte der verschiedenen Personen entgegen. Diese Entgegensetzungen werden auf-gehoben in einem Sammelpunkt, der den Titel *Herr der Welt* erhält, sei es ein Kaiser oder ein anderer Regent. Dieser Herr der Welt vereinigt beides: Er ist die Einheit aus dem einsamen Selbst und der allgemeinen Vielheit der einzelnen Individuen unter ihm.

2. Die Bildung

Der Geist ist nicht zufrieden. Das Reich der Sittlichkeit ist untergegangen. Aus den Resten des leeren Ich und dessen Konfrontation mit konkreten Inhalten schuf der Geist eine Welt, die zwar ein Rechtzustand ist, in der er sich aber fremd fühlt.

Da das wirkliche Selbstbewusstsein durch seine Entäußerung in die wirkliche Welt entstand, ist die Voraussetzung für die Wirklichkeit, wie sie jetzt ist, die »Entfremdung der Persönlichkeit«.

Entfremdung heißt hier: die Kluft zwischen sich und der sozialen Wirklichkeit.

Die Kluft soll aber überbrückt werden. *Dies geschieht durch die Bildung. Es ist der Weg der Aufklärung, der Wegbereiterin für die verheißene absolute Freiheit.*

Aufgabe der Bildung ist es, Macht über die wirkliche Welt zu erlangen. Diese Welt ist getragen von zwei Faktoren, deren Bezug zur Bildung Hegel kaum erläutert: die Staatsmacht und der Reichtum (heute wäre das die Wirtschaft).

Die eine Möglichkeit, Entfremdung aufzuheben, besteht im Dienst an der Staatsmacht, die andere im Dienst an dem Reichtum (Wirtschaft).

Welche der beiden Möglichkeiten aber kann als gut, welche als schlecht beurteilt werden? Hegel antwortet: Auf beide können beide Urteile zutreffen.

Gut und *schlecht* bekommen im Folgenden die Etiketten *edelmütig* und *niederträchtig* verpasst. *Edelmütig* ist das Bewusstsein, wenn es die Staatsmacht mit innerer Achtung und Respekt betrachtet und wenn es den Reichtum von seiner sozialen Chance her sieht. *Niederträchtig* ist es, wenn es die Staatsmacht als Fessel und Unterdrücker sieht und den Reichtum als egoistischen Genuss.

In dieser Wirklichkeit ist das Bewusstsein wieder einmal zerrissen, es findet keine Einheit.

Im Gegensatz zur Welt der Bildung steht die Welt des Glaubens, in der das reine Bewusstsein herrscht, die Welt des Denkens. So wie im Reich der Bildung die Staatsmacht die erste Stelle einnimmt, ist in der Welt des Glaubens »das Erste *das absolute Wesen*«.

Auch ihm bleibt der dialektische Prozess nicht erspart, er spielt sich ab als trinitarischer Prozess: Die Gottheit als absolutes Wesen realisiert sich im Übergang in das Sein für Andere (Christus), während der Geist die Rückkehr dieses entfremdeten Wesens in den reinen Geist bedeutet.

Zuvor muss aber noch aufgeräumt werden, und zwar mit dem Aberglauben, der sich als der wahre Glaube gibt.

3. Die Aufklärung

Der Aberglaube hat mehrere Gesichter. Es ist die Rede von Vorurteilen, Hokuspokus der taschenspielerischen Priester usw. Die Aufklärung tritt gegen diesen Aberglauben an. Ihr Vorwurf lautet, Gott werde vermenschlicht.

Aber nicht nur der Glaube als Aberglaube hat ein Problem, sondern auch die Aufklärung selbst: Sie ist nicht über sich selbst aufgeklärt, da sie im Kritisierten nicht sich selbst erkennt. Denn sie macht den Inhalt des Glaubens selbst zu einem »vergänglichen Ding« und »besudelt« dieses mit der sinnlichen Gewissheit: Sie macht Gott zu einem höchsten Wesen.

Eines aber haben beide Parteien gemeinsam: den für die ganze Aufklärung zentralen Begriff der Nützlichkeit.

In dem faszinierenden Kapitel »Die absolute Freiheit und der Schrecken« beschreibt Hegel den Taumel des Geistes von der Aufklärung bis zur Revolution.

In diesem Prozess der Revolution und der permanenten Umwälzung liegen Schuld und notwendiger Untergang nahe beieinander: Untergang, weil der Aufruhr zwangsläufig irgendwann das ungerechte Regime beseitigt, und Schuld, weil der jeweilige Sieger ein Verbrechen an der Gleichheit aller begeht; der Anspruch der siegenden Partei, allgemeiner Wille zu sein, wird als singulärer Wille eines Menschen demaskiert, der mit Terror an der Macht bleiben will.

Das Selbstbewusstsein glaubt, alle Selbstentfremdung abgestreift zu haben. Der Geist geht nun als absolute Freiheit »aus ihrer sich selbst zerstörenden Wirklichkeit in ein anderes Land des selbstbewussten Geistes über«

4. Moralität und Gewissen

Das Land, das der Geist verlassen hat, ist das Frankreich der Revolution, das neue Land ist das Deutschland des Idealismus.

Der Geist weiß von seiner Freiheit, und das macht ihn absolut frei. Diese Freiheit hatte in der vorigen Phase Schrecken und Tod verbreitet. In der neuen Phase wird er Ausgangspunkt für moralische Handlungen und erkennt die Pflicht als ihr absolutes Wesen. Hegel steuert auf Konfrontationskurs mit Kant: Kant, das ist das eiserne, formalistische Prinzip, das in Form des kategorischen Imperativs der Pflicht jede inhaltliche Füllung abspricht. Aber gerade die inhaltliche Füllung gehört für Hegel als Substanz zur Pflicht dazu.

So gehört für Hegel zur Einheit des Menschen kein inhaltsleeres und formalistisches Prinzip, sondern die Harmonie von Moralität und Natur, von Mensch und Welt. Das Bewusstsein lebt nun einmal in einer Welt voller Gesetze und deren Verwirklichung, auf die es sich beziehen muss, obwohl sie Teile des eigenen Bewusstseins sind. Diese Beziehung herzustellen, ist Aufgabe der »moralischen Weltanschauung«.

Pflicht muss »wirklich und tätig« sein, und die Harmonie von Moralität und Natur heißt *Glückseligkeit.*

Diese eben erwähnte Einheit ist Hegels erste Forderung der Vernunft. Sein zweites Postulat bezieht sich ebenfalls auf die Natur, jetzt aber nicht auf die äußere, sondern auf die innere Natur des Menschen: Sinnlichkeit, Triebe, Neigungen. Die Forderung lautet, »dass die Sinnlichkeit der Moralität *gemäß* sei«. Auf diesem Wege macht das Bewusstsein Fortschritte, erreicht aber nie seine Vollendung.

So gerät die moralische Weltanschauung in weitere Widersprüche. Um diese Widersprüche nicht allzu sichtbar werden zu lassen, greift sie zu einem Trick, der *Verstellung*, d.h., sie tut so, als ob die angestrebte Harmonie erreicht werden könne. So »verstellt« beispielsweise die Handlung den absoluten Zweck durch die Verwirklichung eines einzelnen moralischen Zweckes.

Die moralische Weltanschauung scheitert letzten Endes an der erneuten Entgegensetzung von reiner Pflicht und Wirklichkeit. Jedes Handeln verletzt die erstrebte Harmonie von Natur und Moralität.

Am Schluss des Kapitels »Die Verstellung« fällt nach bekannter dialektischer Manier die Widersprüchlichkeit zwischen Moralität und Wirklichkeit in der Selbstsicherheit des Selbstbewusstseins zusammen und erhebt sich zu der neuen Gestalt des moralischen Geistes. Diese neue Gestalt tritt als Gewissen auf.

Indem das Gewissen zum Handeln schreitet, bezieht es sich auf viele Seiten einer Handlung und stößt auf vielerlei Pflichten, von denen aber keine absoluten Charakter hat, so wie ihn die reine Pflicht hat. Diese reine Pflicht ist aber genauso leer wie die reine Überzeugung, von der sich das Gewissen getragen weiß.

So entzweit sich im wirklichen Fall die Pflicht wieder in den bekannten Gegensatz von Einzelheit (einzelne Pflicht) und Allgemeinheit (leere, reine Pflicht), findet aber wieder im Wissen um ihre Einheit zu ihrer unmittelbaren Gewissheit zurück.

Aber diesem »verklärten Gewissen« fehlt die Kraft der Entäußerung, es lebt in der ständigen Angst, »die Herrlichkeit seines Inneren durch Handlung und Dasein zu beflecken«.

Die andere Möglichkeit des Gewissens, die des leidenschaftlichen Handelns, ist aber in Wahrheit Heuchelei, weil es Verrat an der Allgemeinheit ist.

Aber auch die erste Möglichkeit, die des »verklärten« Gewissens, ist Heuchelei, weil es sich durch das Fehlen des Handelns überhaupt nur verbal gibt und deshalb ohne jede Bedeutung ist.

Beide Seiten erkennen schließlich ihre Fragwürdigkeit an, und die »Wunden des Geistes heilen, ohne dass Narben bleiben.«

Diese gegenseitige Anerkennung, die Versöhnung des Geistes mit seinem Gegenteil, ermöglicht das Erscheinen Gottes als Möglichkeit des reinen Wissens.

5. Die Religion

Gott erscheint, oder bescheidener: Es ist die Religion, die als Erscheinung des absoluten Geistes (und des Wissens davon) die dialektische Bühne betritt, kurz bevor der Schlussvorhang fällt.

Das Vertrauen in die alten Götter ist geschwunden, im Pantheon als der Geburtsstätte des werdenden absoluten Geistes drängen sich alle bisherigen dialektischen Gestalten, Zeugen der gemeinschaftlichen Geburtswehen des absoluten Geistes: die natürliche Religion (z.B. Gegenstände der Natur werden vergöttlicht) und die künstliche Religion (z.B. Opferreligionen). In der offenbar(t)en Religion findet die Geburt des »reinen Begriffs« statt, ohne »Befleckung« durch irgendeine Gegenständlichkeit.

So lautet die Weihnachtsbotschaft Hegels, allerdings ohne Stall, Hirten und Krippe:

> Dies, daß der absolute Geist sich die Gestalt des Selbstbewußtseins *an sich* und damit auch für sein *Bewußtsein* gegeben, erscheint nun so, daß es der *Glaube der Welt* ist, daß der Geist als ein Selbstbewußtsein, d.h. als ein wirklicher Mensch *da ist,* daß er für die unmittelbare Gewißheit ist, daß das glaubende Bewußtsein diese Göttlichkeit *sieht* und *fühlt* und *hört.* So ist es nicht Einbildung, sondern es ist *wirklich an dem.*
> (G.W.F. Hegel »Phänomenologie des Geistes«, in: ›Werke in 20 Bänden‹ 8, S. 551)

So weiß der Geist von sich, und zwar in seiner Entäußerung, oder theologisch ausgedrückt: Gott ist Gott erst durch seine Menschwerdung in Jesus. Das absolute Wesen erreicht seine (vorläufige) Vollkommenheit dadurch, dass es als »ein seiendes Selbstbewusstsein gesehen, gehört, usf. wird«.

Die Weihnachtsfreude ist aber nur von vorübergehender Natur, denn wegen seiner sinnlichen Erfahrbarkeit hat der Geist noch nicht die Form des absoluten Begriffes erhalten. Die Körperhaftigkeit des Gottessohnes war zwar wichtig, aber sie ist vorübergehend. Es entsteht das »allgemeine Selbstbewusstsein der Gemein(d)e«.

Aber auch diese lebt nur vom »Vorstellen« von Begriffen, auch sie hat nicht den reinen Begriff, sie verwechselt ihn mit dem historischen Ursprung von Jesu Sendung.

Die Entäußerung des absoluten Wesens in ein menschliches Wesen verlangt nach Versöhnung des Gegensatzes. Die Gemeinde kann dies nur in »Vorstellungen« begreifen.

So ist abschließend die Religion nichts anderes als das vorstellende Bewusstsein der Gemeinde. Das absolute Wissen aber muss sich von dieser Vorstellung freimachen.

6. Das absolute Wissen

Das Ziel ist fast erreicht, der Glaube steht vor der Wandlung zum Wissen und die Vorstellung vor der Wandlung zum reinen Denken. Diese letzte Gestalt ist das absolute Wissen, und die Form des Selbst ist der Begriff, der sich als Wissenschaft aus allen anderen Stufen des Bewusstseins erhebt.

Der Weg vom Geist zu dessen Vollendung im Weltgeist ist eine Bewegung in Natur und Geschichte. Wie aber lässt sich der Inhalt des absoluten Wissens vergegenständlichen? Hegel antwortet, Inhalt und Ziel sei die Bewegung selbst, in der sich das Selbst seiner selbst entäußert, sich im Anderen erkennt, im Anderen bei sich selbst ist.

Dies ist der Sinn von Hegels bekanntestem Satz, der oft verkürzt mit »Der Weg ist das Ziel« wiedergegeben wird.

Trotzdem gibt es wieder ein vorläufiges Ziel, das nicht vergegenständlicht werden kann: Es ist der Begriff, in dem der Geist »die Bewegung seines Gestaltens beschlossen« hat.

Er, der Begriff, ist in Dasein und Bewegung *Wissenschaft.* In der Wissenschaft hört die notwendige Bewegung der ständigen Entgegensetzung auf.

Jetzt kommt eine scheinbare Wende, die überraschend erscheint: *Das Selbst nimmt sich die Freiheit, den reinen Begriff doch zu entäußern und in das Bewusstsein zurückzugehen.*

Hegel begründet dies damit, dass »jedem abstrakten Momente der Wissenschaft eine Gestalt des erscheinenden Geistes« entspreche. Die Erkennbarkeit dieser Gestalten mache die Realität der reinen Begriffe aus.

Die erneute Entäußerung muss so verstanden werden: Das absolute Wissen ist kein Jonglieren mit Begriffen, sondern ein wissenschaftliches Erfassen von Erscheinungen, bei dem es nicht mehr um seine Wahrheit ringen muss, sondern seiner Wahrheit gewiss ist. Von diesem Thron der Wahrheit herab nimmt das Wissen sich die »Freiheit und Sicherheit«, das zu betrachten, was früher Gegenstand und Entgegensetzung war.

Hegel drückt das so aus: Die »Er-Innerung« (Verinnerlichung) hat alles aufbewahrt, das *Innere* ist erneuert, und der Geist fängt seine Bildung auf einer höheren Stufe von Neuem an.

Deshalb endet die ›Phänomenologie des Geistes‹ mit einem abgewandelten Zitat aus Schillers Gedicht ›Die Freundschaft‹:

aus dem Kelche dieses Geisterreiches
schäumt ihm seine Unendlichkeit.

Kurz zuvor aber benennt Hegel noch seine endzeitliche Hoffnung, seinen unpersönlichen Messias: Die Offenbarung aus der Tiefe, der absolute Begriff.

Die unmittelbarste Reaktion auf Hegel war ausnehmend ausfällig und kam von dem Mann, der Hegels Philosophie als »Windbeutelei« und »Scharlatanerei« bezeichnete:.

Arthur Schopenhauer

Arthur Schopenhauer (1788–1860) Das Denken dieses Mannes, der Fichte, Schelling und Hegel mit unflätigen Ausdrücken belegte, war gar nicht so sehr verschieden vom Denken derer, die er beschimpfte. Ihm schwebte eine Gegenposition zur herkömmlichen Metaphysik vor, die unter Verzicht jeglicher transzendentaler Prinzipien die Welt nur so erklären sollte, wie sie uns erscheint. Sein Vorhaben ist eine Art »Abspiegelung der Welt in abstrakten Begriffen«, wie er es ausdrückt. Mit Schopenhauer begegnet uns aber auch etwas für die damalige Zeit völlig Neues und Befremdliches: die Grundthese von Hinduismus und Buddhismus, dass alles Leben Leid sei. Diese These ging mit seinem Charakter eine mustergültige Symbiose ein und verpasste ihm das Etikett des Pessimisten. Optimismus war für ihn lediglich ein bitterer Hohn angesichts des namenlosen Leidens der Menschheit.

Sein Vater Heinrich Floris Schopenhauer war ein angesehener Großkaufmann in Danzig, wo Arthur 1788 geboren wurde. 1793 erfolgte der Umzug nach Hamburg und die Gründung eines neuen Handelshauses. Der Sohn sollte in die väterlichen Fußstapfen treten, durfte nur eine höhere Handelsschule besuchen, aber nach dem Abschluss folgte eine Bildungsreise. Als der Vater 1805 tödlich verunglückte, folgte 1806 der Umzug mit Mutter Johanna und Schwester Adele nach Weimar, wo die schriftstellernde Mutter einen literarischen Salon führte, in dem auch Goethe und die Brüder Schlegel verkehrten. Arthur ging nun aufs Gymnasium, dann auf die Universität und studierte neben den alten Sprachen und Philosophie so ziemlich alles, was in Göttingen und Berlin geboten wurde. Mit 25 Jahren schrieb er an der Jenaer Universität an seiner Dissertation zum Thema ›Über die vierfache Wurzel des Satzes vom zureichenden Grund‹. Kurz darauf kam es zum endgültigen Bruch mit der Mutter: Ihr Gesellschaftshunger und sein Ehrgeiz standen sich im Wege. Finanziell unabhängig durch sein Erbe brach Schopenhauer

1818 nach Italien auf, musste jedoch schon im Sommer 1819 zurückkehren, da sein Bankhaus bankrott gegangen war. Im gleichen Jahr erschien die Erstausgabe seines Hauptwerkes ›Die Welt als Wille und Vorstellung‹, in dem seine ganze Philosophie grundgelegt war. Das Werk wurde allerdings über 20 Jahre nicht beachtet. 1820 erhielt er eine Dozentur in Berlin und legte gezielt und anmaßend seine Vorlesung auf dieselbe Zeit wie die Hegels, um diesem die Hörer abspenstig zu machen. Als nur neun Hörer kamen, gab er im folgenden Semester seine Vorlesetätigkeit auf und setzte seine Italienreise fort, nachdem er sein Vermögen zurückerstritten hatte. Die nächsten Stationen waren u. a. Dresden und wieder Berlin, bis 1831 dort die Cholera ausbrach. Während Hegel daran starb, floh Schopenhauer über Mannheim nach Frankfurt am Main, wo er 1833 lebenslangen Wohnsitz nahm. 1851 erschien seine heute noch populärste Schrift: ›Aphorismen zur Lebensweisheit‹ innerhalb der Bände ›Parerga und Paralipomena‹ (»Nebensachen und Zusätze«), die ihm zu seinem Durchbruch verhalfen. Nun stellte sich auch der Erfolg seines Hauptwerkes ein, und er erntete schon zu Lebzeiten den Ruhm, den er so begierig erstrebte. Legendär ist sein Lebensstil als erklärter und sparsamer Junggeselle mit Pudel – und alle seine Pudel hießen Atman (Sanskrit: »Seele«). Er starb 1860 wohl an den Folgen einer Lungenentzündung und wurde auf dem Frankfurter Hauptfriedhof beigesetzt.

Schopenhauer gehörte zu den letzten Vertretern der mit Kant begonnenen und mit Hegel endenden philosophischen Bewegung. Er berief sich auf Kant, auch wenn er im Gegensatz zu diesem die ganze Welt zur Erscheinung degradierte und Kants nebulöses »Ding an sich« durch den Willen ersetzte, was erhebliche Wirkungen nach sich zog. So ist Schopenhauer letztlich ein Kind des deutschen Idealismus. Der zweigliedrige Titel seines Hauptwerkes, ›Die Welt als Wille und Vorstellung‹, legt seine Stellung zu Kant offen: Die Welt als Vorstellung geht mit Kant konform, die Welt als Wille setzt sich von ihm ab.

1. »Die Welt ist meine Vorstellung.« Dieser Eröffnungssatz knüpft programmatisch an das an, was Kant *Erscheinung* nennt. Der Mensch kennt keine Sonne und keine Erde, »sondern immer nur das Auge, das eine Sonne sieht, eine Hand, die eine Erde fühlt.« Ein

Gegenstand kann von mir nur wahrgenommen werden, wenn er sich sowohl in Raum und Zeit befindet, als sich auch vom Verstand her erschließen lässt. Kein Objekt ohne Subjekt, dieser idealistischen Grundformel bleibt Schopenhauer treu. Hat Kant die verstandesmäßige Erschließung mittels der 4 × 3 Kategorien erklärt, so sind für Schopenhauer diese Kategorien »blinde Fenster«. Sie werden vereinfacht und auf die Kategorie der Kausalität in ihrer vierfachen Wurzel verkürzt, wie er es bereits in seiner Dissertation von 1813 fixiert hatte: Es gibt einen Grund für das

1. Werden,
2. Erkennen,
3. Sein und
4. Wollen.

2. Ist aber jede Wahrnehmung eine Vorstellung, die im Kopf stattfindet, liegt der abwegige Verdacht nahe, dass auch unser waches Erleben nur ein langer Traum ist. Wenn nun die wahre Wirklichkeit durch den »Schleier der Maja« verborgen ist, heißt dies dann, dass Schopenhauers Philosophie auf eine Leugnung der Realität hinausläuft?

3. Nein, denn es gibt noch einen vom Erkennen unterschiedenen Zugang zur Wirklichkeit: die Erfahrung unserer Leiblichkeit. Streng genommen ist auch unser Leib eine Vorstellung, und doch verhalten wir uns ihm gegenüber ganz anders. Denn an ihm verspüren wir eine Kraft, die nicht dem Satz vom vierfachen Grund unterworfen ist, die nicht den Naturgesetzen gehorchen muss. Schopenhauer nennt ihn *Willen.*

> [Es] ist dem als Individuum erscheinenden Subjekt des Erkennens das Wort des Räthsels gegeben: und dieses Wort heißt *Wille.* Dieses, und dieses allein, giebt ihm den Schlüssel zu seiner eigenen Erscheinung, offenbart ihm die Bedeutung, zeigt ihm das innere Getriebe seines Wesens, seines Thuns, seiner Bewegungen. Dem Subjekt des Erkennens, welches durch seine Identität mit dem Leibe als Individuum auftritt, ist dieser Leib auf zwei ganz verschiedene Weisen gegeben: ein Mal als Vorstellung in verständiger Anschauung, als Objekt unter Objekten, und den Gesetzen dieser unterworfen; sodann aber auch zugleich auf eine ganz andere Weise, nämlich als jenes Jedem unmittelbar Bekannte, welches das Wort Wille bezeichnet. Jeder wahre Akt seines Willens ist sofort und unausbleiblich auch eine Bewegung seines Leibes: er kann

den Akt nicht wirklich wollen, ohne zugleich wahrzunehmen, dass er als Bewegung des Leibes erscheint. Der Willensakt und die Aktion des Leibes sind nicht zwei objektiv erkannte verschiedene Zustände, die das Band der Kausalität verknüpft, stehn nicht im Verhältniß der Ursache und Wirkung; sondern sie sind Eines und das Selbe, nur auf zwei gänzlich verschiedene Weisen gegeben: ein Mal ganz unmittelbar und ein Mal in der Anschauung für den Verstand. Die Aktion des Leibes ist nichts Anderes, als der objektivirte, d.h. in die Anschauung getretene Akt des Willens.

(A. Schopenhauer »Die Welt als Wille und Vorstellung«, in: ›Züricher Ausgabe‹ I, § 18)

Im Willen hat Schopenhauer das Unverfügbare gefunden, das Kant in der Welt der Vernunft geortet und *Ding an sich* genannt hatte. Da Schopenhauer meint, dass der Wille das Ding an sich sei, und Leben und Welt der Spiegel des Willens seien, begleite diese Welt den Willen ebenso unzertrennlich wie der Schatten den Körper. Die Welt erfahren wir nun nicht mehr mittels sinnlicher Wahrnehmung und Vernunft, sondern durch Vorstellung und Willen. So ist die Welt auch Wille, ebenso geheimnisvoll wie Kants *Ding an sich*, aber doch im Leib objektivierbar, als Wille zum Leben, als Urtätigkeit, als begehrende Lebenskraft, als Selbsterhaltungstrieb oder Durst (nach Leben). Dieser Wille ist grundlos, erkenntnislos und blind. Im Gegensatz zum Einzelwillen, der von Motiven gesteuert wird, gibt es für ihn kein Motiv, das erklärt, dass überhaupt gewollt werde.

4. Dieser blinde Wille ist nicht nur Wille des Menschen, sondern auch Weltwille, eine universale Kraft und der Motor der Natur. Er ist frei, nichts kann ihn einschränken, im Gegensatz zum unfreien Einzelwillen, der durch den Weltwillen eingeschränkt ist. Sichtbar ist Letzterer in den Erscheinungen von Schwerkraft, Elektrizität, Magnetismus, chemischen Reaktionen, dem Wachsen von Pflanzen usw.

5. Irrational, ziellos, erkenntnislos, unbefriedigt im Streben, drangvoll: Ein solcher Wille führt zu nicht endendem Leiden. Leiden aber verlangt nach Erlösung, qualvolles Sein will Verneinung. So ist es der Wille zur triebhaften Bejahung des Lebens, der »willentlich« verneint werden muss. Da er unendliches Glück will, während die Erfüllung endlich und beschränkt ist, schafft dies nur Leiden.

Alles *Wollen* entspringt aus Bedürfniß, also aus Mangel, also aus Leiden. Diesem macht die Erfüllung ein Ende; jedoch gegen einen Wunsch, der erfüllt wird, bleiben wenigstens zehn versagt: ferner, das Begehren dauert lange, die Forderungen gehn ins Unendliche; die Erfüllung ist kurz und kärglich bemessen. Sogar aber ist die endliche Befriedigung selbst nur scheinbar: der erfüllte Wunsch macht gleich einem neuen Platz: jener ist ein erkannter, dieser ein noch unerkannter Irrthum. Dauernde, nicht mehr weichende Befriedigung kann kein erlangtes Objekt des Wollens geben: sondern es gleicht immer nur dem Almosen, das dem Bettler zugeworfen, sein Leben heute fristet, um seine Quaal auf Morgen zu verlängern. – Darum nun, solange unser Bewußtseyn von unserm Willen erfüllt ist, solange wir dem Drange der Wünsche, mit seinem steten Hoffen und Fürchten, hingegeben sind, solange wir Subjekt des Wollens sind, wird uns nimmermehr dauerndes Glück, noch Ruhe. Ob wir jagen, oder fliehn, Unheil fürchten, oder nach Genuß streben, ist im Wesentlichen einerlei: die Sorge für den stets fordernden Willen, gleichviel in welcher Gestalt, erfüllt und bewegt fortdauernd das Bewußtseyn; ohne Ruhe aber ist durchaus kein wahres Wohlseyn möglich.
(A. Schopenhauer »Die Welt als Wille und Vorstellung«, in: ›Züricher Ausgabe‹ I, § 38)

Daher ist für Schopenhauer das Mitleid höchstes ethisches Gebot: sich *mitleidend* mit anderen Menschen eins zu wissen.

6. Vor dem definitiven Endziel der Lebensverneinung aber sieht Schopenhauer einen vorläufigen Ausweg: In der Kunst ist dem Menschen die Möglichkeit eines befriedigenden Lebens ohne Leiden gegeben. Weniger der gewöhnliche Mensch, als vielmehr das Genie kann die ewigen Formen der Ideen oder Urbilder, die schon Platon in Bildhauerei, Malerei, Musik oder Poesie gesehen hat, betrachtend erahnen und schaffen. Nur hier kann die Fesselung durch den Willen und die Abhängigkeit vom Kausalitätsdenken abgestreift werden.

Der Genius hat vor ihnen nur den viel höhern Grad und die anhaltendere Dauer jener Erkenntnißweise voraus, welche ihn bei derselben die Besonnenheit behalten lassen, die erfordert ist, um das so Erkannte in einem willkürlichen Werk zu wiederholen, welche Wiederholung das Kunstwerk ist. Durch dasselbe theilt er die aufgefaßte Idee den Andern mit. Diese bleibt dabei unverändert und die selbe: daher ist das ästhetische Wohlgefallen wesentlich Eines und das selbe, es mag durch ein Werk der Kunst, oder unmittelbar durch die Anschauung der Natur und des Lebens hervorgerufen seyn. Das Kunstwerk ist bloß ein Erleichterungsmittel derjenigen Erkenntniß, in welcher jenes Wohlgefallen besteht. Daß aus dem Kunstwerk die Idee uns leichter entgegentritt, als unmittelbar aus der Natur und der Wirklichkeit, kommt allein daher, daß der Künstler, der nur die Idee, nicht mehr die Wirklichkeit erkannte, in seinem Werk auch nur die Idee rein wiederholt hat, sie ausgesondert hat aus der Wirklichkeit, mit Auslassung aller störenden Zufälligkeiten. Der Künstler läßt uns durch seine Augen in die Wirklichkeit blicken.

(A. Schopenhauer »Die Welt als Wille und Vorstellung«, in: ›Züricher Ausgabe‹ I, § 37)

7. Der endgültige Weg zur Erlösung ist der von Hinduismus und Buddhismus, wobei nicht geklärt werden kann, ob Schopenhauer ihn von dort entlehnt oder aber selbst entwickelt hatte und ihn von der indischen Philosophie bestätigt bekam. Ziel ist die Auslöschung des Willens, das Erreichen der tiefen Stille, in der es kein Wollen mehr gibt, des Nirwanas. Der Selbstmord als Weg dorthin wird allerdings scharf abgelehnt, da auch dieser vom Willen abhängig ist.

*

Schopenhauer hat keine Schule begründet. Unter seinem Einfluss hat Nietzsche den Willen als Machttrieb interpretiert. Auch Richard Wagner wurde stark von ihm beeinflusst. Und doch enthält seine Philosophie etwas noch nie Dagewesenes, was Spuren hinterlassen hat. Die Aspekte von Körperlichkeit und Trieben, die das Leben der Menschheit seit jeher bestimmten, rangierten in der Philosophie über zwei Jahrtausende gegenüber der Sicht des Menschen als Geistwesen nur an untergeordneter Stelle. Die Abwertung des Bewusstseins als »bloße Oberfläche unseres Geistes« blieb auf die Psychologie eines Sigmund Freud nicht ohne Wirkung. Schopenhauers *Wille*, der blind, erkenntnislos, irrational und drangvoll sich *gebärdet*, ist nicht weit entfernt von dem, was bei Freud als unterbewusste Triebstrukturen des *Es* die Persönlichkeit des Menschen bestimmt.

6. Der Zusammenbruch des Idealismus

Die Zeit zwischen der französischen Juli-Revolution von 1830 und den März-Aufständen von 1848 in Wien und Berlin wird gemeinhin als *Vormärz* bezeichnet. Diese Zeit barg viele Konfliktstoffe in sich, vor allem sozialer Art. Dazu kommt noch die Tatsache, dass unter dem Ansturm von Technik und Wissenschaft alte Lebensformen und Geisteshaltungen zusammenbrachen. Hegels Tod 1831 fällt in den Anfang dieser Zeit. Deshalb ist es nicht verwunderlich, dass die Frage nach der Wirklichkeit, die ja nach Hegel in allen ihren sozialen, religiösen, rechtlichen und wirtschaftlichen Aspekten als »versöhnt« gilt, neu gestellt wird. So wird das Verhältnis von Wirklichkeit und Philosophie nun zum Knackpunkt der auseinanderlaufenden Hegel-Schulen mit ihren uneinheitlichen Interpretationen ihres Meisters.

a. Die Rechts- und Linkshegelianer

Dieses Auseinanderdriften geschah nicht willkürlich, konnte man doch selbst aus Hegels Werk Unterschiedliches herausholen. Auslöser für diese Zersplitterung, deren Ergebnis die beiden Hegel-Schulen der Rechts- und Linkshegelianer waren, war die Frage nach der Religion. Es war eine Art Gretchenfrage: Wie hielt es der Meister mit der Religion? Kann man seine Ausführungen über die Religion in Einklang bringen mit der traditionellen Lehre des Christentums?

David Friedrich Strauß (1808–1874), Theologe und Schriftsteller, der in seinem für Furore sorgenden Buch ›Das Leben Jesu‹ (1835) die historische Zuverlässigkeit der Evangelien anzweifelte, machte die Religionsfrage zum Maßstab und schlug vor, nach dem Vorbild der Sitzordnung im französischen Parlament eine Einteilung nach Rechts und Links vorzunehmen.

1. Rechts- oder Althegelianer

… wären somit alle, die sowohl die Berichte des Neuen Testamentes als historisch zuverlässige Berichte und Tatsachen anerkannten und die geschichtliche Denkweise Hegels bewahrten. Als dazu gehörig erklärte Strauß, nachdem seine Einteilung in Links und Rechts sich allgemein durchgesetzt hatte, auch die politisch-liberalen und bürgerlichen Kräfte, die die Lehre Hegels im konservativen Sinne als christlich-traditionelle Lehre deuteten. Die wichtigsten Vertreter waren der schwärmerische Hegel-Interpret Kuno Fischer (1824–1907), der Hegel-Schüler Eduard Gans (1798–1839) und der Hegel-Biograf Karl Rosenkranz (1805–1879). Die nicht zu vergessende Leistung dieser Schule bestand in dem Aufkommen der großen Philosophiegeschichten, wie sie uns heute noch in den Werken von Johann Eduard Erdmann (1805–1892), Eduard Zeller (1814–1908), Friedrich Ueberweg (1826–1871) und dem schon erwähnten Kuno Fischer vorliegen.

2. Links- oder Junghegelianer

Die nachhaltigere Wirkung von Hegels Philosophie aber, wenn auch nur bis um 1848 und nicht unbedingt im Sinne des Meisters, läuft über die linke Schiene. Zu den Linkshegelianern, die sich als radikale Erneuerer verstanden, gruppierte D. F. Strauß alle, die in den Evangelien nur Mythen sahen und eine Kluft zwischen Hegel und christlicher Lehre glaubten feststellen zu können.

Daneben ist die politische Dimension der Hegel-Kritik von entscheidender Bedeutung. Trotz Hegels Verdiensten müsse man ihm anlasten, dass ihm die behauptete Vollendung der Philosophie nur im Denken gelungen sei: Hinsichtlich der konfliktgeladenen Wirklichkeit sei eine Verwirklichung der Philosophie in der Praxis vonnöten, eine Philosophie der Tat. Hatte Hegel gefordert, Philosophie solle wirkliches Wissen werden, wird Karl Marx später sagen, Philosophie solle verwirklicht werden. Marx und Engels den Linkshegelianern zuzurechnen ist sicher nur im Hinblick auf ihre Anfangsjahre möglich. Zu nennen sind außer Arnold Ruge (1802–1880) und Max Stirner (1806–1856) vor allem noch Bruno Bauer (1809–1882) und ganz besonders Ludwig Feuerbach (1804–1872). Strauß, Bauer und Feuerbach waren alle drei verhinderte Pfarrer, die von der Theologie enttäuscht waren und zur Philosophie wechselten. P. Althaus nennt sie in seiner Hegel-Biographie süffisant »theologische Bankrotteure«. Marx wird über diese drei noch seinen Spott ausgießen, er nennt sie die »Heilige Familie«. Feuerbach stellt ein wichtiges Bindeglied zu Marx dar, der Hegels Dialektik auf den Kopf bzw. auf die Füße stellen wollte: Ideelles und Geist sind evolutionäre Produkte der Materie.

Ludwig Feuerbach (1804–1872) Sein bekanntestes Schlagwort ist das vom Menschen als Schöpfer Gottes. Das Lebensziel dieses leidenschaftlichen Antitheologen war die Auflösung der Theologie und ihre Umwandlung in Anthropologie. Sein Denken stellt ein wichtiges Bindeglied zu Nietzsche dar. Auch seine Religionsphilosophie hatte eine große Wirkung auf Karl Marx.

Der gebürtige Landshuter war das vierte von acht Kindern des Geheimen Staatsrates Anselm Ritter von Feuerbach. Dieser Jurist und Begründer der liberalen Strafrechtslehre in Bayern war es auch, der sich des berühmten Findlings Kaspar Hauser schützend annahm. Das Theologiestudium, das er 1823 in Heidelberg begonnen hatte, war eine Enttäuschung für den begabten Studenten Ludwig: Er wollte Philosoph werden. 1824 zog es ihn zum großen Hegel nach Berlin. Derselbe Feuerbach, der bei einem kurzen Gespräch mit Hegel in der berühmten Berliner Weinstube von Lutter und Wegner vor Schüchternheit kaum einen Laut herausbrachte, schickte 1828 seine Dissertation, an der er während seines Studiums der Botanik, Anatomie und Physiologie in Erlangen gearbeitet hatte, an Hegel. Er war – glaubt man den Biografen – einer der wenigen, die Hegel verstanden haben. Elf Jahre später sollte er auf Distanz zu ihm gehen und eine ›Kritik der Hegelschen Philosophie‹ schreiben. Nach seiner Habilitation Ende 1828, erhielt der 24-Jährige eine Anstellung als unbesoldeter Privatdozent in Erlangen. Seine anonym verfasste Schrift ›Gedanken über Tod und Unsterblichkeit‹ (1830) ruinierte seine akademische Karriere, als seine Autorschaft bekannt wurde. Es folgten verzweifelte Jahre, in denen er seine Vorlesungstätigkeit immer wieder unterbrach und schließlich aufgab, bis 1837 die Wende eintrat: Er verliebte sich in Bertha Löw, die Tochter des Mitinhabers einer Porzellanmanufaktur. Ein behagliches Leben im Schloss samt Garten, Waldbesitz und Karpfenteich war damit gesichert, Voraussetzung für ein ungestörtes wissenschaftliches Arbeiten in Sorglosigkeit. Hier entstand sein berühmt-berüchtigtes Werk ›Das Wesen des

Christentums‹, mit dem er 1841, vier Jahre nach seiner Eheschließung, auftrumpfte. Feuerbach wurde berühmt, als Redner in Heidelberg und anderen Städten wurde er umjubelt. 1851 erschienen die ›Vorlesungen über das Wesen der Religion‹ und 1857 die ›Theogonie‹. Aber jede Glückssträhne hat ein Ende: Die Fabrik des Schwiegervaters machte 1859 Bankrott, die Familie zog in die Nähe von Nürnberg. Vier Jahre vor seinem Tod las Feuerbach das ›Kapital‹ von Karl Marx und trat 1869 in die kurz zuvor gegründete SDAP (Sozialdemokratische Arbeiterpartei, Vorläufer der SPD) ein. Nach Jahren der Armut starb er 68-jährig und wurde auf dem Nürnberger Johannisfriedhof beigesetzt. Ehefrau Bertha starb 1883, die erstgeborene Tochter Lorchen 1923; eine weitere Tochter, Mathilde, war bereits als kleines Kind gestorben.

1. Voraussetzung für Feuerbachs radikale Absage an den Gottesglauben war die Abkehr von Hegel. Dessen Philosophie ist für ihn nur verkappte Theologie. Hegels zentraler Gedanke, Realität sei von der Idee gesetzt, wird kompromisslos verabschiedet. Das eigentlich Wirkliche ist weder Gott, noch das Sein, noch der Begriff, sondern das sinnlich Gegebene. Das Hegelsche System war gesprengt, jubelte nicht nur Friedrich Engels.

2. Trotz seines Kampfes gegen die Theologie galt das Interesse Feuerbachs zeit seines Lebens der Religion. Der Kernsatz seines Lebenswerkes lautete: Das Geheimnis der Theologie ist die Anthropologie. Feuerbach verkehrte das Wort der Schöpfungsgeschichte »Und Gott schuf den Menschen zu seinem Bilde« (1. Mose 1,27) in »Der Mensch schuf Gott zu seinem Bilde«. Dazu drehte er noch Hegels Satz vom Wissen Gottes vom Menschen, welches Wissen des Menschen von Gott sei, um: Das Wissen des Menschen von Gott ist in Wirklichkeit Wissen des Menschen um sich selbst. Das Bewusstsein von Gott ist somit Selbstbewusstsein. Damit erweist sich die Theologie in Wahrheit als Anthropologie, als Lehre vom Menschen. *Homo homini Deus*, »der Mensch ist für den Menschen Gott«.

3. Religion ist für Feuerbach die Entzweiung des Menschen mit sich selbst. Alle nur denkbaren Eigenschaftspaare – ewig/zeitlich, vollkommen/unvollkommen, allmächtig/ohnmächtig, heilig/sündhaft – verteilt der Mensch nach der starren Regel: Gott das schlechthin Positive, der Mensch das schlechthin Negative. Diese Entzweiung ist aber in Wirklichkeit keine, da sie nur im eigenen Verstand stattfindet.

> [...] der Mensch vergegenständlicht in der Religion sein eignes geheimes Wesen. Es muß also nachgewiesen werden, daß dieser Gegensatz, dieser Zwiespalt von Gott und Mensch, womit die Religion anhebt, ein Zwiespalt des Menschen mit seinem eignen Wesen ist.
> Die innere Notwendigkeit dieses Beweises ergibt sich schon daraus, daß. wenn wirklich das göttliche Wesen, welches Gegenstand der Religion ist, ein andres wäre als das Wesen des Menschen, eine Entzweiung, ein Zwiespalt gar nicht stattfinden könnte. Ist Gott wirklich ein andres Wesen, was kümmert mich seine Vollkommenheit? Entzweiung findet nur statt zwischen Wesen, welche miteinander zerfallen sind, aber eins sein sollen, eins sein können, und folglich im Wesen, in Wahrheit eins sind. Es muß also schon aus diesem allgemeinen Grunde das Wesen, mit welchem sich der Mensch entzweit fühlt, ein ihm eingebornes Wesen sein, aber zugleich ein Wesen von anderer Beschaffenheit als das Wesen oder die Kraft, welche ihm das Gefühl, das Bewußtsein der Versöhnung, der Einheit mit Gott oder, was eins ist, mit sich selbst gibt.
> Dieses Wesen ist nichts andres als die Intelligenz – die Vernunft oder der Verstand. Gott als Extrem des Menschen, als nicht menschliches, d. i. persönlich menschliches Wesen gedacht – ist das vergegenständlichte Wesen des Verstandes. Das reine, vollkommne, mangellose göttliche Wesen ist das Selbstbewußtsein des Verstandes, das Bewußtsein von seiner eigenen Vollkommenheit.
> (L. Feuerbach ›Das Wesen des Christentums‹, S. 105 ff.)

4. Damit ergibt sich, dass der Mensch seine eigenen Wünsche und Sehnsüchte auf Gott projiziert. Gott und die Götter sind die Wünsche der Menschen. Diese Wunschvorstellung muss der Mensch aber lernen zu überwinden. Dies geschieht nicht durch die Abschaffung der Religion; Feuerbach bestreitet, simpler Atheist zu sein, er wolle nur die Beziehung auf Gott kappen. Religion soll Dienst an den höchsten Werten menschlicher Wirklichkeit, der Mitmenschlichkeit und Liebe, bleiben. Sie hilft, die Entzweiung und Zerrissenheit zu heilen. Letztere Begriffe heißen bei Feuerbach *Entfremdung*: Entfremdung des menschlichen Wesens von sich selbst. Dieser Gedanke blieb nicht ohne Eindruck auf Marx und Engels: Sie lösten die Entfremdung aber vom religiösen Bewusstsein ab und dehnten sie auf den Menschen in seinem ganzen Wesen aus.

*

Je nach dem eigenen religiösen Standort ist man geneigt, Feuerbach entweder als *Vater des modernen Atheismus* zu diffamieren oder aber der Suggestivkraft seiner Argumente zu erliegen. Suggestiv sind seine »Beweisführungen« allemal, auch wenn sie keinen Beweischarakter haben, sondern nur auf der Ebene illustrierenden Behauptens liegen, was zumeist suggeriert wird. »Nicht das Heilige ist wahr, sondern das Wahre heilig.« Solche Behauptungssätze haben etwas Bestechendes an sich, ebenso Feuerbachs Theorie von der Projektion menschlicher Sehnsüchte auf die Götter, obwohl seine Polemik ausschließlich auf den Gott der Christen zielt. Aber Gottes Andersartigkeit wird von ihm nicht gesehen, z. B. die Gottverlassenheit des Menschen, der Weg des Kreuzes, die Verdammung frommer Selbstsicherheit, die Verurteilung egoistischer Wünsche, die Infragestellung selbstgefälliger Gebotserfüllung usw.

Und doch muss man Feuerbach Respekt zollen, wenn er den Finger auf eine Wunde legt, die vielen Christen eigen ist: das Schaffen eines Gottesbildes, das ihnen genehm ist, das Basteln an einem Glauben, der bequem und unverfänglich ist.

Karl Marx (1818–1883) Auch wenn der Marxismus an Boden verloren hat, gilt Marx heute noch sowohl als Gallionsfigur der Unterdrückung und Misswirtschaft, als auch als Symbolfigur für ein besseres und gerechteres Dasein. Unabhängig von allen Vorurteilen steht der Begründer des sog. *wissenschaftlichen Sozialismus* da als der Philosoph, der die Philosophie als theoretisches Unterfangen infrage stellte. Von Platon bis Hegel wurde Philosophie zum großen Teil verstanden als rein theoretische Analyse der Wirklichkeit, die fast jeden praktischen Bezug vermissen ließ. Damit ist auch Marx' Programm für die Philosophie deutlich: Ihre Aufgabe sei es nicht, die Welt zu interpretieren, sondern sie zu verändern.

Das Elternhaus steht in Trier. Sein Vater Heinrich, der wie die Mutter Henriette aus einer Rabbinerfamilie stammte, war Rechtsanwalt, der zum Protestantismus konvertiert war, um das Auskommen der

Familie zu sichern. Neun Kinder wurden geboren, nur vier überlebten. Karl wurde mit sechs Jahren getauft. Nach dem Abitur 1835 am Trierer Gymnasium studierte er auf Wunsch des Vaters Jura in Bonn, in Wirklichkeit aber genoss er das süße studentische Leben und verlobte sich 18-jährig heimlich mit seiner großen Jugendliebe Jenny von Westphalen, der Schwester seines Schulfreundes Edgar sowie des späteren preußischen Innenministers Ferdinand von Westphalen. Sieben Jahre später sollte er sie heiraten. Fünf Jahre nach Hegels Tod kam Marx nach Berlin und verkehrte dort im gelehrten »Doktorclub« der Junghegelianer um die Brüder Bauer. In den Vorlesungen von Eduard Gans machte er erste Bekanntschaft mit Hegels Philosophie, die ihn sein Leben lang nicht mehr loslassen sollte. 1841 schloss er das Philosophie-Studium mit einer Promotionsarbeit über die Differenz der Naturphilosophie von Demokrit und Epikur ab. Eine akademische Laufbahn wurde ihm wegen seiner Gesinnung verwehrt.

Er bekam seine erste Stelle als Redakteur der ›Rheinischen Zeitung‹ in Köln, wo er sein Damaskus-Erlebnis haben sollte. Als es dort zu massiven Holzdiebstählen kam, geißelte er in einem Artikel nicht die Diebe, sondern die gesellschaftliche Situation, die aus den Armen Verbrecher mache. Ein Jahr später verbot die preußische Zensur die Zeitung, und Marx ging zusammen mit seiner Frau Jenny nach Paris. Er arbeitete für die ›Deutsch-Französischen Jahrbücher‹, schrieb die ›Ökonomisch philosophischen Manuskripte‹, die ›Kritik der Hegelschen Rechtsphilosophie‹ und begegnete in einem Café dem zwei Jahre jüngeren Friedrich Engels, dem reichen Sohn eines Barmer Baumwollfabrikanten. Engels sollte die Marx-Familie zeitlebens finanziell über Wasser halten. Die Wendung beider zum Kommunismus ist für diese Zeit bezeugt. Als Marx aus Frankreich ausgewiesen wurde, begaben sich beide nach Brüssel und traten dem Bund der Kommunisten bei. Im Revolutionsjahr 1848 verfassten sie das ›Kommunistische Manifest‹. Als Marx auch aus Belgien ausgewiesen wurde, gingen sie nach Köln, nach einem kurzen Intermezzo als Herausgeber der ›Neuen Rheinischen Zeitung‹ über Paris ins Londoner Exil. Zwischen 1852 und 1861 arbeitete Marx als Korrespondent für amerikanische und europäische Zeitungen. In dieser Zeit entstand die ›Kritik der politischen Ökonomie‹ (1859). Nach langen Lesestunden in der Bibliothek des Britischen Museums wurde der erste Band seines Hauptwerkes ›Das Kapital‹ 1867 veröffentlicht. Der zweite und dritte Band wurden erst zwei bzw. elf Jahre nach seinem Tod von Engels herausgegeben.

1881 starb seine geliebte Frau Jenny, knapp zwei Jahre später erlag Marx 65-jährig einer Lungenkrankheit. Beerdigt wurde er auf dem Friedhof von Highgate.

Angesichts der Komplexität des Gesamtwerkes von Marx lässt sich hier nur ein grober Abriss seiner philosophischen und ökonomischen Gedanken geben.

1. Die philosophischen Wurzeln von Marx liegen bei Hegel. Marx ist der geschichtsmächtigste unter den Hegel-Kennern, ihn beeindruckte vor allem das imposante System der Hegelschen Philosophie, seine Geschlossenheit und vor allem die dialektische Bewegung, mit der Hegel die Entwicklung der Geschichte beschrieben und einer Vollendung entgegengeführt hatte. Sicher war Hegel der größere Denker von beiden, aber seine Philosophie litt unter einem Manko: Keiner lebte mit ihr. Der Anspruch auf Wirklichkeit wurde zwar von beiden erhoben, aber bei Hegel hieß er: Philosophie soll wirkliches Wissen werden, bei Marx lautete er: Philosophie soll verwirklicht werden.

Marx geht es um die Frage, die bereits Kant umgetrieben hat: Hat der Vernunftgebrauch in Wissen und Denken nicht auch eine praktische Dimension? Kant bejahte dies und gab der praktischen Vernunft den Vorrang vor der theoretischen. (Allerdings bewegte sich seine »praktische« Vernunft innerhalb der sittlichen Gesinnung und blieb letzten Endes nur denkende Analyse des Handelns.) Marx hingegen zielte auf die gesellschaftliche Praxis. Die Philosophie muss konkret zeigen, zu was Vernunft imstande ist. Somit ist für ihn das Hauptanliegen der Philosophie: eine Wirklichkeit herzustellen, in der die Vernunft praxisgerecht wird und sich auf die Unmenschlichkeit und Ungerechtigkeit bezieht, in der sich der abhängige Lohnarbeiter vorfindet. So übernimmt er den Schlüsselbegriff der Arbeit aus Hegels »Herr-Knecht«-Kapitel: In der Arbeit kommt der Mensch zu sich. Hier steht Hegel wirklich Pate. Aber der Pate wird hart kritisiert: Er kenne nur die geistige Arbeit, der konkrete Arbeiter in seinem zeitgeschichtlichen Umfeld interessiere Hegel überhaupt nicht.

2. Marx übernimmt von Hegel das, was ihn am meisten beeindruckt hatte: das dialektische Schema vom Werden, die Aufhebung der Gegensätze und das Fortschreiten des Werdens zu neuen Ufern. Im dialektischen Dreiklang sieht er in der These die kapitalistische Gesellschaft, in der Antithese das Proletariat und in der Synthese die zukünftige kommunistische Gesellschaft. Die Selbstverwirklichung des Menschen geschieht auf dem Umweg über die Selbstentäußerung. Vereinfacht würde die Position Hegels und ihre Umkehrung durch Marx so aussehen:

- *Hegel*: Natur und Materielles sind Resultat der Entäußerung des Geistes.
- *Marx:* Ideelles und Geist sind evolutionäres Produkt der Materie. Dabei ist zu beachten, dass Materie für Marx nicht irgendein Gesteinsbrocken oder ein anderes physikalisches Element ist, sondern die ökonomische, soziale und materielle Wirklichkeit. Sie bestimmt unser Bewusstsein, nicht das Bewusstsein die Wirklichkeit.

Hier sind wir bei dem berühmten Bild von Kopf und Füßen angelangt, auf welche die Dialektik angeblich gestellt wird: Die Dinge um uns herum, wirft Marx Hegel vor, seien keine Abbilder der jeweiligen Bewusstseinsstufe des Kopfes (was Hegel nie behauptet hat.), sondern die Begriffe des Kopfes seien Abbilder der wirklichen Dinge. Diese »ideologische Verkehrung« sei zu korrigieren und Hegels Dialektik auf den Kopf, oder besser, wieder auf die Füße zu stellen.

3. *Auf die Füße stellen*: Das heißt für Marx, der Wirklichkeit einen Materialismus zugrunde zu legen, der nicht wie im traditionellen Sinn geschichtslos und lediglich physikalisch die Natur erklärt, sondern der sich als Prozess der Natur in der Geschichte versteht. Diese Geschichte ist eine stetige Veränderung der Natur durch menschliche Arbeit, sie stagniert nicht, sondern schreitet in dialektischen Bewegungen fort. Somit trägt der Begriff *dialektischer* bzw. *historischer Materialismus* sowohl dem Aspekt der Bewegung, als auch dem Aspekt der Geschichte Rechnung.

4. Während Hegel die Welt von der Idee her gesehen, sie also auf den Kopf gestellt habe, gelte es, sie auf die Füße zu stellen und die entscheidende Bedeutung der materiellen Wirklichkeit zu begreifen. Entsprechend dieser »Umstülpung« (J. Hirschberger) Hegels wird die ökonomische Realität von Produktionsmitteln und -verhältnissen zum *Unterbau.* Sie bestimmt den *Überbau*, der da besteht aus Kultur, Politik, Kunst und vor allem Religion. Vor allem Letztere ist für die Fortentwicklung der bearbeiteten Natur im Sinne einer Umgestaltung der Welt hinderlich. Die Religion als Bewahrerin herrschender Verhältnisse lässt den Menschen stagnieren, weil sie ihn über sein Elend hinwegtröstet. Dies ist auch der Ort für das bekannteste Marx-Wort von der Religion als dem »Opium das Volkes«.

5. In den drei Etappen der Geschichte, die Marx in dem dialektischen Fortschreiten vom Primitivzustand der Menschheit über den Kapitalismus bis hin zur Zukunft des Kommunismus sieht, nimmt die scharfsinnige Analyse des Kapitalismus den breitesten Raum ein. Zentral ist seine Lehre vom Mehrwert: Die Kosten, die der Arbeiter bekommt als Lohn für die Aufrechterhaltung seines Lebens, nennt er *Tauschwert*, das Ergebnis des tatsächlich erzielten Wertes des Arbeitsproduktes auf dem Markt *Nutzwert* und die Differenz beider den *Mehrwert*, der als Profit in die Taschen der Kapitalisten fließt. In diesem Prozess der Ausbeutung steht nun dem Kapitalisten, der im alleinigen Besitz der Produktionsmittel ist, das Proletariat gegenüber, dem als alleiniger Besitz seine Kinder, seine Nachkommen, verbleiben (lat. *proles*: »Nachkomme«).

> Die Arbeit der Proletarier hat durch die Ausdehnung der Maschinerie und die Teilung der Arbeit allen selbständigen Charakter und damit allen Reiz für den Arbeiter verloren. Er wird ein bloßes Zubehör der Maschine, von dem nur der einfachste, eintönigste, am leichtesten erlernbare Handgriff verlangt wird. Die Kosten, die der Arbeiter verursacht, beschränken sich daher fast nur auf die Lebensmittel, die er zu seinem Unterhalt und zur Fortpflanzung seiner Rasse bedarf.
> (K. Marx »Manifest der Kommunistischen Partei«, in: ›Frühe Schriften‹ II, S. 825)

6. Gerade für den Proletarier gilt der Leitgedanke, der auch die Tradition des Humanismus von Aristoteles bis Goethe prägte: Der Mensch ist das, was er aus sich macht. Bezogen auf die Arbeit bedeutet dies, dass in ihr der Mensch sein eigenes Wesen vergegenständlicht.

> Der Gegenstand, den die Arbeit produziert, ihr Produkt, tritt ihr als ein *fremdes Wesen*, als eine von dem Produzenten unabhängige Macht gegenüber. Das Produkt der Arbeit ist die Arbeit, die sich in einem

Gegenstand fixiert, sachlich gemacht hat, es ist die *Vergegenständlichung* der Arbeit. Die Verwirklichung der Arbeit ist ihre Vergegenständlichung. Diese Verwirklichung der Arbeit erscheint in dem nationalökonomischen Zustand als *Entwirklichung* des Arbeiters, die Vergegenständlichung als *Verlust und Knechtschaft des Gegenstandes*, die Aneignung als *Entfremdung*, als *Entäußerung*.
Die Verwirklichung der Arbeit erscheint so sehr als Entwirklichung, daß der Arbeiter bis zum Hungertod entwirklicht wird. Die Vergegenständlichung erscheint so sehr als Verlust des Gegenstandes, daß der Arbeiter der notwendigsten Gegenstände, nicht nur des Lebens, sondern auch der Arbeitsgegenstände, beraubt ist. Ja, die Arbeit selbst wird zu einem Gegenstand, dessen er nur mit der größten Anstrengung und mit den unregelmäßigsten Unterbrechungen sich bemächtigen kann. Die Aneignung des Gegenstandes erscheint so sehr als Entfremdung, daß, je mehr Gegenstände der Arbeiter produziert, er um so weniger besitzen kann und um so mehr unter die Herrschaft seines Produkts, des Kapitals, gerät.
(K. Marx »National-Ökonomische Manuskripte«, in: ›Frühe Schriften‹ I, S. 561)

Die Konsequenz für den abhängigen Lohnarbeiter ist der Verlust seines Wesens, weil er sowohl Produzent als auch Produkt seiner Arbeit ist, das ihm wieder abgenommen wird. So ist er auch Produzent und Produkt seiner eigenen *Entfremdung*, ein Begriff, dessen Wirkmächtigkeit trotz seiner langen Tradition vom biblischen Sündenfall bis hin zum deutschen Idealismus in hohem Maße Marx zuzurechnen ist. Ist Entfremdung der Zustand, in dem der Mensch sein wahres Wesen verloren hat, wirkt sich entfremdete Arbeit in dreierlei Hinsicht auf den Lohnarbeiter aus, nämlich.

- auf sein Verhältnis zum Produkt seiner Arbeit: Es ist das Verhältnis wie zu einem fremden Gegenstand, da dieses Produkt ihm wieder abgenommen wird. Er arbeitet für den Gewinn anderer, er wird ausgebeutet.

Wenn das Produkt der Arbeit nicht dem Arbeiter gehört, Macht ihm gegenüber ist, so ist dies nur dadurch möglich, daß es einem *anderen Menschen außer dem Arbeiter* gehört. Wenn seine Tätigkeit ihm Qual ist, so muß sie einem anderen Genuß und die Lebensfreude eines anderen sein. Nicht die Götter, nicht die Natur, nur der Mensch selbst kann diese fremde Macht über den Menschen sein.

Man bedenke noch den vorher aufgestellten Satz, daß das Verhältnis des Menschen zu sich selbst ihm erst *gegenständlich, wirklich* ist durch sein Verhältnis zu dem anderen Menschen. Wenn er sich also zu dem Produkt seiner Arbeit, zu seiner vergegenständlichten Arbeit, als einem *fremden*, feindlichen, mächtigen, von ihm unabhängigen Gegenstand verhält, so verhält er sich zu ihm so, daß ein anderer, ihm fremder, feindlicher, mächtiger, von ihm unabhängiger Mensch der Herr dieses Gegenstandes ist. Wenn er sich zu seiner eigenen Tätigkeit als einer unfreien verhält, so verhält er sich zu ihr als der Tätigkeit im Dienst, unter der Herrschaft, dem Zwang und dem Joch eines anderen Menschen.
(K. Marx »National-Ökonomische Manuskripte«, in: ›Frühe Schriften‹ I, S. 570)

- auf das Verhältnis zur Arbeit selbst: Arbeitsteilung und Spezialisierung deformieren den Menschen, indem sie seine Lebensäußerung in immer wiederkehrende Einzelhandgriffe zerlegen.

Die *Teilung der Arbeit* ist der nationalökonomische Ausdruck von der *Gesellschaftlichkeit der Arbeit* innerhalb der Entfremdung. Oder, da die Arbeit nur ein Ausdruck der menschlichen Tätigkeit innerhalb der Entäußerung, der Lebensentäußerung ist, so ist auch die *Teilung der Arbeit* nichts anderes als das *entfremdete, entäußerte* Setzen der menschlichen Tätigkeit als einer *realen Gattungstätigkeit* oder als *Tätigkeit des Menschen als Gattungswesen.*
(K. Marx »National-Ökonomische Manuskripte«, in: ›Frühe Schriften‹ I, S. 623)

- auf sein Verhältnis zur Gesellschaft: Geld und Waren bekommen als Götzen Fetischcharakter, sodass eine Gesellschaft entsteht, die sich nur über den Begriff des Habens definiert. »Das Privateigentum hat uns so dumm gemacht, dass ein Gegenstand erst der *unsrige* ist, wenn wir ihn haben, also als Kapital für uns existiert oder von uns unmittelbar besessen, gegessen, getrunken…, kurz *gebraucht* wird.« (J. Moltmann)

7. Marx stellt der Wirklichkeit des entfremdeten Menschen das Ideal des totalen Menschen gegenüber, oder in heutiger Sprache: des mit sich identischen Menschen. Die Möglichkeit dieser Identitätsherstellung bzw. der Aufhebung der Entfremdung wird analog zu oben ebenfalls in dreierlei Hinsicht gesehen:

- Enteignung des Privateigentums an den Produktionsmitteln. Sie beendet die Ausbeutung, in der das Produkt der Arbeit dem Arbeiter geraubt wird (lat. *privatio:* »die Beraubung«).

Ihr entsetzt euch darüber, daß wir das Privateigentum aufheben wollen. Aber in eurer bestehenden Gesellschaft ist das Privateigentum für neun Zehntel ihrer Mitglieder aufgehoben; es existiert gerade dadurch, daß es für neun Zehntel nicht existiert. Ihr werft uns also vor, daß wir ein Eigentum aufheben wollen, welches die Eigentumslosigkeit der ungeheuren Mehrzahl der Gesellschaft als notwendige Bedingung voraussetzt.
Ihr werft uns mit einem Wort vor, daß wir euer Eigentum aufheben wollen. Allerdings, das wollen wir.
(K. Marx »Manifest der Kommunistischen Partei«, in: ›Frühe Schriften‹ II, S. 836)

- Überwindung von Arbeitsteilung und deformierender Spezialisierung durch die »automatische Fabrik«.

Was die Teilung der Arbeit in der mechanischen Fabrik kennzeichnet, ist, daß sie jeden Spezialcharakter verloren hat. Aber von dem Augenblick an, wo jede besondere Entwicklung aufhört, macht sich das Bedürfnis nach Universalität, das Bestreben nach einer allseitigen Entwicklung des Individuums fühlbar. Die automatische Fabrik beseitigt die Spezialisten und den Fachidiotismus.
(K. Marx »Das Elend der Philosophie«, in: ›Frühe Schriften‹ II, S. 779f.)

- Ersetzung der Gesellschaft des Habens durch die Utopie einer »allmenschlichen« (kommunistischen) Gesellschaft, in der der Mensch wieder sagen kann: »Ich bin«. Es ist die Utopie von der Auflösung des Widerspruchs zwischen Mensch und Natur. Natur meint die durch Arbeit geprägte Wirklichkeit, nicht die Menge der vom Menschen unabhängigen Dinge (W. Röd).

Gerade in Hinsicht auf den letzten Punkt fällt auf, dass konkrete Ausführungen über die neue Gesellschaft stark hinter den detaillierten Darstellungen der zeitgenössisch erlebten kapitalistischen Ordnung zurücktreten. Man kann dies als Mangel werten, man kann dies aber auch dem visionären Charakter zuschreiben, den jede Utopie aufweist. Es ist bei Marx die *eschatologische* (»endzeitliche«) Vision einer Geschichte, die einem Endzweck zustrebt. Der revolutionäre Umsturz der bestehenden Ordnung ist für Marx ein eschatologisches Ereignis, das er *in* der Zeit ansiedelt, im Gegensatz zu der christlichen Vorstellung *jenseits* aller Zeit. Marx' Forderung nach sozialer Gerechtigkeit, die nicht erst im Jenseits, sondern hier auf Erden verwirklicht werden soll, ist im Grunde eine »Umbiegung« der jüdisch-christlichen Heilserwartungen ins Irdische.

Es ist nicht einfach, den Anteil von Friedrich Engels (1820–1895) an dem Gesamtwerk von Marx auszumachen. Er ist der Verfasser von ›Dialektik der Natur‹ (1873–83), ›Ludwig Feuerbach und der Ausgang der klassischen deutschen Philosophie‹ (1888) und edierte die Bände II und III von Marx' ›Das Kapital‹. Ob man von einer unauflösbaren Einheit der Lehre beider ausgehen kann, ist umstritten.

Das Privateigentum geißelte er als Wurzel der Erniedrigung des Menschen, den Kapitalismus als bewusstlosen, von Naturgesetzen beherrschten Zustand (R. Kühnl »Marx/Engels«, in: ›Metzler Philosophen-Lexikon‹), den es zu überwinden gilt. Engels erweiterte den *Historischen Materialismus* von Marx, der nur die geschichtlich-gesellschaftliche Realität im Auge hatte, um den *Dialektischen Materialismus*, dessen Methode sich auch auf die Natur und die gesamten Seinsgebiete bezieht. Vor allem Lenin berief sich hauptsächlich auf Engels.

*

Mit kaum einem anderen Denker der Neuzeit wurde so viel Schindluder getrieben wie mit Marx. Das betrifft nicht nur die selbstherrlichen Epigonen eines für eigene Zwecke missbrauchten Marxismus, sondern vor allem die pseudo-intellektuellen Kritiker, für die das partielle Scheitern des Kommunismus zur hämischen Bestätigung ihrer banalen Marx-Kritik diente. Bei der Bewertung von Marx sollte der allmähliche Zusammenbruch einer Gesellschaft bedacht werden, die sich durch unmenschliche und barbarische Arbeitsbedingungen am Leben erhielt und mit ihnen ihren Wohlstand bedenkenlos vermehrte. Dies ist und bleibt die bleibende Großtat des Mannes aus Trier. Hervorzuheben ist nach wie vor das Anliegen Marx', die Philosophie von dem Thron ihrer oftmals praxisfernen Unverständlichkeit herunterzuholen. Gerade in einer stark verunsicherten Welt, in der Menschen bei der Gestaltung ihrer Zukunft häufig überfordert sind, bleibt die Forderung nach Verwirklichung von Philosophie immer noch aktuell.

Karl Marx war der erste, der eine anthropologische Deutung der Arbeit gewagt hatte. Die Fehler, die uns aus heutiger Sicht dabei augenfällig sind, betreffen mehr die ökonomische Seite seines Anliegens, und sind meist vor dem Hintergrund der rasanten Entwicklung von Technik und Arbeitswelt erklärbar.

Der wirklich lohnende Aspekt, auf den hier in maßvoller Kritik eingegangen werden soll, ist der Aspekt der Entfremdung. Dieser Begriff geht nicht in Begriffen wie *Arbeitsteilung* und *Ausbeutung* auf, sondern deutet über sie hinaus. Entfremdung wird nicht beseitigt, wie Marx es annahm, indem kapitalistische Eigentumsverhältnisse beseitigt werden. Eine industrielle Arbeitswelt wird stets bis zu einem gewissen Grad dehumanisierende Arbeitsbedingungen mit sich bringen, die es zu beseitigen gilt. Zudem ist es eine Illusion, anzunehmen, dass durch die Überwindung arbeitsbedingter Entfremdung auch die Entfremdung beseitigt wird, die zur Existenz und zum Wesen des Menschen dazugehört. Der Mensch erfährt auf jeder seiner Lebensstationen Entfremdung, sei es auf dem Kinderspielplatz, in der Ehe, in einem noch so erfüllenden Arbeitsverhältnis oder auf dem Gipfel seines Ruhmes. Die Not des Menschen, man mag sie *metaphysische Not* oder anders benennen, wird stets die Kluft sein, die zwischen seinem Wesen und seiner faktischen Existenz klafft. Sie erträglich zu machen, ist, je nach Standort des Lesers, Aufgabe von Psychologie oder Theologie.

b. Der Ausläufer des Empirismus: Der Positivismus

Mit Hegel ging nicht nur die Zeit der großen philosophischen Systeme, sondern auch eine Epoche zu Ende. Man könnte fast meinen, dass Hegels Wort vom Ende der Geschichte sich bewahrheiten würde. Aber es war nur der Idealismus, der zusammenbrach und jedes Streben nach dem Ganzen scheitern ließ. Unter dem Druck von Technik, Wissenschaft und mit dem Aufkommen des Materialismus, der schon mit Feuerbach und Marx begonnen hatte, brachen auch alte Lebensformen und Geisteshaltungen zusammen. Der alte Zusammenhang von Wissenschaft und Philosophie zerriss durch die

Entstehung der Einzelwissenschaften, die sich mit einer atemberaubenden Entwicklung etablierten. Die Naturwissenschaften traten mit einem beispiellosen Fortschrittsenthusiasmus und eigenen Erkenntnisanspruch in Konkurrenz zur Philosophie. Diese metaphysikfeindliche Geisteshaltung entsprang der Überzeugung, dass Philosophie auf dem »Gegebenen« (*Positiven*) fußen müsse; gemeint war das in den Einzelwissenschaften mit der Erfahrung Gegebene. Diese Grundhaltung, der Tatsachenkult, wurde nun selbst zu einer Philosophie, die sich als Positivismus im Dienst des sozialen Fortschritts und gesellschaftlicher Verbesserungen verstand.

Doch im Grunde ist der Positivismus, von D. Göbel waghalsig »Anbetung der Wirklichkeit« genannt, eine sich an den Empirismus anlehnende Fortsetzung der Aufklärung.

Mit seiner antimetaphysischen Einstellung stellt der Positivismus sich die Aufgabe, das Denken von Scheinproblemen, d.h. von nicht-empirischen Begriffen, zu befreien und auf Letztbegründungen zu verzichten.

Der bekannteste Positivist ist der Franzose Comte, der Schöpfer des Begriffs der Soziologie.

Auguste Comte (1798–1857) Bei dem plötzlichen Umschlagen des abendländischen Denkens nach Hegel vom Idealismus zum Materialismus spielt dieser französische Philosoph eine große Rolle. Sein Entwurf einer positivistischen Philosophie verfolgt die Absicht, die Metaphysik als veraltet hinzustellen und sie durch die Wissenschaft zu ersetzen. Damit trägt er der neuen Wissenschaftssituation und dem rasanten Tempo Rechnung, mit dem herkömmliche geistige Positionen nun zum Einsturz gebracht wurden. Bedeutung erlangte Comte ferner durch die Grundlegung der wissenschaftlichen Soziologie.

Geboren wurde er in einem monarchistisch gesinnten Elternhaus in Montpellier. Seine Lebensumstände waren nicht sehr günstig. Er studierte zwei Jahre lang an der École Polytechnique, musste diese aber wegen deren durch die Studentenrevolte bedingte Schließung verlassen. Eine Zeit lang arbeitete er als Privatlehrer für Mathematik in Paris. 1817 wurde er Privatsekretär seines Freundes Claude-Henri Comte de Saint-Simon. Aufgrund von Meinungsverschiedenheiten trennten sich die Wege der beiden 1824. Comte verdiente sich daraufhin seinen Lebensunterhalt als Privatgelehrter und Schriftsteller. 1826 wurde er in eine psychiatrische Heilanstalt eingewiesen; ein Jahr später scheiterte ein Selbstmordversuch. Seine Ehe mit einer ehemaligen Prostituierten wurde nach 16 Jahren geschieden. Zwei Jahre später verliebte er sich in die Großbürgersgattin Clotilde von Veaux; bis zu ihrem Tod ein Jahr später blieb es jedoch bei einem platonischen Verhältnis. Er lebte mehr schlecht als recht von privaten Vorlesungen, auch Alexander von Humboldt gehörte zu seinen Hörern. Von Bewunderern und Freunden, u. a. auch von John Stuart Mill, bekam er kleinere finanzielle Zuwendungen. Comtes Grundgedanken sind schon recht früh in dem ›System der positiven Philosophie‹ von 1824 ausformuliert. Sein Hauptwerk ist der zwischen 1830 und 1842 entstandene 6-bändige ›Kurs der positiven Philosophie‹. Gestorben ist er – hoch verehrt von seinen Jüngern – unter bescheidenen Umständen in Paris.

Positiv ist für Comte nicht das Gegenteil von *negativ*, sondern das Gegenteil von spekulativer Philosophie. Die dem Idealismus eigene Unterordnung der Erscheinungen unter das Gedachte wird aufgehoben; es wird nicht mehr nach deren Wesen und Ursache gefragt, sondern die Erscheinungen werden in Form von Tatsachen und Gesetzen zur Wissenschaft erhoben, die es zu untersuchen gilt. Dabei kommt Comte zu folgenden Ergebnissen:

1. Das *Drei-Stadien-Gesetz:* Das Denken, sowohl das der gesamten Menschheit als auch das des einzelnem Menschen, durchläuft der Reihe nach drei Zustände oder Stadien:

a. Das *theologische Stadium* (auch: *fiktives Stadium*): Das Gegebene wird mit übernatürlichen oder göttlichen Ursachen erklärt. Der Mensch hält eine absolute Erkenntnis für möglich. Dieses Stadium ist wiederum in drei Unterstadien unterteilt, den *Animismus*, den *Polytheismus* und den *Monotheismus.*
b. Das *metaphysische Stadium* (auch: *abstraktes Stadium*): An Stelle der Gottheiten treten abstrakte Wesenheiten, Begriffe und Prinzipien.
c. Das *positive Stadium* (auch: *wissenschaftliches Stadium*): Der Mensch setzt die Vernunft ein, um die gegebenen Tatsachen

und deren Gesetze zu erkennen. Absolute Erkenntnis ist jetzt endgültig als utopisch entlarvt.

Diese lange Reihe notwendiger Vorstufen führt schließlich unsere schrittweise frei gewordene Intelligenz zu ihrem endgültigen Stadium rationaler Positivität, das hier auf speziellere Weise charakterisiert werden soll als die beiden zuvor durchlaufenen Stadien. Nachdem derartige vorbereitende Übungen von selbst die völlige Nichtigkeit der der anfänglichen Philosophie – sei sie nun theologisch oder metaphysisch – eigenen unklaren und willkürlichen Erklärungen bewiesen haben, verzichtet der menschliche Geist fortan auf absolute Forschungen, wie sie nur in seiner Kindheit angemessen waren, und beschränkt seine Bemühungen auf das sich von da an rasch entwickelnde Gebiet der echten Beobachtung, der einzig möglichen Grundlage der wirklich erreichbaren und unseren tatsächlichen Bedürfnissen angemessenen Erkenntnisse. Die spekulative Logik hatte bis dahin darin bestanden, auf eine mehr oder weniger subtile Weise und gemäß unklaren Prinzipien, die keinerlei hinlänglichen Beweis zuließen und stets endlose Debatten erregten, zu argumentieren. Sie anerkennt von nun an als Grundregel, dass keine Behauptung, die nicht genau auf die einfache Aussage einer besonderen oder allgemeinen Tatsache zurückführbar ist, einen wirklichen und verständlichen Sinn enthalten kann. Die Prinzipien, die sie anwendet, sind selbst nur echte, lediglich allgemeinere und abstraktere Tatsachen als die, deren Band sie bilden sollen. Welche auch immer die Methode sei, mit der man zu ihrer Aufdeckung gelangt, ob eine rationale oder experimentelle, ihre wissenschaftliche Wirksamkeit geht stets ausschließlich aus ihrer mittelbaren oder unmittelbaren Übereinstimmung mit den beobachteten Phänomenen hervor. (A. Comte ›Rede über den Geist des Positivismus‹ III, 1.12.)

2. Auch die Geschichte der Wissenschaften durchläuft drei Stadien, es ist das *Enzyklopädische Gesetz.* Die enzyklopädische Rangordnung richtet sich nach dem Grad der Allgemeinheit und Einfachheit der Erscheinungen. Sie verläuft über Arithmetik, Mechanik, Astronomie, Physik, Chemie, Biologie, bis hin zur »sozialen Physik«, der Soziologie. Mit ihr wird die positive Philosophie in den Dienst der Menschheit zum Zweck eines besseren Zusammenlebens gestellt. Das Motto heißt: »Wissen, um vorherzusehen.«

3. Ein paar Jahre vor seinem Tod wird das Programm der

Erneuerung der Gesellschaft noch auf das Gebiet der Religiosität ausgeweitet. Comte schwebt eine neue Religion vor, welche die Liebe zur Menschheit als dem *Grand Être*, dem »Höchsten Wesen«, zum Inhalt hat. Der von ihm geprägte Begriff *Altruismus* ist Ausdruck dieser Liebe. Auch die neue Religion will *positiv* verstanden sein, mit teilweise barock anmutenden Details wie 9 Sakramenten, 84 Festtagen und eigenen Priestern. 1852 formuliert er in seinem ›Katechismus der positivistischen Religion‹ den Grundsatz: Liebe als Prinzip, Ordnung als Grundlage, Fortschritt als Ziel.

*

Comtes Bedeutung liegt in diesem unbedingten Glauben an den Fortschritt. Mit missionarischem Eifer wollte er die Lebensbedingungen der Gesellschaft verbessern. Sein Erfolg war in Frankreich immens, ebenso sein Einfluss auf die englischen Positivisten. Trotzdem wird man sagen müssen, dass seine Philosophie, die sich auf Probleme der Wissenschaftstheorie beschränkte, heute nur noch von historischem Interesse ist.

In England waren es John Stuart Mill (1806–1873) und Herbert Spencer (1820–1903), die Comtes Gedanken aufgriffen und das Prinzip des Utilitarismus in den Positivismus einbrachten (lat. *utilis*: »nützlich«; Utilitarismus fußt demnach auf dem Grundsatz: Sittlich gut ist, was nützlich ist). Die gesellschaftliche Bedeutung des Utilitarismus ergab sich aus dem Ziel, das zuvor von Jeremy Bentham (1748–1832) als das »größtmögliche Glück für die größtmögliche Zahl von Menschen« formuliert wurde. Herbert Spencer erlangte Bedeutung dadurch, dass er die revolutionären bzw. evolutionären Theorien von Charles Darwin (1809–1882) aufgriff. Darwin hatte 1859 in seinem Werk ›Über die Entstehung der Arten‹ Furore gemacht. Erst 1871 hatte Darwin in ›Die Abstammung des Menschen‹ die Einschränkung seiner Theorie von der Zuchtwahl auf Pflanzen und Tiere aufgegeben und seine Selektionstheorie auch auf den Menschen ausgedehnt. In Deutschland ist der Begriff des Positivismus mit weniger bekannten Namen verbunden, wie Hermann Helmholtz, Richard Avenarius, Ernst Mach und anderen.

7. Die Neuordnung der Werte

Søren Kierkegaard (1813–1855) Der skrupulöse und schwermütige Denker aus Kopenhagen wurde erst im 20. Jahrhundert in seiner vollen Bedeutung erkannt, als ihn die Existenzialisten als ihren Vorläufer entdeckten. Ähnlich wie Karl Marx lehnte Kierkegaard das abstrakt-begriffliche System Hegels als lebensferne Unverbindlichkeit ab. Während aber bei Marx die Verwirklichung der Philosophie auf ein neues System zulief, und zwar auf das einer gesellschaftlichen Neuordnung, zielte Kierkegaards Umsetzung von Philosophie auf die konkrete Existenz des Individuums, das sich nicht durch irgendeine objektive Wahrheit oder ein logisches System, sondern nur durch subjektive Wahrheit voll entfalten kann. Nur sie ist in der Lage, das Leben des Einzelnen zu verändern.

Søren Aabye Kierkegaards ganzes Leben war geprägt von der Auseinandersetzung mit der Schwermut. Diese war das eigentliche Erbe des Vaters, der sich als Kind in Zeiten von Hunger und Elend auf einen Hügel gestellt und Gott verflucht hatte. Der Sohn übernahm den Wahn des Vaters, dass ein besonderer Fluch auf der Familie laste. In der Tat erreichte von den sieben Kindern nur Sørens älterer Bruder Peter Christian, der später Bischof von Aalborg wurde, ein hohes Alter. Nach dem Besuch einer Privatschule studierte Kierkegaard an der Universität von Kopenhagen Theologie und Philosophie, gab sich lange Zeit aber lieber Vergnügungen hin und entschloss sich erst 10 Jahre später zu einem akademischen Abschluss. Wichtiger erschien ihm der Gedanke einer schriftstellerischen Karriere. Ermöglicht wurde ihm dieser Verzicht auf einen Broterwerb-Beruf von seinem Vater Mikael Petersen, der spät zu Reichtum gelangte und ihm 30.000 dänische Reichstaler vererbte. 1841 erwarb Kierkegaard schließlich den Magistergrad. Im selben Jahr löste Kierkegaard die 1840 geschlossene Verlobung mit der zehn Jahre jüngeren Regine Olsen; wegen seiner Schwermut und seiner sündhaften Vergangenheit wollte er sich ihr nicht zumuten. Daraufhin reiste er nach Berlin, wo er Schelling hörte. Worte wie: Nicht das Begriffliche, sondern das »bloß Existierende« und das »zufällig Notwendige« haben sicher seinen philosophischen Werdegang beeinflusst, obwohl er sich recht negativ über Schelling äußerte. Zurück in Dänemark begann er mit einer recht umfangreichen Literaturproduktion. Als seine Hauptwerke, verfasst unter verschiedenen abstrusen Pseudonymen, gelten u.a.: ›Entweder–Oder‹ (1843), ›Philosophische Brosamen‹ und ›Der Begriff der Angst‹ (1844), ›Die Krankheit zum Tode‹ (1849) und ›Einübung in das Christentum‹ (1850). Abgesehen von seinem Erstlingswerk wurden seine Schriften heftig kritisiert. Seine als *Corsaren-Affäre* in die Geschichte eingegangene Auseinandersetzung mit dem dänischen Satireblatt ›Corsaren‹ brachte Kierkegaard 1846 auch noch öffentlichen Hohn ein. Als 1854 der hoch geachtete Bischof Mynster starb, begann Kierkegaard mit Büchern und Flugschriften den Angriff auf die dänische Amtskirche, der er Verrat am Christentum vorwarf. Knapp zwei Jahre später brach er auf offener Straße zusammen und erlag Wochen später den Folgen des Schlaganfalls. Er wurde nur 42 Jahre alt.

1. Kierkegaards Ausgangspunkt ist, dass Aufgabe der Philosophie nicht die Anhäufung von Theorie und Erkenntnis sein könne, sondern das Auffinden einer persönlichen Wahrheit für den Einzelnen. Das ist letztlich auch der Grund für Kierkegaards scharfe Ablehnung eines geschlossenen philosophischen Systems, das dem Vollzug einer subjektiv-individuellen Tätigkeit als Existenz im Wege steht: Existenz »als persönliches Engagement der Einheit von Denken, Wollen, Fühlen und Handeln«. Das dürfte auch Ursache für Kierkegaards lächerlich anmutende Pseudonyme (Vigilius Haufniensis, Johannes Climacus, Nikolaus Notabene, Johannes de Silentio, Viktor Eremita, Hilarius Buchbinder) gewesen sein, um jeden Systemanspruch ironisch zu unterlaufen (O. Höffe).

2. Eine abstrakte Philosophie kann die Probleme des Lebens nicht aufzeigen. Aber da kein Denken ohne Abstraktion auskommt, gerät Philosophie in den Widerspruch, dass das Denken vom Einzelnen abstrahieren muss, das Einzelne aber als solches Wirklichkeit besitzt. So ist die Identität von Denken und Sein, wie sie der Idealismus dargestellt hat, nur eine scheinbare, »weil sich das Existieren nicht denken lässt, und der Existierende doch denkend ist.« Die angebliche Identität von Denken und Sein bleibt eine abstrakte Angelegenheit und erreicht nicht die Existenz des Einzelnen. So befindet sich der Mensch in der paradoxen Situation, sich einerseits im Denken vorzufinden, das vom Konkreten absieht, aber andererseits in der Wirklichkeit zu sein, die von keinem Denken eingeholt wird.

3. Jenseits aller Reflexion, und zwar im Vollzug von Denken, Fühlen und Handeln, geschieht Existenz. In ihrer höchsten Seinsform ist Existenz ein Verhalten, das sich zu sich verhält und als Selbstbewusstsein die in der menschlichen Natur begründeten Widersprüche - wie Leib/Seele, Endlichkeit/Unendlichkeit, Zeitlichkeit/Ewigkeit und Freiheit/Notwendigkeit - aushält. Diese Widersprüche sind zu durchleiden, im Gegensatz zu den Widersprüchen in der Reflexion, die unproblematisch sind, da sie Gegensätze innerhalb des Bewusstseins sind und nicht Gegensätze zwischen Bewusstsein und Wirklichkeit.

4. Die Unversöhnlichkeit der zu durchleidenden Widersprüche ist ein Indiz dafür, dass menschliche Existenz kein unbewegtes und fertiges Sein besitzt, sondern sich in stetiger Bewegung und Fortentwicklung befindet. Leben als unabgeschlossene Existenz muss sich ständig neu entscheiden, muss Wagnisse eingehen. Solche Entscheidungen sind geprägt von Angst, Schwermut, Verzweiflung usw. Kierkegaard gebraucht für diese Entscheidungen den Begriff *Sprung*, um diese negativen Umstände hinter sich zu lassen. Durch ein wagendes Springen, begleitet vom ständigen Risiko des Scheiterns, können die menschlichen Widersprüche überwunden werden, allerdings nur für den Moment.

5. In dem von der Nachwelt am meisten beachteten Buch ›Entweder – Oder‹ führt Kierkegaard drei verschiedene Standpunkte aus, unter denen Leben betrachtet werden kann. Es sind verschiedene Stufen, Existenz zu realisieren, die kein fertiges Sein ist, sondern eines Werdens bedarf. Die *ästhetische* (»sinnliche«) *Lebensweise* ist die des *Augenblicksmenschen*, der sich betrachtend-genießend dem Leben hingibt. Prototyp ist Mozarts Don Giovanni. Er ist das Produkt seiner Natur, die ihn als Sinnen- und Triebwesen geschaffen hat, dessen Existenz aber im Grunde unbefriedigend bleibt.

> Was heißt es aber, ästhetisch zu leben, und was heißt es: ethisch leben? Was ist das Ästhetische in einem Menschen, und was ist das Ethische? Hierauf möchte ich antworten: das Ästhetische in einem Menschen ist das, wodurch er unmittelbar ist, was er ist; das Ethische ist das,

wodurch er wird, was er wird. Wer in und von dem Ästhetischen, durch und für das Ästhetische in ihm lebt, der lebt ästhetisch. [...] Der Grund, weshalb derjenige, der ästhetisch lebt, in höherem Sinne keine Aufklärung geben kann, ist der, daß er immer im Moment lebt, immer jedoch nur in einer gewissen Relativität, innerhalb einer gewissen Begrenzung wissend ist. Es ist keineswegs meine Absicht zu leugnen, daß, um ästhetisch zu leben, wenn ein solches Leben auf seinem Höhepunkt ist, eine Vielfalt von Geistesgaben erforderlich sein kann, ja daß diese sogar in ungewöhnlichem Maße intensiv entwickelt sein müssen; dennoch aber sind sie geknechtet, und die Durchsichtigkeit fehlt. So findet man oft Tierarten im Besitz weit schärferer, weit intensiverer Sinne, als der Mensch sie hat, aber diese sind im Instinkt des Tieres gebunden. Ich möchte Dich selbst als Beispiel nehmen. Ich habe Dir ausgezeichnete Geistesgaben niemals abgesprochen, wie Du auch daraus ersehen wirst, daß ich Dir oft genug vorgeworfen habe, daß Du sie mißbrauchst. Du bist witzig, ironisch, ein Beobachter, ein Dialektiker, im Genuß erfahren, Du weißt den Augenblick zu berechnen, Du bist empfindsam, herzlos, je nach den Umständen; bei alledem aber bist Du immer nur im Moment, und darum löst sich Dein Leben auf, und es ist Dir unmöglich, es zu erklären. Will nun jemand die Kunst des Genießens lernen, so ist es ganz richtig, wenn er zu Dir geht; wünscht er aber Dein Leben zu verstehen, so wendet er sich an den Verkehrten.
(S. Kierkegaard ›Entweder – Oder‹, S. 729ff.)

Die *ethische Lebensweise* als zweite Stufe beschreibt den Zustand, in dem der Mensch bestimmte Verbindlichkeiten einzugehen vermag, da er das Prinzip des Genusses zu hinterfragen imstande ist. Gut und Böse sind für ihn verpflichtende Prinzipien. In einem Akt ethischer Selbstentscheidung gelingt der Sprung in diese Existenzweise, in der die Freiheit dem Menschen ermöglicht, sich zu sich selbst zu verhalten. Erst in der *religiösen Lebensweise* gelingt Existenz. Dieses Gelingen verdanken wir einem Paradox: Der Mensch findet nur zu sich selbst, indem er seine Abhängigkeit von Gott anerkennt. Dieses Paradox findet in Christus seinen Ausdruck: Christus als paradoxes Verhältnis von Endlichkeit (Christus als Mensch) und Unendlichkeit (Christus als Gott).

6. Zu beachten ist, dass der Sprung von der ästhetischen zur ethischen Lebensweise durch eine Entscheidung in Freiheit geschieht, während der Sprung von der ethischen zur christlichen

Lebensweise außerhalb der eigenen Entscheidung liegt, er geschieht im Glauben. Er ist gelungene Existenz. Nicht gelungene Existenz führt zur *Verzweiflung*.

7. Dieser Begriff wird in der ›Krankheit zum Tode‹ dialektisch durchgespielt.

a. *Die Verzweiflung der Unendlichkeit*: Der Mensch verliert sich am Grenzenlosen, Phantastischen und verliert dabei immer mehr sich selbst.
b. *Die Verzweiflung der Endlichkeit*: Sie führt zu Borniertheit und Einengung durch die Dinge der Welt.
c. *Die Verzweiflung der Möglichkeit*: Mangelnde Wirklichkeit setzt tausende von Möglichkeiten frei, das Selbst zappelt sich müde in unzähligen Möglichkeiten.
d. *Die Verzweiflung der Notwendigkeit*: Es ist auf der einen Seite die Verzweiflung des Spießbürgers, der »die Möglichkeit gefangen im Käfig der Wahrscheinlichkeit umher[führt]«, der glaubt, Herr über die Möglichkeiten zu sein, in Wahrheit aber ihr geistloser Knecht ist. Auf der anderen Seite ist es auch die Verzweiflung des Fatalisten, dem es unmöglich ist, der Falle der Notwendigkeit zu entgehen, und der nicht mehr frei atmen kann. Denn »die Möglichkeit ist für das Selbst, was der Sauerstoff für das Atemholen ist.«

8. Im Folgenden treibt Kierkegaard seine dialektische Unterscheidung noch auf die Spitze:

a. *Die uneigentliche Verzweiflung*: Sie weiß weder von ihrer Verzweiflung noch von ihrem Selbst. Aber auf dem Grunde der »Rechthaberei der Wahrheit« wohnt die Angst, »wenn das Dasein zu wanken beginnt.«
b. *Die eigentliche Verzweiflung*: einerseits verzweifelt, nicht man selbst sein zu wollen bzw. ein anderer sein zu wollen, andererseits verzweifelt, man selbst sein zu wollen. Hier ist Verzweiflung kein Erleiden mehr, sondern ein Handeln: Die Verzweiflung ist sich ihrer selbst bewusst und missbraucht das Ewige im Selbst, um es selbst zu sein. Es will über sich selbst verfügen, es ist ein »Desperado seines Selbstseins« (R. Guardini).

(Zum besseren Verständnis des folgenden Textes: Unter dem Wort *Synthesis* versteht Kierkegaard die in der menschlichen Natur begründeten Widersprüche *Leib/Seele, Endlichkeit/Unendlichkeit, Zeitlichkeit/Ewigkeit* und *Freiheit/Notwendigkeit.*)

> Verzweiflung ist das Mißverhältnis im Verhältnis einer Synthese, das sich zu sich selbst verhält. Aber die Synthese ist kein Mißverhältnis, sie ist nur die Möglichkeit, oder, in der Synthese liegt die Möglichkeit des Mißverhältnisses. Wäre die Verzweiflung gar nicht da, so würde die Verzweiflung etwas sein, das in der Menschennatur als solcher läge, das heißt, so wäre es keine Verzweiflung; sie würde etwas sein, das dem Menschen widerführe, etwas, woran er litte wie an einer Krankheit, die den Menschen befällt, oder wie der Tod, der das Los aller ist. Nein, das Verzweifeln liegt im Menschen selbst; wäre er aber keine Synthese, könnte er gar nicht verzweifeln, und wäre die Synthese nicht durch Gottes Hand ursprünglich im rechten Verhältnis, könnte er auch nicht verzweifeln.
>
> Woher kommt also die Verzweiflung? Von dem Verhältnis, worin die Synthese sich zu sich selbst verhält [...]
>
> (S. Kierkegaard ›Die Krankheit zum Tode‹, S. 34f.)

*

Es liegt auf der Hand, dass Kierkegaards innige, leidenschaftliche und vielleicht auch überspitze Religiosität zum Konflikt mit der dänischen Staatskirche führen musste. In ihr und in ihren staatlich besoldeten Pfarrern und Bischöfen sah er eine unglückselige Verquickung von Christlichkeit und Weltlichkeit, die keinen Raum lässt für die Wahrheit des Glaubens als einer persönlichen Wahrheit, die in objektiver Ungewissheit leben muss.

Kierkegaards Wirkung auf die Geistesgeschichte des 20. Jahrhunderts ist nicht zu unterschätzen. Neben der Literatur (August Strindberg, Henrik Ibsen, Rainer Maria Rilke) ist es die *Dialektische Theologie* um Karl Barth (1886–1986), Rudolf Bultmann (1884–1976) und Emil Brunner (1889–1966), die dem dänischen Denker insbesondere ein Verständnis von Offenbarung verdankt, welche sich als eine paradoxe Gegensatzeinheit von Ewigkeit und Zeit versteht. Letzten Endes aber gilt als eigentliches Erbe Kierkegaards der *Existenzialismus*, ein philosophischer Sammelbegriff, der gegen die Wesensphilosophie rebelliert, indem er die Existenz nicht als bloßes Dasein begreift, sondern als Vollzugsweise menschlichen Daseins inmitten von Angst, Wagnis, Verzweiflung und Scheitern.

In Deutschland sind es Karl Jaspers (1883–1969; wahre Existenz nur in Grenzsituationen) und Martin Heidegger (1889–1976; Ek-sistenz als Heraus-Stellen in das Sein), in Frankreich Jean-Paul Sartre (1905–1980; Existenz als absolute Freiheit, zu der der Mensch verurteilt ist) und Albert Camus (1913–1960; Existenz als verzweifelte Bejahung der Absurdität des Lebens), die Kierkegaards Gedanken aufgreifen, aber auch »enttheologisieren« (O. Höffe).

Friedrich Nietzsche (1844–1900) Er ist der Philosoph, der wie kein anderer missverstanden wurde und dafür noch selbst verantwortlich ist: der *Philosoph mit dem Hammer,* so nannte er sich selbst. Metaphysik, Religion und Moral, das waren die Objekte, auf die er seinen Hammer gnadenlos fallen ließ. Er verwarf die Tradition von über 2000 Jahren, indem er die bisherige Geistesgeschichte als gedankliche Vergewaltigung der Wirklichkeit bezeichnete. Seine Ablehnung von Traditionen, seine Radikalität, übt auch heute noch eine große Faszination aus, und es scheint, dass vor allem Menschen, denen die herkömmliche Philosophie zu trocken oder zu schwer ist, besonders gern auf der Nietzsche-Welle schwimmen. Grund dafür ist, dass seine scheinbar zusammenhanglosen Sprüche sowohl Marxisten, Anarchisten, Nazis und Sektierer dazu eingeladen haben, den Gesamtzusammenhang zu übersehen. Es scheint sich die Ansicht des Nietzsche-Interpreten E. Fink zu bewahrheiten: Je weniger man von der wirklichen Philosophie Nietzsches begreife, desto üppiger würde der Nietzsche-Kult. Dass er politisch und individuell missbraucht wurde und wird, ist aber kein Argument gegen Nietzsche. Seine Sprache ist geistreich, geschliffen und getragen von Musik und aristokratischem Pathos; sein Stil ist voller Hohn, Hinterlist und Verführungsgewalt.

Geboren wurde er am 15. Oktober 1844 in Röcken bei Leipzig. Den von ihm verehrten Vater, einen Pfarrer, verlor er im Alter von 5 Jahren. Nach dem Besuch des Gymnasiums in Naumburg wurde er 1858 wegen seiner besonderen musischen und sprachlichen Begabung in die renommierte Landesschule Pforta aufgenommen. Danach studierte er zunächst in Bonn klassische Philologie und evangelische Theologie, 1865 wechselte er an die Universität Leipzig, wo er in einem Antiquariat die Hauptwerke Schopenhauers fand und gierig verschlang. 1867 wurde er für ein Jahr in den Militärdienst bei der Feldartillerie in Naumburg einberufen, wegen eines Reitunfalls jedoch schon nach sechs Monaten wieder aus dem Dienst entlassen. Daraufhin setzte er sein Philologiestudium fort. 1868 machte er die Bekanntschaft Richard Wagners, den Nietzsche, der sich in seiner Schulzeit selbst an einigen Kompositionen versucht hatte, sehr verehrte. Mit nur 24 Jahren bekam er – noch vor seiner Promotion – einen Ruf als außerordentlicher Professor für Klassische Philologie nach Basel. Am Deutsch-Französischen Krieg von 1870 nahm er, obwohl er nach seiner berufsbedingten Übersiedelung die preußische Staatsbürgerschaft abgegeben hatte, für kurze Zeit als freiwilliger Krankenpfleger teil. Er litt zunehmend unter Kopf- und Augenbeschwerden, die ihn zwangen, seine Lehrtätigkeit immer wieder zu unterbrechen, bis er sich 1879 pensionieren ließ. Es folgten ausgedehnte Reisen durch Europa, u.a. nach Rom, wo er sich in Lou Salomé verliebte, die seinen Heiratsantrag jedoch ablehnte. Auf seinen Reisen entstand auch die Mehrzahl seiner Bücher, vor allem der ›Zarathustra‹, zu dem ihn die Landschaft des Engadins inspirierte. Anfang 1889 erlitt er in Turin einen geistigen Zusammenbruch; die Diagnose lautete: Paralyse. Von da ab lebte er 12 Jahre lang in einem Dämmerzustand, zuerst unter der Vormundschaft seiner Mutter in Jena und Naumburg, nach deren Tod bei seiner Schwester Elisabeth Förster-Nietzsche in Weimar. Nach seinem Tod am 25. August 1900 wurde er in der Familiengruft in Röcken beigesetzt.

1. ›Die Geburt der Tragödie aus dem Geiste der Musik‹ (1872) enthält als Nietzsches Erstlingswerk bereits fast alle Elemente seiner späteren Philosophie und ist eine Huldigung an Richard Wagner, eine Huldigung, von der er später wieder abrücken wird. Schon hier scheint Nietzsches ureigenstes Motiv durch: das Tragische als die wahre Natur der Wirklichkeit. Es ist die Kunst, insbesondere die der Tragödie, die der Schlüssel für das Wesen der Welt ist. Und dieses Wesen der Welt besteht für ihn, in bewusster Anlehnung an Heraklit, in dem Widerspruch von Urgegensätzen. Diese Gegensätze heißen bei ihm *das Apollinische* und *das Dionysische*, eine Duplizität, von der die Fortentwicklung der Kunst abhängig ist, ähnlich der Abhängigkeit des menschlichen Fortbestandes von der Zweiheit der Geschlechter. Das Apollinische steht für den bildnerischen Trieb des

Menschen, für die geordnete Phantasie- und Traumwelt, während das Dionysische in Analogie zum Gott des maßlosen Rausches die »wonnevolle Verzückung« symbolisiert, die aus dem innersten Grunde des Menschen emporsteigt. Ist dieser Gegensatz in der ›Geburt der Tragödie‹ noch ein echter, wird Nietzsche das Apollinische später in das Dionysische hineinnehmen und das frühere Gegenspiel als zusammengehörige Einheit betrachten.

Des Weiteren untersucht Nietzsche die Entstehung der Tragödie, deren Ursprung er im Chor sieht. Der Chor ist das »Symbol der gesamten dionysisch erregten Masse«, während Szene und Handlung nichts anderes als die Vision des Chores darstellen. Dionysos objektiviert sich in den apollinischen Erscheinungen, seine Leiden sind die Urgestalt der Tragödie, Ödipus und Prometheus sind seine Masken.

Der Todeskampf der Tragödie beginnt für Nietzsche mit Euripides, der mit seiner rationalistischen Haltung die orgiastischen Rituale des dionysischen Kultus kritisierte und Gedanken des Anaxagoras aufnahm, des »ersten Nüchternen unter lauter trunkenen [Philosophen]«. Mit Sokrates beginnt dann der unaufhaltsame Sieg des Vernünftigen über die Kunst und das Ende einer verklärten Epoche, »in deren Lustakkorden die Dissonanz ebenso wie das schreckliche Weltbild reizvoll verklingt.« Mit dem Sokratismus wurde die Verkörperung dieser Dissonanz, der dionysische Mensch, durch den nach Wissen strebenden Menschen »aus dem Gleis gedrängt«.

Mit der ›Geburt der Tragödie‹ bietet Nietzsche dem Leser einen Leitbegriff von Kultur an, den er aus dem Griechentum des tragischen Zeitalters schöpft. Diesen Gedanken der ersten Periode seines Schaffens vertieft er in den ›Unzeitgemäßen Betrachtungen‹ (1873–76), in denen er das Bildungsphilistertum seiner Zeit anprangert und Schopenhauer und Richard Wagner als Verkörperungen eines neuen Bildungsideals hinstellt.

2. Für Nietzsches nächste Periode steht das Werk ›Menschliches, Allzumenschliches‹ (1878–80), eine zweibändige Sammlung von über 1000 mehr oder weniger zusammenhängenden Aphorismen. Darin geht er auf Distanz zu seinen Idolen. Vor allem Richard Wagner verübelt er dessen christlich-germanisches Weltbild (»Weh! dass auch du am Kreuze niedersankst.«). Hatte er Schopenhauers Verneinung des Willens zuvor noch in eine Bejahung des Willens umgebogen, gibt er jetzt die Unterscheidung zwischen *Ding an sich* und *Erscheinung* (bzw. *Wille* und *Vorstellung*) preis und versieht sie mit dem bösen Wort der »Hinterweltlerei«. Jetzt, in ›Menschliches, Allzumenschliches‹, wird der Genius seines Erstlingswerkes, der die Einsicht in den tragischen Weltgrund hatte, vom Wissenschaftler abgelöst, der im Kampfe mit Metaphysik, Religion und Moral steht und als Verkörperung des »freien Geistes« gefeiert wird. Gerade der Erkenntniswille der Metaphysik gehört als »allzumenschliches« Bedürfnis demaskiert. Nietzsche »spielt mit dem Pathos der Wissenschaft und verdichtet dieses Pathos eben zur Figur des freien Geistes« (E. Fink), dessen Wissenschaft die ›Fröhliche Wissenschaft‹ (1882) ist. Die Methoden des freien Geistes mögen uns fragwürdig erscheinen; Verdächtigungen, Verunglimpfungen und Entzauberungen ohne jede Beweisführung kommen jedoch in einem sprachlich genialen Gewand einher.

So steht als Ergebnis dieser zweiten Periode in Nietzsches Denken der freie Geist da, befreit vom Wahn transzendenter Überhöhungen und illusionärer Sehnsüchte: Der Mensch hat sich seiner selbst bemächtigt und die transzendenten Mächte in sich zurückgeholt.

3. Mit ›Also sprach Zarathustra‹ (1883–85) schrieb Nietzsche das bekannteste seiner Werke. Hymnischer Pathos und leidenschaftliche Rede prägen die vier Teile, deren Gleichnisreden von einem kargen Handlungsgerüst zusammengehalten werden. Es ist offensichtlich, dass hier auf weiten Strecken die Bibel als Muster benutzt und zum Teil auch auf fragwürdige Weise parodiert wird. So werden aus den 10 Geboten die 10 Weisheiten, deren notwendige Befolgung auf einen guten Schlaf hin geprüft wird. Auch der Seligpreisung der geistig Armen in Jesu Bergpredigt wird die Perspektive einer etwaigen Schlafförderung zugemutet. Trotz der fulminanten und sprachlich ausgefeilten Reden Zarathustras ist es schwer, den Zusammenhang der manchmal unvermittelt nebeneinander stehenden Sprüche zu erkennen.

Im »ersten Teil« ist die zentrale Ausgangssituation die Begegnung mit dem Einsiedler, der von Zarathustra bemitleidet wird, da er noch nichts vom Tod Gottes weiß. Dieser Tod Gottes erfuhr im »Aphorismus 125« der ›Fröhlichen Wissenschaft‹ sein berühmtes Szenario, in dem ein toller Mann mit der Laterne Gott suchte und nicht fand. Zwei Möglichkeiten ergeben sich für den Menschen aus dem Tod Gottes: entweder keine Hoffnung mehr zu haben und sich als »letzter Mensch« einer platten Gottlosigkeit hinzugeben, oder aber als Mensch sich seines »schaffenden«, sprich: *schöpferischen,* Wesens zu besinnen, sich von den Jenseitsträumen abzuwenden und sich selbst zu überschreiten. So wird er zum Übermenschen, der aus immer neuer Schöpferkraft seine Grenzen überwindet. Nur er ist der Sinn der Erde, er ist derjenige, der der Erde treu bleibt. So ist der Mensch am »großen Mittag« angelangt, zwischen Tier und Übermensch und »feiert seinen Weg zum Abend als seine höchste Hoffnung: denn es ist der Weg zu einem neuen Morgen.«

> *Ich lehre euch den Übermenschen.* Der Mensch ist Etwas, das überwunden werden soll. Was habt ihr getan, ihn zu überwinden?
> Alle Wesen bisher schufen Etwas über sich hinaus: und ihr wollt die Ebbe dieser großen Flut sein und lieber noch zum Tiere zurückgehn, als den Menschen überwinden?
> Was ist der Affe für den Menschen? Ein Gelächter oder eine schmerzliche Scham. Und ebendas soll der Mensch für den Übermenschen sein: ein Gelächter oder eine schmerzliche Scham.
> Ihr habt den Weg vom Wurme zum Menschen gemacht, und Vieles ist in euch noch Wurm. Einst wart ihr Affen, und auch jetzt noch ist der Mensch mehr Affe, als irgendein Affe.
> Wer aber der Weiseste von euch ist, der ist auch nur ein Zwiespalt und Zwitter von Pflanze und von Gespenst. Aber heiße ich euch zu Gespenstern oder Pflanzen werden?
> Seht, ich lehre euch den Übermenschen!
> Der Übermensch ist der Sinn der Erde. Euer Wille sage: der Übermensch *sei* der Sinn der Erde!
> Ich beschwöre euch, meine Brüder, *bleibt der Erde treu* und glaubt Denen nicht, welche euch von überirdischen Hoffnungen reden! Giftmischer sind es, ob sie es wissen oder nicht.
> Verächter des Lebens sind es, Absterbende und selber Vergiftete, deren die Erde müde ist: so mögen sie dahinfahren!
> (F. Nietzsche »Also sprach Zarathustra«, in: ›KSA‹ 4, S. 14f.)

Im »zweiten Teil« bereitet Nietzsche seinen berühmten Entwurf vom Willen zur Macht vor. Der schaffende Mensch ist der schöpferische, der wertsetzende und der wollende Mensch. Dieses Schaffen, dieses Wollen, befreit; durch die Existenz Gottes wäre diese Freiheit beschränkt. Die Befreiung findet im Diesseits statt, und nicht im Jenseits, das die Zeit abwertet und die Wirklichkeit ausschließt. Die Priester sind in den Banden falscher Werte und Wahnworte, sie gehören in ihrer falschen Demut von ihrem Erlöser erlöst. Sie sind für Nietzsche Prediger der Gleichheit, es ist der Neid, der diese »Guten und Gerechten« zu Pharisäern macht, denen im Grunde nichts fehlt außer Macht. Die neue Gerechtigkeit ist jetzt angesagt: Der Mensch ist nicht gleich. Ungleichheit, Krieg und Kampf der Wertungen helfen das Leben in Stufen und Widersprüchen zu überwinden. »Lasst uns auch Feinde sein, Freunde! Göttlich wollen wir *wider* einander streben!« Gibt es einen Willen zur Wahrheit? Nein, nur den Willen zur Denkbarkeit alles Seienden, den Willen zur Macht. Auch wo angeblich Opferbereitschaft, Dienen und Liebe herrschen, ist in Wahrheit der Wille da, Herr zu sein. Opfer und Liebe sind in Wirklichkeit Schleichwege des Schwächeren in die Burg, um Macht zu stehlen.

Der »dritte Teil« ist das Herzstück des ›Zarathustra‹. Er beginnt mit Zarathustras einsamster Wanderung, die irgendwann an einen Torweg angelangt, der *Augenblick* heißt. An diesem Torweg stoßen zwei lange Gassen aufeinander: Vom Jetzt läuft die eine Gasse in die vergangene Ewigkeit und die andere in die zukünftige Ewigkeit. Die Behauptung des anwesenden Zwerges, dass alles Gerade lüge, alle Wahrheit krumm und die Zeit selber ein Kreis sei, wird zurückgewiesen: Und jetzt kommt die Stelle im ›Zarathustra‹, in der Nietzsche ein neues Zeitverständnis propagiert.

> Muss nicht, was laufen *kann* von allen Dingen, schon einmal diese Gasse gelaufen sein? Muss nicht, was geschehen *kann* von allen Dingen, schon einmal geschehen, getan, vorübergelaufen sein? [...] müssen wir nicht Alle schon dagewesen sein? – und wiederkommen und in jener anderen Gasse laufen [...]?
> (F. Nietzsche »Also sprach Zarathustra«, in: ›KSA‹ 4, S. 200)

Die Vorstellung von der ewigen Wiederkehr, die Nietzsche von der Antike her als das große zyklische Jahr kannte, das immer wieder neu beginnt, hatte er in Form einer exzessiven Vision. Beim Anblick eines ungewöhnlichen Felsens am See von Silvaplana verschmolz bei ihm das aufwühlende Gefühl der Flüchtigkeit mit dem im Felsen manifesten Anblick von Ewigkeit.

Es ist schwer, diese Lehre von der ewigen Wiederkehr des Gleichen wegen ihres Mangels an begrifflicher Durcharbeitung nachzuvollziehen. Nietzsche scheint davon auszugehen, dass es eine endliche und konstante Menge von Ereignissen im Raum gibt, der eine Grenze hat. Innerhalb dieser Grenze ist somit auch die Anzahl der Ereignisse und ihrer Verknüpfungen endlich. Da aber die Zeit für Nietzsche unendlich ist, muss jedes der endlichen Ereignisse und jede ihrer Kombinationen unendlich oft wiederkehren.

Bei dieser dunklen Prophetie liegt die Betonung auf den Konsequenzen des Gedankens. Nietzsche bietet hier keine neue Lehre einer Seelenwanderung, sondern radikalisiert die Diesseitigkeit des Lebens durch die Annahme, dass der Augenblick für immer so ist, immer wieder so werden wird und immer schon einmal so war. An anderer Stelle redet Nietzsche von dem »größten Schwergewicht« des Lebens: Jeder Augenblick wird von einer verantwortlichen Entscheidung getragen, der damit wieder Sinn und »Gewicht« verliehen wird. Der Ekel vor der Welt, die Angst vor Tod und Untergang, ist damit überwunden. Zu diesem Zweck ruft Zarathustra dem Hirten zu, dem eine Schlange in den Mund kriecht: »Beiß zu.« Und der Hirte beißt zu, spuckt den Schlangenkopf aus und bricht in ein überirdisches Gelächter aus, ein Gelächter, das die Welt noch nie gehört hatte. Dieser Hirte ist der überwundene Mensch, der das tragische Lebensgefühl, das bereits in der ›Geburt der Tragödie‹ angerissen wurde, in ein »Ja-Sagen zum Leben, in eine jauchzende Zustimmung auch noch zum Furchtbaren und Schrecklichen« (E. Fink) verwandelt. Er, der überwundene Mensch, ist der, für den die alte Unterscheidung von Gut und Böse nicht mehr gilt und dem Zarathustras Aufforderung gilt: Zerbrecht mir die alten Tafeln.

Der »vierte Teil« gilt den einen als der schwächste, den anderen als der beste Teil. Ein alter Papst tritt auf, der Hässlichste aller Menschen wird als Gottestöter erkannt, ein Berg-Prediger ruft mit der peinlichen Bibelparodie, wenn »wir nicht [...] werden wie die Kühe [...]«, zur Umkehr auf; sie alle werden in Zarathustras Höhle geschickt, wo wieder einmal der Tod Gottes als die Auferstehung des höheren Menschen gefeiert wird. »Nun erst kreisst der Berg der Menschen-Zukunft. Gott starb: nun wollen *wir*, – dass der Übermensch lebe.«

4. Mit ›Zarathustra‹ ist der konstruktivere Teil von Nietzsches Philosophie abgeschlossen. In ›Jenseits von Gut und Böse‹ (1886) wird endgültig abgerechnet mit herkömmlicher Philosophie, Religion und Moral. Es ist nichts gegeben außer einer Welt von Begierden und Leidenschaften. Es ist und war nötig, auf der Leiter der Grausamkeiten die drei wichtigsten Sprossen zu erklimmen: Gott Menschenopfer darzubringen (Vorzeit), Gott die stärksten Instinkte zu opfern (moralische Epoche) und schließlich Gott selbst zu opfern (heute). Das herrschende Wertesystem wird eingerissen, auf den Nachweis seiner Unwahrheit wird jedoch verzichtet. Dafür werden Verdächtigungen als psychologische Deutungen von Stärke und Schwäche hingestellt: Die vornehme oder Herren-Moral ist die *aktive* und wertsetzende Moral, sie ist an den Kriegstugenden orientiert, die alles Niedrige verachten. Die Sklaven- oder Herdentier-Moral ist die *passive* und Werte vorfindende Moral, die von Rachsucht gegen das vorgefundene Höhere erfüllt ist. Ihre Werte sind die typisch christlichen Werte von Brüderlichkeit, Nächstenliebe und Friedfertigkeit.

5. Die ›Genealogie der Moral‹ (1887) bringt wenig Neues und erläutert die Positionen von ›Jenseits von Gut und Böse‹. Den Ursprung von Gut und Böse lokalisiert Nietzsche nicht in der Nützlichkeit altruistischer Handlungen, sondern in dem dominierenden Grundgefühl einer höheren Art im Verhältnis zu einer niederen Art. Des Weiteren wird die Psychologie des Christentums thematisiert: Es sei die Verkörperung der Sklavenmoral, deren Nährboden das Judentum sei, das von Rom besiegt worden sei und nun gegen Rom aufstehe, die Werte der antiken Kultur umkehre und in Gestalt des Christentums das Rom der antiken Götter erobere. Während in der Renaissance ein hoffnungsfrohes Wiedererstarken antiker Wertungen erfolgt sei, seien diese durch die »Pöbelbewegung« der Reformation wieder zunichte gemacht worden. In der Psychologisierung des Gewissens deutet Nietzsche in dem grandios formulierten »Aphorismus Nr. 16« das schlechte Gewissen als die tiefe Erkrankung des Menschen, die er durch die Unterdrückung der Instinkte erlitten hat. Da sich diese nicht mehr nach außen entladen konnten, wandten sie sich nach innen, gegen den Menschen selber, der in seiner eigenen Gefangenschaft zum Erfinder des schlechten Gewissens wurde.

Ich nehme das schlechte Gewissen als die tiefe Erkrankung, welcher der Mensch unter dem Druck jener gründlichsten aller Veränderungen verfallen musste, die er überhaupt erlebt hat, – jener Veränderung, als er sich endgültig in den Bann der Gesellschaft und des Friedens eingeschlossen fand. Nicht anders als es den Wassertieren ergangen sein muss, als sie gezwungen wurden, entweder Landtiere zu werden oder zugrunde zu gehn, so ging es diesen der Wildnis, dem Kriege, dem Herumschweifen, dem Abenteuer glücklich angepassten Halbtieren, – mit Einem Male waren alle ihre Instinkte entwertet und ›ausgehängt‹. [...]
dabei hatten jene alten Instinkte nicht mit Einem Male aufgehört, ihre Forderungen zu stellen! Nur war es schwer und selten möglich, ihnen zu Willen zu sein: in der Hauptsache mussten sie sich neue und gleichsam unterirdische Befriedigungen suchen. Alle Instinkte, welche sich nicht nach Außen entladen, *wenden sich nach Innen* – dies ist das, was ich die *Verinnerlichung* des Menschen nenne: damit wächst erst das an den Menschen heran, was man später seine ›Seele‹ nennt. [...] Jene furchtbaren Bollwerke, mit denen sich die staatliche Organisation gegen die alten Instinkte der Freiheit schützte – die Strafen gehören vor Allem zu diesen Bollwerken – brachten zuwege, dass alle jene Instinkte des wilden freien schweifenden Menschen sich rückwärts, sich *gegen den Menschen selbst* wandten. Die Feindschaft, die Grausamkeit, die Lust an der Verfolgung, am Überfall, am Wechsel, an der Zerstörung – Alles das gegen die Inhaber solcher Instinkte sich wendend: *das* ist der Ursprung des ›schlechten Gewissens‹. Der Mensch, der sich, aus Mangel an äußeren Feinden und Widerständen, eingezwängt in eine drückende Enge und Regelmäßigkeit der Sitte, ungeduldig selbst zerriß, verfolgte, annagte, aufstörte, mißhandelte, dies an den Gitterstangen seines Käfigs sich wundstoßende Tier, das man ›zähmen‹ will, dieser Entbehrende und vom Heimweh der Wüste Verzehrte, der aus sich selbst ein Abenteuer, eine Folterstätte, eine unsichere und gefährliche Wildnis schaffen musste – dieser Narr, dieser sehnsüchtige und verzweifelte Gefangne wurde der Erfinder des ›schlechten Gewissens‹.
(F. Nietzsche »Zur Genealogie der Moral«, in: ›KSA‹ 5, S. 321ff.)

6. Im ›Antichrist‹ (1888) werden die Angriffe gegen das (vor allem paulinische) Christentum mit maßlosem Hass fortgeführt. Der christliche Gottesbegriff wird als der korrupteste Gottesbegriff aller Religionen hingestellt, Gott als der Widerspruch zum Leben und das Christentum als Instinktverirrung des europäischen Menschen. In der ›Götzendämmerung‹ (1889) äußert sich Nietzsche etwas genauer zu seiner Auffassung vom Sein und wirft der bisherigen Ontologie vor, Illusionäres als Seiendes und das wahrhaft Seiende als das Nicht-Sein zu deklarieren.

> Man wird mir dankbar sein, wenn ich eine so wesentliche, so neue Einsicht in vier Thesen zusammendränge: ich erleichtere damit das Verstehen, ich fordere damit den Widerspruch heraus.
> *Erster Satz.* Die Gründe, darauf hin ›diese‹ Welt als scheinbar bezeichnet worden ist, begründen vielmehr deren Realität, – eine *andre* Art Realität ist absolut unnachweisbar.
> *Zweiter Satz.* Die Kennzeichen, welche man dem ›wahren Sein‹ der Dinge gegeben hat, sind die Kennzeichen des Nicht-Seins, des *Nichts,* – man hat die ›wahre Welt‹ aus dem Widerspruch zur wirklichen Welt aufgebaut: eine scheinbare Welt in der Tat, insofern sie bloß eine *moralisch-optische* Täuschung ist.
> *Dritter Satz.* Von einer ›andren‹ Welt als dieser zu fabeln hat gar keinen Sinn, vorausgesetzt, dass nicht ein Instinkt der Verleumdung, Verkleinerung, Verdächtigung des Lebens in uns mächtig ist: im letzteren Falle *rächen* wir uns am Leben mit der Phantasmagorie eines ›anderen‹, eines ›besseren‹ Lebens.
> *Vierter Satz.* Die Welt scheiden in eine ›wahre‹ und eine ›scheinbare‹, sei es in der Art des Christentums, sei es in der Art Kant's (eines *hinterlistigen* Christen zu guterletzt) ist nur eine Suggestion der décadence, – ein Symptom *niedergehenden* Lebens … Dass der Künstler den Schein höher schätzt als die Realität, ist kein Einwand gegen diesen Satz. Denn ›der Schein‹ bedeutet hier die Realität *noch einmal,* nur in einer Auswahl, Verstärkung, Correctur … Der tragische Künstler ist *kein* Pessimist, – er sagt gerade *Ja* zu allem Fragwürdigen und Furchtbaren selbst, er ist *dionysisch* …
> (F. Nietzsche »Götzen-Dämmerung«, in: ›KSA‹ 6, S. 78f.)

Hier knüpft er auch an die ›Geburt der Tragödie‹ an und beschreibt Sokrates als dem Pöbel angehörig und als Verkörperung des Hässlichen unter den schönheitstrunkenen Griechen, die der Entdeckung der Dialektik und dem Reiz der Logik erliegen, ebenso wie der dionysische Instinkt der Vernunft unterliegt.

7. Acht Jahre nach seinem Tod wurde Nietzsches bizarre Selbstbiografie ›Ecce homo‹ publiziert. Teilüberschriften wie »Warum ich so weise bin«, »Warum ich so klug bin«, »Warum ich so gute

Bücher schreibe«, oder Bemerkungen wie die, dass er dem deutschen Kaiser nicht erlauben würde, sein Kutscher zu sein, der Vergleich seines Spazierganges mit dem Müßiggang eines Gottes oder die Angst vor der eigenen Heiligsprechung, all das stellt den Leser vor die Entscheidung, im Werk Selbstironie und Provokation zu entdecken oder es als ein vor maßloser Selbstgefälligkeit strotzendes Buch zu sehen. Unabhängig davon ist ›Ecce homo‹ aber ein wertvoller Kommentar zu seinen Büchern und unersetzlich zum Verständnis von Nietzsches Entwicklung.

8. Nietzsches geplante systematische Darstellung seiner Philosophie in ›Der Wille zur Macht. Versuch einer Umwertung aller Werte‹ kam nie zustande. Nach Nietzsches Tod erschienen unter diesem Titel Zusammenstellungen bloßer Entwürfe, wobei besonders die Ausgabe von 1906, die maßgeblich von Nietzsches nationalsozialistisch orientierter Schwester Elisabeth Förster-Nietzsche mitgestaltet wurde, eine unheilvolle Wirkung entfaltete und als Fälschung noch immer kursiert. Höhepunkt des Werks ist der berühmte »Aphorismus Nr. 1067«.

> […] wollt ihr einen *Namen* für diese Welt? Eine *Lösung* für alle ihre Rätsel? Ein *Licht* auch für euch, ihr Verborgensten, Stärksten, Unerschrockensten, Mitternächtlichsten? – *Diese Welt ist der Wille zur Macht – und nichts außerdem!* Und auch ihr selber seid dieser Wille zur Macht – und nichts außerdem!
> (F. Nietzsche »Nachlaß 1884–1885«, in: ›KSA‹ 11, 38[12], S. 611)

*

Es gibt keine letztgültige Deutung von Nietzsches Philosophie. Grund hierfür sind die verschiedenen Masken, die er trägt. Diese sind auch der Anlass für die unzähligen Nietzsche-Deutungen des 20. Jahrhunderts. So wurde im George-Kreis, dem bedeutende Vertreter aus Literatur und Wissenschaft angehörten, Nietzsches Deutung des heroisch-ästhetischen Griechentums als neues Bildungsideal angesehen: Dionysos als Kunstgott. Aus dem Kunstgott wurde in der politischen Deutung Nietzsches der Kriegsgott Dionysos: Brutales Durchsetzungsvermögen und Machiavellismus wurden nun als die neuen Tugenden die Essenz von Nietzsches Philosophie, die vor allem nach 1933 wahre Urstände feierten. Auch die existentialistische Deutung von Karl Jaspers oder die nihilistische Martin

Heideggers haben mit den übrigen Sichtweisen gemein, dass diese, wie auch ihre Widerlegungen, alle teil-richtig sind. Trotz all dem, was in Nietzsche hineingelesen wurde und noch wird, darf Nietzsches Anliegen im Umfeld des Nihilismus nicht ignoriert werden. Die Anfänge des Nihilismus könnte man bis auf den Sophisten Gorgias zurückdatieren, der mit Blick auf das Seinsverständnis der Eleaten jede Art von Erkenntnis negiert und sogar die Existenz von Seiendem bestritten hatte (siehe S. 40). Demgegenüber ging es Nietzsche um das, was in die Geschichte der Philosophie als »moralischer Nihilismus« eingegangen ist: die völlige Ungewissheit gegenüber den Fragen nach Sinn, Ziel und höchsten Werten des Lebens. Allerdings glaubte Nietzsche, einen »festen Punkt« ausgemacht zu haben, von dem aus die Erkenntnis der Relativität aller Werte und Sinndeutungen überwunden werden kann: der Verzicht auf bisherige »Sinnbedürfnis befriedigende Lösungen«, das Fehlen eines Zieles, schließlich die Entwertung oberster Werte, mit dem Gewinn von Wahrhaftigkeit gegenüber der Verlogenheit aller christlichen Wertvorstellungen (I. Fetscher, in: RGG IV).

Ob Nietzsche unter dem Nihilismus litt oder ihn zu überwinden versuchte, darüber gibt es alle erdenklichen Spekulationen, Seine Lehre vom Übermenschen als neuer Elite der Menschheit deutet auf Letzteres hin. Gleich, wie man sich entscheidet, kein neuzeitliches philosophisches Denken kann es sich erlauben, diese nihilistische Zäsur zu überspringen. Ohne Zweifel ist das Leben für Nietzsche im tiefsten Wesen nihilistisch und von Sinnlosigkeit bedroht. Aber das verleitete ihn nicht zu einem trägen Grundpessimismus, sondern zu einer Lebensbejahung, die einzig ist. Der große Kulturdiagnostiker sah die Auflösungserscheinungen der Kulturen, er sah, wie gesellschaftliche Ordnungen und Werte relativiert wurden, und bejahte den nihilistischen Charakter des Lebens als neue Sinngebung trotz Sinnlosigkeit: Leben und Tod, Aufgang und Untergang sind nur Seiten desselben Lebensprozesses, der großen Lebensflut, die schon Heraklit widerspruchsfrei als Werden und Vergehen gesehen hat. Ob er diese Sinnlosigkeit in seinem persönlichen Leben überwunden hat oder an ihr zerbrochen ist, sei dahingestellt. Auf keinen Fall ist dies eine Widerlegung seiner Lehre(n).

Das 20. Jahrhundert

1. Auf dem Weg in das 20. Jahrhundert

Das 19. Jahrhundert war Zeuge bewegender Ereignisse: Es sah den Tod Hegels, das Aufkommen der experimentellen Naturwissenschaften, welche die gewohnte Verlässlichkeit auf die Macht des reinen Denkens erschütterten, es sah Darwins Entwicklungslehre, die weltverändernden Entwürfe eines Karl Marx und Friedrich Nietzsche und mit ihnen den Zusammenbruch des deutschen Idealismus. Aber trotz der wachsenden anti-metaphysischen Tendenzen lebten die metaphysischen Ansätze weiter. Der Einfluss Kants war immer noch da, nicht evident, so doch unter der Oberfläche. Aber auf die neu entstandene Lage in der Philosophie musste reagiert werden, neue Antworten mussten gegeben werden, um nicht dem aufkommenden Materialismus gänzlich das Feld zu überlassen.

a. Neu-Kantianismus

Der Rückgriff auf Kant diente in erster Linie dazu, dem Ansturm des Materialismus und Positivismus auf die herkömmliche Philosophie begegnen zu können. Dabei sollten die neuen Wissenschaften keineswegs ignoriert werden: Die transzendentale Fragestellung Kants sei wiederzubeleben, um die Wissenschaft auf ihre Möglichkeitsbedingungen hin zu hinterfragen. »Zurück zu Kant!« lautete deshalb der Ruf des deutschen Philosophen Otto Liebmann (1840–1912), der Fichte, Schelling und Hegel eine Verfälschung von Kants Lehre vorwarf. Vorbereitet wurde dieser Ruf von dem Naturforscher Hermann von Helmholtz (1821–1894), der für die Naturwissenschaft eine erkenntnistheoretische Erforschung ihrer zugrunde liegenden Begriffe forderte, für die Kants Philosophie geeignet wäre. *Erkenntnistheorie* wurde das neue Schlagwort, das der Notwendigkeit eines engen Bezugs der Philosophie zu den neuen Resultaten und Erfolgen der Naturwissenschaft Rechnung trug. Es war vor allem die *Marburger Schule*, die dieses Anliegen zum Programm machte. Allen Vertretern dieses für kurze Zeit zur stärksten Kraft der Universitätsphilosophie in Deutschland sich entwickelnden Neu-Kantianismus sind zwei Dinge gemeinsam:

- in der transzendentalen Hinterfragung über Kant hinauszugehen und ihn für eine neue Grundlegung der naturwissenschaftlichen Erkenntnisse fruchtbar zu machen, und
- das Kant'sche *Ding an sich* zu eliminieren bzw. zu modifizieren.

Der Neu-Kantianismus geht als Wissenschaftstheorie von den Erkenntnissen der neuen Wissenschaften aus und untersucht ihr methodisches Vorgehen. So sah Hermann Cohen (1842–1918) in Raum und Zeit als den Anschauungsformen der Sinnlichkeit die methodischen Erzeuger von Erfahrung und Welt. Als Beispiel diente ihm die Mathematik: So wie diese ihre Gegenstände durch Konstruktion herstellt, so muss man sich die Herstellung von Gegenständen durch wissenschaftliche Erfahrung vorstellen. Dieses Erzeugen hat prozesshaften Charakter mit dem (nie ganz erreichbaren) Ziel der völligen Durchdringung der gegenständlichen Welt. Paul Natorp (1854–1924), der eigentliche Sprecher der Marburger Schule, weitete die methodische Grundlegung der Naturwissenschaften auch auf die Gebiete von Psychologie und Pädagogik aus. Schließlich ist noch Ernst Cassirer (1874–1945) zu nennen, ein Schüler Cohens, der auch die Denk- und Sprachformen von Kultur und Religion mit in die Philosophie einbezog.

Als Vertreter der *Südwestdeutschen Schule* des Neu-Kantianismus sind vor allem Wilhelm Windelband (1848–1915) (»Kant verstehen, heißt über ihn hinausgehen«), dem wir das bekannte ›Lehrbuch der Geschichte der Philosophie‹ verdanken, sowie Heinrich Rickert (1863–1936) zu nennen, die beide die Blickrichtung philosophischen Fragens vorwiegend auf Geschichte und Kultur lenkten.

b. Die Lebensphilosophie

Beherrschte der Neu-Kantianismus um die Jahrhundertwende auch Hörsäle und Bücher, so konnte er doch keine bleibenden Wurzeln im Volk schlagen. Dies blieb der Bewegung der Lebensphilosophie vorbehalten, die mehr war als nur eine modische Erscheinung. Ihre

Grenzlinien sind nur vage fassbar, bestimmte Grundmotive fangen bereits in der Sturm-und-Drang-Zeit an, führen über die Romantik zu Schopenhauer und Nietzsche und finden sich zum Teil im Existentialismus des 20. Jahrhunderts wieder. Die Lebensphilosophie ist im Grunde ein Sammelbecken aller Bewegungen, die sich dem Kampfe gegen die aufklärerische Vernunft und den Rationalismus verschrieben hatten. Ihr Anliegen lässt sich in wenigen Punkten skizzieren:

- Leben ist mehr als starres, festes Sein; es ist Werden, Entwicklung und Bewegung.
- Leben hat andere Gesetze als logisches Denken und Verstand: gefühlsmäßiges Erfassen, Intuition, Leidenschaft und Erleben.
- Alle Kulturwissenschaften haben keinen Eigenwert, sondern haben die Aufgabe, die logisch nicht restlos auflösbaren Bewusstseinsinhalte auf ihre Tauglichkeit hin zu befragen, damit sie den praktischen Bedürfnissen des Menschen nach Orientierung gerecht werden.
- *Erlebnis*, *Überzeugung*, auch *Trieb* und *Macht*, werden die Schlüsselbegriffe für einen Weltbezug, der über den Vernunftgebrauch hinausgeht.
- Auf ethischem Gebiet gilt es, gegen gesellschaftliche Konventionen und religiöse Moralbegriffe anzutreten.

Der bedeutendste Vertreter der neuen Bewegung wurde der Franzose Henri Bergson (1859–1941), der Star der akademischen Szene, der 1927 mit dem Nobelpreis für Literatur ausgezeichnet wurde. Sein Ausgangspunkt sind die Kant'schen Anschauungsformen *Raum* und *Zeit*, deren Verhältnis zueinander er allerdings anders deutet. *Raum* ist für ihn etwas Statisches, Einheitliches, das *ist*, und nicht *wird*. Ihm zugeordnet ist das Erkenntnisvermögen des Verstandes, das sich auf die Materie des Raumes bezieht und die (mathematische) Zeit in einzelne Abschnitte zerstückelt. Die *Zeit* hingegen ist das Fließende, Werdende, das sich stets verändert, das fortwährend wird. Auf sie bezieht sich die Intuition als reine Anschauung, sie ist das eigentliche Werkzeug der Philosophie.

Sein Leitwort vom »Lebensschwung« *(élan vital)* ist gegen den Positivismus und Mechanismus gerichtet. Als etwas Inneres bringt dieser *élan vital* das Leben zur Entfaltung, indem er sich gegen die Materie samt ihrer Naturgesetzlichkeit stemmt.

Auch Moral und Religion unterscheidet Bergson jeweils in zweierlei Hinsicht. Die *geschlossene Moral* ist etwas gesellschaftlich Vermitteltes, während die *offene Moral* aus den schöpferischen Taten des Individuums hervorgeht. Was die Religion betrifft, gilt Ähnliches. Die *statische Religion* verbindet die Menschen mittels des Verstandes untereinander, während die *dynamische Religion* sich rückbesinnend auf den Ursprung von Leben und Lebensschwung bezieht. Ausgebildet sieht Bergson diese Religion bei den christlichen Mystikern.

Für den französischen Philosophen Maurice Blondel (1861–1949) wird die *action* zum Leitwort, mit dem das Denken auf Bedingungen hin untersucht wird, aus denen heraus es seine Gedanken gebiert (Hirschberger II, S. 578ff.).

Der deutsche Theologe und Philosoph Wilhelm Dilthey (1833–1911) bemühte sich vor allem um eine Grundlegung der *Geisteswissenschaften*, einem für die damalige Zeit problematischen Begriff, da ja auch das Erfassen der Natur nicht ohne wissenschaftliches Begreifen des Geistes geschieht. Dem Begriff *Geisteswissenschaft* gibt er einen durchaus pragmatischen Sinn, der alle gesellschaftlichen Tätigkeiten einschließt. *Erkennen* hat für ihn vor allem eine geschichtliche Dimension. Den Zugang zur geschichtlichen Erkenntnis bildet das »Verstehen«. Das Verstehen ist die Bewegung im Leben, die die Wirklichkeit in der Geschichte aufschließt. Erlebnisse, die mit der Gesamtheit unserer Gemütskräfte erfasst werden, und nicht logisch-vernünftige Erfahrungen öffnen sein Wesen. Für diesen Zweck gewinnt die Methode der Hermeneutik an Bedeutung, mit der Texte der Vergangenheit interpretiert werden. Dabei stößt die Hermeneutik auf das Problem des Abstandes zwischen der Gegenwart des Interpretierenden und der Vergangenheit des Interpretierten. So verbietet der »geschichtliche Horizont« eine allgemeingültige Erkenntnis und zeigt das Nicht-Bleibende und Prozesshafte jeglicher menschlicher Auffassung auf.

Von Dilthey gingen mannigfaltige Anregungen auf das Geistesleben in Deutschland und Europa aus, vor allem auf literaturgeschichtlichem Gebiet. Auch die theologische Auslegungswissenschaft und die wissenschaftliche Pädagogik verdanken ihm die Einsicht in die geschichtlichen Bedingtheiten von Textauslegung und Erziehungszielen.

c. Der Pragmatismus

Versteht die Lebensphilosophie die Bereiche der Kultur von ihren Funktionen für das Leben her, wird Wahrheit konsequenterweise bemessen nach ihrer Leistung für das Leben. Dies führt folgerichtig zum Wahrheitsbegriff des Pragmatismus, der *Wahrheit* durch den Begriff der Nützlichkeit ersetzt, ein Gedanke, der ansatzweise schon bei Platon, den Stoikern und Epikur vorhanden ist. Jeder Wahrheitsvollzug hat keine eigene Bedeutung mehr, sondern hat seine alleinige Geltung in der Bewährung praktischer Aufgaben. Aus Funktionalität wird Bewährung.

Als Begründer des Pragmatismus gilt der US-amerikanische Mathematiker, Philosoph und Logiker Charles Sanders Peirce (1839–1914), einer der originellsten Denker der USA. Für ihn gibt es keine Erkenntnis durch Intuition, Versenkung nach innen oder Spekulation; echte Erkenntnis sei nur durch praktische Handlungsvollzüge zu erreichen. Nur in konkreten Lebenszusammenhängen hat das Denken seine Aufgabe und seinen Zweck. Pragmatismus ist die »Unterwerfung der Theorie unter praktische Kriterien« (W. Röd). Wichtig ist für Peirce der Begriff *relationship*, einer Verflechtung von Beziehungen, in der die jeweiligen Erscheinungen sich befinden. Nur in diesen haben sie die Funktion zu objektivieren, d.h. konkrete Größen hervorzubringen. Stark von Kant geprägt verneint er die Möglichkeit einer »Wirklichkeit an sich« außerhalb des Denkens. Alle Denkergebnisse sind somit vorläufig und kritisierbar – eine eindeutige Absage an jegliches philosophisches System.

Der US-amerikanische Psychologe und Philosoph William James (1842–1910) hat den Pragmatismus populär gemacht; vor allem sein schlagwortkräftiger Begriff vom »Barwert« (*cash value*) der Wahrheit brachte ihm den Vorwurf ein, diese zu einem nur nützlichen materiellen Gut zu degradieren. Kein Wunder, wenn Denken und Erkennen in Hinsicht auf ihre Tauglichkeit für die Handlungsfähigkeit des Menschen hin geprüft werden. James plädierte in seinen Vorlesungen für eine Philosophie, die über die Funktion gedanklicher Abstraktion hinaus auch einen »positiven Zugang herstellen soll zu der wirklichen Welt menschlicher Lebendigkeit«. Ob dieser Zugang lediglich ein kritikloses Mittel-zum-Zweck-Denken ist, ist strittig. Unstrittig hingegen ist der Einfluss der Evolutionslehre Darwins: Denken ist wie jeder andere Vorgang in der Natur ein Prozess, der dem Überleben dient. Konsequenterweise unterwirft James auch Religion und Theologie, gegenüber denen er keine Vorurteile hegte, diesem Schema: Maßstab ist auch hier die Nützlichkeit für die geistige Einstellung des Menschen.

Das Interesse von John Dewey (1859–1952), der bis zu seinem Tod als der führende Philosoph der USA angesehen wurde, galt neben den philosophischen auch den psychologischen und vor allem pädagogischen Voraussetzungen des sozialen Verhaltens. Für ihn sind es die umweltgestaltenden Tätigkeiten und Lebensinteressen, die dem menschlichen Geist Funktionalität verleihen. Dewey kennt weder eine ewige, noch eine zeitlich begrenzte Wahrheit. Insofern gibt es auch keine absolut richtigen oder absolut falschen Urteile. Es gibt nur den Begriff des »Suchens« (*inquiry*), das sich in den jeweiligen Lebenskonstellationen äußert. So wird Wahrheit zu einem Handeln nach subjektiven Zweckmäßigkeiten.

Einfluss hatte der Pragmatismus vor allem in Amerika und England.

d. Der Neu-Positivismus

Die Grundthese des Neu-Positivismus (auch *Logischer Empirismus* genannt) ist dieselbe wie die des Positivismus: die von der Sinneswahrnehmung als einziger Erkenntnisquelle. Neu hinzu kam jetzt die logische Analyse philosophischer Begriffe und Sätze. Mit dieser Hinwendung zur Sprache wird von deren Analyse die Lösung bzw. das Verschwinden philosophischer Probleme erwartet. Diese sind letzten Endes nur Scheinprobleme und somit sinnlos. Die herkömmliche Metaphysik ist zu bekämpfen, da sie nur aus sinnlosen Scheinsätzen besteht.

Angestoßen wurde das Ganze durch den englischen Philosophen George Edward Moore (1873–1958), der von der unmittelbaren Gewissheit des gesunden Menschenverstandes ausgeht, und vor allem von dem britischen Philosophen, Mathematiker und Logiker Bertrand Russell (1872–1970), der auch bereits der *Analytischen Philosophie* zugerechnet werden kann. Letzterer forderte von der Philosophie, aus der Naturwissenschaft als einzigem Erkenntnismittel ihre Fragestellungen zu beziehen. Wahrnehmung besteht aus Sinnesdaten. Vor allem gilt es, die Sprache zu untersuchen und anhand dieser eine zusammenfassende Erklärung der Welt der Wissenschaft und der Welt des Alltagslebens als Ziel der Philosophie zu bekommen. Die herkömmliche Sprache in ihrer grammatikalischen Form ist missverständlich, sie ist durch eine unmissverständliche logische Form der Sprache zu ersetzen.

Zentrum des Neu-Positivismus war der *Wiener Kreis*, ohne den die gesamte moderne Wissenschaftstheorie, Sprachphilosophie und Logik in ihrer heutigen Form nicht vorstellbar sind, mit der überragenden Gestalt des deutschen Philosophen Rudolf Carnap (1891–1970). Ausgehend von der bekannten Forderung des klassischen Empirismus, Erkenntnis dürfe nur auf Erfahrung oder analytischen Voraussetzungen beruhen, stellt auch er die Beschäftigung mit der Sprache in den Mittelpunkt, durch deren Analyse die Sinnlosigkeit der gesamten Metaphysik erwiesen werden kann. Für diesen Nachweis bedarf es eines Kriteriums, das in der *Verifizierbarkeit* von Sätzen gefunden wurde. Im Gegensatz zur *Verifikation* mit ihrem empirischen Wahrheitsnachweis tritt bei der Verifizierbarkeit an die Stelle der logischen Bestätigung die schwächere Relation der Bestätigung zwischen Beobachtungssätzen und Aussage. Verifizierbar ist eine Aussage dann, wenn es prinzipiell möglich ist, sie zu irgendeinem Zeitpunkt zu verifizieren.

Gegen diese Thesen des Wiener Kreises wird sich der in Wien geborene, später nach England emigrierte Philosoph (Sir) Karl Popper wenden (1902–1994): Der Begründer des *Kritischen Rationalismus* lehnte in seiner Methodenlehre das Induktionsprinzip (d. h. ich schließe verallgemeinernd von einzelnen Beobachtungen auf das Ganze) ab, da immer nur eine begrenzte Anzahl von Fällen überprüft werden kann. Die Lösungen von Problemen sind nur vorläufig, sie sind nur Hypothesen. Sie müssen widerlegt werden können. Solche Falsifizierungen bilden die Voraussetzung für die Wissenschaftlichkeit von Sätzen, sie sind notwendig für den Fortschritt von Erkenntnis. Dagegen dogmatisiert die Methode der Induktion, da sie aus einem Bruchstück der Erfahrung ein Ganzes macht.

Eine denkwürdige Stellung in diesem Zusammenhang nimmt der Österreicher Ludwig Wittgenstein (1889–1951), der ein Schüler Russells in Cambridge war, ein. Sein ›Tractatus logico-philosophicus‹

von 1921, der im Wiener Kreis breite Zustimmung fand, ist ein sperriger und nur schwer zugänglicher Text in einer äußerst komprimierten Sprache. Sein Ausgangspunkt ist das, was ist. (Satz Nr. 1: »Die Welt ist alles, was der Fall ist. Die Welt ist die Gesamtheit der Tatsachen, nicht der Dinge.«) Es sind die elementaren Tatsachen, die Sachverhalte, aus denen die Welt besteht. Sie werden zu Gegenständen von Sätzen. Somit ist die Sprache das, was Denken und Wirklichkeit miteinander verbindet. Die Analyse ihrer Sätze – und Philosophie ist im Grunde Sprachkritik – führt zur Erfassung der Wirklichkeit der Welt. Der Satz ist ein Bild, ein Modell der Wirklichkeit.

In den 1953 posthum erschienenen ›Philosophischen Untersuchungen‹ macht Wittgenstein eine Wende und erläutert, dass mithilfe der Analyse der Sprache überhaupt nicht sinnvoll über philosophische Probleme gesprochen werden kann. Jetzt sieht er eine Wechselbeziehung zwischen Sprache und gesellschaftlichem Handeln. Je nach Lebensform hat Sprache eine unterschiedliche Bedeutung, sei es in Wissenschaft oder Alltag. Worte bedeuten nicht mehr jeweils feststehende Gegenstände. Sprache geht über ein Befolgen der Grammatik hinaus, ihre Verwendung wird zu einem »Sprachspiel«, ein Spiel, das je nach Lebenssituation gespielt wird. Wirklichkeit kann nicht mit klaren sprachlichen Begriffen erfasst werden, sondern nur mit der unterschiedlichen Verwendung sprachlicher Zeichen im jeweiligen Lebenskontext.

2. Die Phänomenologie

Zunächst bedeutet *Phänomenologie* die Lehre von dem, was dem Bewusstsein erscheint (»Erscheinung«: *Phänomen*). Des Näheren wird untersucht, was sich darin gegebenenfalls zu erkennen gibt. Dass *Schein* kein rundum negativer Begriff ist, hat schon Platon gesehen; Goethe hat es in ›Die natürliche Tochter‹ so ausgedrückt:

> Der Schein, was ist er, dem das Wesen fehlt?
> Das Wesen, wär' es, wenn es nicht erschiene?

Sieht man von Hegel ab, der *Phänomenologie* als Darstellung des Bewusstseins in seiner dialektischen Bewegung von der ersten Sinneswahrnehmung bis hin zum absoluten Wissen definiert hat, verweist eine Erscheinung im traditionellen Sinn auf einen Gegenstand, der seinen Ort jenseits der Erscheinung hat. In der hier zu behandelnden phänomenologischen Bewegung wird jetzt die Erscheinung selbst als die eigentliche Sache gedeutet. Etwas präziser: Phänomenologie ist die kritische Untersuchung des Verhältnisses zwischen einer Sache selbst und dem, was sie durch die Empfindung im Menschen hervorruft. Das dem Bewusstsein Gegebene/Erscheinende soll möglichst vorurteilsfrei beschrieben werden. Die Parole lautet: Zu den Sachen selbst!

Edmund Husserl

Edmund Husserl (1859–1938) Er gilt als der *Vater der Phänomenologie, die* Anfang des 20. Jahrhunderts das deutsche und französische Denken wie kein anderes prägte. Sie ist nach dem kurzen Intermezzo des Neu-Kantianismus eine Abkehr von Kant, wie sie schon von Pragmatismus, Neu-Positivismus und Lebensphilosophie zuvor vollzogen worden war. Ohne Übertreibung kann man sagen, dass die Phänomenologie mit ihrer Lehre vom Fühlen und Erleben von Erscheinungen im Bewusstsein der Nährboden für den Existenzialismus in seinen verschiedenen Spielarten wurde.

Der in Proßnitz (Mähren) geborene Husserl war der zweite Sohn einer jüdischen Familie. Ursprünglich war er Mathematiker, bevor er während seiner Forschungsarbeit über die logischen Grundlagen der Arithmetik zur Philosophie kam. Die Stationen seines Gelehrtenlebens waren Halle, Göttingen und seit 1916 Freiburg im Breisgau, wo er 1928 emeritiert wurde. Sein früherer Assistent Heidegger wurde sein Nachfolger auf dem Freiburger Lehrstuhl. Husserls Hauptwerke sind die ›Logischen Untersuchungen‹ von 1900/01 und die ›Ideen zu einer reinen Phänomenologie und phänomenologischen Philosophie‹ von 1913. Trotz seiner frühen Konversion zum Protestantismus war der auch international berühmte Gelehrte ab 1933 massiven Schikanen durch das NS-Regime ausgesetzt: Dies reichte vom Entzug der Lehrerlaubnis bis hin zum Hausverbot an seiner geliebten Freiburger Universität. Für H.J. Störig ist er neben Bergson der bisher einflussreichste Philosoph des 20. Jahrhunderts. Vor allem die Grundwerke von Scheler, Heidegger und Sartre verstanden sich als phänomenologische Untersuchungen.

1. Den Anstoß zu seinem Denken, das »wie ein frischer Wind in die philosophischen Seminare« fuhr (D. Göbel), gab sein Lehrer Franz Brentano (1838–1917), der eine Philosophie zu entwickeln suchte, die auf einer empirisch-naturwissenschaftlichen Methodik aufbaute, in der die Psychologie die Grundwissenschaft ist. Von ihm übernahm Husserl die Lehre von der Intentionalität des Bewusstseins, nach der alle psychischen Erscheinungen auf außerhalb des Bewusstseins liegende Gegenstände gerichtet sind.

2. Demnach ist die Grundauffassung der von Husserl seit 1900 entwickelten Methode: Jede Art von Wirklichkeit ist zunächst Erscheinung *für* ein Bewusstsein. Diesem ist eine *Intentionalität* (»Gerichtetheit«) eigen, mit ihrer Hilfe kann immer zwischen dem Denken bzw. »Bewusstseinsakt« (*Noesis*) und dem »Denkinhalt«, nämlich dem, worauf der Akt gerichtet ist (*Noema*), unterschieden werden. Diese Beziehung aber ist – hier distanziert Husserl sich von Brentano – nicht nur eine psychologische Beziehung. Entscheidend für jedes Verständnis von *Welt* ist vielmehr die untrennbare Verknüpfung von Bewusstseinsakt und Denkinhalt, die keinen Raum lässt für ein gegenstandsloses Bewusstsein oder ein nebulöses *Ding an sich* à la Kant. Das heißt: Weder sollen seiende Gegenstände, auf die später die Erfahrung des Bewusstseins trifft, naiv vorausgesetzt werden, noch sollen sie als Setzungen des Subjekts begriffen werden, sondern sie sollen so gefasst werden, wie sie im Bewusstsein *erlebt* werden. Auf dem Bildschirm des Bewusstseins erscheint Gegebenes, aber nicht aufgrund von Schlussfolgerungen. Dies dient dem Zweck, die Gegenstände, die Welt im Ganzen und im Einzelnen in ihrem Wesensgehalt aufscheinen zu lassen, und zwar mithilfe eines fühlenden Schauens.

3. Der nächste Schritt ist die *phänomenologische Reduktion*: Die natürliche Einstellung des Bewusstseins richtet sich auf gerade hin Gegebenes und macht zahlreiche Annahmen, insbesondere zur Existenz der Gegenstände. In der phänomenologischen Analyse wird all dies Schritt für Schritt außer Geltung gesetzt (*epochē*) und als bloß Gegebenes ausgeklammert, um den Blick auf das transzendental reine Bewusstsein zu richten. In diesem Bereich sieht die phänomenologische Analyse der Intentionalität das Feld der Sinnstiftung und Seinssetzung.

> Die freie Epoché hinsichtlich des Seins der erscheinenden und überhaupt für mich als wirklich geltenden Welt – als wirklich in der früheren natürlichen Einstellung – zeigt ja diese größte und wunderbarste aller Tatsachen, nämlich daß ich und mein Leben in meiner Seinsgeltung unberührt bleibt, ob nun die Welt ist oder nicht ist oder wie immer darüber entschieden werden mag. Sage ich im natürlichen Leben: ›Ich bin, ich denke, ich lebe‹, so sagt das: Ich, diese menschliche Person unter andern Menschen in der Welt, durch meinen körperlichen Leib im realen Zusammenhang der Natur stehend, in den nun auch meine cogitationes, meine Wahrnehmungen, Erinnerungen, Urteile usw. als psychophysische Tatsachen eingegliedert sind. So gefaßt, bin ich und sind wir, Menschen und Tiere, Themen objektiver Wissenschaften, der Biologie, Anthropologie und Zoologie, auch der Psychologie. Das Seelenleben, von dem alle Psychologie spricht, ist gemeint als Seelenleben in der Welt. Die phänomenologische Epoché [...] schaltet wie die Seinsgeltung der objektiven Welt überhaupt so auch die Weltwissenschaften und selbst schon als Welttatsachen aus meinem Urteilsfeld aus. *Für mich gibt es also kein Ich und keine psychischen Akte, psychischen Phänomene im Sinne der Psychologie*, für mich gibt es also auch nicht mich als Menschen, [nicht] meine eigenen cogitationes als Bestandstücke einer psychophysischen Welt. Aber dafür habe ich mich gewonnen und jetzt mich allein als dasjenige reine Ich mit dem reinen Leben und den reinen Vermögen (z. B. dem evidenten Vermögen: ich

kann mich urteilend enthalten), *durch das für mich Sein dieser Welt* und jeweiliges So-sein überhaupt Sinn und mögliche Geltung hat. Heißt die Welt, da ihr eventuelles Nicht-sein mein reines Sein nicht aufhebt, ja es voraussetzt, *transzendent*, so heißt dann dieses mein reines Sein oder mein reines Ich *transzendental*. Mittels der phänomenologischen Epoché reduziert sich das natürliche menschliche Ich, und zwar das meine, auf das transzendentale, und so versteht sich die Rede von der phänomenologischen Reduktion.
(E. Husserl »Pariser Vorträge«, in: H.-G. Gadamer ›Philosophisches Lesebuch‹ III, S. 313f.)

4. Der nächste Schritt ist die *eidetische Abstraktion* oder *Ideation*. Jetzt, nach der »Einklammerung« (*epochē*) aller empirischen Gegebenheiten, die keine Abstraktion ist, erscheinen die Dinge in dem neuen Licht ihrer tatsächlichen Strukturen. Husserl nennt dies *Wesensschau*: In ihr werden die (nicht-empirischen) Bewusstseinserlebnisse in strenger Allgemeinheit »erschaut«. Die einzelnen individuellen Phänomene werden auf einen neuen, universellen Gegenstand »reduziert« (*eidetische Reduktion*). *Wesen* – das meint bei Husserl nicht die Seinseinheit der herkömmlichen Metaphysik, sondern das Was-Sein, die objektive Sinneinheit: Das Objekt selbst in seinem Gehalt macht die Wesenheit aus. Die Wesensschau bringt also nicht einen allgemeinen Begriff zutage, aus dem alle sinnlichen Anschauungen eingeklammert werden, sondern lässt eine ideale Sinneinheit aufscheinen. Ein Beispiel:

> Ich blicke auf ein Blatt Papier, das vor mir liegt. Ich sehe jetzt davon ab, aus welchem Material es besteht und welche Größe oder Farbe es hat. Das heißt, ich klammere Material, Größe und Farbe ein, ja selbst die Realität des Blattes, ohne dass sie geleugnet wird. Dann konzentriere ich mich auf die Form, die Rechteckigkeit. Jetzt kann ich über das Wesen des Rechtecks Aussagen machen, die nicht mehr Tatsachenaussagen sind, sondern apriorische Wahrheiten: Die Diagonalen im Rechteck sind gleich lang, die Winkel bestehen aus 90 Grad, usw. Dies geschieht nicht aufgrund vielfältiger Beobachtungen, sondern das Phänomen Rechteck wird zum Anlass für eine evidente Einsicht in einen allgemeinen Sachverhalt.
> (W. Röd ›Der Weg der Philosophie‹ II, S. 426)

5. In seinen ›Ideen zu einer reinen Phänomenologie und phänomenologischen Philosophie‹ vollzieht Husserl ein Umdenken.

Dort entwickelte er seine Gedanken zu einer *Transzendentalen Phänomenologie* weiter. Was darunter verstanden werden soll, ist umstritten. Während Husserl in seiner frühen Phase dem Ich jede phänomenologische Bedeutung absprach, rückte er in seiner Spätphase dieses Ich als »transzendentales Ego« ins Zentrum. Es scheint, er habe zu Kant zurückgefunden, indem er in dessen Bewusstseinssubjektivität verharrte und aus dem »reinen Ich« heraus alles Sein und Denken zu entwickeln suchte.

*

Trotz des Siegeszuges der Phänomenologie ist auch Kritik von mehreren Seiten laut geworden. So sei Husserls Motto »Zu den Sachen selbst!« in Wahrheit keine Rückkehr zu den Sachen oder zum Objektiven, da die *Sachen* nur Bewusstseinsinhalte seien. Phänomenologie sei in Wirklichkeit kein Verlassen der subjektiv-idealistischen Position, sondern lediglich eine andere Interpretation der Bewusstseinsinhalte mithilfe der phänomenologischen Methode.

Von vielen seiner Schüler wurden Husserls Gedanken nicht mitgetragen. Einen eigenen Weg, der über Husserls Standpunkt hinausführte, schlug Max Scheler ein.

Max Scheler

Max Scheler (1874–1928) Kaum eine philosophische Gestalt des 20. Jahrhunderts schillert so wie die seine. Einerseits war er eine der faszinierendsten Persönlichkeiten des deutschen Geisteslebens, andererseits schwankt die Beurteilung seiner Philosophie erheblich: Für die einen ist diese eine *unvollendete Symphonie mit unheimlicher Mittelpunktlosigkeit*, für die anderen leistet sie *bahnbrechende Untersuchungen über das emotionale Leben.* Als Schüler Husserls hat Scheler dessen Phänomenologie vollendet, indem er aus dem engen Rahmen der subjektiv-idealistischen Wesensschau heraustrat und den Blick auf das für ihn objektiv-realistische Reich der Werte lenkte. Aus der Wesensschau machte er eine intuitive Schau der Werte, denen er das von Kant aufgezwängte formalistische Rückgrat brach und eine materiale Qualität zusprach.

Der gebürtige Münchner, Sohn einer jüdischen Mutter und eines zum Judentum konvertierten protestantischen Vaters, trat 1899 zum katholischen Glauben über, von dem er sich später aber wieder distanzierte. Zunächst studierte Scheler Medizin, später Philosophie in Jena, wo er promoviert und habilitiert wurde. Ethik und Erkenntnistheorie, beide noch im Geiste des Neu-Kantianismus, waren die Themen seiner ersten Vorlesungen. In Jena konnte er sich wegen eines öffentlichen Skandals – er hatte ein Verhältnis mit der Frau des Verlegers Eugen Diederich – nicht halten. In München wurde er 1906 umhabilitiert, verlor 1910 jedoch die *Venia legendi,* weil seine Frau ihn in einen Prozess »über die Würde eines Hochschullehrers« verwickelt hatte. Die nächsten Stationen seiner Laufbahn waren Göttingen, wo er freie Lehrtätigkeiten aufnahm, und Berlin. 1916/17 betreute er in der Schweiz und in den Niederlanden deutsche Kriegsgefangene. 1921/22 wurde er als Professor für Philosophie und Soziologie nach Köln berufen, 1928 an die Universität Frankfurt am Main, wo er noch im selben Jahr starb. Seine Hauptwerke, die ihn berühmt gemacht hatten, sind: ›Der Formalismus in der Ethik und die materiale Wertethik‹ (1913/16), ›Vom Umsturz der Werte‹ (1919), ›Vom Ewigen im Menschen‹ (1921) und schließlich ›Die Stellung des Menschen im Kosmos‹ (1928), mit der er seine Wende vom christlichen Theisten hin zum Pantheisten dokumentierte.

Schelers Philosophie hat eine derartige Vielzahl von Facetten, dass es zum Zwecke der Überschaubarkeit nötig ist, sie in vier Themenkreisen zu bündeln.

A. Die Werte

Husserl hatte die Richtung angegeben, indem er die Frage nach der wahren Wirklichkeit außerhalb des Subjekts anschnitt. Die Weiterentwicklung dieser Frage war somit unvermeidlich. Richtete sich bei Husserl das Erkenntnisvermögen als intentionales Fühlen auf den Gegenstand, dessen Wesen »erschaut« wird, entdeckte Scheler hinter den Gegenständen noch eine weitere Sphäre: die der Werte.

1. Nach Scheler hatte Kant die inhaltlichen Möglichkeiten des sittlichen Verhaltens zu eng gefasst; Kant sehe bei den Inhalten nur die Sphäre der Güter. Bis hierher gibt Scheler Kant recht: Eine Ethik dürfe nicht auf Gütern begründet sein, die historisch wandelbar sind, wie z. B. Tapferkeit, Verstand, Urteilskraft o. ä. Auch darin, dass die faktischen Folgen einer Handlung für das sittliche Befinden der

Handlung oder des Handelnden unerheblich seien, stimmt er mit Kant überein: Es ist der Wille, es ist die Absicht, die zählt. Ethik muss auf Prinzipien ruhen, die über die Verantwortung des Menschen richten. Eines dieser Prinzipien könne der Kategorische Imperativ sein. Jetzt aber kommt die Kritik an Kant. Wenn eine Ethik unabhängig vom Inhalt der Folgen meiner Handlung sein soll, heißt das noch lange nicht, dass sie keinen Inhalt haben dürfe, wie es der Formalismus in Kants Ethik behauptet. Kant übersehe nämlich die Werte, die sich in den Inhalten oder Gütern darstellen. Diese Werte finden ihre Erfüllung in selbstständigen Phänomenen, sie bestehen unabhängig von ihrer – allerdings möglichen – Realisierung in Gütern oder Dingen. Jedes Wertding hat seinen Platz in einer bestimmten Zeit und an einem bestimmten Ort. Der Wert als solcher aber bleibt bestehen, auch wenn andere Zeiten, andere Orte oder andere Kulturen die Wertigkeit des Dinges anders besetzen.

Beispiel: Ist es ein Zeichen von Tapferkeit, sich angesichts der Niederlage ins eigene Schwert zu stürzen, bleibt der Wert der Tapferkeit davon unberührt, auch wenn der Wertinhalt der Tapferkeit heute anders lautet. Oder: Betrügt ein Freund, bleibt der Wert der Freundschaft unangetastet.

Werte sind nicht Namen von Eigenschaften an Dingen, sie sind kein Resultat einer Abstraktion. Werte sind wie Farben, sie werden nur in Gütern wirklich, haben eine absolute Seinsunabhängigkeit und sind dem Wandel der Güter nicht unterworfen: Werte sind Wesenheiten, die hinter dem Sein das So-sein bestimmen.

2. Das Erfassen der Werte geschieht unabhängig von der Erkenntnis des Gegenstandes. Wohl müssen diese, um erkannt zu werden, an Gegenstände gebunden sein, aber die Erkenntnis des Gegenstandes ist nicht Voraussetzung für die Werterkenntnis.

3. Werte sind nicht Produkt oder Setzung eines Subjekts oder eines Bewusstseins; Werterkenntnis hat mit Vernunfterkenntnis nichts zu tun, sie gründet im emotionalen Bereich der menschlichen Natur, ihre Funktion ist das Fühlen. Das Wertfühlen ist ein intentionaler Akt, der die Werte »wittert«. Werte werden ursprünglicher erfahren als Dinge, da deren Erfahrung nie wertfrei ist.

4. Werte treten in ein notwendiges Verhältnis zueinander. Deshalb reiht Scheler die Werte in eine Rangordnung ein, in der er positive und negative unterscheidet. Jedem dieser Werte entspricht eine »Erkenntnisfunktion« (Gefühlsebene). Die ethische Relevanz besteht darin, dass die einen sein sollen, die anderen nicht.

- *Angenehmes/Unangenehmes*:
  Es wird gefühlt durch sinnliche Erfahrungen wie Lust und Schmerz.
- *Edles/Gemeines*:
  Es ruft Gefühle wie Freude, Angst oder Hass hervor.
- *Geistige Werte, wie z. B. schön/hässlich, wahr/falsch*:
  Sie erschließen sich uns in ästhetischen Erfahrungen wie geistiger Bildung oder einem anerzogenen Bewusstsein von Recht und Unrecht.
- *Heiliges/Unheiliges*:
  Es wird erlebt in den Gefühlen von Seligkeit und Verzweiflung.

Wo wir einen Wert mit Recht aussagen, das genügt es nie, ihn aus Merkmalen und Eigenschaften, die nicht selbst der Sphäre der Werterscheinungen angehören, erst erschließen zu wollen; er muß immer selbst *anschaulich gegeben* sein oder auf eine solche Art der Gegebenheit zurückgehen. So sinnlos es ist, nach den gemeinsamen Eigenschaften aller blauen oder roten Dinge zu fragen, da ja nur die einzige Antwort möglich wäre: sie besteht darin, daß sie eben blau oder rot sind, so sinnlos ist es auch, nach den gemeinsamen Eigenschaften guter oder böser Handlungen, Gesinnungen, Menschen usw. zu fragen.
Aus dem Gesagten geht hervor, daß es *echte* und *wahre* Wertqualitäten gibt, die ein[en] eigene[n] Bereich von *Gegenständen* darstellen, die ihre *besonderen* Verhältnisse und Zusammenhänge haben, und schon als *Wertqualitäten* z. B. höher und niedriger usw. sein können. Ist aber dies der Fall, so kann zwischen ihnen auch eine Ordnung und eine *Rangordnung* obwalten, die vom Dasein einer *Güterwelt*, in der sie zur Erscheinung kommt, desgleichen von der Bewegung und Veränderung dieser Güterwelt in der Geschichte ganz unabhängig und für deren Erfahrung *a priori* ist.
[...]
Es ist damit auch klar, daß die *Wertqualitäten* sich nicht mit den *Sachen* verändern. So wenig die Farbe Blau rot wird, wenn sich eine blaue Kugel rot färbt, so wenig werden die Werte und ihre Ordnung dadurch tangiert, daß sich ihre Träger im Wert ändern. Nahrung bleibt Nahrung, Gift bleibt Gift, welche Körper auch für diese oder jene Orga-

nisation vielleicht zugleich giftig und nahrhaft sind. Der Wert einer Freundschaft wird nicht angefochten dadurch, daß sich mein Freund als falsch erweist und mich verrät.
(M. Scheler »Der Formalismus in der Ethik und die materiale Wertethik«, in: ›Gesammelte Werke‹ II, S. 37ff.)

B. Liebe und Person

1. Zusätzlich zu der Rangfolge der Werte samt ihren Gefühlen räumt Scheler einem anderen Gefühl zentrale Bedeutung ein: der Liebe. Sie ist im Gegensatz zu anderen Gefühlen, die bei ihren Werten verweilen, ein spontanes Gefühl, das den Aufstieg zu höheren Werten forciert. Sie ermöglicht die Öffnung des Menschen zu Werten und zielt auf den Menschen als geistige Person. Person ist der Mensch da, wo er Akte personenhafter, übergeschlechtlicher Liebe ausübt. Person ist der Mensch ferner da, wo er Wertträger ist. Nur als solcher bekommt er einen eigenen Wert durch die Fähigkeit, sich auf objektiv bestehende Werte zu beziehen. Es gibt demnach kein Personsein ohne wesenhaften Bezug zu den Werten. Sein Personsein verdankt er der göttlichen Ur-Person.

2. Person ist für Scheler auch mehr als Bewusstsein, Ich oder Mensch:

Auch das Tier habe anfängliches Bewusstsein, sei aber keine Person. Auch ein gefühlloses Vernunftwesen könne ein Ich sein, sei aber deshalb keine Person. Auch Kinder oder geistig Behinderte seien Menschen, aber nicht Personen in Schelers Definition, da sie ihre biologische Existenz nicht transzendieren könnten.

Höchstes ethisches Ideal ist für Scheler die Gemeinschaft solidarischer Personen, die ihre jeweilige Individualität anerkennen: die solidarische Gesellschaft.

C. Geist und Drang

In seiner Schrift ›Die Wissensformen und die Gesellschaft‹ von 1926 lenkt Scheler sein Interesse auf einen weiteren spannenden Themenkreis, den von der Dämonie des Lebens, den von dem Dualismus zwischen Drang und Geist. Der Sinnfülle des Geistes tritt die Sinnblindheit der Welt zur Seite. Der Geist (nicht nur als Vernunft, sondern mehr als Klasse emotionaler Akte von Liebe, Ehrfurcht etc.)

bestimmt zwar die Kulturinhalte, hat aber selbst keine Kraft, die Inhalte zu verwirklichen. Das Aktzentrum des Geistes, die Person, ist zwar ein »Determinationsfaktor«, aber kein »Realisationsfaktor« des möglichen Kulturwerdens. Die realen Lebensverhältnisse mit ihren Grundtrieben *Selbsterhaltung*, *Macht-* und *Geschlechtstrieb* sind (negative) Realisationsfaktoren und stehen als Drang gegen den Geist. Je weniger Berührungspunkte der Geist mit dem Drang hat, desto geringer ist seine Durchsetzungskraft. Ursprünglichkeit des Geistes und seine geschichtliche Wirksamkeit verhalten sich somit umgekehrt proportional zueinander. Zur Macht gelangt der Geist nur dadurch, dass er sich von Faktoren aus der Drangseite infiltrieren lässt. Somit verliert er an Unbedingtheit, gewinnt aber an Macht und Möglichkeiten der Realisierung. Aber grundsätzlich hat der Mensch – im Gegensatz zum Tier – die Möglichkeit, sein *Nein* zur Drangseite auszusprechen, er ist der »Asket des Lebens«, der »ewige Protestant gegen alle Wirklichkeit.« Sein *Ja* zu dieser ist kein aktives Tun, sondern eine Zulassung, eine Enthemmung des Dranges.

D. Der werdende Gott

Mit diesem Geist-Drang-Dualismus, den Scheler unverkennbar der Auseinandersetzung mit Freuds Psychoanalyse verdankt, ist bereits der Keim für seine Spät-Metaphysik gelegt. In der ›Stellung des Menschen im Kosmos‹, in der der Mensch sowohl in seiner Verflechtung, wie auch in seiner Absonderung von der organischen Natur gezeigt wird, wird nun dieser Dualismus auf den Urgrund der Welt zurückprojiziert. Der Gedankengang der Ohnmachtstheorie des Geistes könne auch vor dem höchsten Sein, dem Weltgrund »nicht stille halten«, auch das *Ens a se* (»das Sein durch sich selbst«) könne keinerlei ursprüngliche Macht oder Kraft besitzen. Ein rein geistiger Weltgrund wäre, analog zu einem Menschen ohne Triebleben, »minderwertig«. Das dunkle Ringen zwischen dem sinnerfassenden, aber ohnmächtigen Geist und dem mächtigen, aber blinden Drang werden als die letzten Attribute der Gottheit selber angesehen. Diese spricht ihre Enthemmung zum weltschaffenden Drang aus und in dieser Enthemmung verwirklicht sich Gott im und durch den Menschen und nimmt in dieser Verwirklichung die Geschichte in Kauf. So steht bei Scheler am Ende dieses »Wettersturmes« das da, was für den christlichen Glauben am Anfang steht: das »Es werde« Gottes.

> Wenn in dem ›Sein durch sich selbst‹ diese *Urspannung von Geist und Drang* gelegen ist, dann muß das Verhältnis dieses Seins zur Welt ein anderes sein. Wir drücken dies aus, wenn wir sagen: Der Grund der Dinge mußte, wenn er seine deitas [= Gottheit), die in ihr angelegte Ideen- und Wertfülle *verwirklichen* wollte, den weltschaffenden Drang enthemmen, um im zeithaften Ablauf des Weltprozesses sich selbst zu verwirklichen – er mußte den Weltprozeß sozusagen in Kauf nehmen, um in und durch den zeithaften Ablauf dieses Prozesses sein Wesen zu verwirklichen. Und nur in dem Maße wird das ›Sein-durch-sich‹ zu einem Sein, das würdig wäre, göttliches *Dasein* zu heißen, als es im Drange der Geschichte der Welt *im* Menschen und *durch* den Menschen die ewige deitas verwirklicht. Und nur im selben Maße kann dieser – an sich zeitlose, aber sich für endliches Erleben zeithaft darstellende – Prozeß seinem Ziele, der Selbstverwirklichung der Gottheit, näher rücken.
> […]
> Für uns liegt das *Grundverhältnis des Menschen zum Weltgrund* darin, daß dieser Grund sich im Menschen – der als solcher sowohl als Geist- wie als Lebewesen nur je ein Teilzentrum des Geistes und Dranges des ›Durch-sich-Seienden‹ ist – ich sage: sich im Menschen selbst unmittelbar *erfaßt und verwirklicht.*
> (M. Scheler ›Die Stellung des Menschen im Kosmos‹, S. 70ff.)

*

Scheler bei seiner letzten Problematik eine »Rationalisierung seiner eigenen Lebenskonflikte« vorzuwerfen, ist zu einfach. Sicher stellte seine Spät-Metaphysik einen großen Bruch in seinem Denken dar, auch wenn der Betroffene diese als Weiterentwicklung seiner Philosophie gesehen hat. Zu prüfen ist dies nicht mehr, denn sie blieb durch seinen frühen Tod unfertig. Würdigung verdient Scheler deshalb, weil sein Entwurf von einer materialen Wertethik noch bis heute die am überzeugendste und mutigste Gegenposition zu Kant darstellt. Und durch seine Einsichten über den Menschen in seiner Eingebundenheit in die organische Natur und seiner Möglichkeit zur Entgegenstemmung befreite Scheler die Anthropologie aus der drohenden Vereinnahmung durch die Biologie. Somit wurde er zum Begründer einer neuen Disziplin: der *Philosophischen Anthropologie.*

3. Die Philosophie der Existenz

Vorbemerkung

Die klassische Schulphilosophie findet gegen Ende des 19. Jahrhunderts chronologisch mit dem Tod Nietzsches ihren Abschluss. Die Jahrhundertwende bedeutete mit dem Aufkommen von Neu-Kantianismus, Lebensphilosophie, Pragmatismus und Phänomenologie einen gewissen Bruch mit über 2000 Jahren traditioneller abendländischer Philosophie.

Das Neue, das fortan wie ein Leitstern über dem 20. Jahrhundert schwebte, wurde mitunter verdächtigt, bloß eine geistige Modeerscheinung zu sein. Es kann mit dem philosophischen Schlagwort bezeichnet werden, das in Deutschland unter dem Begriff der *Existenzphilosophie* und in Frankreich unter dem Begriff des *Existentialismus* das Interesse einer breiten Öffentlichkeit fand. Um das Jahr 1930 hatte sich diese philosophische Strömung in Deutschland herausgebildet und vor allem nach Frankreich ausgebreitet, wo ihre Ansätze aufgenommen wurden und eine Radikalisierung erfuhren. Insbesondere dort griff sie über den philosophischen Bereich hinaus und machte ihren Einfluss in Literatur, Politik und Lebensstil geltend. Nach dem 2. Weltkrieg schwappte die existentielle Welle zurück nach Deutschland und löste quasi eine zweite Phase der Existenzphilosophie aus, die sich auch in Dichtung (Rainer Maria Rilke, Franz Kafka) und Dialektischer Theologie (Karl Barth, Rudolf Bultmann) bemerkbar machte. Etwa um das Jahr 1960 ebbte das philosophische Interesse an der neuen Strömung ab.

Die Grundfrage

Die Begriffe *Existenzphilosophie* und *Existentialismus* werden vielschichtig, wenn nicht gar verschwommen gebraucht. Es gibt keine geschlossene Schule von Existenzphilosophen, die auf ein einheitliches Gedankengebäude hoffen lässt. Jeder der jetzt in das Rampenlicht tretenden Philosophen bildete die Denkbereiche der anderen fort, was eigentlich nichts Neues war. Neu aber war die existentielle Betroffenheit, die hinter den Umdeutungen steckte.

Die Grundfrage ergibt sich aus dem Zusammenbruch von als unstreitig geltenden Ordnungen nach den Erschütterungen des Ersten Weltkrieges. Das Vertrauen in die Geborgenheit einer für fraglos gehaltenen Wertewelt war geschwunden, die persönliche Welt wurde bedrohlich: Angst, Langeweile, Einsamkeit und die Tragik des Lebens gebaren die Probleme, auf die es eine Antwort zu geben galt – aber keine grundsätzliche Antwort, die aus Prinzipien und philosophischen und abstrakten Systemen gewonnen wird, sondern eine Antwort auf die Frage: *Soll ich, der bestimmte Mensch, in dieser bestimmten Lage zu diesem bestimmten Zeitpunkt dies oder das tun?*

Damit ist auch schon der Ahnvater des Existentialismus ausgemacht, der diese Frage gestellt hat: Kierkegaard, der ein tiefes Misstrauen gegen alles Abstrakte und Allgemeine hegte. Vor ihm war die Philosophie weitgehend beherrscht von den allgemeinen Fragen nach Wahrheit und Systementwürfen, mit denen man dann die Lösung der konkreten Einzelfragen zwangsläufig zu finden glaubte. Seit Kierkegaard stand die Tür offen, der Frage nach dem Einzelnen und seinen praktischen Problemen Vorrang zu geben gegenüber der allgemeinen Frage nach richtigen Grundsätzen, die erst durch die Antwort zu praktischen Lösungen führen könnte.

Gemeinsamkeiten

Trotz der Vielschichtigkeit, die nur die logische Folge dieses Vorrangs der Einzelproblematik ist, lassen sich gewisse Gemeinsamkeiten von Existentialismus und Existenzphilosophie herausdestillieren. Gemeinsam ist der »Aufstand« gegen 2000 Jahre abendländische Philosophie, sowohl in Gestalt der objektivistischen Wesensmetaphysik als auch in Gestalt des subjektivistischen Idealismus seit Kant. Daneben lassen sich folgende Punkte festmachen:

1. Der Mensch erfährt Angst, Verzweiflung, Einsamkeit und die Tragik des Lebens als gefährliche Mächte.

2. Der Mensch erfährt als Grunderfahrung das Nichts (aber nicht in Form des Nihilismus), das den Menschen auf den Kern seines Ichs, seine Existenz, zurückwirft.

3. Der Mensch erfährt Existenz als eine an die Zeit gebundene Existenz, die damit kein unveränderliches Sein hat. Mit der Zeitlich-

keit rückt auch der Tod als eine die Existenz bedrängende Macht in den Vordergrund.

4. Der Mensch erfährt sich (als ein nicht festgelegtes Wesen) als mögliche Existenz, er muss sich zu dem machen, was er ist.

5. Der Mensch erfährt seine individuelle Existenz auch nie als isolierte Existenz. Existenz heißt, mit anderen zu sein.

Ausgangspunkt

Der Problemkreis dessen, was innerhalb der Philosophie mit Existenz zu tun hat, geht zurück auf die uralte Unterscheidung zwischen *essentia* und *existentia*: Der Begriff *essentia* drückt aus, *was* etwas in seinem Wesen ist: das wesensmäßige So-sein, nachdem alle zufällig-willkürlichen Momente des So-seins ausgeschaltet sind, das *Wesen*.

Der Begriff *existentia* will im Grunde nur sagen, *dass* etwas ist, dass es dieses oder jenes So-seiende wirklich gibt. Es ist das Sein als Da-sein im Sinn der *Realität*, des präsent-Seins dieses Seienden.

Kierkegaard hatte den Existentialismus als diejenige Form des Seienden gesehen, welche die menschliche Existenz zum Ausgangspunkt für das Verstehen von Sein erhebt. In seinem Fahrwasser werden diese beiden Kernbegriffe jetzt nicht mehr so sehr auf die Frage nach dem Wesen von abstrakten Begriffen als vielmehr auf die Anwendung beim Menschen bezogen.

Trotz des neuen Ansatzes, in dem jetzt der Einzelne in seiner Ganzheit in den Mittelpunkt rückt (was bislang primär Gegenstand der Religion war), darf nicht vergessen werden, dass im Existentialismus auch eine Rückkehr stattfindet, nämlich eine Rückkehr zum Ausgangspunkt aller Metaphysik, deren Ausgangsfrage war: Wie kann das real in der Welt existierende Sein mit dem verhüllten übergreifenden Sein in eine Beziehung gebracht werden, die dem Anspruch der Wahrheit genügt?

Eine wichtige Antwort auf die Frage nach der fundamentalen Wirklichkeit des Menschen hatte schon die *Lebensphilosophie* gegeben. Sie hatte versucht, das menschliche Leben ohne Zuhilfenahme irgendeines philosophischen Systems aus sich selbst zu begreifen: das Leben als letzter Bezugspunkt allen Seins. Aber das Manko der Lebensphilosophie war die Verschwommenheit des Begriffs *Leben*: War es das Leben des Einzelnen, war es der *élan vitale*, die Vielfalt der inhaltlichen Lebensnuancen, war es das stetige Fließen oder die Geborgenheit in einem komplexen Gesamtheitsgefühl? Tür und Tor waren nun geöffnet für einen um sich greifenden Relativismus, der dem Menschen keinen Halt bot, schon gar nicht in den Wirren des noch jungen Jahrhunderts.

Diese Not kann als der Ausgangspunkt für ein neues Fragen ausgemacht werden, mit dem nach einer festen Basis ohne jedes spekulative Beiwerk gesucht wurde. Die Suche führte zum innersten Kern des Menschen, den man in Anlehnung an Kierkegaard *Existenz* nannte. Ob dies nun eine »Radikalisierung der Lebensphilosophie« (O. Bollnow) bedeutet, sei dahingestellt.

Im Folgenden sei nun in einem ersten Schritt die deutsche Existenzphilosophie skizziert. Als deren herausragende Exponenten gelten Martin Heidegger und Karl Jaspers. Von Ersterem angeregt, von Letzterem als »Entartung« abgelehnt, entwickelt sich der französische Existentialismus, der sich radikaler und atheistischer als sein deutsches Pendant gibt. Die Hauptvertreter des französischen Existentialismus, Jean-Paul Sartre und Albert Camus, werden in einem zweiten Schritt vorgestellt. Bei ihnen ist zu beobachten, wie metaphysische Elemente zugunsten von soziologischen, praktisch politischen und psychologischen Fragen ausgeblendet werden. Interessant ist, dass fast alle sogenannten Existentialisten mit Ausnahme von Sartre sich gegen das Etikett des Existentialisten gewehrt haben.

Martin Heidegger

Martin Heidegger (1889–1976) Über ihn gibt es heute über 2000 Veröffentlichungen. Vielen Zeitgenossen galt er als der *größte Denker, den das 20. Jahrhundert hervorgebracht hat.* Nicht selten sind aber auch Vorwürfe zu hören, seinen dunklen Sätzen sei oft kein vernünftiger Sinn abzugewinnen. Seine gestelzte Sprache sperre sich selbst für philosophisch Fortgeschrittene gegen ein leichtes Verstehen und schüchtere das Denken ein. Seine sprachlichen Schöpfungen erscheinen in der Tat nicht nur auf den ersten Blick unergründlich, obwohl die meisten kein einziges Fremdwort enthalten.

Ein Stipendium der katholischen Kirche ermöglichte dem als Sohn eines Küfers und Mesners in Meßkirch (Baden) geborenen Martin Heidegger den Besuch des Gymnasiums. Nach dem Abitur trat er 1909 in den Jesuitenorden ein, den er nach einem Monat jedoch wieder verlassen musste. Er begann nun sein Studium der Theologie und Philosophie in Freiburg im Breisgau, das er 1911 mit Mathematik, Geschichte und Naturwissenschaften erweiterte. 1913 erwarb er die Doktorwürde in Philosophie, zwei Jahre später wurde er mit seiner Schrift ›Die Kategorien- und Bedeutungslehre des Duns Scotus‹ habilitiert. 1917 heiratete er die Studentin Elfride Petri, mit der er offenbar eine sogenannte offene Ehe führte. Dieser entstammten zwei Söhne, von denen der jüngere jedoch nicht Heideggers leibliches Kind war. Nach der Ableistung seines Diensts während des 1. Weltkriegs – er war für Post und Wetterbeobachtung zuständig – wurde er Privatdozent in Freiburg und geriet in den Bann von Edmund Husserl, dessen Assistent er später wurde. 1923 folgte eine außerordentliche Professur in Marburg, wo er die jüdische Studentin Hannah Arendt kennenlernte, die große Liebe seines Lebens. Im Jahre 1927 erschien sein Hauptwerk ›Sein und Zeit‹ im ›Jahrbuch für Philosophie und phänomenologische Forschung‹, verfasst wahrscheinlich in seiner Hütte in Todtnauberg, einem kleinen Dorf im Südschwarzwald, wo er die meisten seiner Bücher niederschrieb. Er widmete das Buch, das ihn mit einem Schlag berühmt machte, seinem Lehrer Husserl, der sich dafür einsetzte, dass Heidegger 1928 seine Nachfolge in Freiburg antreten konnte. Als er 1933 Rektor der Universität wurde, hielt er die berüchtigte Rektoratsrede, in der er seine Sympathie für den Nationalsozialismus zum Ausdruck brachte. Sie war geprägt von Skepsis und Faszination, wobei Letztere überwog. Nach dem Krieg wurde er mit einem Lehrverbot von der französischen Militärverwaltung belegt, 1951 emeritiert. Es begann seine Nachkriegskarriere mit zahlreichen Vorträgen und Seminaren. Er starb 1976, beigesetzt ist er in seinem Heimatort Meßkirch.

Die philosophische Wurzel

Diese verdankt er seinem Lehrer Husserl. Heideggers Hauptwerk ›Sein und Zeit‹, das er (wahrscheinlich wegen dessen fragmentarischen Charakters und fehlenden zweiten Teiles) in einem Brief an

Max Kommerell als eine »Verunglückung« bezeichnete, gibt seine philosophische Herkunft an: die Phänomenologie, deren Methode er übernahm. Diese Methode besteht darin, das Sein so zu sehen, wie es sich von sich selbst her zeigt, die Phänomene unverdeckt, unverstellt, unvoreingenommen und untendenziös zu beschreiben, deren ewig bleibendes »Eidos« oder »Sein« aufzudecken und es durch ein Bewusstsein als ein ganz bestimmtes Seiendes zu konstituieren. Für Husserl war dieses transzendentale Ich Bewusstsein, reines Sehen.

Heideggers Ziel aber entfernte sich weit von seinem Lehrer, der ihm später eine »geniale Unwissenschaftlichkeit« vorwerfen wird. Die phänomenologische Methode sollte jetzt nicht mehr zu diesem reinen Sehen der allgemeinen Wesenheiten führen, sondern einen Zugang zum Verstehen des konkreten menschlichen Daseins ermöglichen, um beispielsweise auch den Menschen im Mitmenschen erkennen zu können. So begreift Heidegger nun das transzendentale Ich Husserls nicht mehr als reines Sehen, sondern als »Existenz«. Dieses Ich ist der Mensch, der sich seiner Geschichtlichkeit in einer konkreten Situation mit Angst, Sorge und Tod bewusst ist, all das, was bei Husserl der *epochē*, der »Einklammerung«, zum Opfer gefallen wäre.

Das Anliegen

Trotz der Betrachtung des transzendentalen Ich als Existenz geht es Heidegger weniger um eine Philosophie der Existenz, als vielmehr um die Seinsfrage, nicht um die Darstellung eines oder mehrerer Seienden, sondern um das Sein des Seienden. Da aber das »Sein« nicht durch eine Analyse des Begriffs aufgeschlüsselt werden kann, meint Heidegger dort ansetzen zu müssen, wo nach dem Sinn von Sein gefragt werden kann: beim Menschen. Diesen belegt Heidegger mit dem Namen *Dasein.*

Heidegger hat es stets abgelehnt, als Existentialist etikettiert zu werden. Sein Anliegen ist die *Ontologie*, die mehr sei als nur die Lehre vom Sein, sie sei die Analyse der dem Sein zugrunde liegenden Strukturen. Sie ist eine Fundamentalontologie, da sie diese Analyse während ihrer Durchführung bei sich selbst begründet, also weil sie im Dasein selbst vollzogen wird. Mit diesem Vollzug deckt sie ihre eigenen Möglichkeiten auf, und zwar als ihr eigenes Fundament.

Heideggers Vorwurf an die Philosophie von Platon bis Nietzsche lautet, sie habe die Unterscheidung zwischen Sein und Seiendem nicht eigens behandelt, sondern übersehen oder schlichtweg vergessen (Stichwort: *Seinsvergessenheit*); sie sei ein Irrtum, weil in ihr das Denken durch das Sein »beirrt« worden sei. Den Vorwurf, die bisherige Philosophiegeschichte als eine Verfallsgeschichte im Blick auf das Sein gesehen zu haben, weist er zurück, indem er nur von einem »Entzug des Seins« spricht.

Bis jetzt sei das Sein des Menschen immer nur nach der Seinsart der Dinge bestimmt worden, als Anwesenheit, als Vorhandensein. Auch sei immer nur nach dem Seienden als Ganzem, als höchstem Sein, gefragt worden. Er wird zu der Antwort gelangen, dass die Seinsfrage immer nur im Zusammenhang mit der Zeitfrage zu beantworten ist.

Das Dasein

Bei der Frage nach dem Sinn des Seins unterscheidet Heidegger zwischen den Begriffen *ontisch* und *ontologisch* (Stichwort: *ontologische Differenz*). Der Begriff *ontisch* meint »Seiendes betreffend«, einschließlich dessen, was wir sagen, handeln und meinen; der Begriff *ontologisch* meint das »Verstehen von Sein«, einschließlich der Ermöglichung dieses Verstehens. *Ontologisch* meint »das neugierige, staunende, erschreckte Denken darüber, dass es mich gibt und dass es überhaupt etwas gibt.« (R. Safranski)

Die Ganzheit allen Verstehens heißt nun *Dasein*, das von jedem von uns als Menschen vollzogen wird. Der Mensch »ist« das »Da des Seins«. Trotz dieser Differenz zwischen den drei Seinsweisen bilden diese eine Einheit, jede ist durch die beiden anderen bedingt.

Bei der Analyse dieser Seinsweisen stößt Heidegger auf bestimmte Strukturen, auf bestimmte Daseinsbestimmungen oder »Seinscharaktere«. Es sind dies – neben den Kategorien, die für die Seinsstrukturen der Dinge zuständig sind, – die *Existenzialien.* Mit diesen Existenzialien haben wir die Bedingungen gefunden, unter denen wir uns auf Seiendes beziehen können. Es sind dies u.a. Geworfenheit, Sorge, Lebensentwurf, Tod und vor allem: Angst. Im

Gegensatz zur Furcht, die ein »innerweltliches« Objekt hat, ist für die Angst weltlich »Vorhandenes« bedeutungslos. Das *Wovor* der Angst ist die Weltangst als solche (M. Heidegger: die Tatsache des In-der-Welt-seins selbst). Zum anderen liegt die Angst in der Freiheit, man selbst sein zu können, d.h. sein eigentliches Dasein zu wählen, zu ergreifen oder zu verfehlen.

Die Sorge

Der Mensch ist in sein Dasein »geworfen«, er ist geworfen in ein bestimmtes »Da«. Das schließt ein, dass er auf einen Entwurf des Seins angewiesen ist. Der Mensch hat »zu sein«, seine Aufgabe ist es, sein Sein zu verwirklichen. Daraus geht hervor, dass die Erschließung des Seienden durch das Sein praktischer Natur ist. Wichtiger als das Erkennen ist das Interesse, die Sorge (Bekümmerung), des Menschen an seinem Sein. Die Sorge erstreckt sich als »besorgendes« Sich-Verhalten zwar auch auf Dingliches, auf Seiendes (»Zeug«, »Zuhandenes«), aber vorrangig auf die eigene Seinsweise. Sie ist die »Grundstruktur des Umgehens mit der Welt« (R. Safranski).

Da der Mensch in seinem Geworfensein in die Welt nicht weiß, woher sein Dasein kommt und wohin es geht, erlebt er dies als Ungeborgenheit: Diese führt wiederum zur Angst, das eigentliche Dasein zu verfehlen.

Die Angst und das Nichts

Die Angst als menschliche Grunderfahrung verleiht dem Dasein eine unvermeidliche Dringlichkeit, da sie dem Menschen sein mögliches Nicht-Sein vor Augen führt. Sein Dasein ist Dasein zum Tode. Das »Nichts nichtet«, wobei aber mit *Nichts* nicht ein Subjekt, sondern ein Vorgang gemeint ist: Wir erfahren die Nichtigkeit des Seienden. Ohne Tod wäre das Dasein nicht eigentlich wichtig, aber auch nicht *wirklich* im Wortsinn von »Verwirklichung des Lebens«. Nur in der Konfrontation mit dem Nichts ist dem Menschen die Grenze des Daseins gegenwärtig. Der Tod ist nicht ein Punkt auf der letzten Zeitstrecke, sondern eine Grenze, die in ihrem gedanklichen Vorwegnehmen das Dasein bestimmt und ihren Sinn freilegt. Nur der Tod als Existenzial ermöglicht das eigentliche Dasein in seiner Ganzheit.

Die Zeit

Die Welt geht nicht in ihrer »Zuhandenheit« auf, der Mensch muss die Oberflächlichkeit seiner Existenz aufbrechen, aus seiner alltäglichen Situation (die Heidegger *Man* nennt), aus dem unreflektierten Dahinleben heraus finden und in seinem *Ja* zur Endlichkeit der Angst standhalten. So ist nun für Heidegger der Sinn des Seins die Zeit, da das Verhältnis des Daseins zum Sein beständig durch die Zeit geprägt ist. Ohne Zeit ist kein Seinsentwurf möglich, denn sie ist der Raum für das mögliche Zukünftige und Gewesene. Die Zeit wird nicht nur als Grenze, sondern auch als Grund(-struktur) des Daseins verstanden. Er spricht von einer »ursprünglichen Zeit«, in deren Zentrum der Sinn von Sein liegt, und die nicht in der Messbarkeit von Stunden oder Minuten aufgeht.

Was Heidegger meint, ist: Zukunft ist das Zu-kommen von möglichen Vollzügen des Seins, Vergangenheit die schon-da-Gewesenheit und Gegenwart das An-wesen, der aktuelle Vollzug von Seinsmöglichkeiten. Sowohl das Zu-kommen des Zukünftigen und die Gewesenheit der Vergangenheit bestimmen und beherrschen das gegenwärtige Dasein des Menschen, die Gegenwart.

So kann das Wesen der Zeit nicht darin bestehen, das wahre Sein mit der Gegenwart gleichzusetzen. Auch der Gewesenheit und dem Zu-kommen ist ein Sein zu bescheinigen, auch wenn das Seiende schon vergangen und das zu-kommende Seiende noch nicht ist.

Zum Thema *Zeit* ist abschließend anzumerken, dass auch Heidegger den Zusammenhang von Sein und Zeit nicht vollends erklären kann. So endet Heideggers wichtigstes Werk mit einer Frage:

> Wie ist dieser Zeitigungsmodus der Zeitlichkeit zu interpretieren? Führt ein Weg von der ursprünglichen *Zeit* zum Sinn des *Seins*? Offenbart sich die *Zeit* selbst als Horizont des *Seins*?
> (M. Heidegger ›Sein und Zeit‹, S. 437)

Die »Kehre«

Die berühmte *Kehre* bahnte sich ab dem Jahre 1930 an und ist spätestens 1947 in dem bekannten ›Brief über den Humanismus‹ klar erkennbar, in dem er sich von dem französischen Existentialismus absetzt. Es herrscht weitgehend Einigkeit darüber, dass sie keine

Umkehrung oder Wende ist, sondern mehr ein »Weiterschreiten auf dem Weg von Sein und Zeit«. (H.J. Störig)

Heideggers Anliegen, zum eigentlichen Sein vorzustoßen, führte bislang über den Menschen und dessen Dasein zum Sein. Dieser Weg erfährt nun eine sanfte Korrektur, der Blickwinkel wird umgebogen: Nicht vom Menschen und seinem Dasein soll das Sein jetzt gedacht werden, sondern es soll vom Sein her auf den Menschen und sein Dasein geblickt werden. Wenn aber der Primat des Menschen dem Primat des Seins weicht, hat das Folgen: Der Subjektivismus, der bislang die Philosophie der Existenz mit dem Menschen als Mittelpunkt beherrscht hat, wird an den Rand gedrängt, mit dem Resultat, dass vom Menschen nicht mehr als einem eigenständigen Wesen, sondern nur in seiner Einordnung in das Sein geredet werden kann. Das Sein ist nicht um des Menschen willen da, sondern der Mensch um des Seins willen. So ist der Mensch nicht mehr Herr des Seins, sondern »Hirt des Seins«. Wie aber erschließt sich das Sein? Durch sein Offenbarwerden, dadurch, dass es sich dem Menschen öffnet. Dessen Denken geschieht nicht mehr verstandesmäßig, sondern es »ereignet« sich vom Sein selbst, es ist dem Sein »höriges« Denken. Erfahrung geschieht nur über die Öffnung des Seins und nicht durch rationales Denken. »Wir kommen nie zu Gedanken, sie kommen zu uns.« Das Sein tritt ins Licht, Heidegger nennt dies *Lichtung des Seins*, ähnlich einer Lichtung im Wald.

Was aber ins Licht tritt, muss vorher verborgen gewesen sein. So ist die Voraussetzung für die Offenheit des Seins die Unverborgenheit, die *alētheia* (was im Griechischen ursprünglich »Unverborgenheit« und dann erst »Wahrheit« bedeutet). Mit der Lichtung des Seins geschieht *Existenz*, wörtlich das »Heraus-treten des Seins aus sich selbst«, weswegen er auch das Wort *Ek-sistenz* verwendet (griech. *ek*: »heraus«, lat. *sistere*: »treten/stehen«). Dieses Heraustreten aus dem Sein stellt sich als »Seinsgeschick« dar, als vom Sein geschickt. Das Dasein kann sich in dieser »Geschicklichkeit« des Seins (in Vermeidung des im Sinne von Historie vorbelasteten Wortes *Geschichtlichkeit*) dem Menschen offenbaren. Oder aber es entzieht sich dem Menschen, dann lebt er in Seinsferne.

*

Bei der Betrachtung von Heideggers Verständnis von Wissenschaft und Technik stoßen wir auf die für viele anstößige Behauptung, die Wissenschaft denke nicht. Doch ganz so abwegig ist diese Behauptung nicht. Heidegger sieht nämlich in dem heutigen Herrschaftsanspruch der Wissenschaft und der modernen Technik (die er *Gestell* nennt) seine These von der Seinsferne bestätigt. Er will das »Denken« aus bestimmten Verstrickungen befreien, die er in der Verwechslung von *Denken* mit *bloßem Scharfsinn* oder *planender Überlegung* sieht. Denken ist mehr als rechnerisches Denken. Die Wissenschaft bewege sich nicht in den Dimensionen der Philosophie, auf die sie aber – ohne es zu wissen – angewiesen sei. Er begründet dies am Beispiel der Physik. Diese könne mit ihren physikalischen Methoden nur Raum, Zeit und Bewegung erklären, nicht aber sagen, was Physik ist. Dies geschehe nur in der Weise des philosophischen Fragens.

(Die Ausführungen über das Nicht-Denken der Wissenschaft sind entnommen: R. Wisser ›Martin Heidegger im Gespräch‹, S. 71f.)

Karl Jaspers

Karl Jaspers (1883–1969) Er gilt zusammen mit Heidegger als Begründer der Existenzphilosophie, obwohl er nie im herkömmlichen Sinn Philosophie studiert hatte. Jaspers orientierte sich anfänglich an Kierkegaard, Nietzsche und Kant, bis er seinen eigenen Weg fand. Seine Gedanken gelten als leichter zugänglich als die Heideggers und hatten auch zeitweilig eine größere Wirkung. Nachhaltig war diese Wirkung jedoch nur indirekt, was daran zu erkennen ist, dass er in manchen Philosophie-Einführungen zu Unrecht vernachlässigt wird.

Persönlich muss der in Oldenburg geborene Jaspers ein schwieriger Mensch gewesen sein. Er selbst berichtete von einem lebenslangen Gefühl von Einsamkeit, bedingt auch durch eine frühe Krankheit. Distanz zu anderen, insbesondere zu Kollegen, war sein Markenzeichen. In Berlin, Göttingen und Heidelberg studierte er Medizin, spezialisierte sich auf Psychiatrie, die er auch als Arzt praktizierte. An der philosophischen Fakultät in Heidelberg unterrichtete er anschließend Psychologie und näherte sich der Philosophie. 1919 erschien seine ›Psychologie der Weltanschauungen‹, durch die er große Aufmerksamkeit erregte. Zur Verwunderung mancher Kollegen wurde er 1921/22 als Nicht-Philosoph auf den Lehrstuhl für Philosophie in Heidelberg berufen. Da er sich weigerte, sich von seiner jüdischen Frau scheiden zu lassen, wurde er 1936 zwangsemeritiert und 1937 mit einem Publikationsverbot belegt. Konfrontiert mit der Feigheit der meisten Menschen um ihn herum lebte er jahrelang ein »Leben in Selbstmordbereitschaft«. (P.H. Koesters) Für den Fall einer Einweisung in ein KZ lagen ständig zwei Zyankalikapseln auf seinem Nachttisch bereit.

Jaspers unbeugsame Haltung in der Zeit der NS-Diktatur prädestinierte ihn dafür, nach Kriegsende maßgeblich am Wiederaufbau der Universität Heidelberg mitzuwirken. Hoch geehrt mischte er sich in den 60-er Jahren mit seinen Schriften in das politische Geschehen der neuen Republik ein und warnte vor der Gefährdung der Demokratie, was ihm nicht nur Freunde einbrachte, vor allem auch wegen seiner Forderung, auf die Wiedervereinigung zu verzichten. Er beschloss seine Laufbahn mit einer Professur in Basel/Schweiz. Das Grundgerüst seiner Gedanken in der ›Psychologie der Weltanschauungen‹ findet sich in seinen zwei Hauptwerken: in den 3 Bänden mit dem schlichten Titel ›Philosophie‹ (1932) und in dem Werk ›Von der Wahrheit‹, dem ersten (und einzigen veröffentlichten) Band der ›Philosophischen Logik‹ (1947).

Ausgangspunkt seines Denkens ist die Zerbrechlichkeit der (möglicherweise eigenen) Existenz. In jedem der drei Bände seiner ›Philosophie‹ sind die drei klassischen Ideen *Welt*, *Seele* und *Gott* ineinander verwoben.

1. Philosophische Weltorientierung

Der Versuch, eine Antwort auf die Grundfrage aller Philosophie *Was ist Sein?* zu finden, ist für Jaspers von vornherein zum Scheitern verurteilt, weil diese nicht wissenschaftlich beantwortbar ist. Philosophie ist nämlich keine Wissenschaft, die einen Gegenstand hat; sie ist vielmehr eine Art Lebensinteresse daran, die Not der Existenz, die ständig an Grenzen stößt, zu lindern. Eine dieser Grenzen ist, dass der Mensch die Welt als Ganzes nicht fassen kann.

Dieses Ganze besteht demnach in der Summe aus bestimmten Objekten des Seins, deren Erforschung sich die Wissenschaften zur Aufgabe gemacht haben. Alle Wissenserweiterung ist aber trotz ständiger Grenzverschiebung begrenzt, weil immer nur ein bestimmtes Weltsein erkennbar ist, nie die Welt als Ganzes. Fasst man die Idee der Welt als (begrenzten) Gegenstand, treten – ähnlich wie bei Kant – *Antinomien*, d.h. »Gegengesetzlichkeiten«, auf. Es gibt kein abgerundetes Weltbild, wie es beispielsweise der Idealismus bietet, es gibt nur eine Unabschließbarkeit unseres Erkenntnisprozesses. Das Sein selbst entzieht sich uns, es weicht vor uns zurück, es ist das »Umgreifende« (das in K. Jaspers ›Philosophischer Logik‹ auf über 1000 Seiten noch näher entfaltet wird) und ist nur als Grenze erfahrbar. Objektives Wissen stößt nicht zum Ursprung meines Selbstseins vor.

2. Existenzerhellung

Die Annäherung an diesen Ursprung, an das wahre Menschsein, gelingt nur durch einen Sprung, ausgelöst durch eine weitere Grenze bzw. Grenzen: Bestimmte Grenzsituationen der Existenz, wie Tod, Leid, Zufall, Schuld, Kampf usw., erschüttern den Menschen, dessen Dasein mitsamt seinen weltanschaulichen Absicherungen dadurch als fragwürdig erkannt wird. Diese Absicherungen verschleiern lediglich die Grenzsituationen. Die Endgültigkeiten des Lebens gehören durchbrochen: Der Weg dahin führt über das »Scheitern« des Menschen, da er in diesem Scheitern die Brüchigkeit und Unabgeschlossenheit der Welt erfährt. Jaspers zentrales Schlagwort heißt hier *Existenzerhellung:* Der Mensch wird durch die Grenzerfahrungen auf sich selbst zurückgeworfen und dadurch vor die eigene Existenz gestellt. Existieren ist somit für ihn gleichbedeutend mit Grenzsituationen erfahren.

Existenz ist also ein Appell an die eigenen Möglichkeiten, sie bestimmt das Selbst zur Verwirklichung dieser Möglichkeiten in Denken und Handeln und zur Ermöglichung des Bewusstseins seiner Selbst. Wie aber gelingt diese Selbstverwirklichung der Existenz? Jaspers führt drei Kategorien dazu an:

- *Freiheit:* Sie ist die Voraussetzung für die Verwirklichung der Möglichkeiten eigentlicher Existenz, für das Sein-Können, das den Menschen ständig zu Entscheidungen auffordert. Diese Freiheit ist keine gedachte, sondern eine Freiheit, die im Tun verwirklicht wird oder aber im Scheitern verspielt wird.

- *Kommunikation*: Ein isoliertes Selbstsein kann die Verwirklichung der Existenz nicht leisten, Selbstsein muss auch die Freiheit anderer wollen und somit in existentieller Zusammengehörigkeit mit einem anderen Selbstsein stehen. Gemeint ist damit nicht Geselligkeit oder Konversation, sondern vielmehr: Gemeinschaft, die sich öffnet für ein anderes Selbstsein in gegenseitiger Verbundenheit und Liebe. Jaspers spricht sogar von einem »liebenden Kampf« zur Erwirkung des eigenen und fremden Selbst.
- *Geschichtlichkeit:* Obwohl Existenz zeitlosen und unbedingten Charakter hat, befindet sie sich trotzdem immer nur in einer bestimmten Situation. Ähnlich wie die Welt nie als Ganzes, kann auch die Situation nie als ganze erfasst werden, da jede Situation durch mein Wissen von ihr verändert und erweitert wird. Sie ist somit eingebettet in die Geschichtlichkeit meiner Existenz. Existenz mit ihrer Fähigkeit zu einer unbedingten freien Entscheidung wurzelt in ihrer konkreten geschichtlichen Situation im Absoluten und dringt durch die Zeit zur Ewigkeit hindurch: Ewigkeit ist für Jaspers weder Zeitlichkeit oder Dauer, noch ist sie Zeitlosigkeit oder Jenseitiges. Sie ist das, was die Zeit transzendiert, d.h. das, was über ihre Grenzen hinausgeht.

3. Metaphysik

Transzendenz ist die Beziehung der Existenz in einer bestimmten Situation zu ihrer Wurzel, dem Absoluten. Nur in dieser Beziehung hat Existenz einen Sinn, nur in dieser Beziehung geschieht Existenzerhellung, und zwar durch die Erfahrung von Grenzsituationen. Jaspers nennt dies *metaphysisches Denken.* Mitunter nennt er Transzendenz auch *Gott*, aber nicht im klassisch-christlichen Verständnis des offenbarten Gottes. Denn Offenbarung hat etwas mit Gewissheit zu tun, die mit einem dogmatischen Ausschließlichkeitsanspruch einhergeht. Jaspers Gott ist ein mittels der Vernunft geglaubter Gott.

Transzendenz kann wegen des bestrittenen dogmatischen Anspruchs auch nicht durch Sprache mitgeteilt werden. Aber in unserer Welt der Sinne finden sich Zeichen dieser Transzendenz, die Jaspers *Chiffren*, *Symbole* nennt. So ist Metaphysik die Deutung der Chiffren der empirischen Wirklichkeit. Diese sind nicht eindeutig, aber sie drängen sich trotz oder gerade wegen ihrer Zweideutigkeit im Scheitern auf, im Misslingen der Selbstverwirklichung. Wichtig ist: Existenz bleibt trotz ihrer Beziehung zur Transzendenz in der empirischen Welt, aber ihr Scheitern ist die maßgebliche Chiffre der Transzendenz. »Durch Verzweiflung kommen wir zum erlösenden Erfahren des Ursprungs, aber der Gang der Dinge in der Zeit bringt uns in neue Verzweiflung.« (K. Jaspers »Von der Wahrheit«, in: ›Philosophische Logik‹ I)

4. Von der Wahrheit

Für den wahren Grund allen Seins, den Ursprung, findet Jaspers schon früh den Begriff: *das Umgreifende*. Das unmittelbar erfahrene Sein ist nur Erscheinung, aber das Sein, das ich sicher weiß, ist nicht das Sein an sich. Dieses weicht vor unserem zugreifenden Wissenwollen zurück und hinterlässt uns nur »Spuren und Reste«. Trotzdem wollen wir über das gegenständliche Sein unserer Welt, das uns wie ein Horizont umschließt, hinausdrängen. Aber dieser sichtbare Horizont geht mit uns mit, einen abschließenden Horizont zu erreichen ist unmöglich. Ebenso ist jedes gewusste Sein »umgriffen« von einem weiteren. Der Horizont, der jeden gewonnenen Horizont einschließt, ohne selbst Horizont zu sein, wird als das Umgreifende gefühlt: Aus ihm treten alle neuen Horizonte hervor.

Der Verstand kann das nicht ohne Widerspruch denken. Denn jeder Satz, der sich auf das Umgreifende bezieht, muss als gegenständlicher etwas Ungegenständliches denken. Aber diese Widersprüchlichkeit ist zumindest philosophisch nachvollziehbar als das »Hellwerden« des Seins.

Jaspers differenziert zudem noch zwischen zwei unterschiedlichen Weisen des Umgreifenden: das Sein, das *alles* ist (das Sein selbst, als Welt und Gott gedacht) und das Sein, das *wir selbst* sind, in dem jede bestimmte Seinsweise uns begegnet. Dieses Umgreifende des *wir selbst* wird schließlich nochmals in dreifacher Hinsicht aufgegliedert:

- Wir sind das Dasein in der Zeit,
- wir sind das Bewusstsein überhaupt als Stätte des Wissens,
- wir sind der Raum, der Ort der Kräfte, die alle »uns beseelenden Gehalte« ordnen.

Zum Schluss taucht doch noch eine weitere Weise des Umgreifenden auf, die sich uns »erhellt«, wenn wir nach dem »Boden und Band« aller dieser Weisen fragen: Es ist die Vernunft, die unablässig all dies zu Einem zusammenbringt. (vgl. K. Jaspers »Von der Wahrheit«, in: ›Philosophische Logik‹ I)

Jean-Paul Sartre

Jean-Paul Sartre (1905–1980) Er drückte der philosophischen Nachkriegsepoche einen Stempel auf, der nachhaltiger nicht sein konnte. Durch ihn wurde der Existentialismus zu einer Lebensform, zeitweise auch zur Mode. Als Philosoph, Schriftsteller, Journalist, Essayist und politischer Provokateur verfasste er neben philosophischen Werken auch Bühnenstücke, Biographien, Literaturkritiken und Romane – Literatur und Philosophie durchdringen sich bei ihm.

Seine Persönlichkeit wurde weitgehend von seinem Großvater Charles Schweitzer, einem Deutschlehrer, geformt, den er in seiner berühmten autobiographischen Erzählung ›Les Mots‹ (»Die Wörter«) kritisch würdigt. 19-jährig begann er sein Studium an der École normale supérieure in Paris, wo er diverse Kurse belegte. 1928 lernte er Simone de Beauvoir kennen; seine lebenslange Partnerschaft mit ihr prägte ihn maßgeblich. Nach seinem Abschluss wurde er von 1931 bis 1934 Gymnasialprofessor für Philosophie u. a. in Le Havre. 1933 beschäftigte er sich als Stipendiat in Berlin mit den Werken von E. Husserl und M. Heidegger, ab 1934 unterrichtete er Philosophie in Le Havre und Paris. Nachdem er 1939 eingezogen worden war, geriet er 1940 für ein knappes Jahr in deutsche Kriegsgefangenschaft, aus der er dank eines Gefälligkeitsattests wieder frei kam. Zurück in Frankreich gründete er zur Unterstützung der kämpfenden Resistance zusammen mit de Beauvoir eine Widerstandsgruppe. Nach deren Auflösung erhielt er eine Anstellung an einem der besten Pariser Gymnasien. 1945 gründete er die Zeitschrift ›Les temps modernes‹. Aus politischen und philosophischen Gründen lehnte er 1964 den Nobelpreis für Literatur ab. Wegen seiner allmählichen Erblindung musste er das Schreiben aufgeben, blieb aber dennoch präsent in der Öffentlichkeit. Als er starb, gaben ihm neben Presse, Rundfunk und Fernsehen Tausende von Menschen auf dem Friedhof Montparnasse das letzte Geleit. Sechs Jahre später wurde seine langjährige Lebensgefährtin Simone de Beauvoir neben ihm beigesetzt. Sein erstes philosophisches Hauptwerk ›Das Sein und das Nichts‹, angeblich im Pariser Café Flore entstanden, erschien 1943, 1960 sein zweites, die ›Kritik der dialektischen Vernunft‹. Von seinen Romanen bzw. Dramen sind ›Der Ekel‹ (1938), ›Die Fliegen‹ (1943) und ›Geschlossene Gesellschaft‹ (1944) die bekanntesten.

Die knappste Definition seines Verständnisses von Existentialismus gibt Sartre in seiner kurzen Schrift ›Ist der Existentialismus ein Humanismus?‹ von 1946, in der er schreibt, dass es für den Fall der Nichtexistenz Gottes mindestens *ein* Wesen gebe, bei dem die Existenz der Essenz vorausgehe, und das sei der Mensch. Der Mensch existiere zuerst, begegne sich, tauche in der Welt auf und definiere sich *danach*. (J.-P. Sartre ›Drei Essays‹)

1943, in der Zeit der deutschen Besatzung Frankreichs, einer Zeit des Zusammenbruchs von Idealen und Werten, erscheint das Werk, das Sartre mit einem Schlag weltberühmt machen sollte und dessen Titel Heideggers ›Sein und Zeit‹ ganz offensichtlich nachempfunden ist: ›Das Sein und das Nichts‹. Entlang dieses zentralen Werkes soll nun Sartres Philosophie knapp skizziert werden.

Gleich auf der ersten Seite von ›Das Sein und das Nichts‹ sieht Sartre den Fortschritt des modernen Denkens darin, dass es das Existierende auf die Reihe seiner Erscheinungen, die es manifestieren, reduzierte. Dem Dualismus von Sein und Erscheinen spricht er (wörtlich) das »Bürgerrecht in der Philosophie« ab. Es gibt kein Sein hinter der Erscheinung, diese ist nicht mehr dem Sein entgegengesetzt, sondern dessen Maß. Das Erscheinen verbirgt nicht das Wesen, sondern »enthüllt« es: Sie ist das Wesen.

Als Sartre bestritt, dass Platons Satz, die Existenz gehe der Essenz voraus, ein metaphysischer Satz sei, wurde er von Heidegger in dessen ›Humanismusbrief‹ kritisiert: Die Umkehrung eines metaphysischen Satzes, wie dem Platons, bleibe ein metaphysischer Satz.

Das Beispiel, das Sartre für seine von Heidegger kritisierte These verwendet, erscheint einleuchtend: Bei der Herstellung eines Papiermessers wird der Handwerker von einem Begriff angeregt: Hier geht die Essenz der Existenz voraus, weil die Summe der Rezepte und Eigenschaften, die nötig sind, um es anzufertigen und zu bestimmen, der Existenz vorausgeht. Beim Menschen verhält es sich umgekehrt: es gibt bei ihm keinen göttlichen *Demiurgen* (»Weltschöpfer, Baumeister«), da der Mensch sich selbst zu dem macht, was er ist.

Der Kerngedanke von ›Das Sein und das Nichts‹ ist die Aufspaltung des Seins in zwei Seinsweisen, die eindeutig Hegel entlehnt sind: das An-sich-Sein und das Für-sich-Sein. Interpreten sehen hier zu Recht eine »Umformung« Hegels.

1. *Das An-sich-Sein*: Es ist für Sartre alles nicht-menschliche Sein, das mit sich identisch ist, ein vom Bewusstsein unabhängiges Sein, das ohne Bezug zu sich oder anderen Dingen ist. »Das Sein ist das, was es ist.«

Das Für-sich-Sein: Es ist dasjenige Seiende, welches ein Bewusstsein hat und sich daher dagegen auflehnen kann, einfach nur es selbst zu sein. Da es *nicht* mit sich identisch ist, schafft es eine Distanz, eine Kluft zwischen sich und dem mit sich identischen An-sich-Sein. Es entsteht ein Nicht-Sein oder ein Nichts. Das Für-sich-Sein »nichtet« somit das An-sich-Sein.

Sartre meint damit, Bewusstsein müsse als Nichts gedacht werden. Dies kann auch so erklärt werden, dass das Ich die wirkliche Welt immer nur durch Ausgrenzung aus dem erfährt, was sie nicht ist. Das Nichts wird erfahren als Defizit, Einengung, Einschränkung, Nichtwissen und nicht Dies oder Das zu sein. Für jeden Frager besteht die permanente Möglichkeit einer negativen Antwort: Er entdeckt auf der Suche nach dem Sein, dass er »von Nichts« umgeben ist. Die Eingrenzung dessen , was das Sein sein wird, lebt notwendig von dem Hintergrund dessen, was es nicht ist.

Der Prozess des Nichtens des ursprünglich positiven An-sich-Seins geht also von einem Sein aus, das sogar sich selbst nichten kann: dem Für-sich-Sein. Es kann sowohl zu sich selbst *Nein* sagen als auch zu bestimmten An-sich-Seins: Jedes Bestimmte schließt andere Bestimmte aus. So geht es dem Sein stets um das Nichts seines Seins.

Fazit: *Das Bewusstsein ist von seiner Anlage her ein Sein, das sich als Nichts zeigt und sich als nichtendes Bewusstsein versteht.*

Tut es dies nicht und flüchtet es sich in das An-sich, das es glaubt zu sein, täuscht es sich selbst und wird unaufrichtig. Das Ich beginnt, sich als das hinzustellen, was es nicht ist.

2. Will das Ich diesen Fehler vermeiden, muss es die Tatsache, nicht An-sich sein zu können, anerkennen, sich aber nicht damit zufrieden geben, weil es sonst seine Existenz aufs Spiel setzt. Es muss die Distanz oder Lücke, die durch das Bewusstsein von sich entsteht, was es nicht ist, ausfüllen und sich ein Wesen schaffen, das seine Existenz ausmacht und diese Lücke füllt. Damit gelangt der Mensch nie zu einer Identität (wie sie das An-sich hat), deshalb bleibt er dazu verurteilt, sich ständig in Richtung einer möglichen Identität zu entwerfen und sich zu wählen, *ohne dass dieser Entwurf, diese Wahl, endgültig ist.*

Der Mensch ist zwar in die Welt »geworfen« (ganz im Sinne Heideggers), was aber nicht heißt, dass dieses Geworfensein fremdbestimmt sein muss. Der Mensch ist frei, oder mit Sartres Worten: Er ist verurteilt zur Freiheit, sich stets neu entwerfen zu müssen. Freiheit wird quasi als ein Fluch erlebt: Wenn der Mensch schon in die Welt geworfen ist, ist er verantwortlich für alles, was er tut. Freiheit verdammt uns das ganze Leben dazu, uns zu entscheiden. Sie ist also nicht nur Bedingung des Handelns, sondern auch Bedingung des Seins.

3. Zentral ist ferner der Gedanke von der Bedrohung menschlicher Existenz:

- Erstens durch die Ungewissheit, die von dem steten Sichentwerfenmüssen ausgeht und häufig Grund des Gefühls von Angst und Verlassenheit ist.
- Zweitens durch die Existenz anderer Menschen, anderer Fürsichs. Damit kommt notwendigerweise eine negative Sicht menschlicher Beziehungen ins Spiel: Ich nehme den Anderen zunächst einmal als ein Objekt wahr, als ein An-sich, das es wie jedes andere An-sich auch zu nichten gilt. Was aber den Anderen von einem Gegenstand unterscheidet, ist der *Blick.*

Dies ist für Sartre entscheidend. Denn der Andere ist kein Ding wie jedes andere, sondern er hat eine spezifische Stellung für mich. Denn nicht nur ich sehe ihn, auch er sieht mich. Mein An-sich-Sein ist ein Für-den-Anderen-Sein, das sich ebenso vom normalen An-sich-Sein unterscheidet. Der berühmte Satz »Die Hölle, das sind die anderen« besagt, dass jeder versucht, den Anderen in ein An-sich zu verwandeln. Aber durch den Blick sieht dieser auch mich wie einen Gegenstand und übt Macht über mich aus, gegen die ich mich zur Wehr setzen muss. Dadurch ist nicht nur meine, sondern auch die Freiheit des Anderen bedroht.

Welche Wege gibt es, um mit diesem Dilemma umzugehen? Sartre führt u. a. Liebe und Sprache an, die letzten Endes doch zum Scheitern verurteilt sind: die Liebe, weil sie im Grunde nur der Wunsch ist, dass man geliebt wird; die Sprache, weil damit der Andere nur als Objekt gesehen wird, was Gleichgültigkeit, Hass oder Begierde zur Folge haben kann.

Obwohl für Sartre das Wesen der Beziehungen zwischen verschiedenen Bewusstseinen der Konflikt ist, ist es schwierig, aber doch möglich, dass jedes Für-sich dem anderen Für-sich freien Raum zu gewähren bereit ist.

Dies bürdet dem Menschen eine ungeheure Verantwortung auf: nicht nur seinem Mitmenschen gegenüber, sondern auch den Werten gegenüber, die er parallel zu seinem Selbstentwurf in Freiheit schaffen muss, da Werte keineswegs ein selbstständiges und zeitlos gültiges Sein besitzen.

- Drittens ist menschliche Existenz bzw. deren Freiheit bedroht durch das, was Sartre *Situation* nennt. Dadurch, dass das Für-sich sich stets in einer Situation vorfindet, ist es determiniert: durch Geburt, Sozialisation, Körperlichkeit, Familie, Klassenzugehörigkeit, historische Ereignisse usw. All diese Situationen stellen eine Bedrohung für die Freiheit dar. All dies kann aber keine Ausrede sein, sich der Verantwortung zu entziehen. Freiheit schließt das Wahrnehmen meiner faktischen Situation ein: Ich bin für den Platz, den ich einnehme, voll verantwortlich.

Eine besondere »Situation« ist der Tod. Er allerdings steht jenseits meiner Möglichkeit und Verantwortung. Er ist vielmehr die Nichtung all meiner Möglichkeiten (ganz im Gegensatz zu Heidegger, bei dem der Tod zum Sinn des Seins gehört): Im Tod bin ich den Lebenden ausgeliefert.

Den Selbstmord nennt Sartre eine Absurdität, die das Leben des Menschen im Absurden untergehen lässt. Für Albert Camus wird dieses Absurde nicht das Ergebnis, sondern der Ausgangspunkt seiner Überlegungen sein.

Zuletzt sei noch Sartres 1960 erschienene ›Kritik der dialektischen Vernunft‹ erwähnt. In ihr wird die marxistische Grundthese vom dialektischen Materialismus abgelehnt, an den Begriffen *Entfremdung* und *Klassengegensatz* aber festgehalten. Vorsichtig kann man sagen, dass Sartre darin seinen Existentialismus als Korrektur des Marxismus sieht. (M. Meyer, in: O. Höffe ›Klassiker der Philosophie‹)

*

Vor dem Hintergrund der vollen Verantwortung, die der Mensch angesichts der bedrohlichen faktischen »Situationen« hat, erschließt sich auch Sartres mannigfaltiges soziales und politisches Engagement. Die 50er-Jahre sahen einen politisch und gesellschaftlich sehr agilen Sartre: Teilnahme am Kommunistischen Weltfriedenkongress (1952), drei Jahre später der Austritt aus der KP, Besuch in Kuba bei Fidel Castro, Engagement für die Loslösung Algeriens von Frankreich, Ablehnung des Nobelpreises (1964), Mittelpunkt der Pariser Unruhen vom Mai 1968 und weitere spektakuläre politische Aktionen bis hin zu seinem umstrittenen Besuch des RAF-Häftlings Andreas Baader 1974 im Gefängnis von Stuttgart-Stammheim.

Albert Camus

Albert Camus (1913–1960) Ohne Zweifel war er einer der populärsten Schriftsteller, Bühnenautoren und Journalisten Europas, dessen Ruhm besonders nach dem 2. Weltkrieg einsetzte. Obwohl er sich stets gegen das Etikett *Existentialist* sperrte, ist die Nähe seiner philosophischen Themen zum französischen Existentialismus in seinen Werken unübersehbar, trotz seiner stiefmütterlichen Behandlung in manchen Philosophie-Geschichten.

Geboren in ärmlichsten Verhältnissen in Algerien, schaffte er den

Zugang zum Gymnasium. Wegen seiner Tuberkulose-Erkrankung im Alter von 17 Jahren konnte er sein Philosophiestudium an der Universität von Algier erst 1933 aufnehmen; eine Lehramtslaufbahn blieb ihm jedoch verwehrt. Politisch links orientiert – von 1934 bis 1937 war er Mitglied der Kommunistischen Partei – schlug er sich mit verschiedenen Tätigkeiten wie z. B. als Reporter bei der Zeitung ›Alger républicain‹ durch, bis er 1939 nach Paris ging. Dort wurde er zunächst Journalist beim ›Paris Soir‹, dann arbeitete er beim Verlag Gallimard. Ab 1942 wurde er Mitarbeiter, später Chefredakteur der Widerstandszeitung ›Combat‹. 1942 erschien auch sein erster Roman ›Der Fremde‹, 1944 der philosophische Essay ›Der Mythos des Sisyphos‹ und 1947 der Roman ›Die Pest‹. Seine Sammlung philosophisch-politischer Essays ›Der Mensch in der Revolte‹ (1951) wurde von Sartre als »verfehltes Buch« bezeichnet, was zum Bruch zwischen beiden Männern führte. Camus engagierte sich politisch für die arabische Bevölkerung in Algerien, bezog öffentlich Stellung gegen das Franco-Regime in Spanien und verurteilte scharf die Niederschlagung der Aufstände von Berlin (1953) und Budapest (1956). Mit 44 Jahren erhielt er 1957 den Nobelpreis für Literatur. Er starb bei einem Autounfall. Im November 2008 regte der französische Präsident Sarkozy an, die sterblichen Überreste ins Pariser Panthéon zu überführen.

Obwohl für Camus das Absurde der zentrale Punkt des Interesses ist, besteht sein Anliegen nicht darin, eine Philosophie des Absurden zu entwerfen. An den zeitgenössischen Philosophen kritisiert er, dass diese das Absurde als Ergebnis und nicht als Ausgangspunkt sehen. Nicht die verschiedenen Dimensionen des Geistes oder etwa die Frage, ob es 9 oder 12 Kategorien des Denkens gibt, ist die Grundfrage der Philosophie, sondern die Entscheidung, ob das Leben sich lohne oder nicht. So lauten seine Fragen: Ist der Selbstmord nicht das eigentliche metaphysische Grundproblem, da er die einzige Konsequenz zu sein scheint, wenn das Leben keinen Sinn mehr macht? Wenn die Sehnsucht nach Glück und einer gerechten Welt zum Scheitern verurteilt ist, wenn die Sinnlosigkeit im Gewand des Absurden als Gefühl des Leeren, als Überdruss, Grauen und Ekel auftritt, wie ist da Leben in Würde möglich? Dennoch ist der Selbstmord im Grunde nur eine Scheinlösung, da er nur ein Ausweichen vor dem Bewusstsein dieser absurden Wahrheit bedeutet.

Ungeachtet seiner Faszination für Kierkegaard lehnt Camus dessen Sprung in die Religion ab und damit dessen Entscheidung, den Tod nicht als das Letzte zu akzeptieren; dies sei Verrat an der Wahrheit des Absurden.

Aber Überdruss und Bitternis sind gleichzeitig auch Anfang: Anfang einer neuen Bewusstseinsregung und eines Erwachens. So leitet der Mensch vom Absurden drei Forderungen ab: seine Auflehnung, seine Freiheit und seine Leidenschaft.

> Seiner Freiheit auf Zeit ebenso sicher wie seiner aussichtlosen Auflehnung und seines vergänglichen Bewusstseins, geht er seinem Abenteuer in der Zeit des Lebens nach.
> (A. Camus ›Der Mythos des Sisyphos. Ein Versuch über das Absurde‹)

Die Revolte gegen den Tod und die Unausweichlichkeiten des Lebens geben dem Leben erst einen Wert.

Der unbändige Lebenswille eines leidenschaftlichen Lebens, die Liebe zu Mitmensch und Natur als Auflehnung gegen die Absurdität der Existenz, all dies sind Themen, die in seinem literarischen Werk verarbeitet sind. Besonders deutlich treten sie in zwei seiner bekanntesten Bücher hervor:

›Die Pest‹: Nach dem Massensterben von Ratten in einer algerischen Küstenstadt werden Menschen von der Pest dahingerafft. Angesichts der einsetzenden Panik reagieren die Menschen unterschiedlich: Der eine macht dunkle Geschäfte mit der Krankheit, ein anderer sieht darin ein Strafgericht Gottes, einige versuchen zu fliehen, nehmen aber dann doch den Kampf gegen die Seuche auf. Vor allem der Arzt Rieux wird wegen seines Kampfes gegen das Schicksal zum Helden der absurden Existenz. Man erkennt unschwer, dass Camus mit dem Bild der Quarantäne eine Allegorie für das Dasein der Menschen entwirft. Aufgrund unserer Sterblichkeit gleicht unsere Welt einer von der Pest bedrohten Stadt, in der wir als Schicksalsgenossen der Bedrohung unserer Existenz ins Auge sehen müssen, aber nicht in Resignation verfallen dürfen. Der Kampf gegen die Pest ist gleichzeitig der Kampf für eine bewusste Existenz.

›Der Mythos des Sisyphos‹: Der an den »11. Gesang« der ›Odyssee‹ Homers angelehnte Essay Camus' schildert Sisyphos als Rebellen gegen Tod und Götter. Von Merkur in die Unterwelt zurückgebracht, wird er mit dem grausamen Schicksal bestraft, immer wieder einen Stein auf die Spitze eines Berges rollen zu müssen, von dem er aber stets im letzten Augenblick zurückrollt. Für Camus bedeutet dies: Die Verachtung der Götter und die Leidenschaft für das Leben können die absurde Freiheit und das Glück des Bestraften nicht in Frage stellen. In der Auflehnung und dem Trotz setzt Sisyphos seine Existenz auf die Absurdität seiner vergeblichen Mühsal. Auch wenn diese Mühsal kein Ende hat, erkennt er, dass sie gut ist. »Der Kampf gegen Gipfel vermag ein Menschenherz auszufüllen. Wir müssen uns Sisyphos als einen glücklichen Menschen vorstellen.« Mit diesen eindrucksvollen Worten endet der ›Mythos des Sisyphos‹.

4. Ausblick

Hält man sich die Anfänge des philosophischen Denkens vor Augen, sticht eine Gemeinsamkeit mit der heutigen Zeit ins Auge: Konnte man bei Aristoteles eine Aufsplitterung der Philosophie (unter dem Überbegriff der Physik) in einzelne Disziplinen feststellen, gilt das auch heute, betrachtet man die unzähligen Facetten moderner Wissenschaftstheorien (unter dem Überbegriff der Philosophie).

Schaut man etwas genauer hin, fällt aber auch eine Verschiebung des Interesses auf: Während die griechische Philosophie das Ziel hatte, mittels Vernunft die Welt zu *begreifen*, um daraus eine praktische Welteinstellung zu gewinnen, gründet die neuere Philosophie auf einer Wissenschaft, die das Ziel hat, die Welt zu *verändern* und zu *beherrschen*.

W. Schneiders hat in seiner ›Deutschen Philosophie im 20. Jahrhundert‹ drei grundsätzlich verschiedene Denkansätze als Eckpunkte deutscher Philosophie heute ausfindig gemacht:

a. Die existenzorientierte Philosophie: In ihr gehe es um die sog. eigentliche Existenz des Menschen,
b. die gesellschaftlich orientierte Philosophie: Ihr gehe es um die Möglichkeit einer gerechten und nicht-entfremdeten Gesellschaft,
c. die wissenschaftsorientierte Philosophie: Ihr gehe es um das Wesen des wissenschaftlichen Erkennens

(W. Schneiders, S. 193).

Für den Beobachter der jüngeren Zeitgeschichte dürfte der Blick auf die gesellschaftlich orientierte Richtung der Philosophie am interessantesten sein, vor allem der Blick auf die uralte Sehnsucht des Menschen nach einer gerechteren Gesellschaft, geträumt allerdings nicht mehr von einer unterdrückten Arbeiterschicht, sondern von der intellektuellen Elite unserer Gesellschaft.

Der bekannteste dieser »Träumer« war der undogmatisch-marxistische Philosoph Ernst Bloch (1885–1977), Professor in Leipzig, später Tübingen. Die Sehnsucht nach einer besseren Welt findet sich vor allem in seinen Werken ›Der Geist der Utopie‹ (1918) und ›Das Prinzip Hoffnung‹ (1954–59). Bloch geht von einem Bewusstsein aus, das die vorwegnehmende Gestaltungskraft eines utopischen Traums von wahrer Menschlichkeit besitzt. Der unerfüllte Augenblick, das Noch-Nicht, sei Grundlage jeglichen Hoffens. Das Lebenswerk dieses Vertreters eines »messianischen Marxismus« (Ch. Helferich) bestehe darin, Hoffnung mit Philosophie zu durchdringen. Erfüllte Augenblicke sehe Bloch vor allem in der Kunst, hier gelänge die utopische Übereinstimmung des Menschen mit sich selber, und zwar im Vor-Scheinen eines Noch-Nicht.

Berühmtheit erlangte im 1968er-Umbruch das Institut für Sozialforschung, bekannt auch als *Frankfurter Schule.* Hauptvertreter dieser sog. *Kritischen Theorie* waren der Philosoph, Soziologe, Musiktheoretiker und Komponist Theodor Wiesengrund Adorno (1903–1969), der Sozialphilosoph Max Horkheimer (1895–1973) und der deutsch-US-amerikanische Philosoph, Politologe und Soziologe Herbert Marcuse (1898–1979). Adorno und Horkheimer knüpften an Theorien von Marx und Hegel an und setzten sich kritisch mit den gesellschaftlichen Verhältnissen auseinander. Sie untersuchten, inwieweit Gedanken von Karl Marx hilfreich für die Analyse heutiger gesellschaftlicher Verhältnisse seien.

In ihrem gemeinsam verfassten Werk ›Dialektik der Aufklärung‹ (1944), das unter dem Eindruck des Siegeszuges des Faschismus stand, stellten sie die These auf, dass sich in den Anfängen der Menschheit eine »instrumentelle Vernunft« durchgesetzt habe, um sich gegen die feindliche Natur durchzusetzen. Dieser »Herrschaftscharakter der Vernunft« sei selbst in der Aufklärung noch bestimmend gewesen. Die Einheit von instrumenteller und formaler Vernunft habe zu einem Selbstzerstörungsprozess der Aufklärung geführt. Hinzu käme die Absage der Aufklärung an jede Auffassung der Wirklichkeit als Einheit, wie sie der Mythos oder andere Glaubensformen vertraten. Dabei übersehe sie, dass der Glaube an die »uneingeschränkte Zuständigkeit der Vernunft in allen Lebensbereichen« (W. Röd) selbst auf einem Glauben beruht, der wie der Mythos zu überwinden war. Dies gelte es mit dem kritischen Gebrauch der Vernunft aufzuhalten. Horkheimers und Adornos Forderung: Weg vom Zwang logischer Gesetze, Abschied von der langen Herrschaftsgeschichte der Vernunft im Namen der Vernunft.

Auch Herbert Marcuse geht in seinem Buch ›Der eindimensionale Mensch‹ (1964) von dem neo-marxistischen Ansatz der

Frankfurter Schule aus, um die gegenwärtige Gesellschaft zu analysieren. Seine Kritik gilt der zum Selbstzweck gewordenen technischen Produktivität und der Verführung des Menschen durch die eindringliche, ja schon hypnotische Kraft der Konsumwerbung, durch die die Bedürfnisse des Menschen manipuliert werden und eine Beraubung seiner Individualität und Freiheit zur Folge haben.

Der Philosoph und Soziologe Jürgen Habermas (geboren 1929) löste sich zwar von der Frankfurter Schule, führte aber die Kritische Theorie auf einer neuen Grundlage weiter. Als sein Hauptwerk gilt die ›Theorie des kommunikativen Handelns‹ (1981). Habermas tritt für eine herrschaftsfreie, kommunikative Alltagssprache ein. Grundlage jeder Gesellschaft seien kommunikative Interaktionen, da sich erst in der Lebenspraxis, im Sprechen und Handeln, Akte der Erkenntnis erschließen ließen.

Prägend für das Geistesleben der Gegenwart war auch der Heidegger-Schüler Hans-Georg Gadamer (1900–2002), der Begründer einer universalen Hermeneutik. Seine Definition dieses Begriffes gibt bereits Auskunft über Gadamers Anliegen: Hermeneutik ist – knapp gesagt – die Lehre vom geschichtlichen Verstehen und von dessen Voraussetzungen.

Jegliches Verstehen, gleich, ob das eines Bauwerkes, der Kunst oder sprachlicher Texte, ist an die in der Zeit sich ereignende Sprachlichkeit gebunden. In seinem Hauptwerk ›Wahrheit und Methode‹ (1960) fragt Gadamer nach den Bedingungen des Verstehens: Vorverständnisse und Vor-Wissen, die aus erziehungsbedingter oder wissenschaftlicher Weltorientierung resultieren, müssen freigelegt werden. Am Beispiel einer antiken Statue wird dies deutlich: Obwohl die Gestalt aus Marmor immer dieselbe ist, hängt jede Verständnisweise von der eigenen Situation und der Geschichte ab. »Es gibt nichts ›Gegebenes‹, das nicht schon auslegend verstanden wird, und kein Verstehen, das nicht schon von Gegebenem ausgeht.« (D. Göbel) Alles Erkannte, aber auch jeder Vorentwurf von Erkenntnis, geht von der Sprachlichkeit der Welterfahrung aus, da Denken und Sprache zusammenhängen.

*

Die Lage der Philosophie des 20. Jahrhunderts nach dem Abflauen des Existentialismus skizziert zu haben, konnte zugegebenermaßen nicht ohne eine gewisse Willkür vonstatten gehen: Es fehlten die Distanz und das sichere Wissen, welcher der aufgeführten Philosophen in einigen Dekaden noch zu den großen Denkern zählen wird. Selbst anhand des fragmentarischen Streifzugs durch die zweite Hälfte des 20. Jahrhunderts dürfte aber deutlich geworden sein, dass wir heute keine andere Wahl haben, als unsere Erkenntnis fast nur noch in Form von immer neuen Einzelwissenschaften gewinnen zu können. Bedenkt man, dass Philosophie und Wissenschaft einmal identisch waren, melden sich doch Zweifel an. Sicher wird philosophisches Fragen nie ganz aufhören. Aber die Sorge, dass Philosophie als eigenständige Disziplin angesichts der sich aufsplitternden Verfachlichung immer mehr ein Nischendasein führen wird, ist nicht ganz abwegig. So könnte vielleicht Heideggers Vorwurf, die Wissenschaft denke nicht, angesichts der mehr und mehr schwindenden philosophischen Dimensionen der Teilwissenschaften so abwegig gar nicht sein.

Literaturhinweise

Primärliteratur

Abaelard, Peter ›Die Leidensgeschichte und der Briefwechsel mit Heloisa‹. Hrsg. E. Brost, München 1992

Anselm von Canterbury ›Proslogion‹. Hrsg. R. Theiss, Stuttgart 2005

Aristoteles »Erste Analytik«, in: ›Organon‹. Bd. III. Hrsg. H. G. Zekl, Hamburg 1998

Aristoteles ›Metaphysik‹. Hrsg. U. Wolf, Reinbek 1994

Aristoteles ›Nikomachische Ethik‹. Hrsg. M. Fuhrmann, München 1991

Aristoteles ›Poetik‹. Hrsg. M. Fuhrmann, Stuttgart 1982

Aristoteles ›Politik‹. Hrsg. O. Gigon, München 1976

Aristoteles »Topik«, in: ›Organon‹. Bd. I. Hrsg. H. G. Zekl, Hamburg 1997

Augustinus ›Bekenntnisse‹. München 2010

Augustinus ›Vom Gottesstaat‹. München 2011

[Augustinus] ›Des heiligen Kirchenvaters Aurelius Augustinus ausgewählte Briefe‹. Hrsg. O. Bardenhewer, Kempten 1917 [= ›Epistulae‹]

Baco, Franz ›Neues Organon‹. Hrsg. J. H. v. Kirchmann, Berlin 1870

Berkeley, George ›Abhandlung über die Prinzipien der menschlichen Erkenntnis‹. Hrsg. A. Kulenkampff, Hamburg 1979

Camus, Albert ›Der Mythos des Sisyphos‹. Bad Salzig 1959

Cohen, Hermann ›Kants Begründung der Ästhetik‹. Berlin 1889

Comte, Auguste ›Rede über den Geist des Positivismus‹. Hrsg. I. Fetscher, Hamburg 1956

Cusanus, Nicolaus ›De docta ignorantia‹. Hrsg. P. Wilpert, Hamburg 1970

Descartes, René ›Discours de la Methode‹. Hrsg. L. Gäbe, Hamburg 1960

Descartes, René ›Meditationes de prima philosophia‹. Hrsg. L. Gäbe, Hamburg 1959

Descartes, René ›Principia philosophiae‹. Hrsg. Ch. Wohlers, Hamburg 2005

Diels, Hermann/Kranz, Walther ›Die Fragmente der Vorsokratiker‹. Berlin 1951

Diogenes Laertius [Diog. Laert.] ›Leben und Meinungen berühmter Philosophen‹. Hamburg 1990

Epikur ›Von der Überwindung der Furcht‹. Hrsg. O. Gigon, München 1991

Epiktet ›Handbuch der Moral‹, in: Epiktet. Teles. Musonius ›Wege zum Glück‹. Hrsg. M. Fuhrmann, München 1991

Feuerbach, Ludwig ›Das Wesen des Christentums‹. Stuttgart 1974

Fichte, Johann Gottlieb ›Gesamtausgabe der Bayerischen Akademie der Wissenschaften‹ [GA]. Hrsg. R. Lauth und H. Gliwitzky, Stuttgart 1970

Goethe, Johann Wolfgang ›Die natürliche Tochter‹, in: ›Sämtliche Werke. Artemis-Gedenkausgabe Bd. 6‹. Zürich 1977

Gorgias von Leontinoi ›Reden, Fragmente und Testimonien‹. Hrsg. Th. Buchheim, Hamburg 1998

Hegel, Georg Wilhelm Friedrich ›Phänomenologie des Geistes‹, in: ›Werke in 20 Bänden Bd. 3‹. Hrsg. E. Moldenhauer und K.M. Michel, Frankfurt 1970

Heidegger, Martin ›Sein und Zeit‹. Stuttgart 1974

Hobbes, Thomas ›Leviathan‹. Hrsg. H. Klenner, Hamburg 1996

Hommel, Ferdinand ›Nosce te ipsum. Die Ethik des Peter Abälard‹. Wiesbaden 1947

Horaz ›Episteln‹. Hrsg. C.M. Wieland, Reinbek 1963

Hume, David ›Eine Untersuchung in Betreff des menschlichen Verstandes‹. Hrsg. J.H. v. Kirchmann, Leipzig 1875

Jaspers, Karl »Von der Wahrheit«, in: ›Philosophische Logik‹. München 1983

Johannes Duns Scotus ›Über die Erkennbarkeit Gottes‹. Hrsg. H. Kraml u.a., Hamburg 2000

Kant, Immanuel, ›Werkausgabe in 12 Bänden‹. Hrsg. W. Weischedel, Frankfurt 1968

Kierkegaard, Søren ›Entweder – Oder‹. Hrsg. H. Diem und W. Rest, München 2005

Kierkegaard, Søren ›Die Krankheit zum Tode‹. Hrsg. H. Diem und W. Rest, München 2005

Leibniz, Gottfried Wilhelm ›Lehrsätze der Philosophie‹. Hrsg. J. Ch. Horn, Würzburg 1997
Leibniz, Gottfried Wilhelm ›Philosophische Schriften‹. Hrsg. H. H. Holz u. a., Darmstadt 1985
Locke, John ›Über die Regierung‹. Hrsg. P. C. Mayer-Tasch, Stuttgart 1974
Locke, John ›Versuch über den menschlichen Verstand‹. Hrsg. J. H. v. Kirchmann, Berlin 1894
Lukrez ›Von der Natur‹. Hrsg. E. G. Schmidt, München 1991
Marx, Karl ›Frühe Schriften‹. Hrsg. H.-J. Lieber und P. Furth, Darmstadt 1971
Meister Eckhart ›Opus Tripartitum‹. Hrsg. J. C. Horn, Stuttgart 1987
Meister Eckhart ›Deutsche Predigten und Traktate‹. Hrsg. J. Quint, München 1955
Montesqieu ›Vom Geist der Gesetze‹. Hrsg. E. Forsthoff, Tübingen 1951
Nietzsche, Friedrich ›Kritische Studienausgabe‹ [KSA], Hrsg. Giorgio Colli und Mazzino Montinari, München 1999
Ockham, Wilhelm von ›Summe der Logik‹. Hrsg. P. Kunze, Hamburg 1984
Pascal, Blaise ›Über die Religion und einige andere Gegenstände‹. Hrsg. E. Wasmuth, Frankfurt 1987
Platon ›Sämtliche Werke in 10 Bänden‹. Hrsg. K. Hülser, Frankfurt 2000
Plotin ›Plotins Schriften‹. Hrsg. R. Harder u. a., Hamburg 1956
Rousseau, Jean-Jacques ›Der Gesellschaftsvertrag oder die Grundsätze des Staatsrechtes‹. Hrsg. H. Weinstock, Stuttgart 1975
Rousseau, Jean-Jacques ›Emile‹. Hrsg. L. Schmidts, Paderborn 1971
Plutarch ›Lebe im Verborgenen?‹, in: ›Sapere‹. Bd. 1. Hrsg. U. Berner, Darmstadt 2001
Sartre, Jean-Paul ›Drei Essays‹. Frankfurt 1985
Sartre, Jean-Paul ›Das Sein und das Nichts‹. Hrsg. B. Schumacher, Berlin 2003
Scheler, Max »Der Formalismus in der Ethik und die materiale Wertethik«, in ›Gesammelte Werke Bd. II‹ Hrsg. Maria Scheler, Bern 1980
Scheler, Max ›Die Stellung des Menschen im Kosmos‹. Bern 1978

Schelling, Friedrich Wilhelm ›Schellings Werke‹, Hrsg. M. Schröter, München 1965
Schiller, Friedrich »Die Freundschaft«, in: ›Sämtliche Werke‹ Bd. I. Hrsg. A. Meier, München 2004
Schopenhauer, Arthur »Die Welt als Wille und Vorstellung«, in: ›Züricher Ausgabe. Werke in zehn Bänden Bd. I‹. Hrsg. A. Hübscher, Zürich 1977
Seneca ›Epistulae‹. Hrsg. F. Loretto, Stuttgart 1977
Spinoza, Baruch de »Ethik«, in: ›Werke in 3 Bänden‹ Bd. I. Hrsg. W. Bartuschat, Hamburg 2006
Thomas von Aquin ›Summa Theologica. Die Deutsche Thomas-Ausgabe‹. Hrsg. Katholischer Akademikerverband, Salzburg 1933ff.
Voltaire ›Kritische und satirische Schriften‹. Hrsg. K.A. Horst, München 1970
Xenophon ›Erinnerung an Sokrates‹. Stuttgart 1971

Sekundärliteratur

Ackeren, Marcel van »Epiktet«, in: ›Philosophenlexikon‹. Hrsg. S. Jordan und B. Mojsisch, Stuttgart 2013
Allers, Rudolf ›Anselm von Canterbury, Leben, Lehre, Werke‹. Wien 1936
Althaus, Horst ›Hegel und die heroischen Jahre der Philosophie‹. München 1992
Baeumler, Alfred ›Kants Kritik der Urteilskraft‹. Halle 1923
Bollnow, Otto ›Existenzphilosophie‹. Stuttgart 1955
Döring Klaus »Sokrates, die Sokratiker« in: Friedrich Ueberweg ›Grundriß der Geschichte der Philosophie‹. Basel 1998
Fink, Eugen ›Nietzsches Philosophie‹. Stuttgart 1963
Flasch, Kurt ›Augustinus‹. München 1996
Friedell, Egon ›Kulturgeschichte der Neuzeit‹. München 1997
Gadamer, Hans-Georg ›Philosophisches Lesebuch‹. Frankfurt 1988
Galling, Kurt (Hrsg.) ›Religion in Geschichte in Gegenwart‹ [RGG]. Tübingen 1958

Göbel, Dieter ›Glanzlichter der Philosophie‹. Augsburg 1998
Göbel, Dieter ›Lessings »Nathan«. Der Autor, der Text, seine Umwelt, seine Folgen‹. Berlin 1978
Gulyga, Arsenij ›Immanuel Kant‹. Frankfurt 1981
Helferich, Christof ›Geschichte der Philosophie‹. München 1998
Heussi, Karl ›Kompendium der Kirchengeschichte‹. Tübingen 1956
Hirschberger, Johannes ›Geschichte der Philosophie‹. Freiburg 1976
Höffe, Otfried ›Klassiker der Philosophie‹. München 1981
Kühnl, Reinhard »Marx/Engels«, in: ›Metzler Philosophen-Lexikon‹. Hrsg. B. Lutz, Stuttgart 2003
Liebmann, Otto ›Kant und die Epigonen‹. Stuttgart 1865 (Reprint Erlangen 1991)
Ludwig, Ralf ›Die Vorsokratiker für Anfänger‹. München 2006 (dtv 30858)
Ders. ›Kant für Anfänger. Die Kritik der reinen Vernunft‹. München 2011 (dtv 30135)
Ders. ›Kant für Anfänger. Der Kategorische Imperativ‹. München 2012 (dtv 30144)
Ders. ›Kant für Anfänger. Kritik der Urteilskraft‹. München 2008 (dtv 34472)
Ders. ›Hegel für Anfänger. Phänomenologie des Geistes‹. München 2013 (dtv 30125)
Mansfeld, Jaap ›Die Vorsokratiker‹. Stuttgart 1983/1986
Marquard, Odo ›Abschied vom Prinzipiellen‹. Stuttgart 1981
Moltmann, Jürgen ›Mensch. Christliche Anthropologie in den Konflikten der Gegenwart‹. Stuttgart 1977
Rehfus, Wulff D. ›Geschichte der Philosophie‹. Göttingen 2012
Russell, Bertrand ›Philosophie des Abendlandes‹. Zürich 2000
Röd, Wolfgang ›Der Weg der Philosophie‹. München 1994
Safranski, Rüdiger ›Ein Meister aus Deutschland: Heidegger und seine Zeit‹. München 1995
Schilling, Kurt ›Weltgeschichte der Philosophie‹. Berlin 1964
Seidl, Horst ›Einführung in die antike Philosophie‹. Freiburg 2010
Störig, Hans Joachim ›Kleine Weltgeschichte der Philosophie‹. München 1965
Teichert, Dieter ›Immanuel Kant: Kritik der Urteilskraft‹. Paderborn 1992

Tillich, Paul ›Systematische Theologie‹. Stuttgart 1973
Ueberweg, Friedrich ›Grundriß der Geschichte der Philosophie des Altertums‹. Berlin 1920
Weischedel, Wilhelm ›Die philosophische Hintertreppe‹. München 1973
Tocco, Wilhelm von ›Das Leben des heiligen Thomas von Aquino‹. Düsseldorf 1965
Windelband, Wilhelm ›Lehrbuch der Philosophie‹. Tübingen 1921
Wisser, Richard ›Martin Heidegger im Gespräch‹. Freiburg 1970
Zeller, Eduard ›Grundriß der Geschichte der Griechischen Philosophie‹. Leipzig 1928

Namenregister

Inhaltsverzeichnis

Philosophie der Antike

Philosophie des Mittelalters

Philosophie der Neuzeit

Das 20. Jahrhundert